高等职业教育汽车类专业活页式新形态创新教材

新能源汽车结构与维修

第 3 版

主　编　郑锦汤　蔡兴旺
副主编　黄松宽　夏红阳　朱宏生
参　编　陈灿林　刘俊柏　莫秀英
　　　　张世良　谢绍基　许见诚

机械工业出版社

本书分9个模块、16个任务，主要讲授纯电动汽车、高级驾驶辅助系统（ADAS）、混合动力电动汽车、燃料电池电动汽车、燃气汽车（CNG汽车和LPG汽车）、太阳能汽车、生物燃料汽车（醇燃料汽车和二甲醚燃料汽车）、超级电容汽车、飞轮储能汽车、压缩空气汽车等新能源汽车的基本结构、工作原理与使用维修知识。

本书紧密结合我国新能源汽车生产维修实际，以主流车型为例，以典型工作任务为引领，以企业用人需求为目标，同时把"立德树人"作为教育的根本任务，提炼教材所蕴含的思政元素和承载的德育功能，将专业技能、职业素养与企业文化、工匠精神、科技创新、环境保护、心系中华的爱国情怀深度融合，教材注重思想性、科学性和时代性。书中设置了学习工单，可通过引导学生学做结合，加强实践技能的培养与训练。

本书提供大量教学资源（包含课件、微课视频、动画、学生学习工作页题解、教学文件等）下载，下载地址为 www.cmpedu.com（注册后可下载），方便教师授课和学生课外学习。

本书可以作为高职高专、普通高等院校及中专技校的汽车类专业学生教材，还可以作为汽车新技术培训教材。对广大新能源汽车爱好者也是一本值得收藏的阅读材料。

图书在版编目（CIP）数据

新能源汽车结构与维修/郑锦汤，蔡兴旺主编. —3版. —北京：机械工业出版社，2023.8

高等职业教育汽车类专业活页式新形态创新教材

ISBN 978-7-111-74643-0

Ⅰ.①新… Ⅱ.①郑… ②蔡… Ⅲ.①新能源-汽车-构造-高等职业教育-教材②新能源-汽车-车辆修理-高等职业教育-教材 Ⅳ.①U469.7

中国国家版本馆 CIP 数据核字（2024）第 024352 号

机械工业出版社（北京市百万庄大街22号　邮政编码100037）
策划编辑：谢　元　　　　　责任编辑：谢　元　丁　锋
责任校对：马荣华　张昕妍　　封面设计：张　静
责任印制：单爱军
北京虎彩文化传播有限公司印刷
2024年5月第3版第1次印刷
184mm×260mm · 17.5印张 · 429千字
标准书号：ISBN 978-7-111-74643-0
定价：69.90元

电话服务　　　　　　　　　　网络服务
客服电话：010-88361066　　　机　工　官　网：www.cmpbook.com
　　　　　010-88379833　　　机　工　官　博：weibo.com/cmp1952
　　　　　010-68326294　　　金　书　网：www.golden-book.com
封底无防伪标均为盗版　　机工教育服务网：www.cmpedu.com

前言

为了应对气候变化、汽车排放污染和能源等社会问题，必须加快推进能源低碳转型。在"碳中和"排放政策驱动下，国内外各大车企提速加码推进电动化，大大促进了新能源汽车产业的市场渗透率和"三电"核心技术的研发。2022年我国全年共销售新能源汽车688.7万辆，连续8年位居全球第一，同比增长93.4%。其中纯电动汽车销售536.5万辆，占比77.9%，同比增长81.6%。

近年来，新能源汽车"三电"核心技术在不断革新与进步，搭载L2级别的辅助驾驶功能的车型，已经在新能源汽车领域大规模应用。对于学习者和从业人员，从新能源汽车结构、工作原理的掌握，到故障诊断维修都提出了更高的要求，急需相应的教材和教学同步跟上。为了适应新能源汽车产业发展的最新形势，对接科技发展趋势和市场需求，在第2版的基础上，我们再次组织了相关学校和企业专家共同开发、编写了本书。

本书编写以教育部〔2019〕3号文件《职业院校教材管理办法》为指导，吸收了近年来新能源汽车的新技术、新工艺、新规范和教育改革所取得的新经验，立足以职业为导向、实际运用为目标、实践技能为主线，以人为本，以提高学生综合素质和就业能力为出发点，为求适应校企合作、工学结合、教学做一体化的教学需要进行任务驱动的教材设计，紧密结合国内新能源汽车比亚迪秦Pro EV等主流车型，将新能源汽车的结构、原理、运用、维护、故障与检测融会贯通，实现了理论与实训有机融合。按照学生认识规律，从感性到理性，由浅入深地进行内容体系编排。

《新能源汽车结构与维修（第3版）》分9个模块、16个任务，主要讲授纯电动汽车、高级驾驶辅助系统（ADAS）、混合动力电动汽车、燃料电池电动汽车、燃气汽车（CNG汽车和LPG汽车）、太阳能汽车、生物燃料汽车（醇燃料汽车和二甲醚燃料汽车）、超级电容汽车、飞轮储能汽车、压缩空气汽车等新能源汽车的基本结构、工作原理与使用维修知识。

为推进党的二十大精神进教材、进课堂、进头脑，作者紧跟行业理念、技术发展和社会对人才的需求，同时把"立德树人"作为教育的根本任务，提炼教材所蕴含的思政元素和承载的德育功能，将专业技能、职业素养与企业文化、工匠精神、科技创新、环境保护、心系中华的爱国情怀深度融合，教材注重思想性、科学性和时代性。书中设置了学习工单，可通过引导学生学做结合，加强实践技能的培养与训练。

本书提供大量教学资源（包含课件、微课视频、动画、学生学习工作页题解等）下载，通过扫描二维码链接教学资源，方便教师授课和学生课外学习。

本书由校企联合编写，由郑锦汤和蔡兴旺担任主编。编写分工如下：蔡兴旺教授负责对全书进行策划和审阅统稿，郑锦汤副教授编写任务1、3、4、8、13，黄松宽工程师编写任务5、6，朱宏生经理编写任务2，夏红阳博士编写任务10，陈灿林讲师编写任务7、11，刘俊柏工程师编写任务12，莫秀英副教授编写任务9，张世良高级工程师编写任务16，谢绍基讲师编写任务14，许见诚讲师编写任务15。

本书编写及课件制作过程中，得到机械工业出版社、广东省教育厅、比亚迪汽车销售有限公司、中国汽车技术研究中心、广州华商职业学院、韶关学院、广东技术师范大学、广州华立科技职业学院、广州珠江职业技术学院等单位及相关人员的大力支持与帮助，书中检索了大量汽车网站及汽车教材、论文资料，在此一并表示深深的谢意。

本书内容新颖，知识全面，但由于作者水平和能力有限，书中误漏之处在所难免，诚恳期望得到同行专家和广大读者批评指正。

《新能源汽车结构与维修（第3版）》编写组

新能源汽车

比亚迪 汉

比亚迪秦Pro EV

比亚迪 秦DM

特斯拉Model 3

卡罗拉 混合动力汽车

太阳能汽车

超级电容汽车

长安深蓝C385燃料电池汽车

飞轮储能汽车

压缩空气汽车

新能源汽车主要零部件

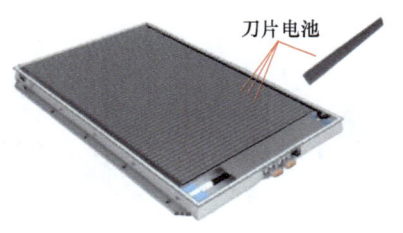

刀片电池

镍氢蓄电池

驱动电机及其控制器

充配电总成

燃料电池

驱动电机总成

EHS电混系统

混合动力系统

目 录

前言
模块1　电动汽车的总体结构与维护 …… 1
　任务1　电动汽车的维护 ……………… 1
　　1.1　维修接待流程与礼仪 …………… 1
　　1.2　电动汽车的信息收集 …………… 2
　　1.3　电动汽车的维护准备 ………… 12
　　1.4　客户汽车维修接待 …………… 13
　　1.5　电动汽车的首次维护 ………… 14
　　1.6　电动汽车的维护质量检查与交车 … 17
　学习工单 ……………………………… 19
模块2　电动汽车动力蓄电池及其管理系统的结构与维修 …………………… 22
　任务2　动力蓄电池故障警告灯亮的故障诊断与维修 ……………………… 22
　　2.1　电动汽车动力蓄电池系统的信息收集 …………………………… 22
　　2.2　动力蓄电池故障警告灯亮的故障分析 …………………………… 30
　　2.3　动力蓄电池系统维修准备 …… 30
　　2.4　动力蓄电池系统故障检查 …… 31
　　2.5　动力蓄电池的更换 …………… 33
　学习工单 ……………………………… 35
　任务3　行驶中动力突然中断的故障诊断与维修 ……………………………… 38
　　3.1　电动汽车动力蓄电池管理系统的信息收集 ……………………… 38
　　3.2　动力突然中断的故障分析 …… 50
　　3.3　动力蓄电池管理系统维修准备 … 51
　　3.4　动力蓄电池管理系统故障的检查 … 51
　　3.5　动力蓄电池管理系统的维修 … 56
　学习工单 ……………………………… 58
　任务4　电动汽车无法充电的故障诊断与维修 …………………………………… 61
　　4.1　电动汽车充电系统的信息收集 … 61
　　4.2　电动汽车无法充电的故障分析 … 64
　　4.3　电动汽车充电系统维修准备 … 64
　　4.4　电动汽车充电系统故障的检查 … 65
　　4.5　电动汽车充电系统的使用与维修 … 70
　学习工单 ……………………………… 73
模块3　电动汽车驱动电机及其控制系统的结构与维修 …………………… 76
　任务5　驱动电机及其控制器温度高故障的诊断与维修 ……………………… 76
　　5.1　电动汽车驱动电机及其控制系统的信息收集 …………………… 76
　　5.2　比亚迪秦 Pro EV 纯电动汽车驱动电机及其控制器温度高的故障分析 … 92
　　5.3　驱动电机及其控制系统维修准备 … 93
　　5.4　驱动电机及其控制系统故障的检查 ……………………………… 93
　　5.5　驱动电机及其控制系统的维修 … 97
　学习工单 ……………………………… 101
模块4　电动汽车辅助系统的结构与维修 …………………………………… 104
　任务6　电动汽车空调不制冷故障的诊断与维修 ……………………………… 104
　　6.1　电动汽车空调系统的信息收集 … 104
　　6.2　比亚迪秦 Pro EV 纯电动汽车空调不制冷的故障分析 …………… 109
　　6.3　空调系统维修准备 …………… 109
　　6.4　比亚迪秦 Pro EV 纯电动汽车空调系统的故障检查 ……………… 110
　　6.5　空调系统的维修 ……………… 117
　学习工单 ……………………………… 121

任务 7　电动汽车转向沉重故障的诊断与
　　　　维修 ·· 124
　　7.1　电动汽车转向系统的信息收集 ······ 124
　　7.2　比亚迪秦 Pro EV 纯电动汽车转向
　　　　沉重的故障分析 ······························ 127
　　7.3　转向系统维修准备 ··························· 127
　　7.4　比亚迪秦 Pro EV 纯电动汽车转向
　　　　系统故障的检查 ······························ 127
　　7.5　比亚迪秦 Pro EV 纯电动汽车转向
　　　　系统的维修 ······································ 128
　学习工单 ·· 133
任务 8　电动汽车制动踏板硬的故障诊断与
　　　　维修 ·· 136
　　8.1　电动汽车制动系统的信息收集 ······ 136
　　8.2　比亚迪秦 Pro EV 纯电动汽车制动
　　　　踏板硬的故障分析 ·························· 139
　　8.3　制动系统维修准备 ··························· 139
　　8.4　比亚迪秦 Pro EV 纯电动汽车制动
　　　　助力系统故障的检查 ······················ 139
　　8.5　比亚迪秦 Pro EV 纯电动汽车真空泵的
　　　　更换 ·· 142
　学习工单 ·· 143
任务 9　电动汽车冷却液温度过高的故障
　　　　诊断与维修 ································ 145
　　9.1　电动汽车冷却系统的信息收集 ······ 145
　　9.2　比亚迪秦 Pro EV 纯电动汽车冷却液
　　　　温度过高的故障分析 ······················ 146
　　9.3　冷却系统维修准备 ··························· 147
　　9.4　比亚迪秦 Pro EV 纯电动汽车冷却
　　　　系统故障的检查 ······························ 147
　　9.5　比亚迪秦 Pro EV 纯电动汽车冷却
　　　　系统的维修 ······································ 150
　学习工单 ·· 152

模块 5　高级驾驶辅助系统（ADAS）的
　　　　　工作原理与故障诊断 ················ 154
任务 10　电动汽车不能进入自适应巡航的
　　　　　故障诊断与维修 ······················· 154
　　10.1　高级驾驶辅助系统的信息收集 ······ 154
　　10.2　自适应巡航系统的故障分析 ········· 164
　　10.3　自适应巡航系统维修准备 ············· 164
　　10.4　自适应巡航系统检查 ····················· 164
　　10.5　自适应巡航系统维修 ····················· 167
　学习工单 ·· 170

模块 6　混合动力电动汽车的结构与
　　　　　维修 ·· 172
任务 11　丰田卡罗拉混合动力电动汽车无法
　　　　　行驶故障的诊断与维修 ············ 172
　　11.1　混合动力电动汽车的信息收集 ······ 172
　　11.2　丰田卡罗拉混合动力电动汽车无法
　　　　　行驶的故障分析 ···························· 180
　　11.3　丰田卡罗拉混合动力电动汽车动力
　　　　　系统维修准备 ································ 180
　　11.4　丰田卡罗拉混合动力电动汽车动力
　　　　　系统故障检查 ································ 180
　　11.5　丰田卡罗拉混合动力电动汽车无法
　　　　　行驶的故障诊断维修 ···················· 183
　学习工单 ·· 186
任务 12　比亚迪秦混合动力电动汽车 EV
　　　　　模式失效故障的诊断与维修 ······ 189
　　12.1　比亚迪秦 Pro DM 混合动力电动
　　　　　汽车的信息收集 ···························· 189
　　12.2　比亚迪秦 Pro DM EV 模式失效的
　　　　　故障分析 ·· 194
　　12.3　比亚迪秦 Pro DM 维修准备 ········· 194
　　12.4　比亚迪秦 Pro DM 的故障检查 ····· 195
　　12.5　比亚迪秦 Pro DM 的故障维修 ····· 201
　学习工单 ·· 203

模块 7　燃料电池电动汽车的结构与
　　　　　维护 ·· 206
任务 13　丰田 Mirai 燃料电池电动汽车的
　　　　　使用维护 ··································· 206
　　13.1　燃料电池电动汽车使用与维护
　　　　　准备 ·· 206
　　13.2　燃料电池电动汽车的基本知识 ······ 207
　　13.3　燃料电池电动汽车的使用维护 ······ 214
　学习工单 ·· 220

模块 8　燃气汽车的结构与使用维护 ··· 223
任务 14　压缩天然气汽车燃气系统的使用
　　　　　维护 ·· 223
　　14.1　压缩天然气汽车燃料供给系统
　　　　　信息的收集 ···································· 223
　　14.2　CNG 汽车燃气系统使用维护
　　　　　准备 ·· 226
　　14.3　CNG 汽车燃气系统的使用维护 ······ 227
　　14.4　氢气汽车的基本结构原理 ············· 228

学习工单 …………………………………… 232	任务 16　其他新能源汽车的结构原理
任务 15　液化石油气汽车燃气系统的使用	认识 …………………………… 244
维护 …………………………… 235	16.1　太阳能汽车的结构原理 ………… 244
15.1　液化石油气汽车发动机的信息	16.2　生物燃料汽车的结构原理 ……… 246
收集 ……………………………… 235	16.3　超级电容汽车的结构原理 ……… 250
15.2　LPG 汽车燃气系统使用维护	16.4　飞轮储能汽车的结构原理 ……… 255
准备 ……………………………… 239	16.5　压缩空气汽车的结构原理 ……… 259
15.3　LPG 汽车燃气系统的使用维护 …… 239	学习工单 …………………………………… 265
学习工单 …………………………………… 241	**参考文献** ……………………………………… 268

模块 9　其他新能源汽车的结构原理 … 244

模块 1

电动汽车的总体结构与维护

任务 1　电动汽车的维护

任务接受

客户王先生购买比亚迪秦 Pro EV 纯电动汽车已经半年了，昨天接到 4S 店电话，预约今天到 4S 店进行首次维护。

学习目标

1）能够描述维修接待工作流程。
2）能够描述电动汽车的定义与分类。
3）能够描述和实施电动汽车的高压安全作业标准。
4）能够说明电动汽车的总体结构与工作原理。
5）能够识读电动汽车组合仪表盘符号信息。
6）能够描述电动汽车的维护意义、分类及使用注意事项。
7）学会电动汽车的日常维护。
8）培养学生具备良好的职业道德、工匠精神及技术创新意识。

任务准备

1.1　维修接待流程与礼仪

1. 维修接待流程

维修接待流程如图 1-1 所示。一般流程包括服务顾问迎客、接车环车检查、沟通服务信息（填写客户任务工单）、分配维修工位、快速服务或保养维修、清洗车辆、维修质量检验和交车环车检查等。

2. 维修接待礼仪

总体要求是举止文明、动作优雅、姿态潇洒、手势得当、表情自然、仪表端庄、与顾客

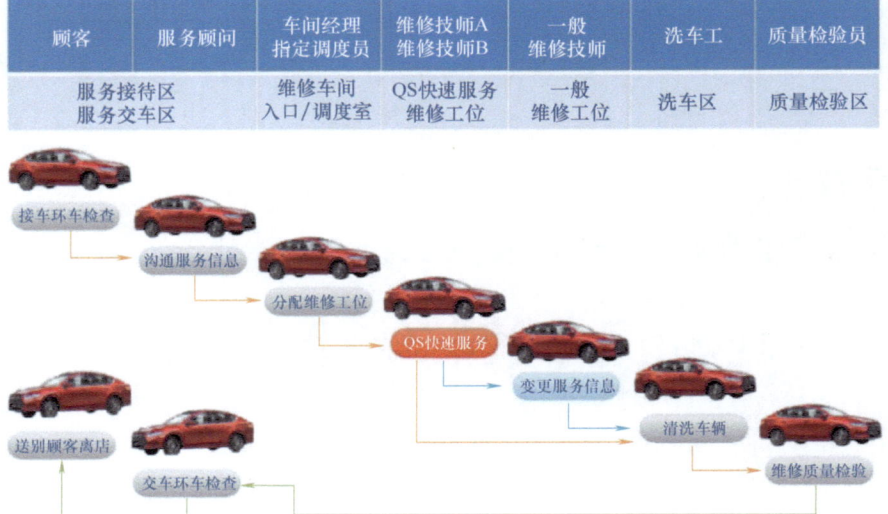

图 1-1　维修接待流程

交流的方法与技巧得当。具体包括仪容、仪表与仪态,以及言谈礼仪和商务礼仪等,要求认真学习实施企业相关规定。

1.2　电动汽车的信息收集

1. 电动汽车及其分类

（1）**电动汽车**　电动汽车（Electric Vehicle，EV）是纯电动汽车、混合动力电动汽车和燃料电池电动汽车的总称。

（2）**电动汽车特点及分类**　电动汽车的主要特点是节能、环保与低噪声。根据所使用动力源不同,电动汽车可分为纯电动汽车（BEV）、混合动力电动汽车（HEV）和燃料电池电动汽车（FCEV）,见表1-1。

表 1-1　电动汽车分类与特点

类型	纯电动汽车（BEV）	混合动力电动汽车（HEV）	燃料电池电动汽车（FCEV）
定义	驱动能量完全由电能提供的、由电机驱动的汽车。电机的驱动电能来源于车载可充电储能系统或其他能量储存装置	能够至少从消耗的燃料和可再充电电能储存装置两类车载存储的能量中获得动力的汽车	以燃料电池系统作为单一动力源或者是以燃料电池系统与可充电储能系统作为混合动力源的电动汽车
特点	无排气污染、噪声小,能源来源广泛、能量转换效率高,结构简单、使用维修方便,可在夜间利用电网的廉价"谷电"进行充电;但续驶里程较短,动力蓄电池寿命较短、售价较高	排气污染少、节能,续驶里程长,可以利用现有的加油站加油、不必再投资;但长距离高速行驶基本不能省油	零污染,能量转化效率高;但技术复杂、成本过高
应用车型	比亚迪汉 EV、比亚迪秦 Pro EV、北汽 EU5、特斯拉等	比亚迪秦 Pro DM、比亚迪唐 DM-i、荣威 550、丰田普锐斯等	奔驰 B 级 F-Cell、丰田 Marai 等

模块1 电动汽车的总体结构与维护

2. 纯电动汽车的基本结构与工作原理

（1）BEV 的基本组成 纯电动汽车（Battery Electric Vehicle）可简称为 BEV。图 1-2 所示为比亚迪旗舰车型"汉"，是全球首家、国内首款批量搭载碳化硅（Silicon Carbide，SiC）三相全桥功率模块的量产车型。

BEV 动力装置主要由动力蓄电池、驱动电机、控制系统及安全保护系统等组成（图 1-3）。动力蓄电池是纯电动汽车的动力源，用于驱动电机，将动力蓄电池的电能转化为机械能，驱动车辆行驶；控制系统对动力蓄电池进行管理和对驱动电机进行控制；在电动汽车发生紧急情况时，安全保护系统对人及机器进行保护。

图 1-2 比亚迪旗舰车型"汉"

BEV 保留了传统燃油汽车的加速踏板、制动踏板和各种操纵手柄等，不需要离合器。

> **比亚迪超高功率 SiC 模块面世**
>
> 在 SiC 器件领域，比亚迪于 2020 年取得重大技术突破，并已实现 SiC 三相全桥功率模块在新能源汽车高端车型电机驱动控制器中的规模化应用，实现完全自主设计、封装和制造，具备完全的自主知识产权。比亚迪也是全球首家、国内唯一实现 SiC 三相全桥模块在电机驱动控制器中大批量装车的功率半导体供应商。
>
> 正是在核心技术高地的领先，让比亚迪不受制于人，能够抵御市场、上游供应链的风险，基本不受大环境的影响。也就是说，只有站在整个行业制高点的登顶者，才能看到更远的世界。也唯有用技术做护城河，才能穿越最艰难的黑夜，而这也是比亚迪崛起的秘密。

（2）BEV 基本工作原理 如图 1-4 所示，在电动汽车工作时，传感器将加速踏板、制动踏板位移的行程量转换为电信号，输入整车控制器，经整车控制器处理后发出驱动信号，实现对电动汽车工况的控制。

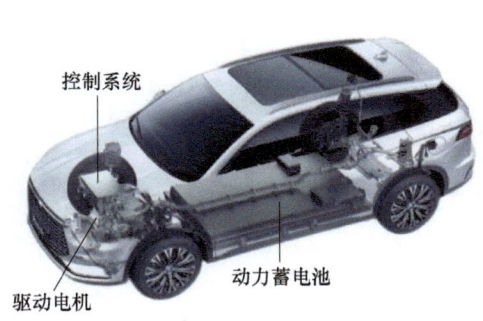

图 1-3 BEV 基本组成

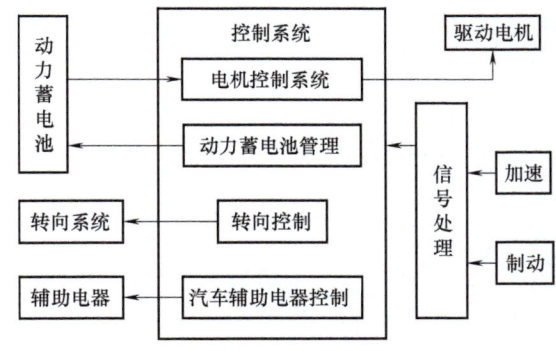

图 1-4 BEV 基本工作原理

汽车前进时，动力蓄电池输出的直流电经电机控制系统变为交流电后供给驱动电机，电机输出的转矩经传动系统驱动车轮。

汽车减速时，车轮带动驱动电机转动，通过电机控制系统使驱动电机成为交流发电机产生电流，再将交流电变为直流电向电池组充电（制动再生能量）。同时，BEV 控制系统通过各种传感器、电流检测器对动力蓄电池、驱动电机进行监控并及时反馈信息和报警，并通过电流表、电压表、电功率表、转速表和温度表等仪表进行显示。

（3）比亚迪秦 Pro EV 纯电动汽车的基本结构原理　比亚迪秦 Pro EV 纯电动汽车主要动力参数和部分配置见表 1-2，结构组成与工作原理如图 1-5 所示。

表 1-2　秦 Pro EV 纯电动汽车主要动力参数和部分配置

项　目	参　数	部 分 配 置
动力蓄电池	434.35V 镍钴锰酸锂	顶配智联领耀型搭载了博世全套的 ADAS 驾驶辅助系统，主要包括 ACC 全速自适应巡航系统、EBA 紧急制动辅助系统、LDWS 车道偏离预警系统、AEB-CCR 自动紧急制动系统、TSR 交通标识识别系统、AEB-VRU 行人识别/保护系统、HMA 智能远近灯光系统等。在驾驶安全上，具有 ABS 防抱死制动系统、ESP 车身电子稳定系统、EBD 电子制动力分配系统、TCS 牵引力控制系统、VDC 车辆动态控制系统、胎温和胎压数字显示监测系统、AUTO HOLD 自动驻车系统等安全辅助设备。另外，还有 360°高清全景影像系统、多功能转向盘、多功能驾驶座、12.8 英寸自适应旋转悬浮 Pad、智能行车记录仪、遥控驾驶以及 OTA 远程升级等
电机类型	永磁同步电机	
最大功率/kW	120	
最大转矩/N·m	280	
最高车速/(km/h)	150	
0—50km/h 加速时间/s	3.7	
100km 电耗量/kW·h	≤13.8（工况法）	
续驶里程/km	420（NEDC 工况）	

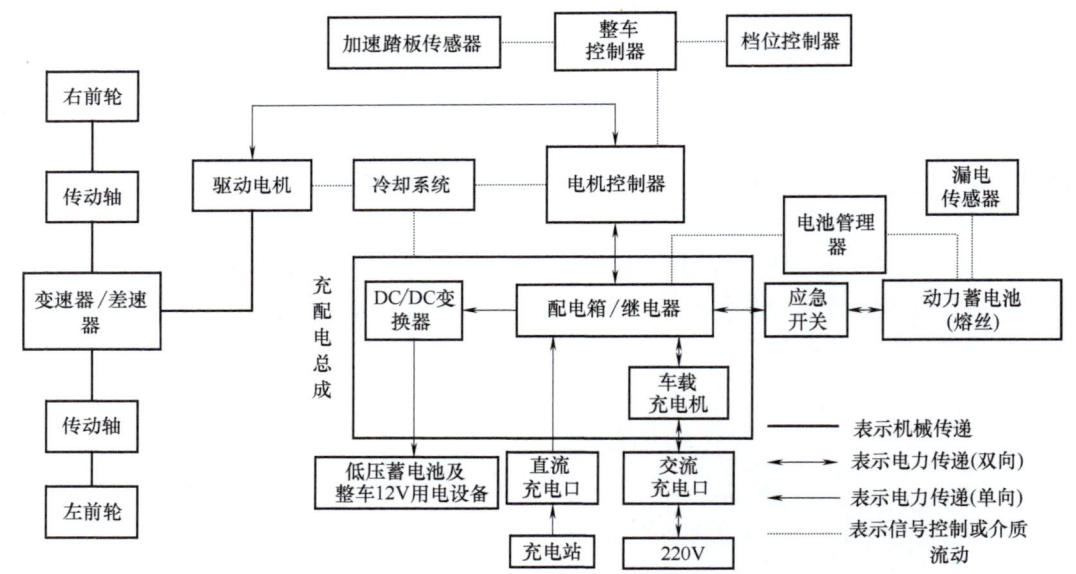

图 1-5　比亚迪秦 Pro EV 纯电动汽车结构组成与工作原理

电源接通，汽车前进时，整车控制器接收档位控制器、加速踏板传感器等各方面信息，传递给电机控制器，以控制流向驱动电机的电流，此时动力蓄电池电流通过应急开关、配电箱/继电器之后，一路经过电机控制器向驱动电机供给需要的电流，从而使驱动电机运转，通过变速器/差速器和传动轴，带动左右前轮转动，使汽车行进；另一路经过 DC/DC 变换器，将动力蓄电池 434.35V 高压直流电转换为低压 12V，提供给整车 12V 用电设备。同时动力蓄电池接受电池管理器控制与管理，将动力蓄电池的瞬时电压、电流、温度、SOC 情况等信息传递给电池管理器，以防止动力蓄电池过放电或温度过高而损坏。如果发生漏电情况，漏电传感器会起作用。一旦发生紧急短路等情况，熔丝立即熔断实现保护功能。

BEV 的行驶状态主要有起步（低速）、正常行驶、急加速（上坡）、减速（制动）、倒车和停车等（图 1-6）。起步时要求驱动电机供给大转矩，低速起步；平路正常行驶要求驱动电机提供足够驱动力和速度，同时能耗最低；急加速和上坡，要求驱动电机提供较大的驱动力，有较好的超载能力；减速和制动时，要求驱动电机转化为发电机，回收减速制动的能量，向动力蓄电池充电；汽车停车时，驱动电机自动停止。

起步(低速)	正常行驶	急加速(上坡)	减速(制动)	倒车	停车
行驶时主要依靠驱动电机			利用制动能量回收，给动力蓄电池充电	驱动电机反转	驱动电机自动停止

图 1-6　BEV 行驶状态

📄**温馨提示**：电动汽车高压驱动系统结构原理视频可扫二维码资源 1.1 观看。

（4）**比亚迪秦 Pro EV 纯电动汽车组合仪表结构认识**　BEV 组合仪表提供了大量行车信息，一定要熟练掌握。比亚迪秦 Pro EV 纯电动汽车的组合仪表如图 1-7 所示，其中组合仪表指示灯与警告灯说明见表 1-3。

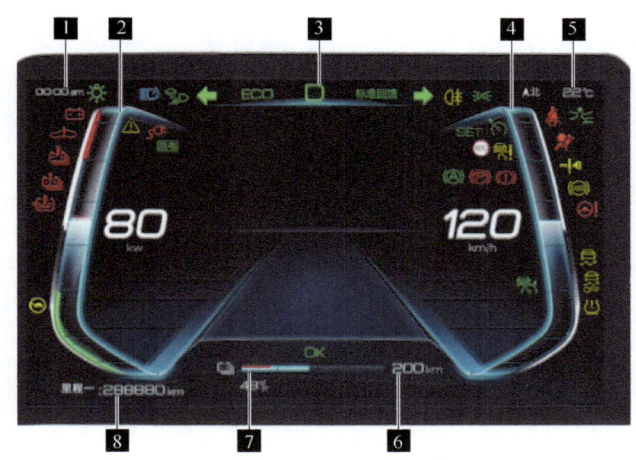

图 1-7　比亚迪秦 Pro EV 纯电动汽车的组合仪表

1—时间　2—功率　3—档位　4—车速　5—车外温度　6—续驶里程　7—电量　8—里程表

表 1-3　组合仪表指示灯与警告灯说明

标志	名称	说明	标志	名称	说明
⬅➡	转向信号指示灯		⋺○○⋻	示廓灯指示灯	
🧍	驾驶人座椅安全带未系指示灯	提醒驾驶人应系上安全带	⫷⋺	后雾灯指示灯	

（续）

标志	名称	说明	标志	名称	说明
	电子驻车状态指示灯	表示电子驻车已启动		定速巡航主指示灯	
	危险警告指示灯		SET	定速巡航控制指示灯	
	SRS 故障警告灯	建议送服务站检查		智能钥匙系统警告灯	车辆起动时，如果钥匙未在车内，则此警告灯点亮数秒，且显示屏内显示"未检测到钥匙"
	ABS 故障警告灯			转向系统故障警告灯	
	驻车系统故障警告灯			ESP OFF 警告灯	
	ESP 故障警告灯	该警告灯闪烁时，ESP 系统工作正常		全天候指示灯	
	胎压故障警告灯	表示轮胎压力异常或胎压监测系统故障，应立即停车，并与比亚迪汽车授权服务店联系		ACC 待机状态指示灯	
	充电系统警告灯	建议用户关闭空调、风扇及收音机等电器，送服务站检查	30	ACC 巡航车速	
	智能远近光灯指示灯			ACC 故障警告灯	
	动力蓄电池充电连接指示灯	充/放电枪已连接好，可以开始充/放电		ACC 工作状态	
	驱动功率限制指示灯	当动力电池电量低，电机功率受到限制时，该警告灯点亮		动力电池过热警告灯	该警告灯点亮时，应停车使电池冷却
	自适应巡航系统故障警告灯			动力电池故障警告灯	当整车电源档位处于"OK"时，此警告灯不亮、持续点亮，或驾驶中此警告灯点亮，建议送服务站检查

模块 1 电动汽车的总体结构与维护

(续)

标志	名称	说明	标志	名称	说明
	自动驻车指示灯	进入待命状态,指示灯显示白色	放电	放电指示灯	
	电机冷却液温度过高指示灯	此警告灯长亮时,表示电机冷却液温度过高,请将车辆停至安全区域直至此灯熄灭		动力系统故障警告灯	该警告灯常亮时,立即停车送服务站检查,否则将毁坏电机
ECO	经济模式指示灯		120	交通标志识别指示灯	该指示灯点亮时,代表系统识别到当前路段的限速值
	灯光总开关指示灯		OK	OK指示灯	指示车辆已起动,可行驶

车辆故障提示信息见表 1-4。

表 1-4 车辆故障提示信息

故障信息	信息显示	说明
EV 功能受限	EV功能受限	表示动力系统相关故障,应立即停车并建议与比亚迪汽车授权服务店联系
请检查制动系统	请检查制动系统	表示制动助力系统相关故障,应立即停车并建议与比亚迪汽车授权服务店联系
请检查交通标志识别系统	请检查交通标志识别系统	表示交通标志识别系统相关故障,应立即停车并建议与比亚迪汽车授权服务店联系

注:类似还有"多功能视频控制器功能受限""请检查胎压监测系统""请检查 ABS"等故障信息及行车信息智能提示(详见车辆使用说明书),这极大地方便了行车安全和维修。

3. 电动汽车使用注意事项

(1) 阅读领会企业警告 由于电动汽车动力蓄电池电压很高,高压操作危险,所有车辆制造企业都在使用说明书首页进行了警告。比亚迪电动汽车使用安全警告如图 1-8 所示,在使用前务必认真阅读和领会。

温馨提示:电动汽车的驾驶与使用安全视频可扫二维码资源 1.2 观看。

资源 1.2

(2) 纯电动汽车的基本操作

1) 起动、起步的驾驶操作分为以下 5 个步骤:

⚠警告	⚠警告
纯电动车的使用注意事项 请按照本手册安全规范进行操作，可以避免电动车高压事故发生并安全舒适地使用本电动车。 ✓ 请注意车辆上的安全注意标识。 ✓ 为了避免人身伤害，不要接触高电压电缆（橙色）及其接头。 ✓ 请遵循高压电零部件所附的警告标签。 ✓ 请勿拆卸或更换高压零部件，如位于前机舱中的电机控制器和位于后行李舱的高压配电箱。 ✓ 如遇紧急情况，在条件允许情况下拔掉副仪表台下面的紧急维修开关，并妥善保管插头，严禁用手或非绝缘的物体触碰插座。 ✓ 本车配有动力电池，具有高压。如果车辆出现故障，请联系比亚迪授权服务店，切不可私自维修，否则可能发生触电危险。	**如果发生事故** 如果发生紧急危险事故时，请注意如下警告： ✓ 为避免人身伤害，请勿接触任何高压接线及其接头，以及高压零部件。 ✓ 切勿触摸裸露的电线。 ✓ 请尽快联系比亚迪服务店。 ✓ 如果车辆底部的电池包损坏，有液体泄漏或流入车辆的某些零部件，切勿触摸这些液体；如果不慎进入皮肤或眼睛，请立即用大量清水冲洗，并立即就医。 ✓ 如果车辆失火，使用电火专用灭火器灭火。

图 1-8　比亚迪电动汽车使用安全警告

① 检查车辆周围情况，携带有效的智能钥匙，进入驾驶室，调整好驾驶座椅，系好安全带，检查完毕后，松开驻车踏板。

② 踩住制动踏板，按下起动按钮，等待 OK 灯点亮（图 1-9），检查动力蓄电池电量和预估里程。

③ 按下模式选择开关，进入运动模式。

④ 将变速杆（图 1-10）挂至 D 位（D 位为前进挡，N 位为空挡，R 位为倒挡），仪表显示挡位灯亮后，电子驻车制动会自动释放，慢慢松开制动踏板即可起步。

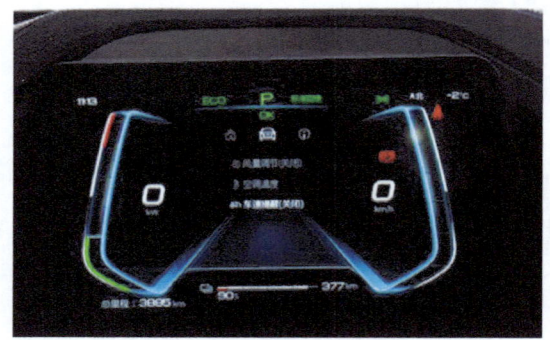

图 1-9　OK 灯亮

图 1-10　变速杆

⑤ 车辆行驶中，模式选择开关最好选择经济模式，以减少电耗；同时尽量避免急加速和急减速，防止造成较大电流冲击，影响车辆动力系统寿命。

2）电动汽车使用方法与传统燃油汽车基本相似，不同点和注意事项有以下 9 点：

① 起动之前应将变速杆置于 P 位，解除驻车制动，完全踩下制动踏板，将变速杆置于 D 位，缓慢松开制动踏板，直到驶离。

② 每次起动后要等待数秒，OK 灯点亮后方可运转车辆。

③ 关于变速器的几点特别注意：在车辆停稳之前，不能强行挂入 P 位，以免损坏变速器；如关闭电机并换入 N 位后仍让车辆移动，变速器将因无法得到润滑而严重受损；如电

机运转且已挂入 R 或 D 位时，务必踩住制动踏板停止车辆；行驶时如换档，切勿踩加速踏板，谨防发生事故；车辆行驶中切勿将变速杆推入 R 位或按下 P 位按键，谨防发生事故；车辆不得在变速杆处于 N 位或 P 位时沿斜坡下行，即使在电机不运转时也不允许；为了防止车辆无意间移动，车辆停稳后要拉紧驻车制动器，并按下 P 位按键。

④ 冷却液应按照说明书要求添加，不能使用纯净水作为冷却液。

⑤ 应避免车辆通过积水深的路面，避免水浸入动力蓄电池。

⑥ 在电量较低情况下（低于 20%），应避免爬坡行驶，要及时充电。

⑦ 橙色线束均为高压线，非专业人员请不要接触此类线束。如出现故障，请直接联系相关维修企业。

⑧ 新车在最初的 2000km 属于磨合期，在此期间严禁高速、大负荷行驶。在起步时和驾驶过程中，避免将加速踏板踩到底，不要以单一的速度长时间地进行快速或慢速行驶，不要牵引其他车辆。在最初的 300km 之内，避免紧急制动。

⑨ 长期存放不使用的车辆，请在存放前将动力蓄电池充满。存放期间每 6 个月应至少进行一次补充充电，慢充至电量超过 50%。

其他使用注意事项请仔细阅读车辆使用说明书。

> **💡 企业提示：预防火灾**
>
> ◇ 车内禁止存放易燃易爆物品。在炎热的夏季，停在阳光下的车辆内部温度可高达 70℃ 以上，如车内存放有打火机、清洗剂、香水等易燃易爆物品，极易引起火灾甚至爆炸。
>
> ◇ 吸烟后要确认烟头已完全熄灭。如果烟头在没有完全熄灭的状态下，有可能会引起火灾。
>
> ◇ 建议定期到比亚迪汽车授权服务店进行检查。对于全车线路，要定期检查电器和线束的插接件、绝缘及固定位置等是否正常，如果发现问题应及时进行处理。
>
> ◇ 禁止改装车辆线路、加装电器部件。加装其他用电器（如大功率音响、氙气前照灯等）会造成线路负荷过大，线束容易发热造成火灾。严禁使用超出用电器额定规格的熔丝或其他金属丝代替熔丝。
>
> ◇ 行车注意事项。车辆在停放期间，尤其是在夏季，一定要注意车底是否有易燃物，如干草、枯枝树叶或麦秆等，因车辆长时间行驶后驱动电机等部件温度升高，如果车底有易燃物，很有可能引起火灾。车辆在行驶过程中，也应尽量避开堆积有易燃物的路段，或在经过此类路段后及时停车检查车底是否挂有易燃物。在停车时，也要尽量避开太阳暴晒的地方。
>
> ◇ 车上要常备轻便的灭火器，并要掌握使用方法。为保证车辆安全，应在车上配备灭火器，并且要定期检查和更换；同时要熟悉灭火器的使用方法，做到有备无患，以免发生意外时束手无策。
>
> ◇ 车辆在维修或保养时，需断开低压蓄电池负极线。
>
> ◇ 使用本车配套点烟器，禁止用逆变器从点烟器处取电。

4. 电动汽车的维护意义与分类

电动汽车在使用中必然造成零件磨损、调整参数变化或螺栓松动等问题，如果不及时维护，可能造成不应出现的经济损失和安全事故。按照企业要求进行定期维护，可以有效延长汽车寿命,使汽车的维修费用降到最低,"三分修、七分养",说明了汽车维护的重要性。

汽车维护的时间与内容随不同车型而不同,应按照使用说明书进行定期维护。我国汽车维护分日常维护、首次维护、A级维护、B级维护,其基本维护时间与要求见表1-5。

表1-5 汽车维护分类

维护分类	维护时间	维护人员	维护内容
日常维护	每天出车前、行车中和收车后	驾驶人	以清洁、补给和安全检视为作业中心(包括对汽车外表清洁;对各处润滑油、燃油、冷却液、制动液、各种工作介质、轮胎及其气压等进行检视补给;对汽车制动、转向、传动、悬架、灯光、信号等安全部位和位置以及发动机运转状态进行检视)
首次维护	行驶5000km（6个月）	企业技术人员	包括日常维护所有内容,另外增加检查更换润滑油;检查制动系统、转向系统、空调系统、车身、安全气囊是否正常;进行前后轮胎定位检查
A级维护（小保养）	每行驶5000km（6个月）		包括日常维护所有内容,另外增加检查更换润滑油
B级维护（大保养）	每行驶10000km（12个月）		包括A级维护所有内容,另外增加更换空调滤清器等内容

注:1. 里程数和月数,以先到者为准。
2. 应该根据汽车使用条件的不同有所区别,包括:汽车经常在崎岖、泥泞、融雪或在多尘等路面上行驶;经常大负荷工作;在8km以内,进行反复短距离行驶;外界气温在0℃以下;长期空转或低速长途行驶,则应提前进行维护。具体各种车型的维护周期应根据使用说明书进行。

有的汽车还要求进行换季维护,一般是在入冬和入夏前气温变化较大时进行。换季维护以更换润滑油、防冻液等为主要内容。

5. 比亚迪秦Pro EV纯电动汽车维护计划

比亚迪秦Pro EV纯电动汽车具体维护计划见表1-6。

表1-6 比亚迪秦Pro EV纯电动汽车维护计划

维护项目	维护时间间隔（里程表读数或月数以先到者为准）															
×1000km	12	24	36	48	60	72	84	96	108	120	132	144	156	168	180	192
月数	6	12	18	24	30	36	42	48	54	60	66	72	78	84	90	96
1. 检查紧固底盘固定螺栓	√	√	√	√	√	√	√	√	√	√	√	√	√	√	√	√
2. 检查制动踏板和电子驻车开关	√	√	√	√	√	√	√	√	√	√	√	√	√	√	√	√
3. 检查制动摩擦块和制动盘	√	√	√	√	√	√	√	√	√	√	√	√	√	√	√	√
4. 检查制动系统管路和软管	√	√	√	√	√	√	√	√	√	√	√	√	√	√	√	√
5. 检查制动钳总成导向销		√		√		√		√		√		√		√		√
6. 检查转向盘、拉杆	√	√	√	√	√	√	√	√	√	√	√	√	√	√	√	√
7. 检查传动轴防尘罩	√	√	√	√	√	√	√	√	√	√	√	√	√	√	√	√

模块 1　电动汽车的总体结构与维护

（续）

维护项目	维护时间间隔（里程表读数或月数以先到者为准）																
	×1000km	12	24	36	48	60	72	84	96	108	120	132	144	156	168	180	192
	月数	6	12	18	24	30	36	42	48	54	60	66	72	78	84	90	96
8. 检查球销和防尘罩		✓	✓	✓	✓	✓	✓	✓	✓	✓	✓	✓	✓	✓	✓	✓	✓
9. 检查前后悬架装置		✓	✓	✓	✓	✓	✓	✓	✓	✓	✓	✓	✓	✓	✓	✓	✓
10. 检查轮胎和重启压力（含TFMS）		✓	✓	✓	✓	✓	✓	✓	✓	✓	✓	✓	✓	✓	✓	✓	✓
11. 检查前轮定位、后轮定位		✓	✓	✓	✓	✓	✓	✓	✓	✓	✓	✓	✓	✓	✓	✓	✓
12. 轮胎调换			✓		✓		✓		✓		✓		✓		✓		✓
13. 检查车轮轴承有无游隙		✓	✓	✓	✓	✓	✓	✓	✓	✓	✓	✓	✓	✓	✓	✓	✓
14. 检查车身损坏情况		每年															
15. 检查前舱盖锁及其紧固件		每年															
油液																		
16. 检查膨胀水箱内冷却液液面高度		✓	✓	✓	✓	✓	✓	✓	✓	✓	✓	✓	✓	✓	✓	✓	✓
17. 检查转向液		✓	✓	✓	✓	✓	✓	✓	✓	✓	✓	✓	✓	✓	✓	✓	✓
18. 检查制动液		✓	✓	✓	✓	✓	✓	✓	✓	✓	✓	✓	✓	✓	✓	✓	✓
19. 更换驱动电机冷却液		每4年或100000km更换长效有机酸型冷却液，以先到者为准															
20. 更换制动液		每2年或40000km更换一次															
21. 更换转向液		每4年或100000km更换一次															
22. 减振器油		免更换															
23. 检查和更换变速器内的齿轮油		首保6个月或5000km更换，后续24个月或48000km更换															
高压																		
24. 检查高压模块故障码（记录后清除）		✓	✓	✓	✓	✓	✓	✓	✓	✓	✓	✓	✓	✓	✓	✓	✓
25. 检查动力蓄电池托盘、防撞杆		✓	✓	✓	✓	✓	✓	✓	✓	✓	✓	✓	✓	✓	✓	✓	✓
26. 检查动力总成是否有漏液、磕碰		✓	✓	✓	✓	✓	✓	✓	✓	✓	✓	✓	✓	✓	✓	✓	✓
27. 检查高压线束或插接件是否松动，引脚是否烧蚀		✓	✓	✓	✓	✓	✓	✓	✓	✓	✓	✓	✓	✓	✓	✓	✓
28. 检查高压模块外观是否变形、是否有油液		✓	✓	✓	✓	✓	✓	✓	✓	✓	✓	✓	✓	✓	✓	✓	✓
29. 检查各充电连接器接口处是否有异物、烧蚀等情况		✓	✓	✓	✓	✓	✓	✓	✓	✓	✓	✓	✓	✓	✓	✓	✓
30. 容量测试及校正		每6个月或72000km															
31. 检查高压系统模块是否有软件更新，有则更换		✓	✓	✓	✓	✓	✓	✓	✓	✓	✓	✓	✓	✓	✓	✓	✓

（续）

维护项目	维护时间间隔（里程表读数或月数以先到者为准）																
	×1000km	12	24	36	48	60	72	84	96	108	120	132	144	156	168	180	192
	月数	6	12	18	24	30	36	42	48	54	60	66	72	78	84	90	96
电器																	
32. 检查灯具灯泡、LED是否正常点亮		√	√	√	√	√	√	√	√	√	√	√	√	√	√	√	√
33. 检查前照灯调光功能是否正常		√	√	√	√	√	√	√	√	√	√	√	√	√	√	√	√
34. 更换普通滤网		√	√	√	√	√	√	√	√	√	√	√	√	√	√	√	√
35. 检查空调制冷剂	必要时补充制冷剂																
36. 近光初始下倾度校准	每隔10000km校准一次																
37. 安全气囊模块及ECU、传感器	每10年或100000km更换一次																

注：1. 检查第1项时，如发现底盘部件有异常损坏请及时更换。

2. 为了使动力蓄电池处于最佳状态，需要定期（至少6个月或72000km）对车辆进行满充满放，达到电池自我校正的目的，也可以联系比亚迪汽车授权服务店测试与校正容量。

3. 符号"√"表示必要时进行检查、修正或更换；两个"√"表示严酷使用条件下所增加的维护项目。"严酷使用条件"包括下列各项：①经常在多尘的地区行驶或经常暴露在含盐分的空气中；②经常在颠簸、有积水的路面或山路上行驶；③在寒冷地区行驶；④频繁地使用制动器、经常紧急制动；⑤经常作为牵引拖车；⑥作为出租汽车使用；⑦在32℃以上，在交通拥挤的市区行驶时间超过总行驶时间的50%；⑧在30℃以上，以120km/h或更高车速行驶的时间超过总行驶时间的50%；⑨超负荷行驶。

6. 电动汽车的日常维护注意事项

电动汽车的日常维护是由驾驶人自己进行，维护时应该注意以下问题（以比亚迪秦Pro EV 纯电动汽车为例）：

1) 开车前的检查。具体包括以下内容：

① 电量是否充足。

② 蓄电池接头是否紧固，有无腐蚀。

③ 轮胎螺栓是否紧固，轮胎气压是否正常，磨损是否严重。

④ 地面上是否有异常液体。

⑤ 冷却液、制动液是否需要添加，是否渗漏。

⑥ 车门锁、儿童锁功能是否正常。

⑦ 安全带功能是否正常。

2) 起动车辆后的检查。观察仪表故障灯是否点亮。

3) 行车中检查。检查转向是否轻便、有无异响，检查制动是否灵敏有效。

1.3 电动汽车的维护准备

维护设备与材料准备见表1-7。

表1-7 维护设备与材料准备（设备数量以小组为单位配置）

名称	数量	名称	数量
汽车举升机	1台/组	前驱变速器齿轮油	0.75~0.85L 型号：道达尔GL-4 75W-90（推荐）

(续)

名　　称	数　　量	名　　称	数　　量
汽车四轮定位仪	1台	后驱变速器齿轮油	1.5L 型号：ATF220
轮胎气压表	1个/组	电机冷却液	4.5L 型号：乙二醇型长效防锈防冻液
百分表	1个/组	制动液	0.86±0.5L 型号：DOT4
千分尺（0~25mm）	1把/组	空调空气过滤器	1个/组
常规拆装工具	1套/组	空调制冷剂	1罐/组
1000V绝缘手套	1套/组	工具盆	1套/组
制动摩擦片	1套/组	手套、抹布等	1批/组

1.4　客户汽车维修接待

任务场景由教师预先设定。

（1）客户接待

◇ 服务顾问：您好！有什么需要我们帮助的吗？

◇ 客户：我昨天接到你们的电话，说我的车已经买了半年了，需要进行保养，所以把车开来了。

（2）汽车初步检查

◇ 服务顾问：好的，我是负责客户接待的，这是我的名片。（递名片）请您给我车钥匙，我检查一下车。（起动开关接通，查看车辆工作情况与行驶里程）

◇ 服务顾问：您的汽车行驶里程已经达到5000km，需要进行首次保养，试车感觉总体正常，说明您平时挺会保养车辆的。

◇ 客户：哈哈，我是有经验的汽车驾驶人了。

◇ 服务顾问：好的，您先填写一下工单。

（3）填写"客户任务工单"　具体内容见本学习任务后面的"学习工单"，由学生填写。

（4）引导客户候车

◇ 服务顾问：请您先去休息室等候，大概需要两个小时。

◇ 客户：好的。（客户到休息室，接待人员负责倒茶、打开电视机）

（5）任务分配　服务顾问将任务分配到维修班组，并移交"客户任务工单"。

提示：汽车维修与接待一般程序如图1-1所示，以后各任务不再重复。

（6）客户接待注意事项　除按流程完成各项接待任务外，还应注意接待礼仪。总体要求是举止文明、动作优雅、姿态潇洒、手势得当、表情自然、仪表端庄、与顾客交流的方法与技巧得当；具体包括仪容、仪表与仪态，言谈礼仪和商务礼仪等。

1.5 电动汽车的首次维护

1. 电动汽车维修注意事项

比亚迪秦 Pro EV 纯电动汽车高压系统电压高达 434.35V，维修时务必严格按照规程进行，以免出现人身和设备事故。比亚迪秦 Pro EV 纯电动汽车高压系统维修警告如图 1-11 所示。

2. 冷却液与管路检查

1）检查冷却液管有无损伤，是否锁紧。

2）检查副散热器冷却液液面高度是否在上限（MAX）和下限（MIN）之间，如图 1-12 所示。必要时添加规定的冷却液。

温馨提示：在打开散热器盖之前，要确认散热器、充配电总成、电机控制器以及电机已经冷却，否则打开散热器盖会喷出冷却液，导致严重烫伤。

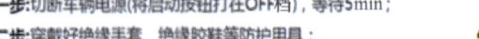
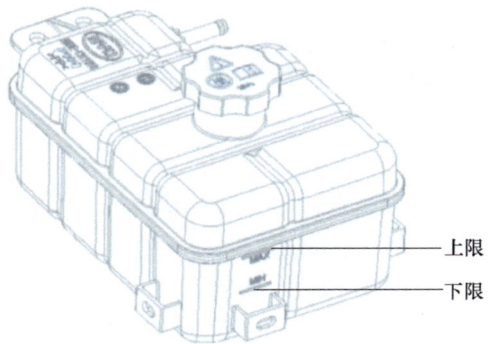

图 1-11 比亚迪秦 Pro EV 纯电动汽车高压系统维修警告　　图 1-12 冷却液液面高度检查

3. 变速器油更换

检查更换前（后）驱变速器齿轮油，新变速器磨合完成后，需要更换规定型号的新齿轮油。更换时先打开放油螺塞（图 1-13）放油，之后拧紧放油螺塞，打开加注螺塞，注入新齿轮油。

在平时使用中，要检查变速器油量，可拧开加注螺塞，用手指小心触摸里面的油位，正常油位应达到加注螺塞孔的边缘（图 1-14），否则应该添加。

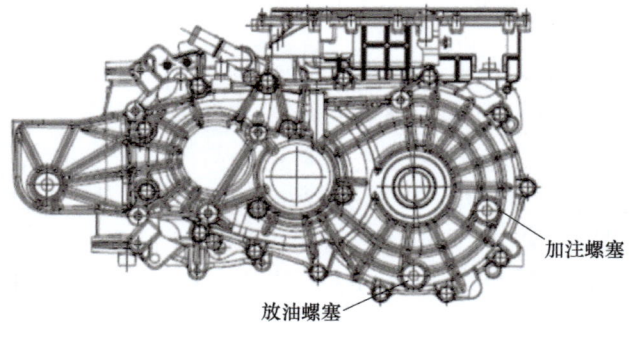
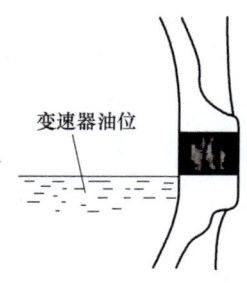

图 1-13 变速器齿轮油更换　　图 1-14 变速器油位检查

4. 底盘螺栓的紧固检查

检查底盘各处的螺栓应紧固，无松动。

5. 制动系统检查

（1）检查调整制动踏板位置开关 压下制动踏板位置开关，直到其柱塞被完全压紧（如图 1-15 螺纹端 A 与踏板臂上的衬垫 B 接触），然后将制动踏板位置开关顺时针转动，直到锁紧，确认踏板松开后制动指示灯熄灭。

（2）检查制动踏板的自由行程 断开整车电源，用手推动踏板，以检测踏板 B 处的自由行程 a 是否为 1~5mm（图 1-16）。如果不是，应调整制动踏板位置开关 A。

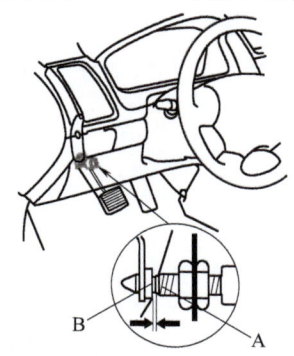

图 1-15 制动踏板位置开关的检查调整

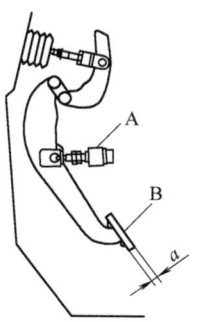

图 1-16 制动踏板自由行程检查调整

（3）前制动摩擦片的检查

1）举升车辆前部，利用安全支撑，在合适的位置将其支撑，拆下前轮。

2）检查内侧摩擦片和外侧摩擦片的厚度（垫片厚度不计）。摩擦片标准厚度为 18.1~18.5mm，维修极限为 8.5mm。

（4）前制动盘检测

1）拆下前轮后，拆下制动片。

2）使用千分尺，在距制动盘外缘 10mm（图 1-17）、间隔大约为 45°的 8 个点处测量制动盘的厚度，其标准值为 27.9~28.1mm，如果小于 26mm，则应更换制动盘。

（5）后制动摩擦片的检测

1）举升车辆后部，利用安全支撑，在合适的位置将其支撑，拆下后轮。

2）检查内侧摩擦片 A 和外侧摩擦片 B 的厚度，如图 1-18 所示，垫片的厚度不计。摩擦片厚度标准值为 16.8~17.4mm，如果小于维修极限 8.4mm，则应更换摩擦片。

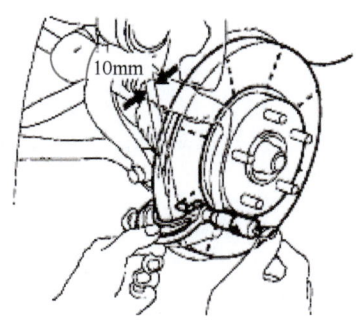

图 1-17 前制动盘检测

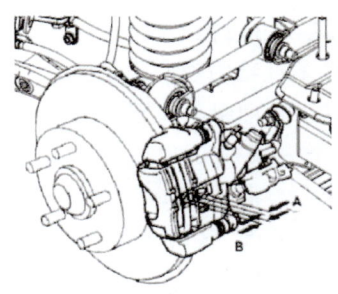

图 1-18 后制动摩擦片检测

（6）后轮制动盘的检测

1）拆下后轮后，拆下制动片。

2）使用千分尺，在距制动盘外缘10mm、间隔大约为45°的8个点处测量制动盘的厚度，其标准值为9.9~10.1mm，如果小于9mm，则应更换制动盘。

（7）制动软管、管路及制动液的检查

1）检查制动软管是否损坏、老化、泄漏、相互干扰和扭曲。

2）检查制动管路是否损坏、锈蚀及泄漏，还应检查制动管路是否被碰弯。

3）检查软管、管路接头和连接处是否出现泄漏，必要时重新紧固。

4）检查制动主缸和ABS调制器装置是否破损或泄漏。

5）检查制动液是否正常。制动主缸储液罐的液位必须处于最大液位标志（MAX）处，如图1-19所示，必要时补充或更换。

6）检查制动液是否有空气，如有，则按照以下步骤排气：

① 将一段干净的排放管接在排放螺钉上。

② 由助手缓慢踏压制动踏板几次，然后施加持续不变的压力。

③ 从左后方开始，松开制动器排气螺钉，让空气从系统中释放出来，然后快速拧紧排气螺钉。

④ 按图1-20所示顺序，依次对每个车轮进行上述操作，直到从排放管出来的制动液中见不到气泡为止。

⑤ 再次将制动主缸储液罐注满，使液面达到MAX标线。

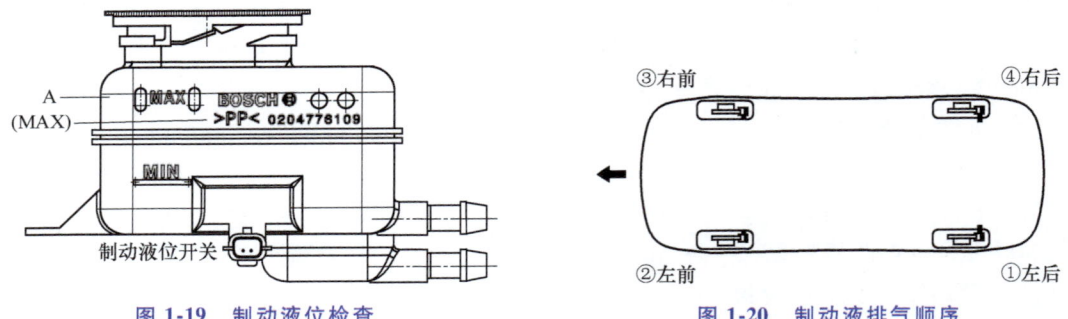

图1-19 制动液位检查　　　　图1-20 制动液排气顺序

6. 转向系统检查

检查转向系统的转向盘回位是否正常，自由行程是否正确，拉杆、传动轴及其防尘罩、球销及其防尘罩是否变形、损坏。

转向盘自由行程的检查方法如下：

1）停车且轮胎朝向正前方。

2）轻转转向盘，检查转向盘自由行程。如图1-21所示，转向盘最大自由行程为30mm。

7. 行驶系统检查

1）检查悬架装置是否工作正常。

2）检查轮胎表面是否磨损严重或损坏。磨损情况可以根据胎面磨损指示标志（图1-22），如果看到2个或更多花纹出现磨损标志，就应更换轮胎。轮胎表面出现割伤、断裂、露出帘布层等均应更换轮胎。更换轮胎时一般要求同时更换4个，或至少要同时更换同轴的 2 个。更换轮胎还必须做动平衡试验。

图 1-21 转向盘自由行程的检查

图 1-22 胎面磨损指示标志

采用轮胎气压表检查轮胎气压是否正常（落地胎正常气压是 250kPa，备胎正常气压是 240kPa），同时检查气门嘴盖是否完好。

温馨提示：轮胎气压表检测应该在冷轮胎时进行，或在停车 3h 后，或行驶不超过 1.5km 时进行，否则检测数据不准确。

3）在汽车四轮定位仪上检查前后轮定位是否正常。
4）检查车辆轴承有无游隙，必要时进行调整。

8. 空调检查

1）检查空调制冷及制热是否正常，必要时补充制冷剂。
2）更换空调滤清器。

9. 其他检查

1）检查安全气囊是否正常。
2）检查车身有无损坏。

1.6 电动汽车的维护质量检查与交车

1. 车辆维护质量检查

车辆维护质量检查由质检员进行，按照维护质量检查表（表 1-8）逐项检查并签名。

表 1-8 维护质量检查表

序号	项目	检查结果	质检员签名
1	故障结论判断	正确	×××
2	故障排除情况	已经排除	×××
3	是否按要求进行维护	…	…
4	是否按要求记录相关内容	…	…
5	5S 检查	…	…
6	全面完成工单任务情况	…	…
7	维护建议	…	…
8	试车检查	正常	×××
9	工单、资料填写存档	…	…

2. 交车

1）前台将填报完整的任务工单一份交给客户，详细介绍故障诊断排除情况。
2）客户试车。
3）征求客户对本次维修服务的意见。
4）引导客户结账。
5）交代维护车辆的使用注意事项。
6）送客户。
7）维修材料归档保管。

> 温馨提示：后续各任务的车辆维修质量检查与交车程序可参照实施，不再重复。

任务总结

1）电动汽车是纯电动汽车、混合动力电动汽车和燃料电池电动汽车的总称。其主要特点是节能、环保、噪声小。

2）电动汽车根据使用动力源不同分类为纯电动汽车（BEV）、混合动力电动汽车（HEV）和燃料电池电动汽车（FCEV）。BEV 是驱动能量完全由电能提供的、由电机驱动的汽车。电机的驱动电能来源于车载可充电储能系统或其他能量储存装置；HEV 是能够至少从消耗的燃料和可再充电电能储存装置两类车载存储的能量中获得动力的汽车；FCEV 是以燃料电池系统作为单一动力源或者是以燃料电池系统与可充电储能系统作为混合动力源的电动汽车。

3）BEV 动力装置主要由动力蓄电池、驱动电机、控制系统及安全保护系统等组成。当汽车行驶时，动力蓄电池输出的直流电经电机控制系统变为交流电后流入驱动电机，电机输出的转矩经传动系统驱动车轮。当汽车减速时，车轮带动驱动电机转动，通过电机控制系统使感应电机成为交流发电机产生电流，再将交流电变为直流电向动力蓄电池充电。

4）BEV 的行驶状态主要有起步、正常行驶、急加速（上坡）、减速（制动）、倒车和停车等模式。

5）使用 EV 前，一定要仔细阅读车辆使用说明书，使用中要密切注意组合仪表各项信息，及时发现存在问题并排除。

6）要注意电动汽车与传统汽车使用的不同之处，尤其要注意高压安全。

7）电动汽车按照企业要求进行定期维护，可以有效延长汽车寿命，使汽车的维修费用降到最低。

8）电动汽车维护分日常维护、首次维护、A 级维护、B 级维护。

9）日常维护由驾驶员进行，主要维护内容是以清洁、补给和安全检视为作业中心。

10）首次维护由企业进行，主要维护内容包括日常维护所有内容，另外增加检查更换变速器油；检查制动系统、转向系统、空调、车身及安全气囊是否正常；检查前后轮胎定位等。

11）A 级维护由企业进行，内容包括日常维护所有内容，另外增加检查各种油液；B 级维护也由企业进行，内容包括 A 级维护所有内容，另外增加更换空调滤清器等内容。

学 习 工 单

任务1　电动汽车的维护

学生姓名		学生班级		小组名称/组长	
汽车型号		车辆识别码		实训地点/时间	
客户报修	客户购买比亚迪秦 Pro EV 纯电动汽车已经半年了，昨天接到4S店电话，今天到4S店进行首次维护。				
主要设备、工具和资料					

子任务1　每2人为一组，1人扮演客户，1人扮演服务顾问，完成客户来企业进行首次维护的接待过程，并在小组或班级演示。

子任务2　根据首次维护工作任务，完成以下任务工单填写：

车主姓名		联系电话	
车型		车牌号	
车辆识别码（VIN）			
发动机号		底盘号	
购车时间		行驶里程/km	
通信地址		日期	

故障现象描述：

检查维修建议：

故障结论：

维修记录：
1. 维修过程简介：
2. 更换或维修零部件：
3. 维修工时：

取车付款：		维修负责人：	
现金	银行卡	收款人：	

子任务 3　对比传统汽车，说明电动汽车使用时应该注意哪些问题。

子任务 4　写出电动汽车日常维护的注意事项。

子任务 5　完成下列关于电动汽车维护的知识测评作业。
1）电动汽车（Electric Vehicle，EV）主要包括车型有（　　）。
　A. 纯电动汽车　　　　　　　　B. 混合动力电动汽车
　C. 燃料电池电动汽车　　　　　D. 燃气汽车
2）组合仪表指示灯 ⚡ 与警告灯 ⚠，分别代表的含义是（　　）。
　A. 动力蓄电池放电连接指示灯　B. 动力蓄电池充电连接指示灯
　C. 动力系统故障警告灯　　　　D. 动力系统发热警告灯
3）电动汽车维护时间，以（　　）或（　　）先到者为准，同时还应该根据（　　）的不同有所区别。
　A. 行驶累计公里数　　　　　　B. 月数
　C. 汽车车型　　　　　　　　　D. 汽车使用频率
　E. 汽车使用条件
4）动力蓄电池包拆卸时，需要做哪些准备工作（　　）。
　A. 将车辆退电至 OFF 档　　　B. 断开 12V 蓄电池负极
　C. 佩戴绝缘手套　　　　　　　D. 拔掉维修开关
5）纯电动汽车组成结构如下图所示，请在方框里面填上部件名称，并简述其基本工作原理。

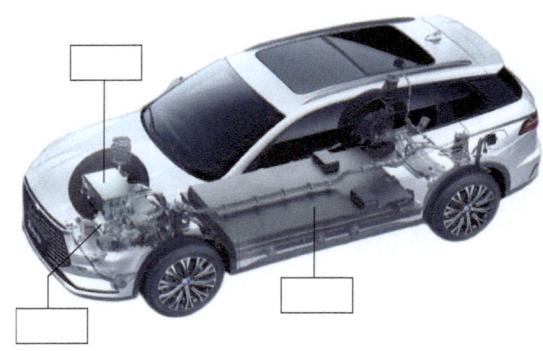

6）比亚迪秦 Pro EV 纯电动汽车的组合仪表如下图所示，请写出各序号所表达信息的名称。

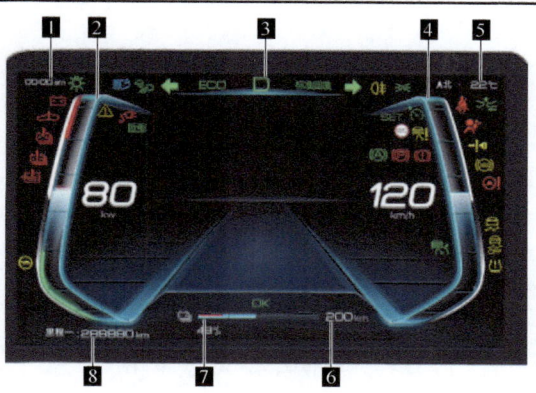

子任务 6　任务交流（学生学习小组制作任务完成情况交流发言稿，推举代表发言）。

子任务 7　任务评价（根据上述实操、作业和交流情况，进行任务自评、小组互评和综合评价，其中自评、小组互评满分各占 25 分，教师综合测评满分 50 分）。
自评（评语及评分）：

签名：
年　月　日

小组互评（评语及评分）：

组长签名：
年　月　日

综合评分与教师评价	
	教师签名： 年　月　日

模块 2

电动汽车动力蓄电池及其管理系统的结构与维修

任务 2　动力蓄电池故障警告灯亮的故障诊断与维修

任务接受

客户报修：比亚迪秦 Pro EV 纯电动汽车在行驶中突然组合仪表中动力蓄电池故障警告灯亮。

学习目标

1）能够描述动力蓄电池的主要性能指标与分类。
2）能够解释动力蓄电池的基本结构与工作原理。
3）学会动力蓄电池常见故障的分析与检测。
4）能够进行动力蓄电池的拆装与维修。
5）培养学生勤用脑、多动手的工匠精神和大胆想、求突破的创新精神与能力。

任务准备

2.1　电动汽车动力蓄电池系统的信息收集

1. 动力蓄电池的作用与主要性能指标

动力蓄电池是为电动汽车动力系统提供能量的储能装置，是纯电动汽车行驶时的唯一驱动能源，对汽车运行起决定性作用。动力蓄电池的主要性能指标有以下几个。

（1）**电压**　电压是指动力蓄电池正负极间的电位差，单位是 V。根据检测工况不同，分为如下 5 种：

1）标称电压：由厂家指定的用于标识电池的适宜的电压近似值。

2）开路电压：指蓄电池在开路条件下的端电压。随着电池放电程度的增加或电池性能的下降，开路电压会随之下降。

3）负载电压：是指蓄电池接上负载后处于放电状态下的端电压。放电电流越大，负载电压越低；随着蓄电池放电程度的增加，负载电压也会随之下降。

4）充电截止（终止）电压：是指蓄电池正常充电时允许达到的最高电压。

5）放电截止（终止）电压：是指蓄电池正常放电时允许达到的最低电压。

根据动力蓄电池检测对象不同，有单体蓄电池电压、蓄电池模块电压和动力蓄电池电压。

单体蓄电池是直接将化学能转换为电能的基本单元装置，通常包括电极、隔膜、电解质、外壳和端子，并被设计成可充电，也称为电芯。蓄电池模块是指一个以上单体蓄电池的串并联组合，也称作蓄电池组。动力蓄电池通常包括蓄电池组、蓄电池管理系统、蓄电池箱及相应附件，具有从外部获得电能并可以对外输出电能的单元。

（2）内阻　内阻是指蓄电池中电解质、正负极群、隔膜等电阻的总和。电池内阻越大，电池自身消耗掉的能量越多，电池的使用效率越低，在充电时发热越多。随着蓄电池使用次数增多，由于电解液的消耗及蓄电池内部化学物质活性降低，蓄电池的内阻会有不同程度的升高。

（3）容量　容量是指在一定放电条件下完全充电的蓄电池所能释放出的总容量，它是放电电流和放电时间的乘积，单位为 A·h 或 mA·h（1A·h=1000mA·h）。

额定容量是指在规定条件下测得并由制造商标明的电池容量。根据测试条件不同，容量分为常温放电容量、常温倍率放电容量（能量型）、常温倍率放电容量（功率型）、常温倍率充电性能、低温（-20℃）放电容量、高温（55℃）放电容量、常温荷电保持与容量恢复能力等。国家标准 GB/T 31486—2015《电动汽车用动力蓄电池电性能要求及试验方法》对动力蓄电池模块的测试方法和判定标准规定见表 2-1。

表 2-1　各种容量的测试方法和判定标准

容量分类	测试方法	判定标准
常温[①]放电容量	1C[②]充电至截止电压，1C 放电至截止电压，计算放电容量。重复测试 5 次，取平均值数据	1）计算容量在企业所规定额定值的 100%~110% 之间 2）所有样品的计算容量极差（最大和最小容量差）不得超过 5%（一致性要求）
常温倍率放电容量（能量型[③]）	常温下以 1C 充满电，以 3C 放电（最大电流不超过 400A）至某一单体达到截止电压，计算放电容量	计算容量不低于额定值的 90%
常温倍率放电容量（功率型[④]）	常温下以 1C 充满电，以 8C 放电（最大电流不超过 400A）至某一单体达到截止电压，计算放电容量	计算容量不低于额定值的 80%
低温（-20℃）放电容量	常温下以 1C 充满电，在-20℃温度下存储 24h，在-20℃下以 1C 放电至某一单体达到截止电压，计算放电容量	计算容量不低于额定值的 70%（锂电池）或 80%（镍氢电池）
高温（55℃）放电容量	常温下以 1C 充满电，在 55℃温度下存储 5h，在 55℃下 1C 放电至某一单体达到截止电压，计算放电容量	计算容量不低于额定值的 90%

① 常温：指环境温度 25℃±2℃。

② C：充放电倍率（=充放电电流/电池额定容量）。如额定容量 100A·h 的电池，1C 表示充电或放电电流是 100A（100A·h 的 1 倍率）。

③ 能量型电池：室温下，最大允许持续输出电功率（W）和 1C 倍率放电能量（W·h）的比值低于 10 的蓄电池。它主要应用于纯电动汽车、插电式/增程式混合动力汽车，要求存储的能量多（比能量大），高低温性能好，循环寿命好。

④ 功率型电池：室温下，最大允许持续输出电功率（W）和 1C 倍率放电能量（W·h）的比值不低于 10 的蓄电池。它主要应用于混合动力汽车，起到能量回收和动力辅助输出的作用，要求倍率性能突出（比功率大），内阻小，发热量低，循环寿命长。

（4）能量　在一定的放电条件下，蓄电池所输出的能量的单位是 W·h 或 kW·h，主要有以下两种衡量方式：

1）额定能量：指室温下完全充电的蓄电池，以 I 电流放电，达到放电终止电压时所能放出的能量（单位是 W·h）。

2）能量密度：指从蓄电池的单位质量或单位体积所获取的电能，用 W·h/kg（质量能量密度）、W·h/L（体积能量密度）来表示。

（5）功率　功率指在一定的放电条件下，蓄电池在单位时间所输出的电能（W 或 kW）。

功率密度：从蓄电池的单位质量或单位体积所获取的输出功率，用 W·h/kg（质量功率密度）、W·h/L（体积功率密度）来表示。

（6）循环寿命　循环寿命指电池在保持电池性能前提下，在指定的充放电终止条件下，以特定的充放电制度进行充放电，动力蓄电池在不能满足寿命终止标准前所能进行的循环数。

根据试验条件不同，循环寿命分标准循环寿命和工况循环寿命。GB/T 31484—2015《电动汽车用动力蓄电池循环寿命要求及试验方法》对这两种循环寿命的测试方法和判定标准的规定见表 2-2。

表 2-2　循环寿命的测试方法和判定标准

检验项目	测试方法	判定标准
标准循环寿命	1C 充电，1C 放电，放电深度为 100% DOD（或企业所规定条件）	容量衰减到初始值的 80% 时，循环测试>1000 次，或容量衰减到初始值的 90% 时，循环测试>500 次
工况循环寿命	采用新的工况循环图谱，分功率型和能量型两种电池，测试工况区分乘用车和商用车	依据企业所规定数据

（7）安全防护　安全防护包括各种安全要求（振动、机械冲击、跌落、翻滚、碰撞、挤压、温度冲击、湿热循环、海水浸泡、外部火烧、盐雾腐蚀、高海拔安全、过温保护、短路保护、过充电保护、过放电保护）以及各种操作安全要求等。

目前常见动力蓄电池的主要性能比较见表 2-3。

表 2-3　常见动力蓄电池性能比较

指标	三元锂电池（镍钴锰）	磷酸铁锂电池	锰酸锂电池	铅酸电池	镍氢电池
单体电压/V	3.7	3.2	3.7	2	1.25
比能量/(W·h/kg)	150~210	140~160	130~150	30~50	70~120
循环寿命/次	800~1200	>2000	600~1000	250~350	600~800
高温性能(>55℃)	一般	优异	一般	一般	较好
-10℃容量保持率(%)	85	70	80	60~70	70~80
最佳放电倍率/C	1	1	1	0.2	0.5
最大放电倍率/C	30	30	30	20	30
常温 28 天自放电率(%)	10	10	10	5	30
充放电效率(%)	99	99	99	80	90
过充性能	差	较好	差	好	差
安全性	较好	好	较好	好	较好
环保性能	污染	无污染	无污染	污染	轻污染

2. 电动汽车动力蓄电池分类

动力蓄电池分类见表 2-4。

表 2-4 动力蓄电池分类

分类方法	种类	含义
按工作介质分	锂离子蓄电池	利用锂离子作为导电离子，在阳极和阴极之间移动，通过化学能和电能互相转化实现充放电的电池
	金属氢化物镍蓄电池（镍氢蓄电池）	正极使用镍氧化物，负极使用可吸收释放氢的储氢合金，以氢氧化钾为电解质的蓄电池
	铅酸蓄电池	正极活性物质使用二氧化铅，负极活性物质使用铅，并以硫酸溶液为电解液的蓄电池
	超级电容器	至少有一个电极主要是通过电极/电解液界面形成的双电层电容或电极表面快速氧化还原反应形成的赝电容实现储能的电化学储能器件
按封装形式分	圆柱形	具有圆柱形电池外壳和连接元件（电极）的蓄电池
	方形	具有长方体电池外壳和连接元件（电极）的蓄电池
	软包蓄电池	具有复合薄膜制成的电池外壳和连接元件（电极）的蓄电池
按性能分	高能量型	以高能量密度为特点，主要用于高能量输出的动力蓄电池
	高功率型	以高功率密度为特点，主要用于瞬间高功率输出、输入的动力蓄电池

3. 常用动力蓄电池的结构原理

电动汽车目前广泛应用的动力蓄电池有锂离子蓄电池和镍氢蓄电池等。

（1）锂离子蓄电池 锂是世界最轻的金属，锂离子蓄电池是指锂离子嵌入化合物为正负极的二次电池。1990 年，锂离子蓄电池由索尼公司首先推向市场。相对于传统的铅酸蓄电池与镍氢蓄电池，其性能最为优越，号称"终极电池"，受到市场的广泛青睐。它具有以下优点：

1）工作电压高：单体标称电压高达 3.6V，是镍氢蓄电池的 3 倍、铅酸蓄电池的近 2 倍）。

2）比能量大：高达 150W·h/kg，是镍氢蓄电池的 2 倍、铅酸蓄电池的 4 倍，因此重量轻，是相同能量的铅酸蓄电池的 1/3~1/4。

3）循环寿命长：循环次数可达 2000 次，寿命约为铅酸蓄电池的 2~3 倍，使用年限可达 5~8 年。

4）自放电率低：每月不到 5%，是镍氢蓄电池的 1/6。

5）允许工作温度宽：-20~55℃。

此外，它无记忆性，不存在有毒物质，对环境无污染，能够制造成任意形状，而且电池主要材料锂（Li）、锰（Mn）、铁（Fe）、钒（V）等，在我国都是富产资源，特别适合我国发展。锂离子蓄电池目前主要问题是成本较高，安全性能有待进一步完善。

锂离子蓄电池的基本结构如图 2-1 所示。它的负极一般是可大量储锂的碳素材料，正极是含锂的过渡金属氧化物或磷化物，电解质是锂盐的有机溶液。

正极一般选择相对锂而言电位高于 3V 且在空气中稳定的嵌锂过渡金属氧化物，如钴酸锂（$LiCoO_2$）、磷酸铁锂（$LiFePO_4$）、镍钴锰三元锂（$LiNi_xCo_yMn_zO_2$）、镍酸锂（$LiNiO_2$）、锰酸锂（$LiMn_2O_4$）等。

负极的材料则选择电位尽可能接近锂电位的可嵌入锂化合物，如各种碳材料（包括天然石墨、合成石墨、碳纤维、中间相小球碳素等）和金属氧化物等。

电解质采用 $LiPF_6$ 的乙烯碳酸脂（EC）、丙烯碳酸脂（PC）和低黏度二乙基碳酸酯（DEC）等烷基碳酸脂搭配的混合溶剂体系。

隔膜采用聚烯微多孔膜如 PE、PP 或它们的复合膜，尤其是 PP/PE/PP 三层隔膜不仅熔点较低，而且具有较高的抗穿刺强度，起到了热保险作用。

外壳采用钢或铝材料，盖体组件具有防爆断电的功能。

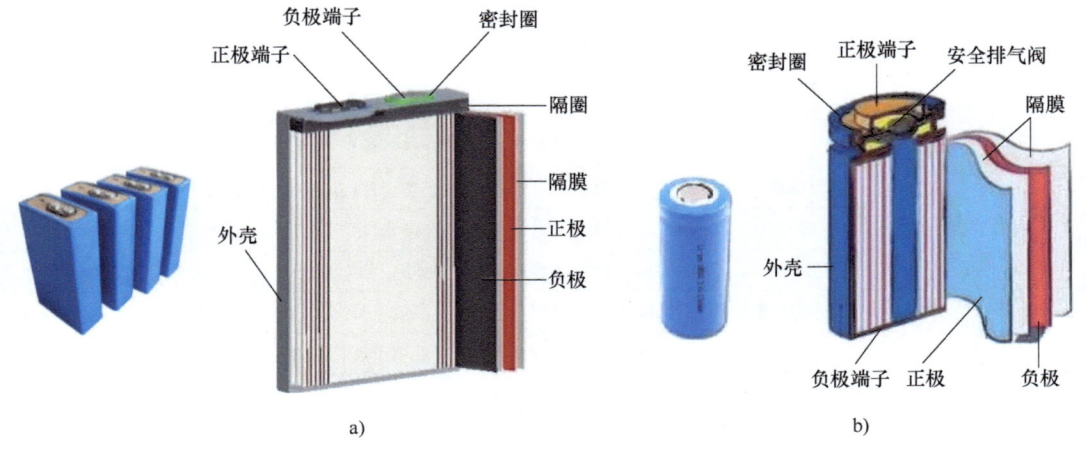

图 2-1 锂离子电池结构

a）方形锂离子蓄电池　b）圆柱形锂离子蓄电池

锂离子蓄电池的工作原理如图 2-2 所示。当蓄电池充电时，锂离子从正极中脱嵌，经过电解质嵌入负极，负极处于富锂状态；放电时则相反。Li^+ 在两个电极之间往返嵌入和脱嵌，被形象地称为"摇椅电池"。

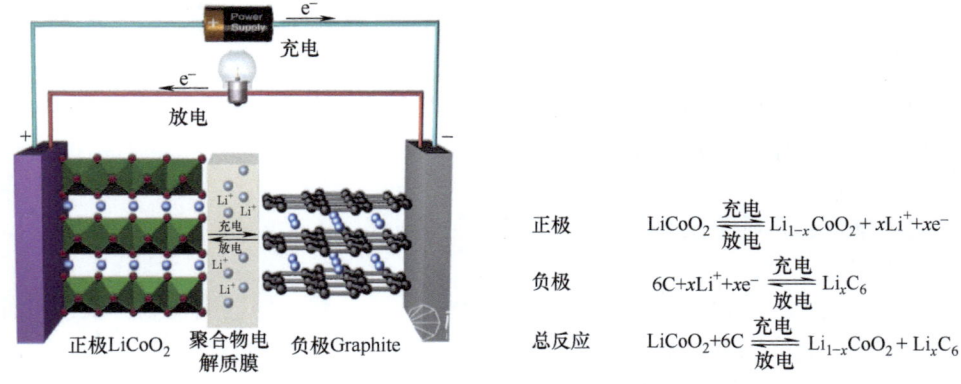

正极　$LiCoO_2 \xrightleftharpoons[放电]{充电} Li_{1-x}CoO_2 + xLi^+ + xe^-$

负极　$6C + xLi^+ + xe^- \xrightleftharpoons[放电]{充电} Li_xC_6$

总反应　$LiCoO_2 + 6C \xrightleftharpoons[放电]{充电} Li_{1-x}CoO_2 + Li_xC_6$

图 2-2 锂离子蓄电池工作原理

温馨提示：锂离子蓄电池工作原理视频可扫二维码资源 2.1 观看。

（2）镍氢蓄电池（Ni-MH） 镍氢蓄电池是早期的镍镉蓄电池的替代产品，它是目前最环保的电池之一，以能吸收氢的金属代替镉，不再使用有毒的镉，可以消除重金属元素对环境带来的污染问题。镍氢蓄电池相比于铅酸蓄电池和镍镉蓄电池有着较大的能量密度，能有效地延长车辆的行驶时间，同时镍氢蓄电池的记忆效应比镍镉蓄电池小得多，这使得镍氢蓄电池在电动汽车中得到大量使用，如丰田卡罗拉双擎汽车用的就是镍氢蓄电池。

镍氢蓄电池的基本结构如图2-3所示，正极活性物质为氢氧化镍（电极称氧化镍电极），负极活性物质为金属氢化物，也称储氢合金（电极称储氢电极），电解液为氢氧化钾溶液。由活性物质构成电极极片的工艺方式主要有烧结式、拉浆式、泡沫镍式、纤维镍式、嵌渗式等。其单体电池的电压为1.2V。

镍氢蓄电池中的金属氢化物的"金属"部分实际上是金属互化物（在一定条件下，金属相互化合而形成的化合物）。许多种类的金属互化物都已被运用，它们主要分为两大类：最常见的是AB5一类，A是稀土元素的混合物，或者再加上钛（Ti），B则是镍（Ni）、钴（Co）、锰（Mn）等；而一些高容量电池"含多种成分"的电极则主要由AB2构成，这里的A是钛（Ti）或者钒（V），B则是锆（Zr）或镍（Ni），再加上一些铬（Cr）、钴（Co）、铁（Fe）等。所有这些化合物扮演的都是相同的角色即可逆地形成金属氢化物。当电池充电时，氢氧化钾（KOH）电解液中的氢离子（H^+）会被释放出来，由这些化合物将它吸收，避免形成氢气（H_2），以保持蓄电池内部的压力和体积。当蓄电池放电时，这些氢离子便会经由相反的过程回到原来的地方。

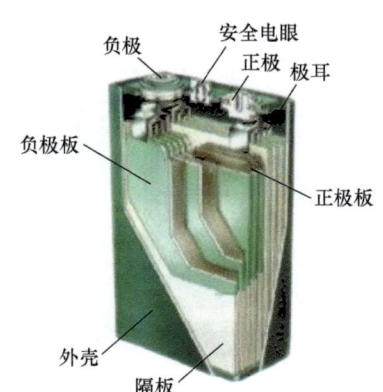

图2-3 镍氢蓄电池的结构

镍氢蓄电池的工作原理如图2-4所示。充电时，负极为储氢合金M析出H_2，储存在容器中，正极由$Ni(OH)_2$变成$NiOOH$和H_2O；放电时，H_2在负极上被消耗掉，正极由$NiOOH$变成$Ni(OH)_2$。

正极 $Ni(OH)_2 + OH^- \underset{放电}{\overset{充电}{\rightleftharpoons}} NiOOH + H_2O + e^-$

负极 $M + H_2O + e^- \underset{放电}{\overset{充电}{\rightleftharpoons}} MH + OH^-$

总反应 $M + Ni(OH)_2 \underset{放电}{\overset{充电}{\rightleftharpoons}} MH + NiOOH$

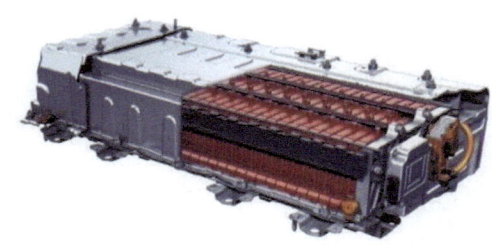

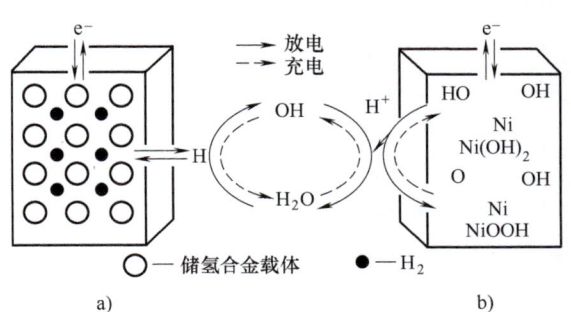

图2-4 镍氢蓄电池工作原理
a）负极（储氢合金载体） b）正极（镍）

除上面介绍的两种电池外，还有铅酸蓄电池、镍镉蓄电池、镍锌蓄电池、钠硫蓄电池、钠氯蓄电池、锌空气电池、铝空气电池等，在电动汽车上应用相对较少，限于篇幅，在此不做介绍。

4. 比亚迪秦 Pro EV 纯电动汽车动力蓄电池

（1）镍钴锰三元电池　比亚迪秦 Pro EV 纯电动汽车采用了自主研发的镍钴锰三元电池，其材料通常可以表示为：$LiNi_xCo_yMn_zO_2(x+y+z=1)$，可简写为 $LiMO_2$。依据 3 种元素的摩尔比（$x:y:z$ 比值）的不同，分别将其称为不同的体系，如组成中镍钴锰摩尔比（$x:y:z$）为 1:1:1 的三元材料，简称为 333 型；摩尔比为 5:2:3 的体系，称之为 523 体系。其中，333 型、523 型和 811 型等三元材料均属于六方晶系的 $\alpha\text{-}NaFeO_2$ 型层状岩盐结构，如图 2-5 所示。

镍钴锰三元材料中，3 种元素的主要价态分别是 +2 价、+3 价和 +4 价，Ni 为主要活性元素。其充电时的反应及电荷转移如图 2-6 所示。

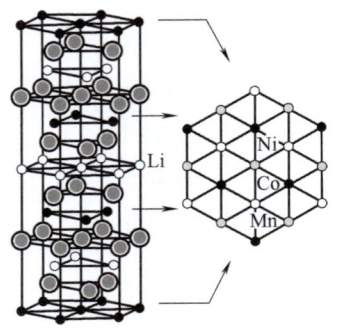

图 2-5　$\alpha\text{-}NaFeO_2$ 型镍钴锰三元材料的结构

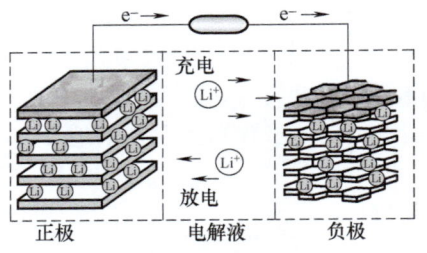

图 2-6　三元材料充放电原理示意图

正极反应：$LiMO_2 \xrightarrow{充电} Li_{1-x}MO_2 + xLi^+ + xe^-$

负极反应：$nC + xLi^+ + xe^- \xrightarrow{充电} Li_xC_n$

电池总反应：$LiMO_2 + nC \xrightarrow{充电} Li_{1-x}MO_2 + Li_xC_n$

比亚迪秦 Pro EV 纯电动汽车动力蓄电池由 11 个模块 119 个单体蓄电池组成（图 2-7），每个单体 3.65V，总电压 434.35V，电池容量达 130A·h，一次充电 56.4kW·h，NEDC 工况续驶里程达到 420km。

⚡ **温馨提示**：比亚迪秦 Pro EV 纯电动汽车动力蓄电池结构视频可扫二维码资源 2.2 观看。

图 2-7　动力蓄电池组成

（2）磷酸铁锂刀片电池　秦 PLUS EV 作为秦 Pro EV 的升级款，搭载了自主研发的新一代磷酸铁锂电池，因单体形似刀片，也称为刀片电池，如图 2-8 所示。刀片电池在结构上做了较大的改进，基于无模组理念开发而来，对电池单体进行了改进，利用形似刀片的硬盒长电池单体作为结构件，减少拼装模组的步骤，直接将电池单体安装在电池包内，电池阵列不设置端板和侧板等结构，减少了模组框架的使用，减少了元件数量和组装工序。通过独特的结构设计，刀片电池的空间利用率比普通电池包提升50%，体积比能量密度从251W·h/L提升至332W·h/L。

> **刀片电池出鞘·安天下——刀片电池结构创新、突破自我**
>
> 当电动汽车行业都在无限追求三元锂电池带来的高密度、高续航时，比亚迪却始终把安全放在首位，二十年沉淀孕育稳定性更高的磷酸铁锂刀片电池，征服动力蓄电池测试领域"珠穆朗玛峰"，走出一条突破自我的新能源开创之路。2020年3月29日，比亚迪刀片电池发布会上，中国科学院院士欧阳明高、比亚迪董事长兼总裁王传福、比亚迪副总裁、弗迪电池董事长何龙重磅解析了里程碑式的新能源汽车电池技术，不仅能推动动力蓄电池技术的发展，也将助力全球新能源出行产业的再次提速。
>
> 创新不仅仅限于电化学体系上，电芯结构设计、系统集成同样重要，甚至有可能有更多潜力可挖掘。

单体蓄电池内部结构如图2-9所示，左边是橄榄石结构的$LiFePO_4$作为蓄电池的正极，由铝箔与电池正极连接，中间是聚合物的隔膜，它把正极与负极隔开，但锂离子（Li^+）可以通过，而电子（e^-）不能通过，右边是由碳（石墨）组成的蓄电池负极，由铝箔与电池的负极连接。电池的上下端之间是蓄电池的电解质，蓄电池由金属外壳密闭封装，在使用过程中不用添加电解液，实现真正的免维护。

图2-8　秦PLUS EV汽车磷酸铁锂"刀片电池"

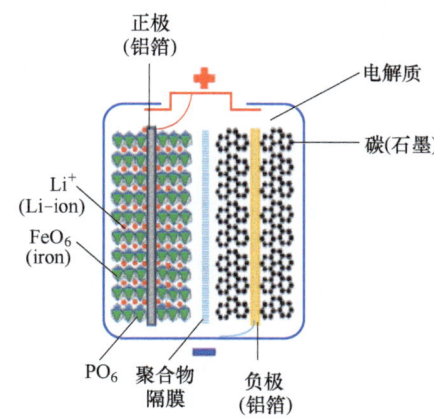

图2-9　磷酸铁锂电池的单体蓄电池内部结构

磷酸铁锂电池在充电时，正极中的锂离子Li^+通过聚合物隔膜向负极迁移；在放电过程中，负极中的锂离子（Li^+）通过隔膜向正极迁移。电池标称电压3.2V，终止充电电压为3.75V，终止放电电压为2.0V。化学反应方程式如下：

$$正极反应：LiFePO_4 \underset{放电}{\overset{充电}{\rightleftharpoons}} Li_{(1-x)}FePO_4 + xLi^+ + xe^-$$

负极反应：$x\text{Li}^+ + xe^- + 6\text{C} \underset{\text{放电}}{\overset{\text{充电}}{\rightleftharpoons}} \text{Li}_x\text{C}_6$

总反应：$\text{LiFePO}_4 + 6\text{C} \underset{\text{放电}}{\overset{\text{充电}}{\rightleftharpoons}} \text{Li}_{(1-x)}\text{FePO}_4 + \text{Li}_x\text{C}_6$

5. 比亚迪秦 Pro EV 纯电动汽车维修开关

为了动力蓄电池等高压部件维修安全，比亚迪秦 Pro EV 纯电动汽车设置了手动维修开关（图2-10），它安装在中控台盖板下。在进行高压零部件维修时，务必先拔下维修开关。

2.2 动力蓄电池故障警告灯亮的故障分析

根据比亚迪秦 Pro EV 纯电动汽车结构原理，动力蓄电池方面的故障可能原因的分析过程如图 2-11 所示。

图 2-10 维修开关

图 2-11 故障可能原因分析

2.3 动力蓄电池系统维修准备

动力蓄电池系统维修设备与材料准备见表2-5。

表 2-5 比亚迪秦 Pro EV 纯电动汽车维修设备与材料

名称	数量	名称	数量
元征 X-431 故障诊断仪	1台/组	绝缘电阻测试仪	1个/组
汽车万用表	1台/组	1000V 绝缘手套	1套/组
常规拆装工具	1套/组	手套、抹布等	1批/组
扭力扳手	1把(135N·m)/组	电工胶布等	2卷/组
双柱举升机	1台(举升质量≥3500kg)	防护面罩	1套/组
液压车	1台(载重1000 kg)/组	工作台	1台/组

模块 2　电动汽车动力蓄电池及其管理系统的结构与维修

2.4　动力蓄电池系统故障检查

1. 外部直观检查

直观检查动力蓄电池紧固螺栓是否有松动，接头是否脱落、松动，极桩是否氧化，表面是否脏污，各高压导线有无损坏等现象，如有应予排除。目测检查电池包壳体是否有破损、变形、裂纹，高压插接件的密封圈是否完整，外部有无漏液，如有应更换壳体或动力蓄电池模块。

2. 故障诊断仪检查

故障诊断仪是快速准确诊断汽车故障的设备，有通用型（如元征 X-431 故障诊断仪等）和专用型（如比亚迪 VDS 2100 诊断仪，如图 2-12 所示）。下面以元征 X-431 故障诊断仪为例，介绍故障诊断步骤。

元征 X-431 PRO 3S 故障诊断仪是一款高性价比的汽车故障诊断设备，如图 2-13 所示。该诊断仪覆盖市场上 98% 以上的车型，可对车辆进行全系统诊断（支持智能诊断、远程诊断），支持读码、清码、读数据流、动作测试，并支持大部分车型常用特殊功能。

图 2-12　比亚迪 VDS 2100 诊断仪外观　　图 2-13　元征 X-431 PRO 3S 故障诊断仪外观

用元征 X-431 故障诊断仪进行故障诊断步骤如下：
1）将诊断仪连接 DLC3 诊断口。
2）整车上 ON 档电，进入电池管理器代码诊断（表 2-6）。
3）针对故障进行调整、维修或更换。
4）确认测试，结束。

表 2-6　故障代码

编号	DTC	描述	应检查部位
1	P1A0200	BIC1 工作异常故障	采集器 1
2	P1A0C00	BIC1 电压采样异常故障	电池模组 1；软件会自己屏蔽掉，无须处理，若无法屏蔽则更换电池模组
3	P1A2000	BIC1 温度采样异常故障	采集器 1
4	U20B000	BIC1 CAN 通信超时故障	采集器、CAN 线

（续）

编号	DTC	描述	应检查部位
5	P1A3522	动力蓄电池单节电压严重过高	动力蓄电池
6	P1A3622	动力蓄电池单节电压一般过高	动力蓄电池
7	P1A3721	动力蓄电池单节电压严重过低	动力蓄电池
8	P1A3821	动力蓄电池单节电压一般过低	动力蓄电池
9	P1A3922	动力蓄电池单节温度严重过高	动力蓄电池
10	P1A3A22	动力蓄电池单节温度一般过高	动力蓄电池
11	P1A3B21	动力蓄电池单节温度严重过低	动力蓄电池
12	P1A3C00	动力蓄电池单节温度一般过低	动力蓄电池
13	P1A0100	一般漏电故障	PTC驱动器、驱动电机控制器、驱动电机、交流充电口、直流充电口
14	P1A0000	严重漏电故障	PTC驱动器、驱动电机控制器、驱动电机、交流充电口、直流充电口
15	P1A3400	预充失败故障	检查动力蓄电池、空调压缩机和PTC及高压线束、漏电传感器
16	P1A3D00	负极接触器回检故障	电池管理器低压线束
17	P1A3E00	主接触器回检故障	电池管理器低压线束
18	P1A3F00	预充接触器回检故障	电池管理器低压线束
19	P1A4000	充电接触器回检故障	电池管理器低压线束
20	P1A4C00	漏电传感器失效故障	漏电传感器、低压线束、电池管理器
21	P1A4D04	电流霍尔式传感器故障	霍尔式传感器

📨 **温馨提示**：采用故障诊断仪检测动力蓄电池的视频可扫二维码资源2.3观看。

资源2.3

3. 绝缘电阻测试仪终端检测

（1）**动力蓄电池绝缘电阻检测** 将红色测试线插入"LINE"输入端口，黑色测试线插入"EARTH"输入端口。将黑鳄鱼夹接入动力蓄电池壳体，红鳄鱼夹分别接入动力蓄电池"+"极与"-"极。功能旋钮选择500V测试电压档，按下"TEST"键后，输出绝缘电阻，同时测试灯发出红色警告，如图2-14所示。测试完毕以后，按压旋转TEST键，解除自锁停止测量。

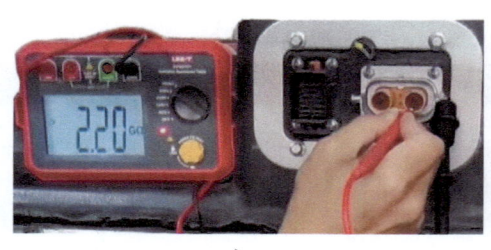

a)   b)

图 2-14 动力蓄电池绝缘电阻检测

a）红鳄鱼夹接入动力蓄电池"+"极 b）红鳄鱼夹接入动力蓄电池"-"极

将测试所得动力蓄电池绝缘电阻除以标称电压,如果计算值>500Ω/V,说明不漏电;如果≤500Ω/V,说明漏电,应检修动力蓄电池壳体或更换动力蓄电池。

温馨提示:动力蓄电池绝缘电阻检测视频可扫二维码资源2.4观看。

(2)**电池管理器线束端输入电压检测**　先断开动力蓄电池管理器接插件,再测量线束端输入电压是否正确。

(3)**其他故障检测**　插回动力蓄电池管理器接插件,测量动力蓄电池各低压控制端子电阻值,具体操作结合任务3进行。

2.5　动力蓄电池的更换

如果发现动力蓄电池(包括单体电池、电池模块或蓄电池包)损坏,应该进行更换。比亚迪秦 Pro EV 纯电动汽车动力蓄电池电压为434.35V,更换时务必严格按照企业要求的作业步骤进行。

1. 动力蓄电池拆卸

1)拆卸前准备:确认将车辆退电至 OFF 档,断开 12V 蓄电池负极,等待 5min,打开中控台扶手箱,取下底部盖板,佩戴绝缘手套,拔掉维修开关,放在其他位置,由专人看管。注意:是否装配维修开关因具体车型而异。

2)拆卸动力蓄电池的外部连接,拆卸动力蓄电池接线柱时注意锁紧装置的拆卸与安装(图 2-15)。拆卸任何高压配线后,应立刻用绝缘胶带将外露金属绝缘。

3)拔掉液冷管路接头(图 2-16)。

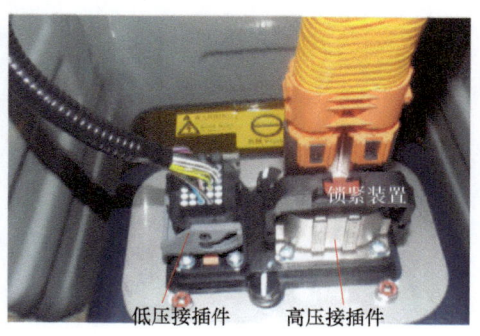

图 2-15　拆卸动力蓄电池接线

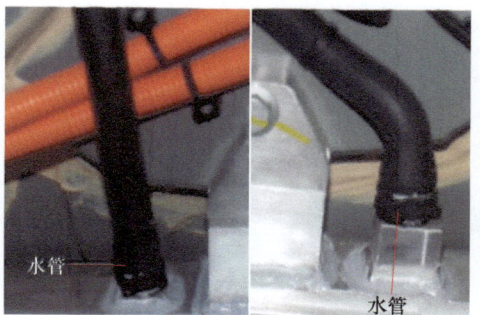

图 2-16　管路接头

4)采用举升机举升车辆,将液压车安放于动力蓄电池下方(图 2-17)。

5)拆卸动力蓄电池各紧固螺钉,拆卸动力蓄电池。

2. 动力蓄电池安装

按照与拆卸相反顺序安装新动力蓄电池。装配时注意以下几点:

1)维修开关、正负极对准车身口,且不能

图 2-17　放置液压车

与车身干涉。

2）电池盖与托盘密封有效。

3）装配结束后，目测与车身结合处要紧密。

温馨提示：比亚迪 Pro EV 纯电动汽车动力蓄电池拆装视频可扫二维码资源 2.5 观看。

1）动力蓄电池是为电动汽车动力系统提供能量的储能装置，是 BEV 行驶时的唯一驱动能源。

2）动力蓄电池的主要性能指标有电压、容量、能量、功率、效率、循环寿命和安全防护等。

3）电动汽车目前常用的动力蓄电池有锂离子蓄电池和镍氢蓄电池等。尤其是锂离子蓄电池具有工作电压高、比能量大、循环寿命长、自放电率低、允许工作温度宽、无记忆性、不存在有毒物质、对环境无污染等优点，而被电动汽车广泛应用。

4）动力蓄电池故障可以采用外部直观检查、专用诊断设备和万用表进行检测，尤其是采用专用诊断设备，快捷、准确。

5）动力蓄电池的检测与维修务必按照国家标准和企业要求，严格遵守高压系统维修操作规程，确保安全。

学 习 工 单

任务 2 动力蓄电池故障警告灯亮的故障诊断与维修

学生姓名		学生班级		小组名称/组长	
汽车型号		动力蓄电池型号		实训地点/时间	
客户报修	比亚迪秦 Pro EV 纯电动汽车在行驶中突然组合仪表中动力蓄电池故障警告灯亮。				
主要设备、工具和资料					

子任务 1 写出动力蓄电池外部的直观检查步骤和结果,并说明注意事项。

子任务 2 观看采用故障诊断仪检测动力蓄电池的视频(可扫二维码  资源 2.3 观看)。采用故障诊断仪进行动力蓄电池的故障检测,写出检测步骤和结果,并说明注意事项。

子任务 3 观看采用绝缘电阻测试仪检测动力蓄电池绝缘电阻的视频(可扫二维码  资源 2.4 观看)。写出动力蓄电池绝缘电阻的检测步骤,进行操作并记录结果,说出注意事项。

子任务 4 结合上述检查结果,分析比亚迪秦 Pro EV 纯电动汽车动力蓄电池警告灯亮的原因。

子任务 5　观看动力蓄电池拆装的视频（可扫二维码资源 2.5 观看）。查阅维修手册，进行动力蓄电池的正确拆装，写出拆装步骤，并说明注意事项。

子任务 6　完成下列关于动力蓄电池的知识测评作业。
1）关于单体蓄电池，下列描述正确的是（　　）。
A. 是将化学能转换为电能的装置　　B. 组成包括电极、隔膜、电解质、外壳和端子等
C. 磷酸铁锂电池单体电压为 3.7V　　D. 也称为电芯
2）钴酸锂蓄电池充电时，下列描述正确的是（　　）。
A. 锂离子从正极中脱嵌，经过电解质嵌入负极
B. 钴失去的电子，由正极经过外电路到达负极
C. 正极板上发生氧化反应（Co 被氧化）
D. 负极板上发生还原反应
3）关于镍钴锰三元电池 $LiNi_xCo_yMn_zO_2$（$x+y+z=1$），下列描述正确的是（　　）。
A. 比亚迪秦 Pro EV 电动汽车采用了自主研发的镍钴锰三元电池
B. 依据 3 种元素的摩尔比（$x:y:z$ 比值）的不同，分别将其称为不同的体系
C. 镍钴锰摩尔比（$x:y:z$）为 1:1:1 的三元材料，简称为 111 型
D. 333 型三元材料属于六方晶系的 α-$NaFeO_2$ 型层状岩盐结构
4）动力蓄电池拆卸时，需要做的准备工作是（　　）。
A. 将车辆退电至 OFF 档　　　　　B. 断开 12V 蓄电池负极
C. 佩戴绝缘手套　　　　　　　　　D. 拔掉维修开关
5）根据以下锂离子蓄电池内部结构示意图，填写各代号的名称，补充反应方程式，并解释锂离子蓄电池工作原理。

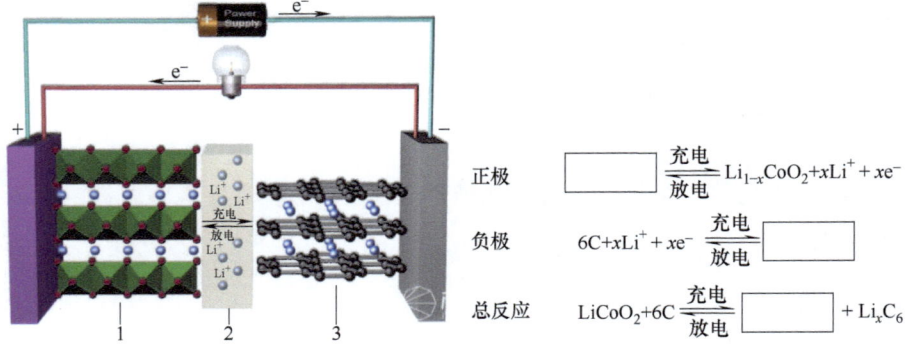

正极　□ $\xrightleftharpoons[放电]{充电}$ $Li_{1-x}CoO_2+xLi^++xe^-$

负极　$6C+xLi^++xe^- \xrightleftharpoons[放电]{充电}$ □

总反应　$LiCoO_2+6C \xrightleftharpoons[放电]{充电}$ □ $+Li_xC_6$

◇ 代号的名称：

代号	名称	代号	名称	代号	名称
1		2		3	

◇ 锂离子蓄电池工作原理：

子任务 7　任务交流（学生学习小组制作任务完成情况交流发言稿，推举代表发言）。

子任务 8　任务评价（根据上述实操、作业和交流情况，进行任务自评、小组互评和综合评价，其中自评、小组互评满分各占 25 分，教师综合测评满分 50 分）。

自评（评语及评分）：

签名：

年　月　日

小组互评（评语及评分）：

组长签名：

年　月　日

综合评分与教师评价	
	教师签名： 年　月　日

任务3　行驶中动力突然中断的故障诊断与维修

任务接受

客户报修：比亚迪秦 Pro EV 纯电动汽车行驶中动力突然中断，组合仪表动力系统故障警告灯点亮，并显示"EV 功能受限"字样。

学习目标

1）能够描述动力蓄电池管理系统的基本作用和总体组成。
2）能够解释动力蓄电池管理系统的结构原理。
3）能够分析动力蓄电池管理系统的常见故障。
4）能够描述动力蓄电池管理系统检测与诊断方法。
5）能够进行电池管理器的拆装更换。
6）激发学生立志成才，培养学生深入思考、勇于创新的能力。

任务准备

电动汽车动力系统故障牵涉众多系统，本任务重点讨论动力蓄电池管理系统引起的故障。

3.1　电动汽车动力蓄电池管理系统的信息收集

1. 动力蓄电池管理系统的作用

动力蓄电池管理系统（Battery Management System，BMS）是监视动力蓄电池的状态（温度、电压、荷电状态等），可以为动力蓄电池提供通信、安全、电芯均衡及管理控制，并提供与应用设备接口的系统。根据 QC/T 897—2011《电动汽车用电池管理系统技术条件》要求，BMS 具有以下几个功能。

（1）监测　BMS 实时采集监测和显示电源系统的状态参数，包括总电压、总电流、单体蓄电池的电压与温度、漏电信号等。

（2）计算　根据检测的数据，BMS 计算荷电状态、健康状态、放电及充电功率限制、电池寿命、车辆剩余续驶里程等。

荷电状态（Stage Of Charge，SOC）是指当前蓄电池中按照规定放电条件可以释放的能量占可用容量的百分比。

（3）通信　BMS 内部和外部都需要通过可靠的通信方式发送数据信息，使车辆协调运行。

（4）保护　保护功能涵盖故障诊断和处理两方面内容，包括过电压、欠电压、过电流、低温、高温、漏电、短路等，及时报警和进行安全保护。

锂离子蓄电池的过电压、欠电压往往是过充和过放引起，应严格防止。因为锂离子蓄电池放电时，不允许锂离子完全移到正极，以保证下次充电时锂离子顺畅嵌入通道，否则电池寿命就会急剧缩短，所以不能过放电，应严格控制放电的终止电压；充电时，也不允许过充，因为过充会导致正极板中的锂离子迁移过多，造成晶格坍塌，使电池寿命缩短。

（5）**优化** 优化主要是蓄电池组的各单体蓄电池电压和温度的平衡，否则将导致电池的"木桶效应"（图3-1），即某一节蓄电池短板，将导致所有蓄电池按照短板蓄电池性能计算，大大降低了蓄电池组的性能和寿命。

（6）**其他** BMS还有如高压互锁、蓄电池预充控制等功能。

2. 动力蓄电池管理系统的组成架构

（1）**BMS基本组成** 动力蓄电池管理系统包括硬件和软件两部分。

硬件一般由主控模块、高压模块和分布测量模块组成，各模块间采用CAN总线通信，如图3-2所示。

图3-1 木桶效应

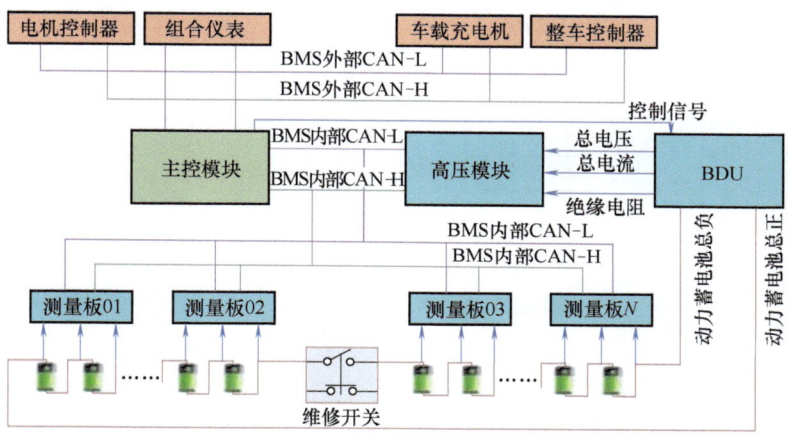

图3-2 动力蓄电池管理系统基本组成

分布测量模块（也称数据采集器）采用专用芯片进行电压采集、温度采集和均衡管理，采用CAN收发器模块来和主控模块通信，每个分布测量模块可进行多路信号采集、均衡控制和温度监测。

高压模块负责总电压、总电流采集与绝缘电阻计算，以及给主控模块上传数据。

主控模块包括系统电源、输入检测、继电器控制和通信接口等电路，通过CAN总线与整车控制器、电机控制器、组合仪表、高压模块和分布测量模块进行通信，并为高压模块和分布测量模块提供12V直流电源。主控模块通过内部CAN获取高压模块的总电压、总电流、绝缘电阻数据和分布测量模块的单体蓄电池电压与温度，根据获得的数据计算SOC。其功能主要包括：系统报警功能，如单体蓄电池欠电压与过电压报警（可切断充放电回路）、蓄电池组欠电压与过电压报警（可切断充放电回路）、温度过高与过低报警（可切断充放电回路）、SOC过高与过低报警（可切断充放电回路）、绝缘电阻过高与过低报警（可切断充放电回路）、电流过高与过低报警（可切断充放电回路）；通过I/O口检测输入信息（比如钥匙状态）进行输出控制；通过整车CAN总线给VCU（整车控制器）或组合仪表发送电池组工作状态参数；通过充电CAN总线控制充电机充电（设置充电电流与电压）；通过内部CAN向远程监控模块发送监控数据。

软件分别对主控模块和测量模块的各功能单元编写软件程序，而后联结起来构成整个系统程序。主控模块主程序流程如图3-3所示，上电后对系统进行自检和初始化，而后进入总电压和电流测试、SOC 估算、数据存储和发送等功能的主循环。测量模块主程序流程如图 3-4 所示，上电后对系统进行自检和初始化，而后进入单体蓄电池电压和节点温度采集、数据存储、均衡控制和发送主循环。

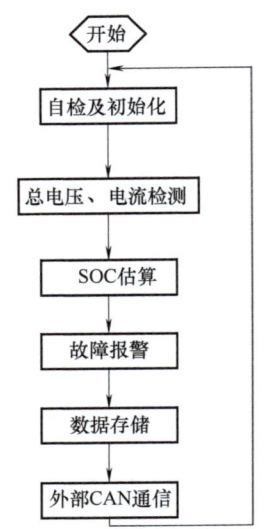

图 3-3　主控模块主程序流程

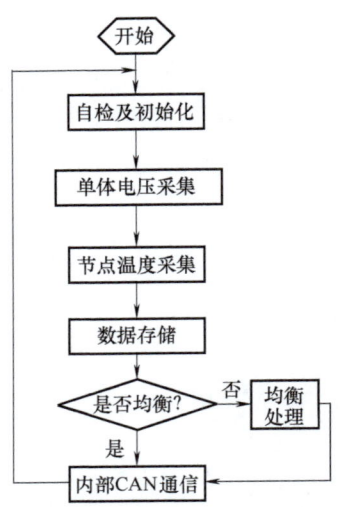

图 3-4　测量模块主程序流程

> **高瞻远瞩，重视人才——立志成才，为民族品牌崛起奋斗**
>
> 2022 年 11 月 16 日，中国汽车工业迎来了一个重要时刻——比亚迪新能源第 300 万辆整车隆重交付。比亚迪仅 2022 年前 9 个月的新能源车销量就高达 118 万辆，同比增长 249.56%，成为全球销量第一的新能源汽车品牌。如此优异的答卷离不开公司高层决策管理与战略目光。2022 年上半年，比亚迪继续加大全产业链研发投入，累计投入 65 亿元，同比增长 47%；截至 6 月底，比亚迪仅研发人员就有超过 3.5 万名，全球累计申请专利 3.7 万项、授权专利 2.5 万项。
>
> 作为新能源汽车的领导者，比亚迪是全球唯一掌握电池、电机、电控及车规级芯片等新能源全产业链核心技术的车企，并拥有刀片电池、e 平台 3.0、DM-i 超级混动等行业领先技术，通过上下游的垂直整合，成功掌握电动汽车全产业链，实现了我国新能源汽车产业"三电"技术从"跟跑"到"并跑"再到"领跑"的发展历程以及"创新驱动、产业升级"的奋斗过程。比亚迪对技术和人才的重视，激发了学生立志成才、为民族品牌的崛起而读书的担当与情怀。

根据布置形式的不同，蓄电池管理系统有集中式与分布式两种。集中式是通过 BMS 中央处理模块对蓄电池组的电流等状态信息进行收集处理和调控，其处理能力有限，对有大量单体蓄电池的 BMS 系统，操作压力大，运行效率低。目前大部分采用分布式，即结构分散布置，多个分布子系统并联，模块间利用 CAN 总线互相连接，保证了对动力蓄电池电压、电流和温度的同步测量精度。

（2）比亚迪秦 Pro EV 纯电动汽车的电池管理系统　比亚迪秦 Pro EV 纯电动汽车 BMS

架构如图3-5所示,主要包括电池管理器、信号(电压、电流、温度)采集系统、充配电总成(各种接触器、熔丝、车载充电系统、充放电控制系统)、车载网络(CAN)等。

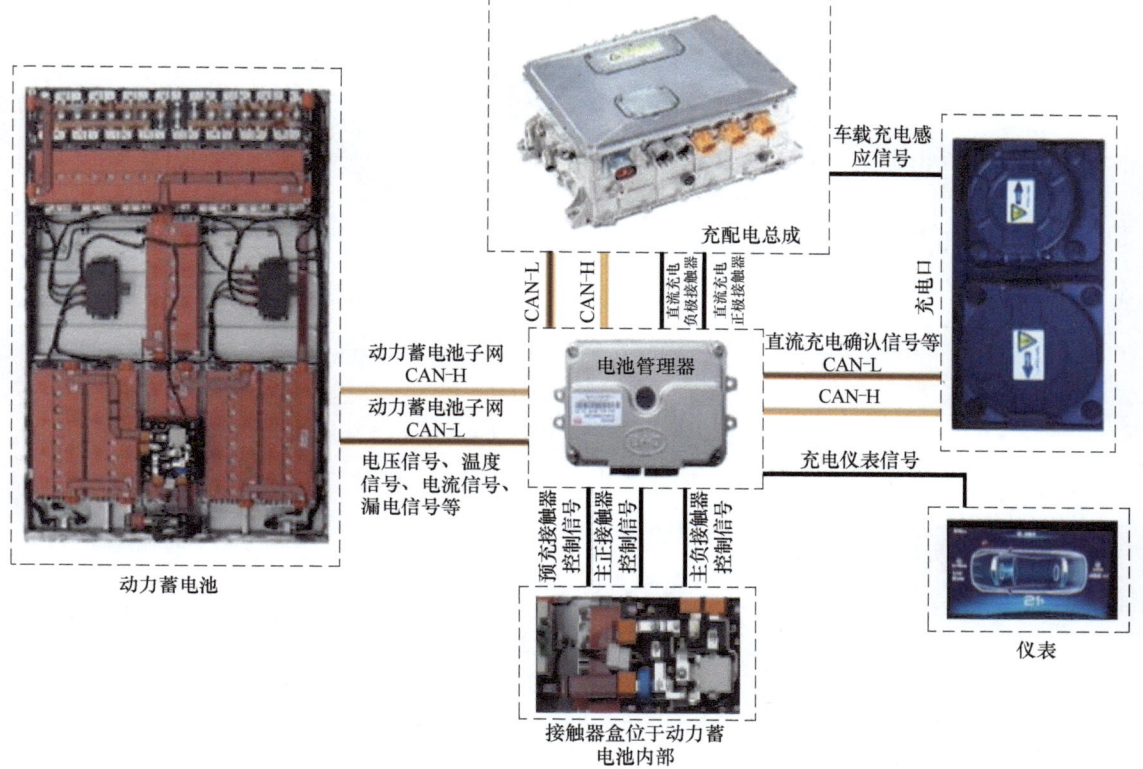

图3-5 比亚迪秦Pro EV纯电动汽车BMS架构

电池管理器位于车辆前机舱充配电总成的右下方,固定在车身大支架上,具体位置如图3-6所示。电池管理器接收信息采集器采集到的各单体电池的电压和温度信息(每个单体电池都有一根电压采样线和一根温度采样线,比亚迪秦Pro EV纯电动汽车有119个单体,就分别有119根电压和温度采样线),并通过CAN总线与整车控制器进行数据交换。

充配电总成将DC/DC变换器、车载充电机OBC以及高压配电箱PDU进行高度集成,其外部和内部结构如图3-7所示。

图3-6 比亚迪秦Pro VE纯电动汽车电池管理器

在配电的部分,PDU主要负责把动力蓄电池输出的高压电与驱动电机控制器相连接,并与空调PTC、空调压缩机、DC/DC变换器以及电池加热器等高压附件进行动力的分配,如图3-8所示。另外,通过直流充电正极接触器、直流充电负极接触器与快充回路相连接,车载充电机通过车载充电机输入熔丝与慢充回路相连接,如图3-9所示。

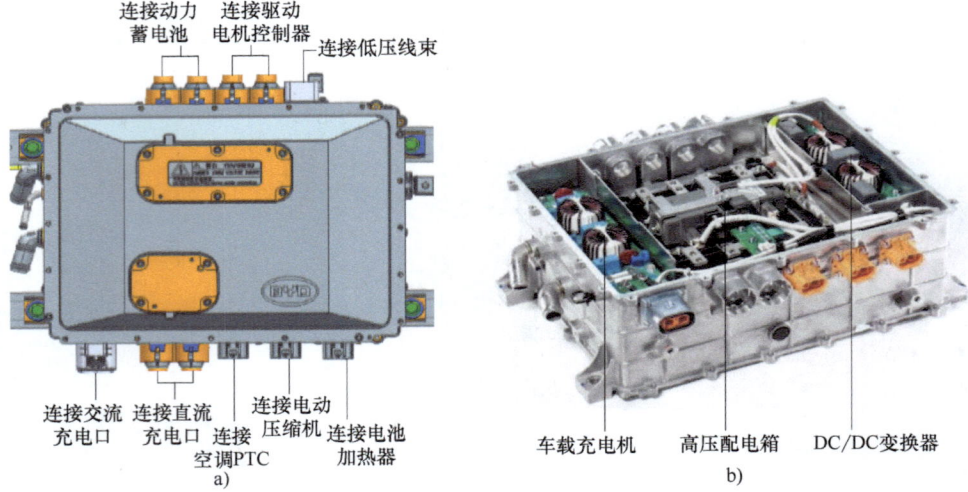

图 3-7 比亚迪秦 Pro EV 纯电动汽车充配电总成
a）外部结构 b）内部结构

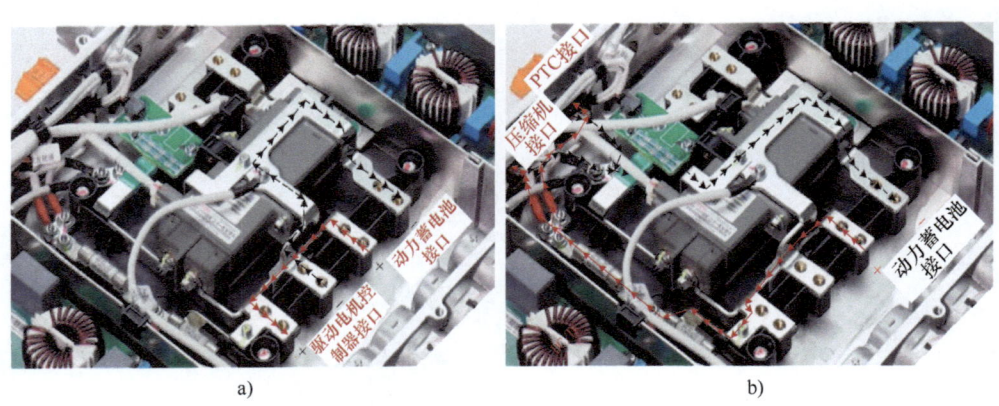

图 3-8 充配电总成动力分配
a）接驱动电机控制器 b）接空调 PTC、空调压缩机

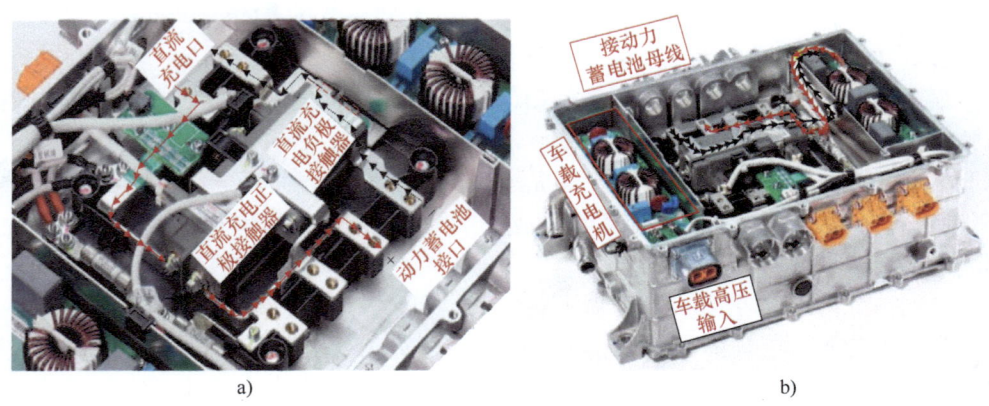

图 3-9 充电电流走向
a）直流充电时电流流向 b）交流充电时电流流向

模块 2 电动汽车动力蓄电池及其管理系统的结构与维修

温馨提示：比亚迪秦 Pro EV 纯电动汽车充配电总成 PDU 部分的结构视频可扫二维码资源 3.1 观看。

车载充电系统包含交流和直流两部分，交流充电用于家庭充电和交流充电桩，通过车载充电机将家用 220V 交流电转为高压直流电给动力蓄电池充电；直流充电通过充电站的充电柜使用高压直流电直接给动力蓄电池充电。

车载充电系统主要由充配电总成、直流充电口、交流充电口、电池管理器和动力蓄电池等组成（图 3-10）。

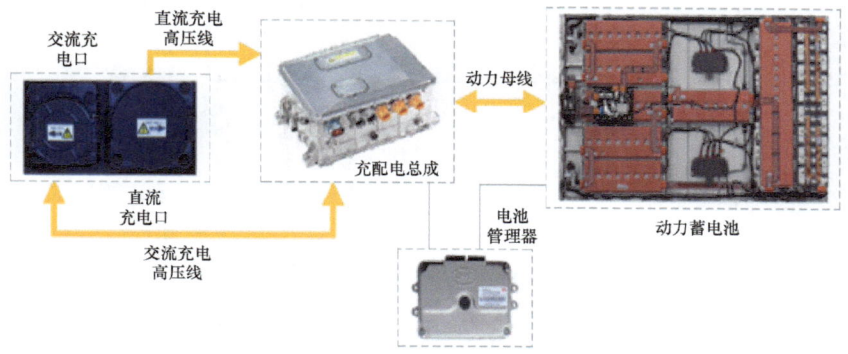

图 3-10 比亚迪秦 Pro EV 纯电动汽车充电系统

比亚迪秦 Pro EV 纯电动汽车电池管理系统电路如图 3-11 所示。

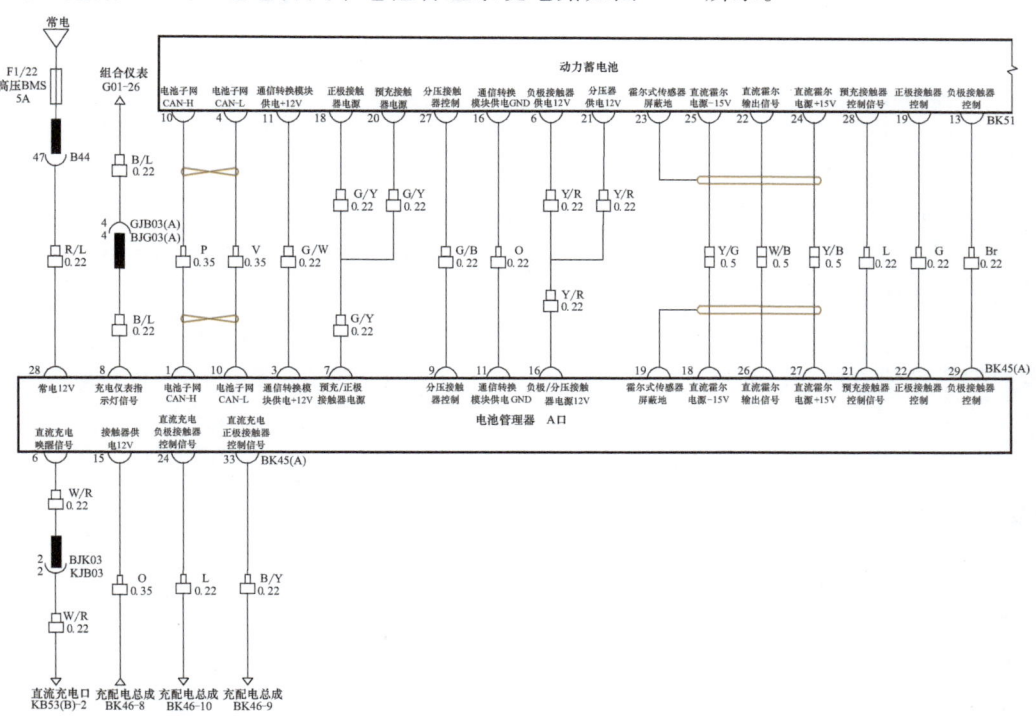

a)

图 3-11 比亚迪秦 Pro EV 纯电动汽车电池管理系统电路
a) 电池管理器 A 口

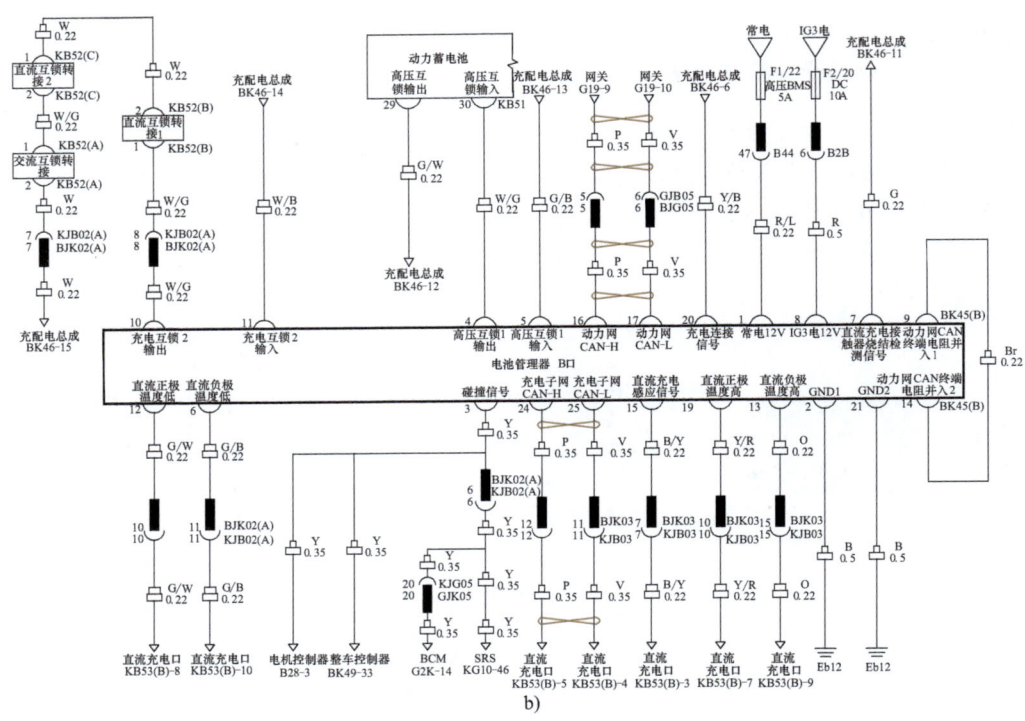

图 3-11 比亚迪秦 Pro EV 纯电动汽车电池管理系统电路（续）

b）电池管理器 B 口

3. 动力蓄电池管理系统的工作原理

（1）数据采集基本原理　数据采集包括单体蓄电池的电压、电流、温度和电池组的总电压、总电流，它是所有控制、保护和显示的基础。

1）单体蓄电池的电压采集。目前普遍采用 ASIC（Application Specific Integrated Circuit）来完成，检测电路如图 3-12 所示。如比亚迪秦 Pro EV 纯电动汽车通过 119 根电压采样子线，采集各单体电池的电压信息。

2）蓄电池包总电压检测。单体蓄电池的电压采样有一定的时间差异性，无法与电池传感器数据实现精确对齐，必须通过采集电池包总电压进行 SOC 计算。在诊断继电器时，又需要电池包内外电压一起比较，所有测量电池包电压至少有二路 U_0 和 U_1（图 3-13）。

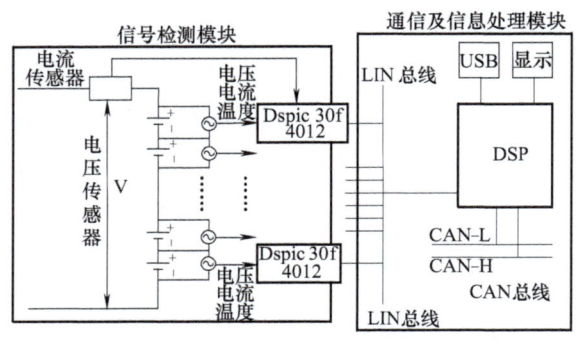

图 3-12　数据采集专用集成电路

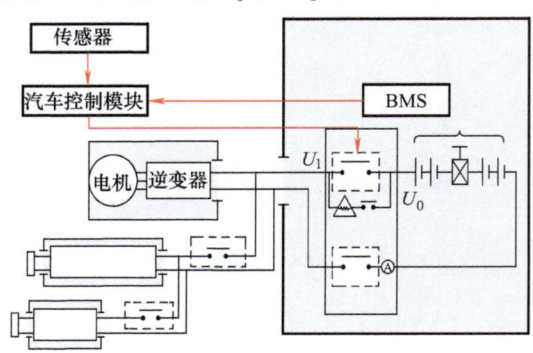

图 3-13　蓄电池包总电压检测电路

3)单体蓄电池的温度采集。电池由于存在内阻,工作时温度是会升高的,在-10~10℃和40℃温度附近,对电池性能影响较大。温度检测普遍采用热敏电阻温度传感器进行,采集电路如图3-14所示。

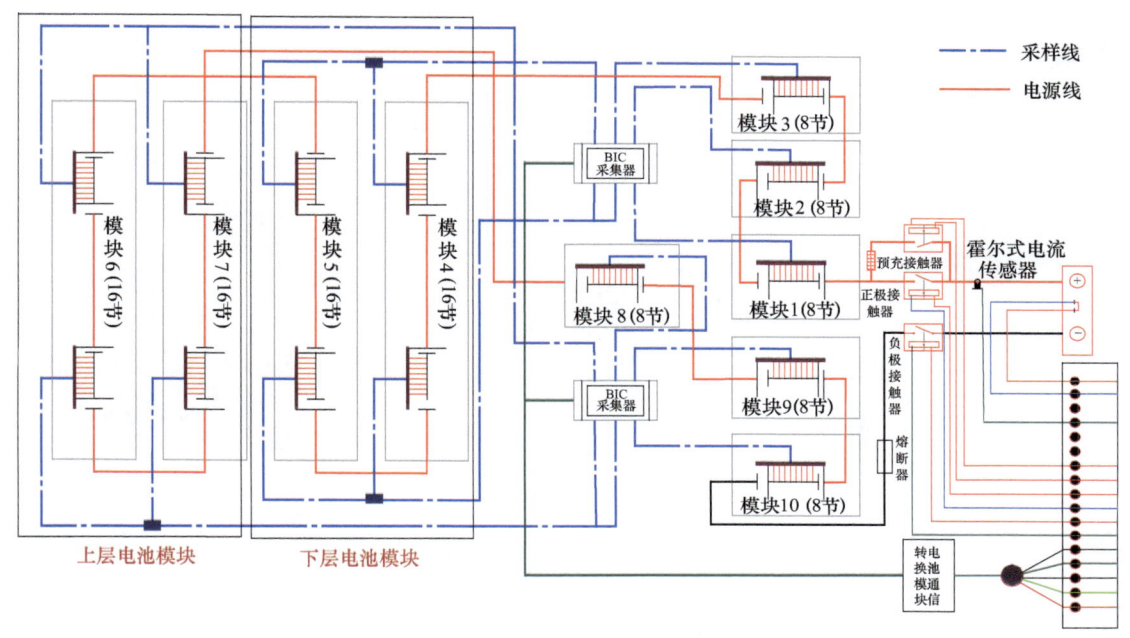

图3-14 单体蓄电池温度检测电路

4)蓄电池包流体温度采集。用于检测电池包冷却液温度,通过水温传感器一旦发现冷却液温度过高,电池冷却控制器就会控制冷却水泵继电器闭合,水泵电机运转加强散热效果。

5)电流检测。因为电池包内的单体电池是串联起来给整车供电,所以电流检测一般只需要一个工具。测量工具主要有智能分流器或霍尔式电流传感器。

智能分流器(图3-15)实际上是一个阻值很小的电阻,当直流电流通过电阻时,在电阻两端产生电压降,用来检测总电流的大小。

图3-15 电流智能分流器

霍尔式电流传感器根据霍尔效应原理(图3-16a)制造,即当电流垂直于外磁场通过导体时，载流子发生偏转，垂直于电流和磁场的方向会产生一种附加电场，从而在导体的两端产生电势差，电势 U_H 的大小与电流和磁感应强度成正比，即

$$U_H = KIB\sin\alpha$$

式中，K 是霍尔系数，取决于材质、温度和尺寸；I 是电流；B 是磁感应强度；α 是电流和磁场方向的夹角。

由于这种电流测量方法属于非接触式，所以电动汽车的电流检测普遍采用该方法（图3-16b）。

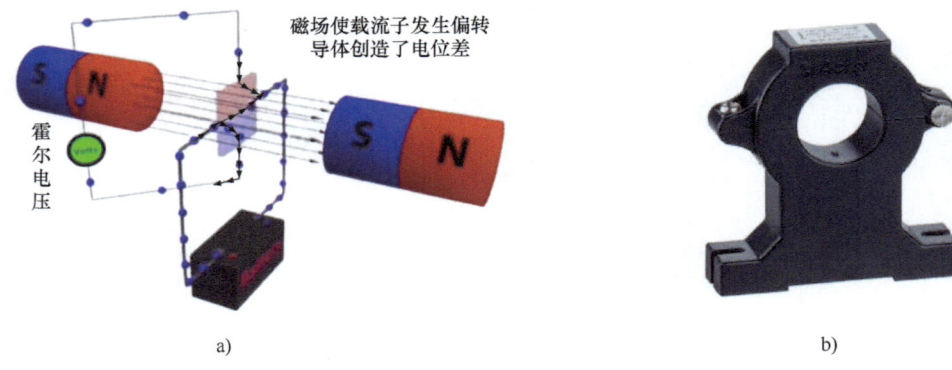

图 3-16 霍尔效应及其霍尔电流传感器
a）霍尔效应 b）霍尔电流传感器

（2）SOC 估算原理 动力蓄电池 SOC 大小与电池容量衰减、自放电、电池一致性、放电时的电流、温度等众多因素有关。其估算方法较多，有放电试验法、安时计量法、开路电压法、线性模型法、内阻法、卡尔曼滤波法和神经网络法等，各种方法都有特定的优缺点（表3-1），是目前电动汽车研究的一个热点。

表 3-1 动力蓄电池 SOC 估算方法比较

序号	SOC 计算方法	优点	缺点
1	放电试验法	可靠、精度高	须中断，时间长
2	安时计量法	计算较为简单	相对误差较大
3	开路电压法	在数值上接近电池电动势	需要长时间静置
4	线性模型法	模型简单	不够准确
5	内阻法	与 SOC 关系密切	测量困难
6	卡尔曼滤波法	适合非线性模型	需准确的模型
7	神经网络法	精度比较高	需大量训练方法和数据

（3）健康状态（SOH）估算 动力蓄电池的健康状态是指动力蓄电池当前的容量能力，即在一定条件下，动力蓄电池所能充入或放出电量与电池标称容量的百分比。随着电池充放电次数及搁置时间累积，蓄电池内部电极材料的相变、电解液的分解、活性物质的溶解、固体电解质界面膜（SEI）的形成、正极界面阻抗的增长，都会导致电池容量能力降低。

根据采集的动力蓄电池的电压、电流、内阻、电量等众多参数，通过建模和程序计算，可以得到 SOH 估算值。SOH 建模方法有电化学模型、电路模型及经验模型等，也是目前的

研究热点。

（4）蓄电池组管理优化原理 BMS通过对蓄电池组的各单体蓄电池、电流和温度等进行均衡控制，从而把电池组控制在最佳效率和最佳寿命区工作（图3-17）。

蓄电池组的均衡控制分为充电均衡、放电均衡和动态均衡3种。充电均衡是在充电过程中后期，单体电压达到或超过截止电压时，均衡电路开始工作，减小单体电流，以限制单体电压不高于充电截止电压；放电均衡是在电池组输出功率时，通过补充电能限制单体电压不低于预设的放电终止电压；与充电均衡和放电均衡不同，动态均衡不论在充电状态、放电状态，还是浮置状态，都可以通过能量转换的方法实现组中单体电压的平衡，实时保持相近的荷电程度，尽管单体之间初始容量有差异，工作中却能保证相对的充放电强度和深度的一致性，渐进达到共同的寿命终点。

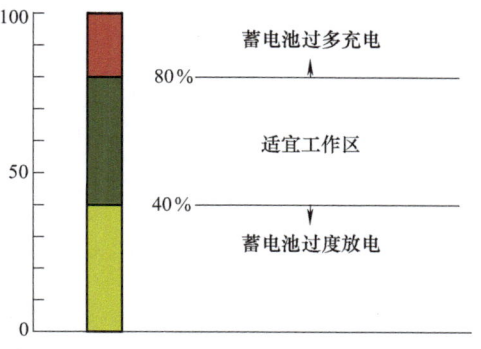

图3-17 蓄电池适宜工作区

以均衡过程中电路对能量的消耗情况分，又可分为能量耗散型和能量非耗散型两大类。

如图3-18所示，能量耗散型均衡电路是通过选用一定阻值的电阻对选定的电压最高的蓄电池单体进行放电，直至与电压最低的蓄电池单体相匹配，从而实现均衡。这是一种最简单、最实用的电池均衡方法，但造成了能量的损耗和散热问题。

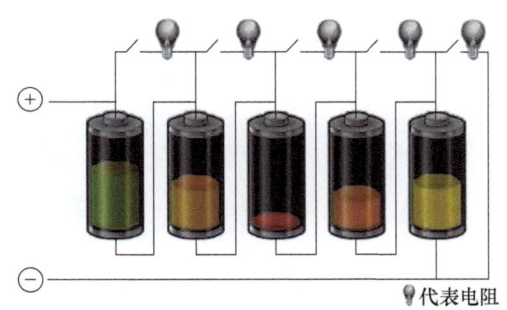

图3-18 能量耗散型均衡电路

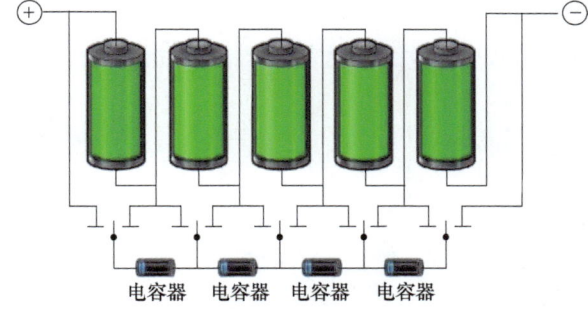

图3-19 能量非耗散型均衡电路

如图3-19所示，能量非耗散型均衡电路采用电容、电感作为储能元件，通过切换开关把蓄电池组中容量高的单体电池能量，通过储能元件转移到容量较低的单体电池上。转换电路的损耗低，具有均衡效率高、产生热量低的优点。

（5）预充控制原理 因为电动汽车的电机控制器和空调控制器等都含有电容，如果没有预充电控制电路，动力蓄电池的主正、主负继电器直接与电容器C闭合，电池组电压在434V以上，而电容器两端电压为0V，相当于瞬间短路，易导致主正、主负继电器损坏。

预充电控制电路如图3-20所示，假设R_s取100Ω。供电时，BMS首先控制主负继电器和预充继电器，主正继电器断开，接通瞬间，经R_s流入电容器C的电流在预充继电器、主负继电器的容量范围内，回路安全。待电容器C充电达到目标要求后，此时电容器两端已存在较高电压（ΔV足够小），继电器两端压差较低，此时闭合就不会引起大电流冲击，

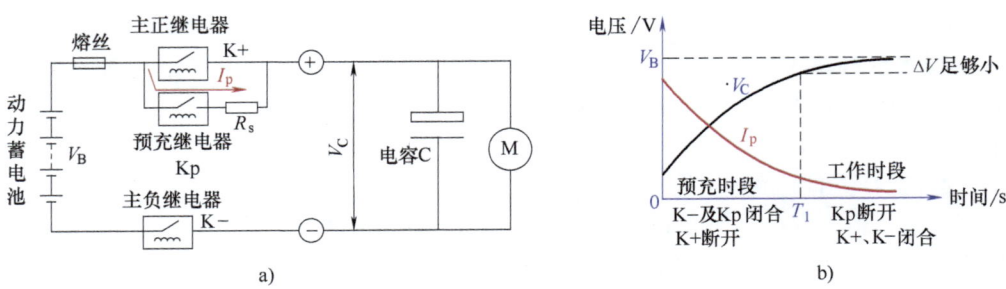

图 3-20 预充电控制电路

a) 预充电电流流向 b) 预充电压 V_C 与预充电流 I_p 的变化

BMS 控制预充继电器断开，闭合主正继电器，高压接入。

（6）动力蓄电池的热管理 热管理的主要功能包括：准确测量和监控动力蓄电池温度；动力蓄电池温度过高时有效散热；低温条件下的快速加热，使动力蓄电池改善工作条件；保证动力蓄电池温度场的均匀分布。

电池的热管理分降温管理和升温管理。

1）降温管理。根据介质不同，降温方式分为空气冷却、液体冷却和相变材料（如石蜡）冷却等方式。

① 空气冷却结构简单，成本低，但换热系数低，散热慢。结构有串联（图 3-21）和并联（图 3-22）两种。串联散热越后面的温度会越高，导致电池组温度不均衡；并联散热则不会。

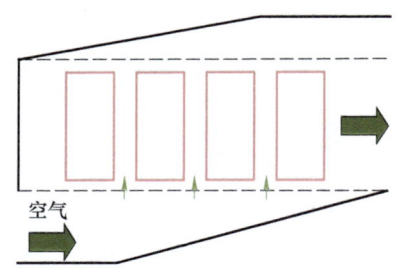

图 3-21 串联式空气散热方式

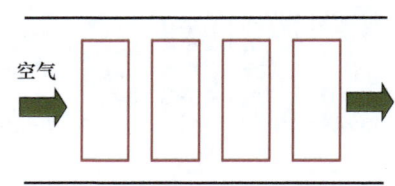

图 3-22 并联式空气散热方式

② 液体冷却与空气冷却相比较，散热系数更高，散热快，但需要设置专门的冷却液循环系统（图 3-23）。在高温或恶劣工况下，比亚迪秦 Pro EV 纯电动汽车实行多级冷却电池热管理策略。当动力蓄电池最低温度≥35℃时，电池热管理系统开启冷却工作模式，控制电动水泵转动促使冷却液循环，合理分配整车冷却能量（空调制冷系统）；当动力蓄电池最低温度≤32℃时，电池热管理系统关闭冷却功能。

③ 相变材料冷却的方法较为昂贵，较少采用。

2）升温管理。对于锂离子蓄电池，-10℃下蓄电池负极石墨的嵌入能力下降，活性变差，这时大电流充电很可能出现电池热失控，甚至发生安全事故。因此，当比亚迪秦 Pro EV 纯电动汽车 BMS 监测到动力蓄电池最低温度≤5℃时，电池热管理系统开启加热工作模式，电池加热器通电对冷却液进行加热（图 3-23），以提升动力蓄电池的工作环境温度；当蓄电池最低温度≥10℃，电池热管理系统关闭加热功能。

（7）绝缘电阻检测原理 在蓄电池管理系统内，需要对整个电池系统和高压系统进行绝缘检测，以判断漏电情况。比较简单的方法是利用电桥来测量总线正极和负极对地的绝缘电阻，绝缘电阻检测电路如图3-24所示。

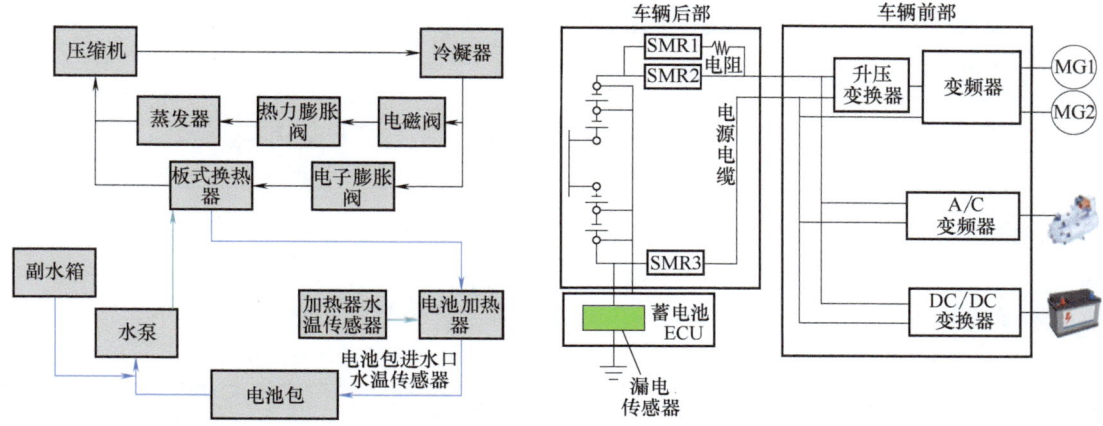

图 3-23　比亚迪秦 Pro EV 纯电动汽车热管理系统　　图 3-24　比亚迪秦 Pro EV 绝缘电阻检测电路

（8）高压互锁电路原理 高压互锁是用来确认高压系统的完整性和安全性，当高压总线上电之前即主、副继电器闭合之前，高压系统回路断开或完整性被破坏时，高压互锁就会采取安全措施（如断电等）。比亚迪秦 Pro EV 纯电动汽车高压互锁主要通过接插件的低压连接回路完成，互锁电路如图3-25所示。

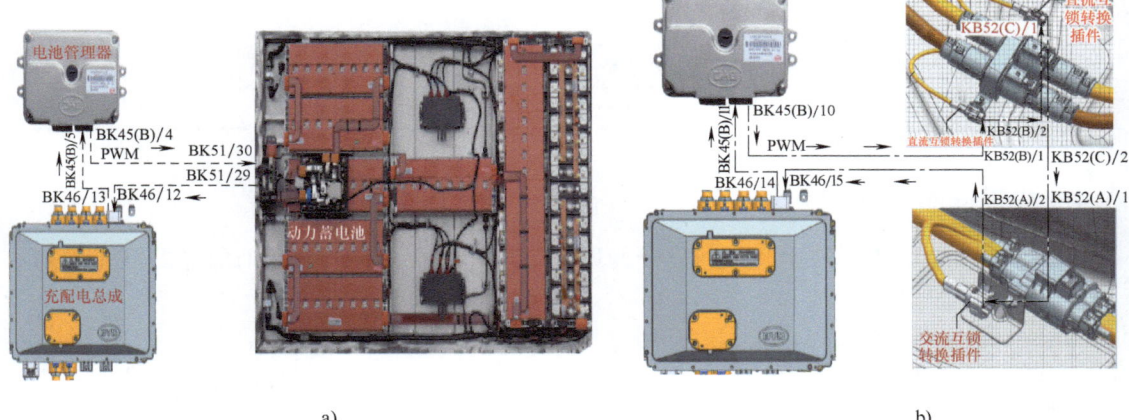

图 3-25　高压互锁电路
a）高压互锁　b）充电高压互锁

温馨提示：高压互锁线路及PWM信号检测视频可扫二维码资源3.2观看。

（9）故障诊断与安全保护原理 一个蓄电池包由上百节单体蓄电池组成，电压高达434.35V，一旦发现异常应快速诊断并采取相应保护措施，记录、上报故障码和预警，并通过多重保护机制,确保电池系统安全。当电池系统出现严重故障时,高压接触器必须快速切断以保护电池和整车高压安全。电动汽车故障等级划分见表3-2。

表3-2 电动汽车故障等级划分

级等	名称	故障后处理
一级	致命故障	电机零转矩,1s紧急断开高压,系统故障灯亮
二级	严重故障	二级电机故障,电机零转矩;二级电池故障,系统故障灯亮
三级	一般故障	进入跛行工况/降功率,系统故障灯亮
四级	轻微故障	四级故障属于维修提示,但整车控制器不对整车进行限制,只在仪表显示,四级能量回收故障,仅停止能量回收,行驶不受影响

故障诊断采用了众多传感器(如加速度传感器用于诊断碰撞信号)进行各种信号采集,通过BMS进行信息分析处理,发出告警并进行相应处理。比亚迪秦Pro EV纯电动汽车的故障诊断及其处理功能见表3-3。

表3-3 比亚迪秦Pro EV纯电动汽车的故障诊断及其处理功能

故障状态	BMS故障诊断状况	BMS硬件反应	整车系统反应
模块温度>65℃	1级故障:一般高温告警	无	电池管理系统发出告警后,整车的其他控制器模块可以根据具体故障内容启动相应的故障处理机制(如仪表显示警示标志)
模块(单体)电压>3.85V	1级故障:一般高压告警		
模块(单体)电压<2.6V	1级故障:一般低压告警		
充电电流>300A	1级故障:充电过流告警		
放电电流>450A	1级故障:放电过流告警		
绝缘电阻<设定值1	1级故障:一般漏电告警		
模块温度>70℃	2级故障:严重高温告警	关断直流动力回路	
模块(单体)电压>4.1V	2级故障:严重高压告警	关断直流动力回路	
模块(单体)电压<2.0V	2级故障:严重低压告警	关断直流动力回路	
绝缘电阻<设定值2	2级故障:严重漏电告警	不允许放电	

3.2 动力突然中断的故障分析

根据比亚迪秦Pro EV纯电动汽车结构原理,行驶中动力突然中断的故障的可能原因分析方法如图3-26所示。

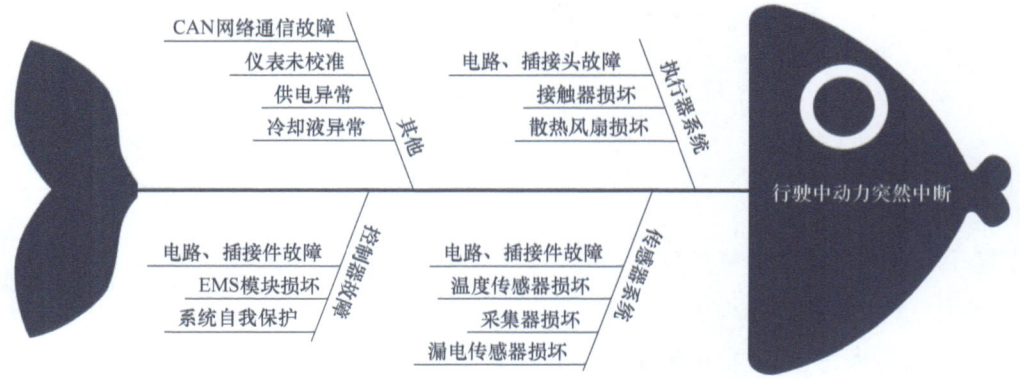

图3-26 行驶中动力突然中断故障可能原因分析

3.3 动力蓄电池管理系统维修准备

动力蓄电池管理系统的维修设备与材料准备见表 3-4。

表 3-4 维修设备与材料

名 称	数量	名 称	数量
元征 X-431 故障诊断仪	1 台/组	1000V 绝缘手套	1 套/组
汽车万用表	1 台/组	手套、抹布等	1 批/组
常规拆装工具	1 套/组	动力蓄电池管理系统零部件（传感器、执行器、接插件等）	1 批/组

任务实施

3.4 动力蓄电池管理系统故障的检查

1. 外部直观检查

1）检查各传感器接插件是否松动，必要时重新拔插；检查外部连线是否损坏，必要时更换。

2）检查电池管理器各端子接插件是否松动，必要时重新拔插；检查外部连线是否损坏，必要时更换。

3）检查采集线插头是否松动，必要时重新拔插；检查外部线束是否损坏，必要时更换。

4）检查风扇接插件是否松动，必要时重新拔插；检查外部连线是否损坏，必要时更换。

5）检查冷却液是否不足，必要时添加。

2. 用仪器设备进行故障诊断

（1）**检查低压蓄电池电压** 用万用表检查，标准电压值为 11~14V，如果电压值低于 11V，在进行下一步之前请充电或更换低压蓄电池。

（2）**车上检查电池管理器端子** 断开电池管理器接插件，用万用表测量线束端 BK45（A）、BK45（B）输入电压；之后接回电池管理器接插件，测量各端子（图 3-27），其正常值见表 3-5。

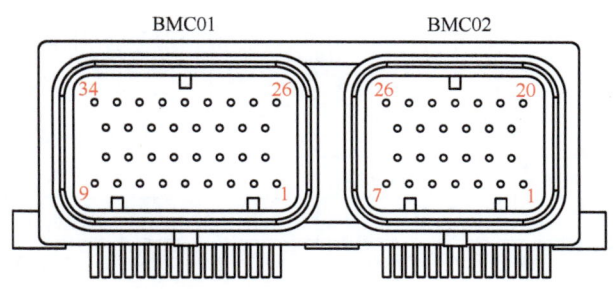

图 3-27 电池管理器检测端子

表 3-5　端子测量正常值

连接端子	端子描述	颜色	条件	正常值
BMC01-1～GND	电池子网 CAN-H	P	OK 档/充电	2.5～3.5V
BMC01-3～GND	通信转换模块供电+12V	G/W	ON 档/OK 档/充电	11～14V
BMC01-6～GND	直流充电唤醒信号	W/R	插枪时	11～14V
BMC01-7～GND	预充/正极接触器电源	G/Y	ON 档/OK 档/充电	9～16V
BMC01-8～GND	充电仪表指示灯信号	B/L	充电时	约 3.7V
BMC01-10～GND	电池子网 CAN-L	V	ON 档/OK 档/充电	1.5～2.5V
BMC01-11～GND	通信转换供电 GND	O	始终	小于 1V
BMC01-15～GND	接触器供电 12V	O	ON 档/OK 档/充电	11～14V
BMC01-16～GND	负极/分压接触器电源 12V	Y/R	ON 档/OK 档/充电	11～14V
BMC01-18～GND	直流霍尔电源-15V	Y/G	ON 档/OK 档/充电	-16～-9V
BMC01-19～GND	霍尔式传感器屏蔽地	—	—	—
BMC01-21～GND	预充接触器控制信号	L	预充过程中	小于 1V
BMC01-22～GND	正极接触器控制信号	G	接触器吸合时	小于 1V
BMC01-24～GND	直流充电负极接触器控制信号	L	接触器吸合时	小于 1V
BMC01-26～GND	直流霍尔输出信号	W/B	电源 ON 档	0～4.2V
BMC01-27～GND	直流霍尔电源+15V	Y/B	ON 档/OK 档/充电	9～16V
BMC01-28～GND	常电 12V	R/L	始终	11～14V
BMC01-29～GND	负极接触器控制	Br	接触器吸合时	小于 1V
BMC01-33～GND	直流充电正极接触器控制信号	B/Y	接触器吸合时	小于 1V
BMC02-1～GND	常电 12V	R/L	始终	11～14V
BMC02-2～GND	GND1	B	始终	小于 1V
BMC02-3～GND	碰撞信号	Y	启动	约-15V
BMC02-4～GND	高压互锁 1 输出	W/G	ON 档/OK 档/充电	PWM 脉冲信号
BMC02-5～GND	高压互锁 1 输入	G/B	ON 档/OK 档/充电	PWM 脉冲信号
BMC02-6～GND	直流负极温度低	G/B	ON 档/OK 档/充电	小于 1V
BMC02-7～GND	直流充电接触器烧结检测信号	G	ON 档/OK 档/充电	9～16V
BMC02-8～GND	IG3 电 12V	R	ON 档/OK 档/充电	9～16V
BMC02-9～GND	动力网 CAN 终端电阻并入 1	Br	常电/ON 档	2.5～2.7V
BMC02-10～GND	充电互锁 2 输出	W/G	ON 档/OK 档/充电	PWM 脉冲信号
BMC02-11～GND	充电互锁 2 输入	W/B	ON 档/OK 档/充电	PWM 脉冲信号
BMC02-12～GND	直流正极温度低	G/W	ON 档/OK 档/充电	小于 1V
BMC02-13～GND	直流负极温度高	O	ON 档/OK 档/充电	约 2.8V[①]
BMC02-14～GND	动力网 CAN 终端电阻并入 2	Br	常电/ON 档	2.5～2.7V
BMC02-15～GND	直流充电感应信号	B/Y	充电时	约 6V
BMC02-16～GND	动力网 CAN-H	P	ON 档/OK 档/充电	2.5～3.5V
BMC02-17～GND	动力网 CAN-L	V	ON 档/OK 档/充电	1.5～2.5V

(续)

连接端子	端子描述	颜色	条件	正常值
BMC02-19～GND	直流正极温度高	Y/R	ON 档/OK 档/充电	约 2.8V[①]
BMC02-20～GND	充电连接信号	Y/B	充电时	约 3.2V
BMC02-21～GND	GND2	B	始终	小于 1V
BMC02-24～GND	充电子网 CAN-H	P	ON 档/OK 档/充电	2.5～3.5V
BMC02-25～GND	充电子网 CAN-L	V	ON 档/OK 档/充电	1.5～2.5V

① 电压随环境温度的变化而变化，测量时，环境温度为 18.3℃。

(3) 用诊断仪读取故障码　将诊断仪连接 DLC3 诊断口，整车电源位于 ON 档，进入电池管理器代码诊断（表 3-6）。如有故障码，则应检查对应的故障码。如无故障码，应全面检查系统。

表 3-6　电池管理器故障码

编号	DTC	描述	编号	DTC	描述
1	P1A0200	BIC1 工作异常故障	24	P1A5200	碰撞系统故障
2	P1A0C00	BIC1 电压采样异常故障	25	P1AC900	直流充电感应信号断线故障
3	P1A2000	BIC1 温度采样异常故障	26	P1AC400	电池严重不均衡
4	U20B000	BIC1 CAN 通信超时故障	27	U029800	电池管理器与 DC 通信故障
5	P1A3522	动力电池单节电压严重过高	28	P1AC900	直流充电感应信号断线故障
6	P1A3622	动力电池单节电压一般高	29	P1AD000	模组连接异常
7	P1A3721	动力电池单节电压严重过低	30	P1ACA00	电池组放电严重报警
8	P1A3821	动力电池单节电压一般过低	31	P1A6000	高压互锁 1 故障
9	P1A3922	动力电池单节温度严重过高	32	P1AC200	高压互锁 2 故障
10	P1A3A22	动力电池单节温度一般过高	33	U011000	与电机控制器通信故障
11	P1A3B21	动力电池单节温度严重过低	34	U029787	与车载充电器通信故障
12	P1A3C00	动力电池单节温度一般过低	35	U012200	与低压 BMS 通信故障
13	P1A0100	一般漏电故障	36	U02A200	与主动泄放模块通信故障
14	P1A0000	严重漏电故障	37	U016400	与空调通信故障
15	P1A3400	预充失败故障	38	U023487	与电池加热器通信故障
16	P1A3D00	负极接触器回检故障	39	P1A5500	电池管理器电源输入过高
17	P1A3E00	正极接触器回检故障	40	P1A5600	电池管理器电源输入过低
18	P1A3F00	预充接触器回检故障	41	P1ACB07	直流充电正极接触器烧结
19	P1A4100	正极接触器烧结故障	42	P1ACC07	直流充电负极接触器烧结
20	P1A4200	负极接触器烧结故障	43	P1AE800	直流充电正极接触器回检故障
21	P1A4C00	漏电传感器失效故障	44	P1AE900	直流充电负极接触器回检故障
22	P1A4D04	电流霍尔式传感器故障	45	U014087	与 BCM 通信故障
23	P1A5100	碰撞硬线信号 PWM 异常警告	46	P1AEC00	直流充电柜故障

(4) 电池管理模块电源电路检查　电池管理模块电源电路如图 3-28 所示。

1) 用万用表检查 F2/20 熔丝、F1/22 熔丝，如有烧毁则更换熔丝。

2）检查线束，分别断开 BK45（A）接插件、BK45（B）接插件，电源打到 ON 档，正常值见表 3-7。

表 3-7 电源电路检查

端子	线色	参考值	端子	线色	参考值
BK45（A）-28～车身地	R/L	11～14V	BK45（B）-2～车身地	B	小于 1Ω
BK45（B）-1～车身地	R/L	11～14V	BK45（B）-21～车身地	B	小于 1Ω
BK45（B）-8～车身地	R	11～14V			

如阻值正常，则电源电路正常，否则应检查或更换线束。

温馨提示：电池管理模块电源电路检查视频可扫二维码资源 3.3 观看。

（5）霍尔式传感器故障检查 霍尔式传感器电路如图 3-29 所示。

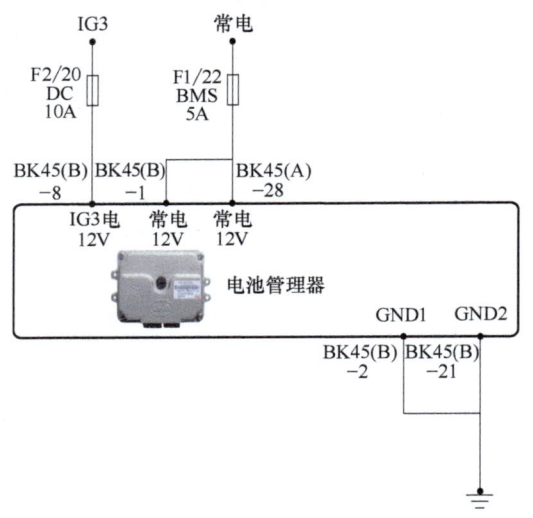

图 3-28 电池管理模块电源电路

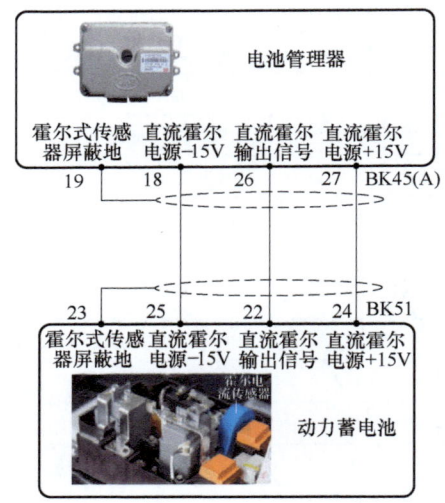

图 3-29 霍尔式传感器电路

1）检查传感器电源。断开 BK51 接插件（图 3-30），电源置于 OK 档，用万用表检查线束端子值，正常值见表 3-8。

表 3-8 线束端子电压值

端子	线色	正常值
BK51-24～车身地	Y/B	约+15V
BK51-25～车身地	Y/G	约-15V
BK51-22～车身地	W/B	0V

2）如端子值正常，则更换霍尔式传感器。

3）如端子值不正常，应进一步检查线束。可断开 BK51 及 BK45（A）接插件，检查线束端子间阻值，正常值见表 3-9。

表 3-9 线束端子间阻值

端　　子	线　　色	正　常　值
BK51-24~BK45（A）-27	Y/B	小于 1Ω
BK51-25~BK45（A）-18	Y/G	小于 1Ω
BK51-22~BK45（A）-26	W/B	小于 1Ω

4）阻值正常，则更换电池管理器。否则更换电池管理器至动力蓄电池之间的线束。

✈ **温馨提示**：霍尔式传感器检查视频可扫二维码资源 3.4 观看。

（6）**电池管理模块通信故障**　电池管理模块电路如图 3-31 所示。检查 CAN 总线，断开 BK45（A）接插件，用万用表检查 BK45（A）-1 与 BK45（A）-10 端子之间的阻值；插回 BK45（A）接插件，检查 BK45（A）-1 与车身地、BK45（A）-10 与车身地之间的阻值。检查结果见表 3-10。

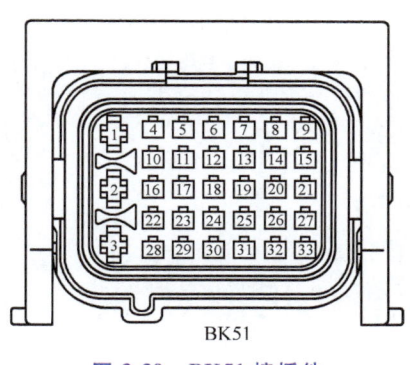

图 3-30　BK51 接插件

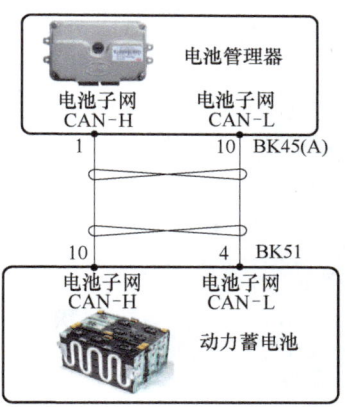

图 3-31　电池管理模块电路

表 3-10 线束端子检测

端　　子	线　色	参　考　值	条　　件
BK45（A）-1~BK45（A）-10		约 120Ω/约 60Ω	断开 BK45（A）接插件/插回 BK45（A）接插件
BK45（A）-1~车身地	P	2.5~3.5V	ON 档/OK 档/充电
BK45（A）-10~车身地	V	1.5~2.5V	ON 档/OK 档/充电

如端子值正常，或电池子网 CAN-H、CAN-L 对车身地电压正常，说明 CAN 线正常；否则应更换 CAN 线。

✈ **温馨提示**：电池管理模块通信网络检查视频可扫二维码资源 3.5 观看。

3.5 动力蓄电池管理系统的维修

根据上述检查结果，采取相应措施进行维修和复查验证。电池管理器的拆装步骤如下：

1）电池管理器拆卸步骤：如图 3-32 所示，将电源开关置于 OFF 档，等待 5min；打开前舱盖，断开蓄电池负极；拔掉电池管理器上连接的整车低压线束的接插件，并用 8 号套筒拆卸 PTC 驱动器支架；反转支架，用 8 号套筒拆卸电池管理器的 4 个固定螺栓，取下电池管理器。

2）按拆卸相反的步骤安装电池管理器。

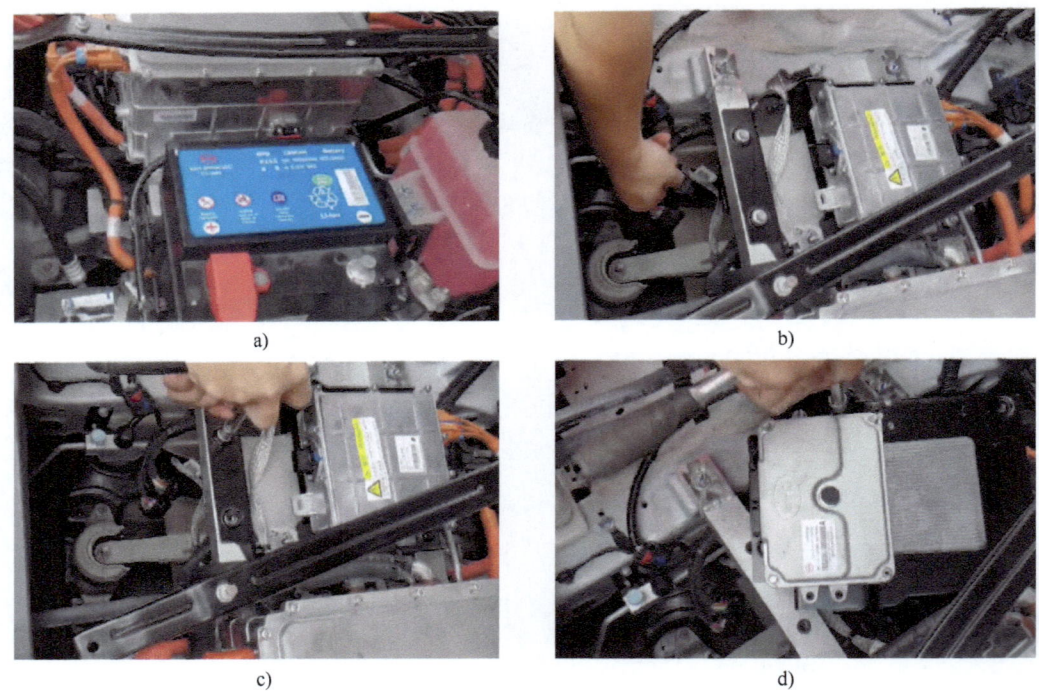

图 3-32　电池管理器拆卸步骤

a）断开蓄电池负极　b）拔掉接插件　c）拆卸电池管理器安装底座　d）拆卸电池管理器固定螺栓

温馨提示：电池管理器拆装视频可扫二维码资源 3.6 观看。

视频3.6

任务总结

1）动力蓄电池管理系统（BMS）是监视动力蓄电池的状态（温度、电压、荷电状态等），可以为蓄电池提供通信、安全、电芯均衡及管理控制，并提供与应用设备接口的系统。其主要功能是实时采集监测和显示电源系统的状态参数（总电压、总电流、单体蓄电池的电压与温度、漏电信号、SOC 等），根据检测数据计算 SOC、SOH 值，可靠的通信功能，进行电池的故障诊断、报警和安全保护（过电压、欠电压、过电流、低温、高温、漏电、短路等保护），实施电池的优化管理。

模块 2　电动汽车动力蓄电池及其管理系统的结构与维修

2）动力蓄电池管理系统主要由硬件和软件两部分组成。硬件一般由主控模块、高压模块和分布测量模块组成。软件分别对主控模块和测量模块的各功能单元编写软件程序，而后联结起来构成整个系统程序。

3）动力蓄电池的电压采集目前普遍采用 ASIC 专用集成电路来完成，电池温度检测普遍采用热敏电阻温度传感器进行，电流检测采用霍尔式电流传感器进行，SOC 估算可采用安时积分法等多种方法进行。

4）电池组管理优化原理主要是均衡控制蓄电池组的各单体电池、电流和温度，从而把蓄电池组控制在最佳效率和最佳寿命区工作。预充控制采用预充继电器有效降低瞬时高电压冲击。动力蓄电池的热管理分降温管理和升温管理，降温管理根据介质不同分为空气冷却、液体冷却和相变材料冷却。

5）电池组绝缘电阻检测是利用电桥来测量总线正极和负极对地的绝缘电阻。高压互锁（HVIL）是在高压总线上电之前，高压系统回路断开或完整性被破坏时采取的安全措施。

6）动力蓄电池管理系统故障外部直观检查主要有各传感器接插件及其外部连线、电源管理器各端子接插件及其外部连线、各采集线插头及其外部线束、风扇接插件及其外部连线是否松动、损坏的检查，还有冷却液的检查。

7）动力蓄电池管理系统故障检查尽量采用专用设备进行科学检测，通过读取故障码和数据流进行判断。结合万用表检测各端子的电压、电阻等参数，可以更具体判断故障部位和零部件好坏。

学 习 工 单

任务 3　行驶中动力突然中断的故障诊断与维修

学生姓名		学生班级		小组名称/组长	
汽车型号		动力电池型号		实训地点/时间	
客户报修	比亚迪秦 Pro EV 纯电动汽车行驶中动力突然中断，组合仪表动力系统故障警告灯点亮，并显示"EV 功能受限"字样。					
主要设备、工具和资料						

子任务 1　观看电池管理模块电源电路检查的视频（可扫二维码资源 3.5 观看）。画出电池管理模块电源电路，采用万用表检测电池管理模块电源电路，并记录下检测结果。

子任务 2　观看采用万用表检测电流传感器（霍尔式）电路的视频（可扫二维码资源 3.4 观看）。画出电流传感器电路，采用万用表检测电流传感器（霍尔式）电路，并记录下检测结果。

子任务 3　采用万用表进行电池管理器 A、B 各端子的测量，将测量值填入下表。

连接端子	端子描述	线色	检测条件	测量值

子任务 4　结合上述检查结果，分析比亚迪秦 Pro EV 汽车行驶中动力突然中断故障产生可能的原因。

子任务 5　观看电池管理控制器拆装的视频（可扫二维码  资源 3.6 观看）。查阅维修手册，进行电池管理控制器的正确拆装，并说明其拆装步骤。

子任务 6　完成下列关于动力蓄电池管理系统的知识测评作业。
1）关于电池管理系统，下列描述正确的是（　　）。
A. 英文名称是 Battery Management System，简称 BMS
B. 能实时采集总电压、总电流、单体蓄电池温度信号等
C. 具备计算荷电状态 SOC、健康状态 SOH、剩余续驶里程等功能
D. BMS 内部和外部都需要通过可靠的通信方式发送数据信息。
2）动力蓄电池能量非耗散型电路，下列描述正确的是（　　）。
A. 采用电容、电感作为储能元件　　B. 具有均衡效率高、产生热量低的优点
C. 转换电路的损耗高　　　　　　　D. 是一种最简单、最实用的电池均衡方法
3）关于电池的"木桶效应"，下列描述正确的是（　　）。
A. 各单体蓄电池电压不平衡，将导致"木桶效应"
B. 某一单体蓄电池温度异常，将导致"木桶效应"
C. 所有蓄电池按照短板蓄电池性能计算
D. 蓄电池组的性能和寿命不受影响
4）电动汽车进入跛行工况或降功率，系统故障灯亮，在等级划分中属于（　　）。
A. 致命故障　　　　　　　　B. 严重故障
C. 一般故障　　　　　　　　D. 轻微故障
5）根据以下动力蓄电池预充电路图，回答下列问题。

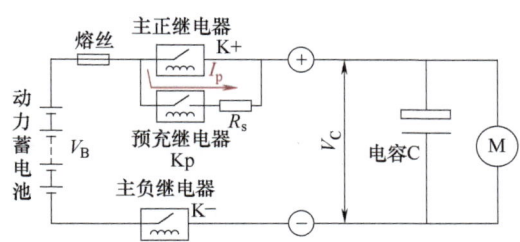
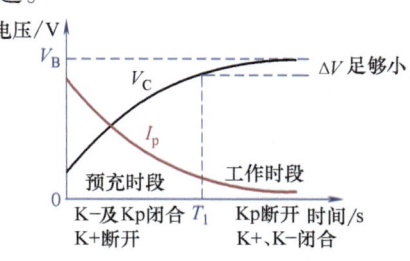

◇ 如果没有预充电路，将会发生什么后果？

◇ 简述动力蓄电池的预充过程。

子任务 7　任务交流（学生学习小组制作任务完成情况交流发言稿，推举代表发言）。

子任务 8　任务评价（根据上述实操、作业和交流情况，进行任务自评、小组互评和综合评价，其中自评、小组互评满分各占 25 分，教师综合测评满分 50 分）。
自评（评语及评分）：

签名：
年　月　日

小组互评（评语及评分）：

组长签名：
年　月　日

综合评分与教师评价	
	教师签名： 年　月　日

任务4 电动汽车无法充电的故障诊断与维修

任务接受

客户报修：比亚迪秦 Pro EV 纯电动汽车在私家停车位交流充电桩上充电，插枪后仪表一直显示"充电连接中，请稍候"。前往公共快充站充电，插枪后仪表黑屏，同时充电指示灯也不亮。

学习目标

1）能够描述电动汽车充电系统的基本作用和充电方式。
2）能够解释电动汽车充电系统的总体组成与结构原理。
3）能够给电动汽车进行充电。
4）学会电动汽车充电系统检修方法。
5）能够进行电动汽车充电系统常见故障的检修。
6）培养良好的职业道德与安全、环保意识。

任务准备

4.1 电动汽车充电系统的信息收集

1. 电动汽车充电系统作用及其充电方式

（1）充电系统作用 充电系统的作用是给电动汽车动力蓄电池及时补充能量，并能根据动力蓄电池电量情况和充电时环境状态，及时调整充电电流。

（2）充电方式 电动汽车充电方式常见的有4种，见表4-1。

表4-1 电动汽车充电方式

充电方法	充电端口	充电连接器	电源	充电说明	充电时间
充电站直流充电				在公共充电站充电	电量 SOC 从10%到100%充电所需要时间约为 1h
C10 充电柜直流充电				使用家用 C10 充电柜充电	电量 SOC 从10%到100%充电所需要时间约为 1h
充电桩交流充电				在公共交流充电桩充电	电量 SOC 从10%到100%充电所需要时间约为 6h
家用交流充电				在家用 220V 50Hz、10A 标准两级带接地插座上充电	电量 SOC 从10%到100%充电所需要时间约为 13h

还有一种车辆之间相互充电的方式，有这种配置的车辆可用。

2. 电动汽车充电系统的基本组成

以比亚迪秦 Pro EV 纯电动汽车充电系统为例，主要由交流充电口、直流充电口、充配电总成、动力蓄电池、电池管理系统以及高压线束等组成（图 4-1）。

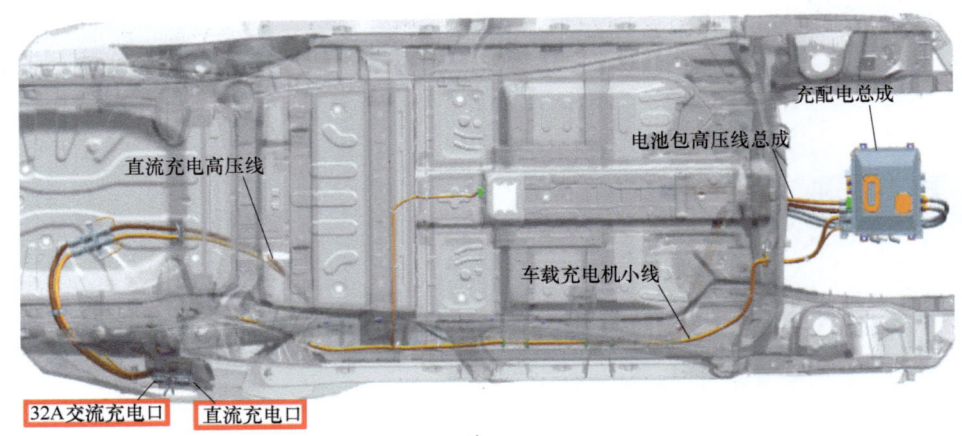

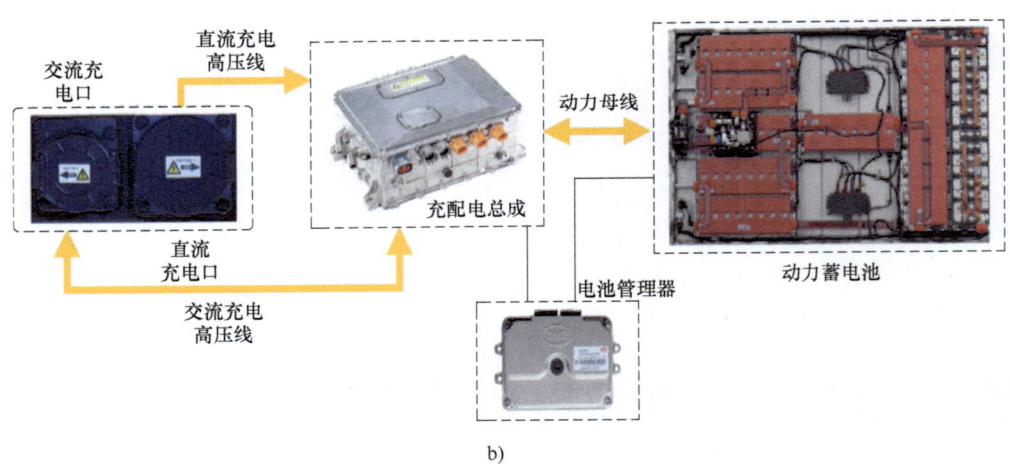

图 4-1 比亚迪秦 Pro EV 纯电动汽车充电系统组成

a）在车上布置　b）组成框图

（1）充电口　比亚迪秦 Pro EV 纯电动汽车电池充电接口在汽车侧面，有交流充电口和直流充电口（图 4-2），右侧是直流充电口，通过充电站的充电柜将直流高压直接通过直流充电口给动力蓄电池充电；左侧是交流充电口，通过家用插头或交流充电桩接入交流电，通过车载充电机将家用 220V 交流电转为直流高压给动力蓄电池充电。充电口端子设计已经标准化。交流充电口包含 7 个端子（图 4-3），直流充电口包含 9 个端子（图 4-4），其中 A+ 和 A- 为非车载充电机向电动汽车提供低压电源。出于安全的考虑，在充电接口连接过程中，端子连接顺序为：保护搭铁，直流电源正与直流电源负、低压辅助电源正、低压辅助电源负，充电通信；在脱开的过程中则顺序相反。电动汽车的车辆控制装置能够通过测量检查点的峰值电压判断充电插头与充电插座是否充分连接。

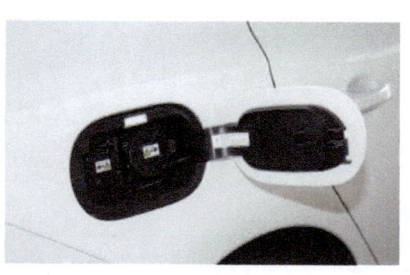

图 4-2 比亚迪秦 Pro EV 纯电动汽车充电口

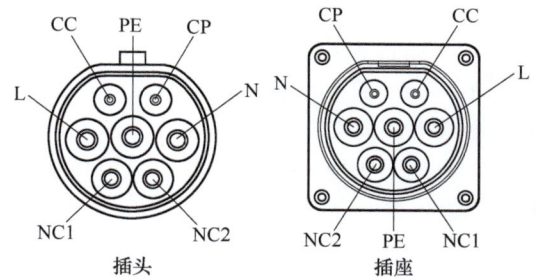

图 4-3 交流充电口插头和插座端子布置图

PE—保护接地　CC—充电连接确认
CP—充电控制导引　N—中线
L、NC1、NC2—三相交流电

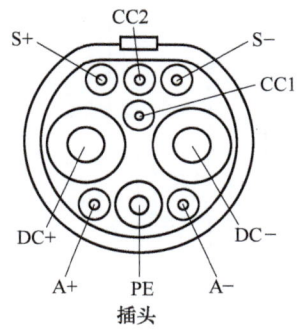

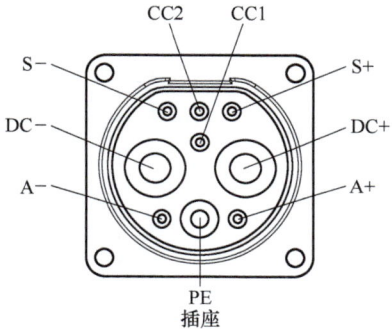

图 4-4 直流充电口插头和插座端子布置图

S+—充电通信 CAN-H　S-—充电通信 CAN-L　CC1—充电连接确认 1　CC2—充电连接确认 2
PE—保护搭铁端子　DC+—直流电源正　DC-—直流电源负　A+—低压辅助电源正　A-—低压辅助电源负

（2）车载充电机　车载充电机的作用是将家用 220V 交流电变换为直流高压电给动力蓄电池充电。车载充电机如图 4-5 所示。

图 4-5 车载充电机

（3）双向逆变充放电式电机控制器　比亚迪秦 Pro EV 纯电动汽车采用双向逆变充放电式电机控制器，将三相交流电转为与电池电压相匹配的直流高压电给动力蓄电池充电。其结构原理将在任务 5 中进行介绍。

3. 电动汽车充电系统的基本工作原理

以比亚迪秦 Pro EV 纯电动汽车为例，其充电系统基本工作原理如图 4-6 所示。当通过直流充电口对动力蓄电池进行充电时，直流充电正极接触器与直流充电负极接触器闭合，直接利用其电势差对动力蓄电池进行充电；当通过交流充电口对动力蓄电池进行充电时，则需通过车载充电机将 220V 进行变压后再对动力蓄电池进行充电，家用充电电流一般为 8A，充电桩充电电流一般为 14A。

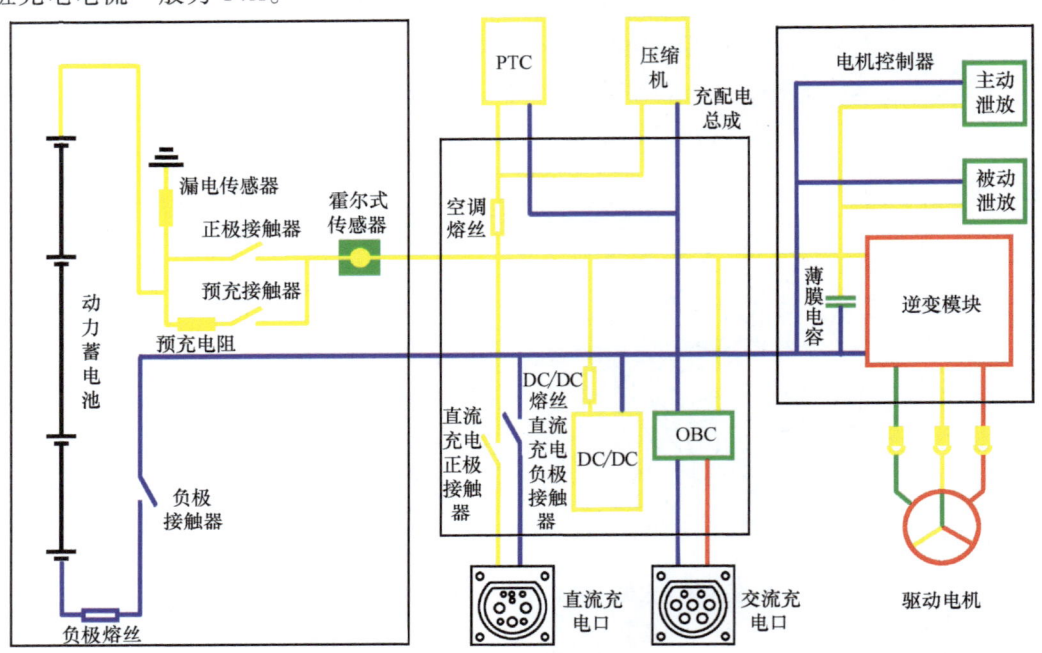

图 4-6　比亚迪秦 Pro EV 纯电动汽车充电系统工作原理图

4.2　电动汽车无法充电的故障分析

根据比亚迪秦 Pro EV 纯电动汽车结构原理，故障可能原因如图 4-7 所示。

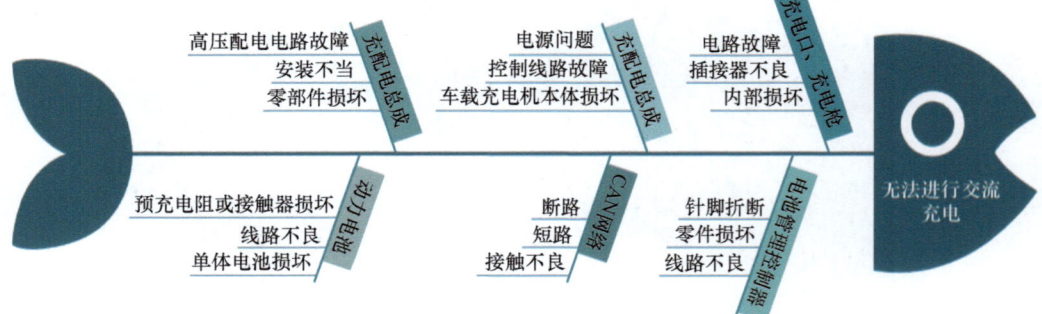

图 4-7　电动汽车无法充电故障可能原因

4.3　电动汽车充电系统维修准备

电动汽车充电系统维修设备与材料准备见表 4-2。

表 4-2 比亚迪秦 Pro EV 纯电动汽车无法充电的维修设备与材料

名　　称	数　　量	名　　称	数　　量
元征 X-431 故障诊断仪	1 台/组	1000V 绝缘手套	1 套/组
汽车万用表	1 台/组	手套、抹布等	1 批/组
常规拆装工具	1 套/组	电工胶布等	2 卷/组
充电桩	1 套/组	工作台	1 台/组

任务实施

4.4 电动汽车充电系统故障的检查

1. 外部直观检查

直观检查动力蓄电池充电系统外部有无损坏、漏液，充配电总成外部接口是否对接良好，交（直）流充电插座低压接插件有无脱落、松动等现象。如有问题则予以排除。

2. 用仪器设备进行故障诊断

（1）**检查低压蓄电池电压** 用万用表检查，标准电压值为 11~14V，如果电压值低于 11V，在进行下一步之前请充电或更换低压蓄电池。

（2）**检查充配电总成电路** 首先排查车载充电机本身是否有故障。如果没有，进一步全面分析与诊断车辆故障。下面以比亚迪秦 Pro EV 纯电动汽车为例，说明故障诊断过程，其充配电总成电路原理图如图 4-8 所示。

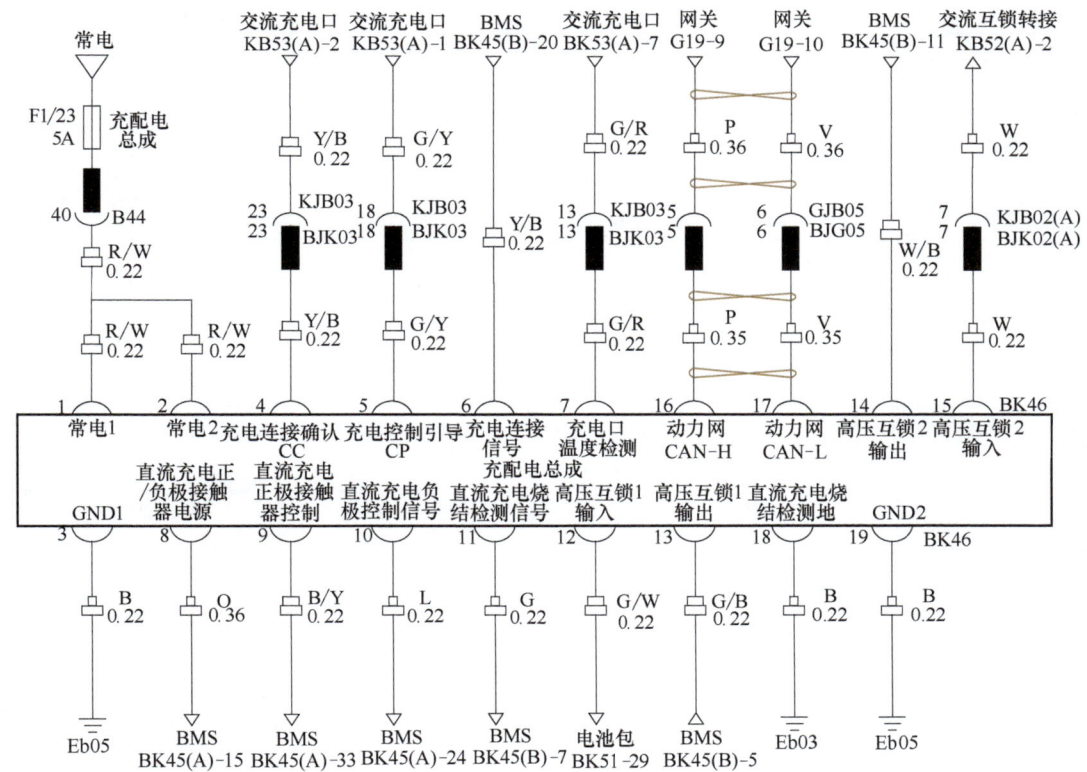

图 4-8 比亚迪秦 Pro EV 纯电动汽车充配电总成电路原理图

用万用表检测 BK46 各端子（图 4-9），其正常值见表 4-3。如端子值不正常，则应更换线束；如端子值正常，则应进一步检查。

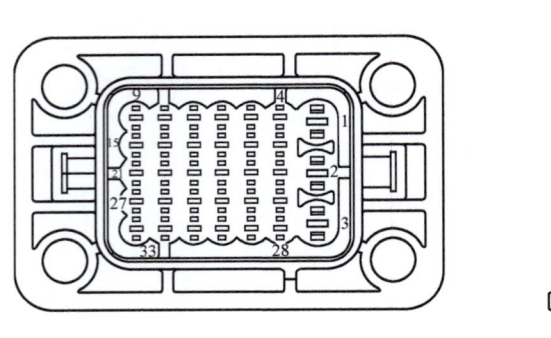 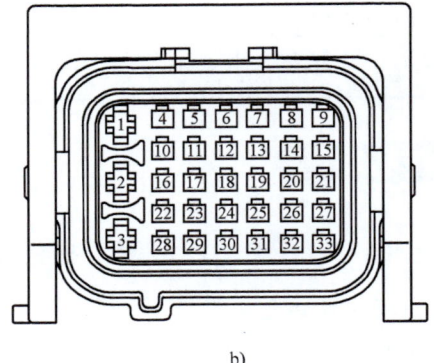

a)　　　　　　　　　　　　　　　　　　b)

图 4-9　BK46 接插件

a）BK46 插座　b）BK46 插头

表 4-3　BK46 引脚正常值

连接端子	端子描述	条件	正常值
1～车身地	常电 1	始终	11～14V
2～车身地	常电 2	始终	11～14V
3～车身地	常电电源地 1	始终	小于 1V
4～车身地	充电连接确认 CC	电源 ON 档/充电	12V/2.6V
5～车身地	充电控制导引 CP	充电	PWM
6～车身地	充电连接信号	充电	约 3.2V
7～车身地	充电口温度检测	充电或电源 ON 档	约 2.8V[①]
8～车身地	直流充电正极/直流充电负极接触器电源	充电或电源 ON 档	11～14V
9～车身地	直流充电正极接触器控制信号	充电或电源 ON 档	小于 1V
10～车身地	直流充电负极接触器控制信号	充电或电源 ON 档	小于 1V
11～车身地	直流充电接触器烧结检测信号	电源 OFF 档	11～14V
12～车身地	高压互锁 1 输入	始终	PWM
13～车身地	高压互锁 1 输出	始终	PWM
14～车身地	高压互锁 2 输出	始终	PWM
15～车身地	高压互锁 2 输入	始终	PWM
16～车身地	动力网 CAN-H	始终	2.5～3.5V
17～车身地	动力网 CAN-L	始终	1.5～2.5V
18～车身地	直流充电接触器烧结检测信号地	电源 OFF 档	小于 1V
19～车身地	常电电源地 2	始终	小于 1V

① 电压随环境温度的变化而变化，测量时，环境温度为 18.3℃。

（3）交流充电口总成高低压线束检查　根据 BK46 引脚检查结果，可进一步检查充电口总成高低压线束，方法如下：

模块 2　电动汽车动力蓄电池及其管理系统的结构与维修

1）电源置于 OFF 档。

2）用万用表测量交流充电口（图 4-10）及高低压线束（充配电总成外接高压线布局如图 4-11 所示，充配电总成低压插接器插孔编号可参照图 4-9）导通情况，正常值见表 4-4。如果异常，进一步检查是否插好交流充电口低压接插件（图 4-12），或者相关线束是否损坏。

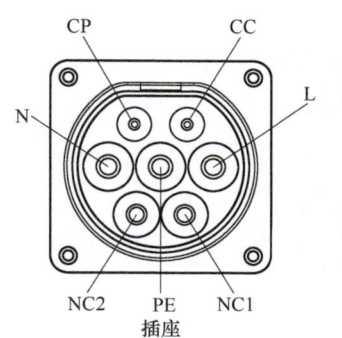

图 4-10　交流充电口　　图 4-11　充配电总成外接高压线布局　　图 4-12　交流充电口低压接插件

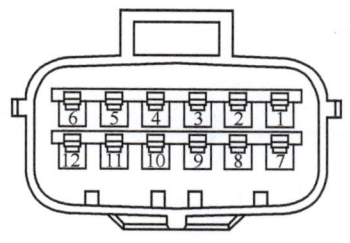

表 4-4　交流充电口及其线束检测

端子（左为充电口）	条件	正常值	可能故障部件
PE~车身地	OFF	小于 1Ω	线束
CC~33PIN-4（充配电总成低压）	OFF	小于 1Ω	线束
CP~33PIN-5（充配电总成低压）	OFF	小于 1Ω	线束
N~N（充配电总成交流充电输入）	OFF	小于 1Ω	线束
L~L$_1$（充配电总成交流充电输入）	OFF	小于 1Ω	线束
L~L$_2$（充配电总成交流充电输入）	OFF	小于 1Ω	线束
L~L$_3$（充配电总成交流充电输入）	OFF	小于 1Ω	线束

3）检测 CC 端子对车身地的电压，未插枪时，应约为 12V；插枪时，应约为 2.6V（充电枪规格：250V/10A）。

4）检测温度传感器。检测交流充电口温度传感器（图 4-13），测量低压接插件 KB53（A）-7 端子与 KB53（A）-8 端子之间的电阻，应为 13.14kΩ 左右（环境温度 18.3℃）。

温馨提示：交流充电口及其线束检测视频可扫二维码资源 4.1 观看。

（4）直流充电口总成高低压线束检查

1）用万用表测量直流充电口（图 4-14）及高低压线束导通情况，正常值见表 4-5。如果异常，进一步检查是否插好接插件（图 4-15），或者相关线束是否损坏。如果正常，进入下一步。

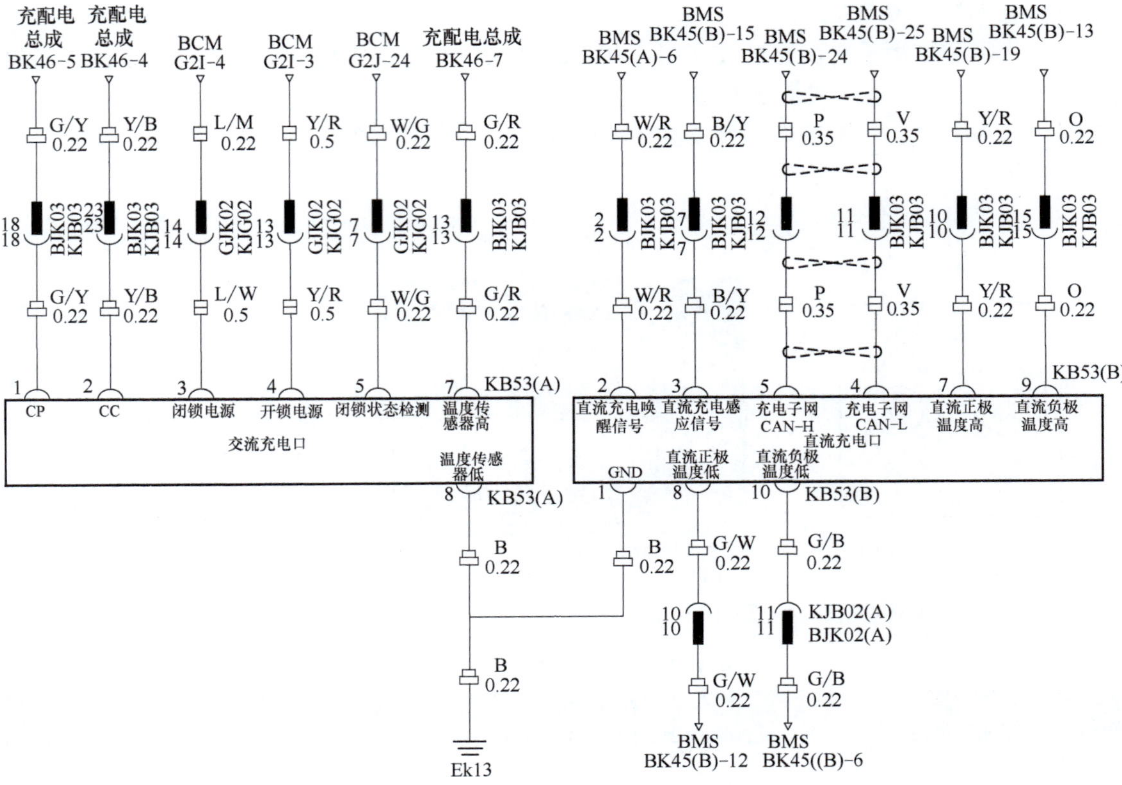

图 4-13 交直流充电口电路

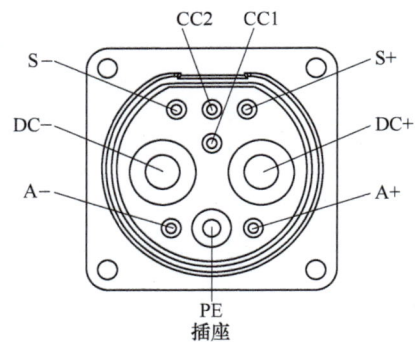

图 4-14 直流充电口插座

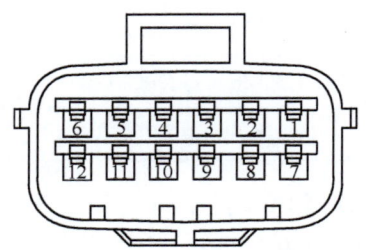

图 4-15 直流充电口低压接插件

表 4-5 直流充电口及其线束检测

端子（左为充电口）	条件	正常值	端子（左为充电口）	条件	正常值
CC1～PE	OFF 档	约 998Ω	S-～CAN-L [BMS BK45(B)-25]	OFF 档	小于 1Ω
CC2～CC2 [BMS BK45(B)-15]	OFF 档	小于 1Ω	DC+～DC+（充配电总成直流充电输入）	OFF 档	小于 1Ω
PE～车身地	OFF 档	小于 1Ω	DC-～DC-（充配电总成直流充电输入）	OFF 档	小于 1Ω
S+～CAN-H [BMS BK45(B)-24]	OFF 档	小于 1Ω			

模块 2　电动汽车动力蓄电池及其管理系统的结构与维修

2）检测 CAN 总线，电源置于 OFF 档，测量 S+ 与 S- 端子之间的阻值，约为 120Ω。OK 档时，S+ 端子与车身地的电压约为 2.6V，S- 端子与车身地的电压约为 2.4V。

3）检测温度传感器。检测直流正极温度传感器，拔下 KB53（B）接插件，测量 KB53（B）-7 端子与 KB53（B）-8 端子之间的电阻，正常应为 13.22kΩ 左右（环境温度 18.3℃）。

检测直流负极温度传感器，拔下 KB53（B）接插件，测量 KB53（B）-9 端子与 KB53（B）-10 端子之间的电阻，正常应为 13.22kΩ 左右（环境温度 18.3℃）。

注意：温度传感器采负温度系数热敏电阻，电阻值随环境温度增大而减小。

温馨提示：直流充电口及其线束检测视频可扫二维码资源 4.2 观看。

（5）故障码检测　用元征 X-431 故障诊断仪检测充配电总成与电池管理器故障码（表 4-6、表 3-6）。

表 4-6　充配电总成故障码

序号	故障码	故障定义	序号	故障码	故障定义
OBC 故障码					
1	P157016	交流侧电压低	19	P158798	充电口温度严重过高
2	P157017	交流侧电压高	20	P158900	充电口温度采样异常
3	P157219	直流侧过流	21	P158A00	电锁异常
4	P157216	直流侧电压低	22	P151100	交流端高压互锁故障
5	P157217	直流侧电压高	23	U011100	BMC 通信超时
6	P157400	供电设备故障	24	U015500	组合仪表通信超时
7	P157616	低压供电电压过低	25	U024500	多媒体通信超时
8	P157617	低压供电电压过高	26	P151500	水温传感器故障
9	P157897	CC 信号异常	27	P15FD00	冷却液温度过高
10	P15794B	温度采样 1 高	28	U014087	BCM 通信超时
11	P157A37	充电电网频率高	29	U011181	BMC 报文数据异常
12	P157A36	充电电网频率低	30	U015587	组合仪表报文数据异常
13	P157B00	交流侧过流	31	U024587	多媒体报文数据异常
14	P157C00	硬件保护	32	U014081	BCM 报文数据异常
15	P157E11	充电连接信号外部对地短路	33	U011182	BMC 循环计数器异常
16	P157E12	充电连接信号外部对电源短路	34	P15FE00	主控与子模块通信故障
17	P157F11	交流输出端短路	35	P15FF00	内部温度传感器故障
18	P15834B	温度采样 2 高			
DC/DC 故障码					
1	P1EC000	降压时高压侧电压过高	7	P1EC700	降压时硬件故障
2	P1EC100	降压时高压侧电压过低	8	P1EE000	散热器过温
3	P1EC600	降压时高压侧电流过高	9	U011100	与动力电池管理器通信故障
4	P1EC200	降压时低压侧电压过高	10	U014000	与 BCM 通信故障
5	P1EC300	降压时低压侧电压过低	11	P1ED317	低压供电电压过低
6	P1EC400	降压时低压侧电流过高	12	P1ED316	低压供电电压过高

4.5 电动汽车充电系统的使用与维修

1. 给电动汽车充电

以比亚迪秦 Pro EV 纯电动汽车使用家用交流供电插座充电为例,充电步骤如下:

1)电源置于 OFF 档,并解锁车辆门锁,按下充电口盖,充电口盖自动弹开。

2)将充电连接装置的供电插头插入家用供电插座中。

3)如图 4-16 所示,按下车辆插头上的锁止按钮(黑色按钮),将车辆插头插入车辆插座中,然后松开锁止按钮。此时,组合仪表充电连接指示灯点亮,充电设备自动运行,确认充电指示灯(绿色)一直闪烁(闪烁时间间隔 1s);充电完成后指示灯(绿色)停止闪烁,保持长亮(图 4-17)。

图 4-16 连接车辆端交流充电器

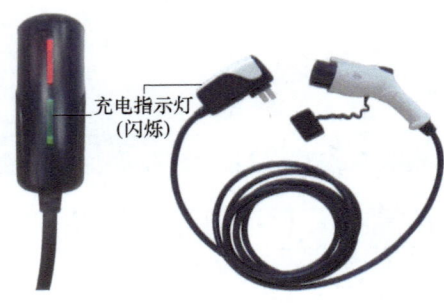
图 4-17 充电指示灯

4)结束充电,直接断开车辆端交流充电器,按下开关,拔出交流充电器。

5)断开供电插头,关闭充电口盖和充电口舱门。

6)整理充电连接装置,充电结束。

2. 充配电总成拆装与仪表板线束更换

连接元征 X-431 故障诊断仪,扫描充配电总成与电池管理器,当前故障码报 P157016(交流侧电压低)与 P1AD900(充电口温度采样点异常)。

(1)交流充电故障诊断过程 交流侧电压低说明车载充电机未工作。进一步读取车载模块数据流,插枪状态下,PWM 波占空比数值一直为 0。为了确认故障点,在充配电总成低压接插件 BK46-5 端子 CP 插上背插针,插上充电枪后,CP 信号电压显示为 0V,说明问题出在充配电总成,需进行更换。

(2)直流充电故障诊断过程 充电口温度采样点异常说明温度传感器及其线束存在故障。检测直流正极温度传感器、直流负极温度传感器阻值,数据正常。断开电池管理器跟直流充电口低压接插件,测量线束导通性,导通正常;测量传感器线路是否对电源、对地短路。发现电池管理器接插件 BK45(B)-13 端子对地导通。

根据图 4-13 所示,断开前舱线束 BJK03 插头,测量电池管理器 BK45(B)-13 端子对车身地阻值∞,进一步测量 KJB03-15 端子对车身地导通,确定为地板线束导致直流充电故障,需进行更换。

(3)更换充配电总成 在进行拆卸维修(更换)前,需先使起动开关处于 OFF 档,拔掉紧急维修开关,并且使蓄电池断电。

1)拆卸外部接口。使用水管钳拆卸进水管、出水管、排气管,如图 4-18a 所示。手工拆卸低压线束接插件、空调 PTC 接插件、空调压缩机接插件、电池加热器接插件以及交流充电输入接插件，如图 4-18b 所示。使用 13 号套筒工具拆卸低压正极线、2 条搭铁线，如图 4-18c 所示。

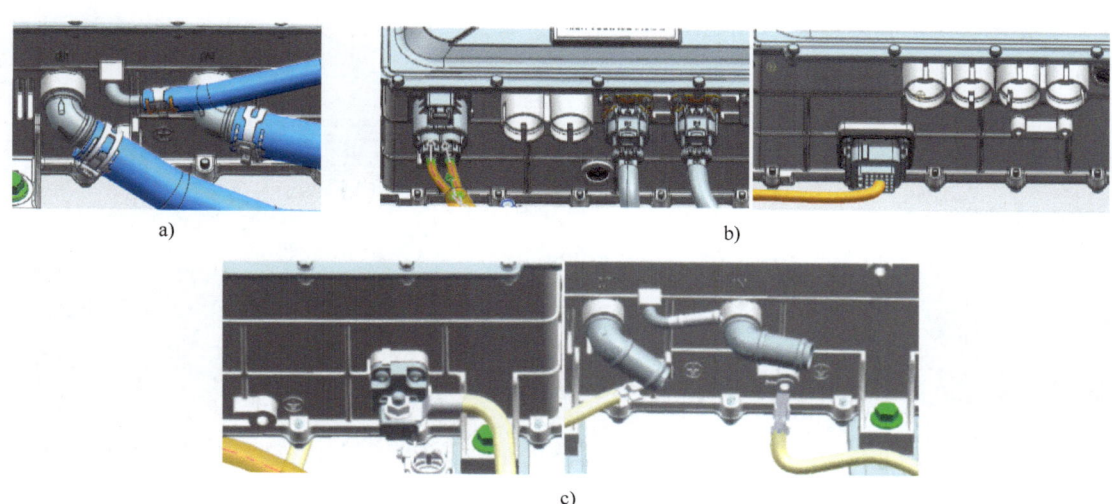

图 4-18 拆卸外部接口

2）拆卸充配电总成小盖。用专用工具拆卸小盖上 10 个 M5 螺栓，其中 2 个内五花螺栓、8 个十字槽螺栓，如图 4-19 所示。

3）拆卸充配电总成内部线鼻子。拆开充配电总成小盖后，用万用表测量直流母线电压，电压为 0V 后再进行下一步操作。用 10 号套筒工具拆卸电控甩线、直流母线（接电池）和直流充电线束共 12 个 M6 螺栓，如图 4-20 所示。

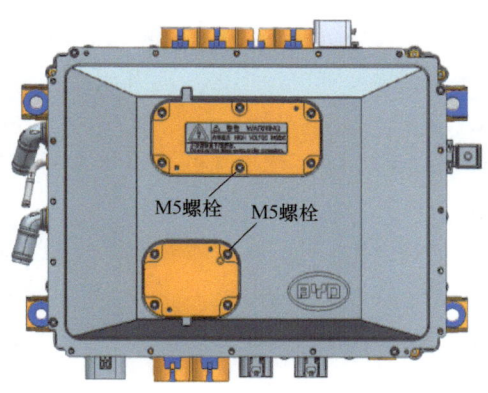

图 4-19 小盖上 M5 螺栓

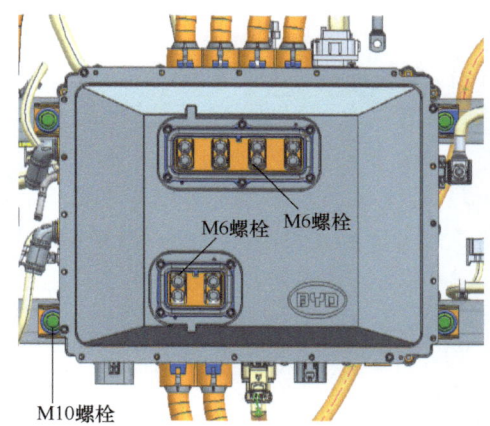

图 4-20 电控甩线等 12 个 M6 螺栓和总成安装脚 4 个 M10 螺栓

4）拆卸充配电总成安装脚。用 13 号套筒工具拆卸充配电总成安装脚 4 个 M10 螺栓，如图 4-21 所示。

5）装配说明。取出故障充配电总成，更换一个新的充配电总成，按照拆卸的倒序，用

（4）更换地板线束　更换充配电总成与地板线束后，交流充电和直流充电功能均恢复正常。插上交流充电枪后，用万用表测量充配电总成低压接插件 BK46-5 端子电压为 -9.5V，用示波器测量 CP 充电控制导引信号，其波形正常，如图 4-22 所示。用万用表测量 BK45（B）-13 端子对地阻值为 ∞。

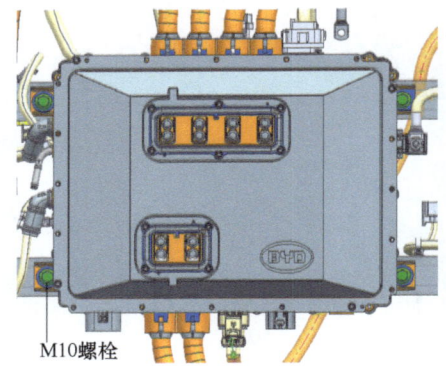

M10 螺栓

图 4-21　拆卸安装脚 4 个 M10 螺栓

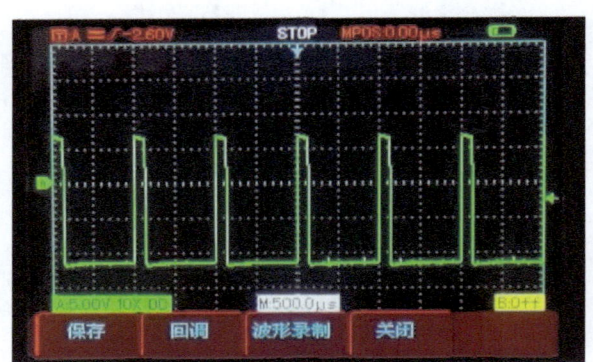

图 4-22　CP 信号波形

任务总结

1）充电系统的作用是给电动汽车动力蓄电池及时补充能量，并能根据动力蓄电池电量情况和充电时环境状态，及时调整充电电流。

2）充电方式常见的有充电站直流充电、C10 充电柜直流充电、充电桩交流充电和家用交流充电 4 种。

3）电动汽车充电系统一般由充电口、动力蓄电池、电池管理系统和车载充电机等组成。

4）直流充电口对动力蓄电池进行充电时，直接利用其电压差对动力蓄电池进行充电；当通过交流充电口对动力蓄电池进行充电时，则需通过车载充电机将 220V 交流电进行变压后再对动力蓄电池进行充电。

5）充电系统故障检查采用外观检查、专用设备读取故障码和数据流，结合万用表检测各端子的电压、电阻等参数来判断故障部位和零部件。

6）充电系统使用维修的内容主要包括给电动汽车充电和充配电总成拆装检修。

学 习 工 单

任务4　电动汽车无法充电的故障诊断与维修

学生姓名		学生班级		小组名称/组长	
汽车型号		动力蓄电池型号		实训地点/时间	
客户报修	比亚迪秦 Pro EV 纯电动汽车在交流充电桩上无法进行充电。				
主要设备、工具和资料					

　　子任务1　画出交流充电口插座端子布置图。

　　子任务2　观看交流充电口及其线束检测视频（可扫二维码 资源4.1观看）。检查交流充电接口与充配电总成之间高低压线束，并记录下检查结果。

　　子任务3　查阅用户使用手册，给电动汽车充电，并说明充电步骤。

　　子任务4　结合上述检查结果，分析比亚迪秦 Pro EV 纯电动汽车无法进行交流充电故障可能的原因

　　子任务5　查阅维修手册，进行充配电总成拆装，并说明拆装步骤。

子任务6　完成下列关于电动汽车充电系统的知识测评作业。

1）以下属于常见的充电方式有（　　　）。
　A. 充电站直流充电　　　　　　B. C10 充电柜直流充电
　C. 充电桩交流充电　　　　　　D. 家用交流充电

2）比亚迪秦 Pro EV 纯电动汽车充电系统的主要组成部件包括（　　　）。
　A. 交流充电口、直流充电口　　B. 充配电总成
　C. 电池管理系统　　　　　　　D. 电压线束

3）以下位于动力蓄电池内的接触器有（　　　）。
　A. 预充接触器　　　　　　　　B. 正极接触器
　C. 负极接触器　　　　　　　　D. 直流充电正极接触器

4）以下将三相交流电变换为与电池电压相匹配的直流高压电给动力蓄电池充电的部件是（　　　）。
　A. 电机控制器　　　　　　　　B. DC/DC 变换器
　C. 车载充电机　　　　　　　　D. BMS

5）下图是比亚迪秦 Pro EV 纯电动汽车充电系统工作原理图，请将图框中序号 1~8 的零部件名称填写在表中，并描述该充电系统工作原理。

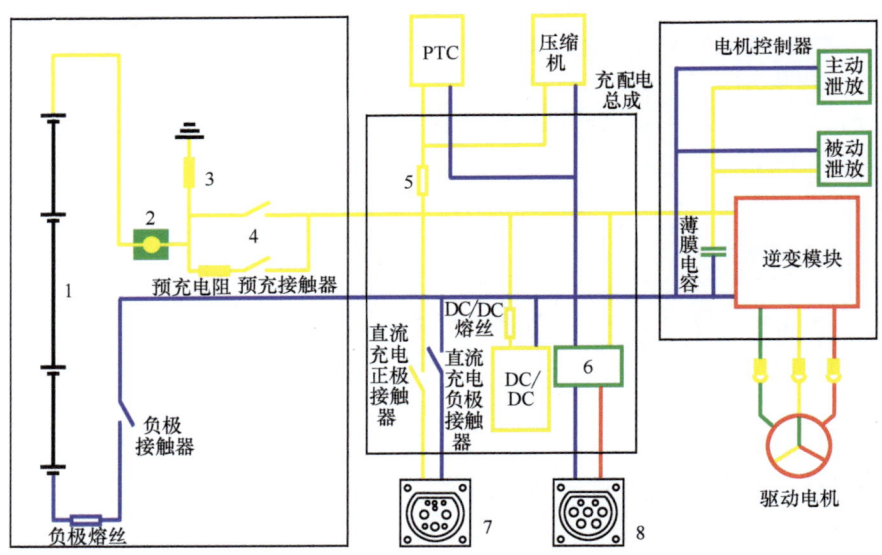

◇ 填写零部件名称。

序号	1	2	3	4	5	6	7	8
名称								

◇ 描述充电系统工作原理。

子任务 7　任务交流（学生学习小组制作任务完成情况交流发言稿，推举代表发言）。

子任务 8　任务评价（根据上述实操、作业和交流情况，进行任务自评、小组互评和综合评价，其中自评、小组互评满分各占 25 分，教师综合测评满分 50 分）。
自评（评语及评分）：

签名：
年　月　日

小组互评（评语及评分）：

组长签名：
年　月　日

综合评分与教师评价	
	教师签名： 年　月　日

模块 3

电动汽车驱动电机及其控制系统的结构与维修

任务 5　驱动电机及其控制器温度高故障的诊断与维修

任务接受

客户报修：比亚迪秦 Pro EV 纯电动汽车行驶中组合仪表电机冷却液温度过高指示灯点亮。

学习目标

1) 能够描述驱动电机控制系统的基本作用、分类和性能指标以及主要功能等。
2) 能够描述驱动电机及其控制系统的基本结构。
3) 能够解释驱动电机及其控制系统的工作原理。
4) 学会电动汽车驱动电机及其控制系统的常见故障检测与诊断。
5) 能够进行电动汽车驱动电机及其控制系统的拆装维修。
6) 培养良好的科技意识，提高学习积极性。

任务准备

5.1　电动汽车驱动电机及其控制系统的信息收集

1. 电动汽车驱动电机及其控制系统的基本作用

（1）驱动电机的基本作用　驱动电机是为车辆行驶提供驱动力的电动机，是电动汽车的动力装置。在减速、制动等工况下，驱动电机还可以作为发电机发电，实现制动能量回收。

（2）驱动电机控制系统的主要功能

1) 限制交流电的最高输出电流和直流电的最高输出电压。
2) 控制电机正向驱动、反向驱动、正转发电、反转发电。

3）根据目标转矩进行最优运转控制，具有限幅和平滑处理功能。

4）通过 CAN 与其他控制模块通信，接收并发送相关的信号，间接控制车上相关系统正常运行。

5）控制电机的动力输出，同时对电机进行保护（电压跌落、过温保护、防止电机飞车等）。

6）制动能量回馈控制。

7）自身内部故障的检测和处理。

8）可以通过电机控制器直接从充电网上对车辆进行交流充电，也可以通过电机控制器把动力蓄电池的高压直流电通过控制器变换后放到充电网上。

2. 驱动电机的主要性能指标

驱动电机的主要性能指标如下：

1）额定功率：在额定条件下的输出功率，单位为 kW。

2）持续功率：规定的最大的、长期工作的功率。

3）峰值功率：在规定的持续时间内电机的最大输出功率。

4）额定电压：电机额定运行时，外加于定子绕组上的线电压，单位为 V。额定电压允许偏差 5%。当工作电压高于额定电压时，电机容易发热；当工作电压低于额定电压时，引起输出转矩减小、转速下降、电流增加，也会使绕组过热。

5）额定电流：电机在额定电压和额定输出功率时，定子绕组的线电流，单位为 A。

6）额定频率：我国电力网的频率为 50Hz，因此除外销产品外，国内电机的额定频率都为 50Hz。

7）额定转速：电机在额定功率下的转速，单位为 r/min。电动汽车所采用的感应电机的额定转速一般为 8000~12000r/min。

8）额定转矩：电机在额定功率和额定转速下输出的转矩。

9）峰值转矩：电机在规定的持续时间内允许输出的最大转矩。

10）额定效率：电机在额定情况下运行时的效率，为额定输出功率与额定输入电功率的比值。电机在其他工况运行的最大效率为峰值效率，整体效率越高越好。电动汽车还要求在车辆减速和制动时实现能量回收，再生制动回收的能量一般可达到总能量的 10%~15%。

11）额定功率因数：对于交流电机，定子相电流比相电压滞后一个角度，其余弦值就是异步电机的功率因数。三相异步电机的功率因数较低，在额定负载时约为 0.7~0.9，而在轻载和空载时更低，空载时只有 0.1~0.2。因此，必须正确选择电机的容量，防止"大马拉小车"，并力求缩短空载时间。

12）绝缘等级：按电机绕组所用的绝缘材料在使用时容许的极限温度进行分级。所谓极限温度，是指电机绝缘结构中最热点的最高容许温度，其技术数据见表 5-1。

表 5-1 电机绝缘等级

绝缘等级	A	E	B	F	H
极限温度/℃	105	120	130	155	180

13）功率密度：单位质量的电机可输出的功率，单位是 kW/kg，功率密度越大越好。

14）过载能力：电机的实际使用载荷（功率、转矩、电流等）超过电机额定值的现象称为电机过载。电动汽车电机应具有较大的起动转矩和较宽的调速性能，可以使汽车有良好的起动性能和加速性能，以获得所需要的起动、加速、行驶、减速、制动时的功率与转矩。

15）其他指标：除了上述指标以外，电机还要求可靠性好，耐温和耐潮性能强，运行时噪声低、振动小，能够在较恶劣的环境下长时间工作，结构简单、适合大批量生产，使用维修方便、价格便宜。

3. 驱动电机的分类

电动汽车所采用的驱动电机种类繁多（图5-1），目前主要有感应电动机、永磁电动机、直流电动机、开关磁阻电动机等，它们的主要性能见表5-2。

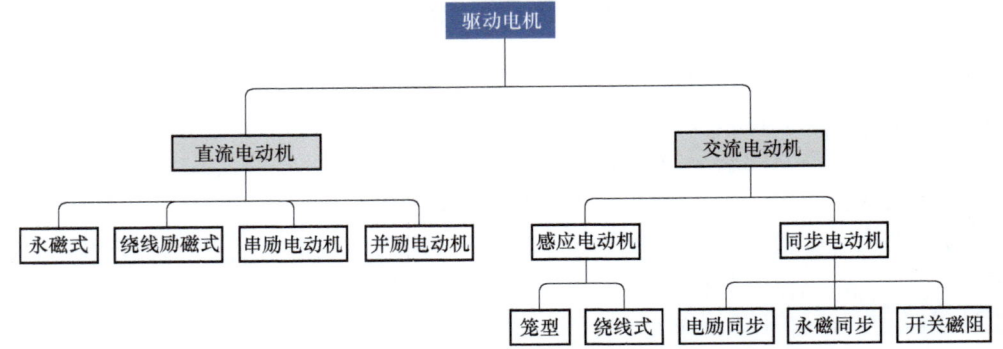

图 5-1　驱动电机种类

表 5-2　不同驱动电机的基本性能比较

项目	直流电动机	感应电动机	永磁电动机	开关磁阻电动机
功率密度	低	中	高	较高
过载能力(%)	200	300~500	300	300~500
峰值效率(%)	85~89	94~95	95~97	90
负荷效率(%)	80~87	90~92	85~97	78~86
功率因数(%)	—	82~85	90~93	60~65
恒功率区	—	1:5	1:2.25	1:3
转速范围/(r/min)	4000~6000	12000~20000	4000~100000	>15000
可靠性	一般	好	优	好
结构的坚固性	差	好	一般	优
外形尺寸	大	中	小	小
重量	重	中	轻	轻
控制操作性能	最好	好	好	好
控制器成本	低	高	高	中

4. 电动汽车动力系统架构

电动汽车动力系统架构形式多样，其中，BEV 动力结构形式如图 5-2 所示。

在图 5-2a 中，电机、固定速比的变速器和差速器一起构成了 BEV 动力系统。该动力系统结构利用电机低速阶段恒转矩和大范围转速变化中所具有的恒功率特性，采用固定速比的减速器替换多速比的减速器，取消了离合器，减小了机械传动装置的体积和重量，简化了驱动系统控制；但该系统结构的缺点是无法对变工况下电机工作效率进行优化，同时，为了满足车辆加速、爬坡和高速工况要求，通常需要选择功率较大的电机。

在图 5-2b 中，电机替代了传统汽车中的内燃机，并与离合器、变速器及差速器一起组成了类似传统汽车的动力驱动系统。电机替代内燃机输出驱动动力，通过离合器可以实现电机驱动力与驱动轮的断开或连接，变速器还提供不同的传动比，以变更转速-功率（转矩）曲线匹配载荷的需要，差速器用来实现转弯时车辆两侧车轮以不同转速驱动。

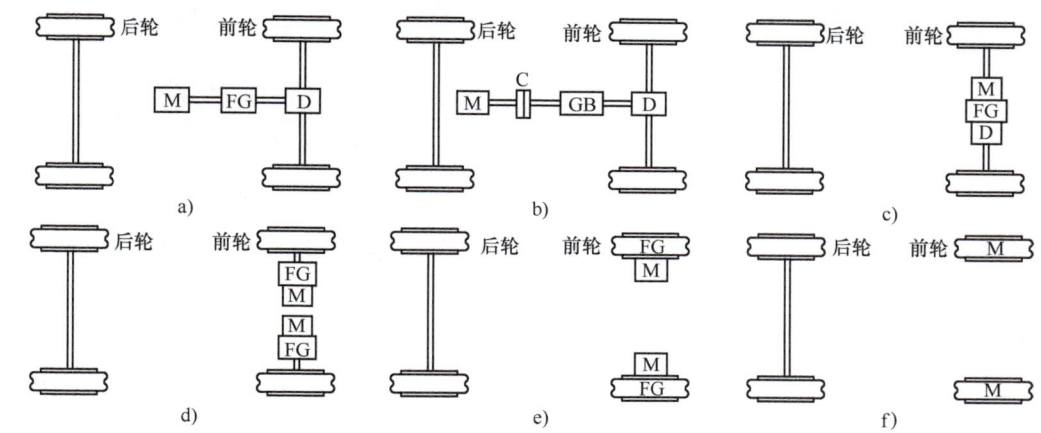

图 5-2 BEV 动力结构形式

a）无离合器单档驱动 b）传动驱动 c）传动装置与差速器集成固定档驱动
d）双电机带轴固定档驱动 e）双电机固定档直接驱动 f）双轮毂电机驱动
C—离合器 D—差速器 FG—固定速比减速器 GB—变速器 M—驱动电机

在图 5-2c 中，电机、固定速比的减速器和差速器进一步集成甚至可组合成单个部件，与车轮相连的半轴直接与该组合相连，驱动系统进一步简化和小型化，目前是 BEV 中是最常见的一种驱动形式。

在图 5-2d 中，机械差速器被取消，驱动车辆是靠两台电机通过固定速比减速器驱动各自侧的车轮，当车辆转弯时，靠电子差速器控制电机以不同的转速运转，从而实现车辆正常转弯。

在图 5-2e 中，驱动电机和固定速比的行星齿轮减速器安装于车轮中，可以进一步简化驱动系统。行星齿轮减速器的主要作用是降低电机转速、增大驱动转矩。

在图 5-2f 中，完全舍弃了电机和驱动轮之间的机械连接装置，用电机直接驱动车轮，也称轮毂电机，电机的转速控制等价于轮速控制。

轮毂电机有外转子式和内转子式两类。

外转子式（图 5-3）采用低速外转子电机，电机的最高转速在 1000~1500r/min，无减速装置，车轮的速度与电机相同。采用低速外转子电机，则可以完全去掉变速装置，外转子就安装在车轮轮缘上，而且电机转速和车轮转速相等，因而就不需要减速装置。

内转子式（图 5-4）则采用高速内转子电机，配备固定传动比的行星减速器，也称轮边减速器，为获得较高的功率密度，电机转速可高达 10000r/min。所选用的行星齿轮变速机构的速度比为 10∶1，而车轮的转速范围则降为 0~1000r/min。随着更为紧凑的行星齿轮减速器的出现，内转子式轮毂电机在功率密度方面比低速外转子式更具竞争力。

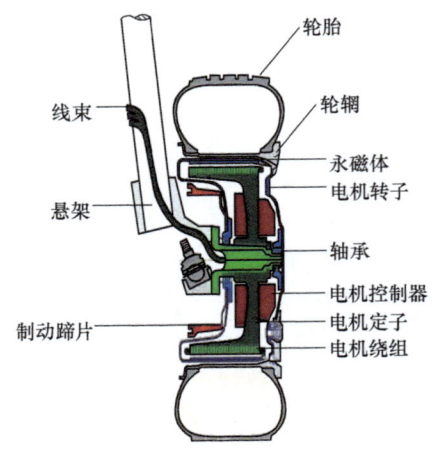

图 5-3 外转子式轮毂电机

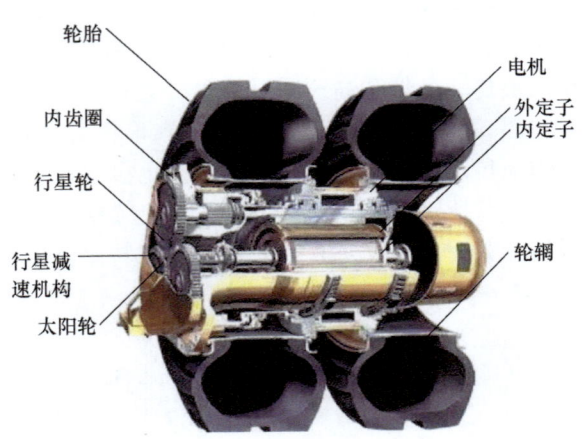

图 5-4 内转子式轮毂电机

对于 BEV，如果采用双电机或四电机驱动，由于每台电机的转速可以有效地独立调节控制，实现电子差速，在这种情况下，电动汽车可以不用机械差速器。电子差速器比机械差速器体积小、质量轻，在汽车转弯时可以实现精确的电子控制，提高电动汽车的性能。

还有一种特殊的电动汽车动力驱动结构——双电机四轮驱动系统，如图 5-5 所示。前轮和后轮都是由电机通过差速器来驱动，在不同工况下可以使用不同的电机驱动车辆，或是按照一定的转矩分配比例联合使用两台电机共同驱动车辆，从而使得驱动系统效率最大。

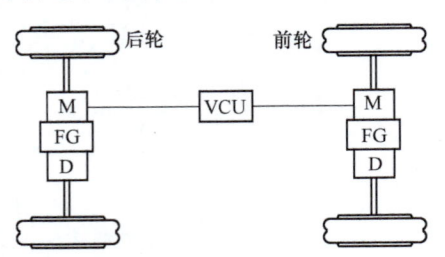

图 5-5 双电机四轮驱动系统
D—差速器　FG—固定传比减速器
M—电机　VCU—整车控制单元

5. 电动汽车常见驱动电机的结构与控制原理

（1）直流电动机的结构原理　直流电动机主要有有刷直流电动机和永磁无刷直流电动机两种。早期电动汽车通常采用有刷直流电动机，该电动机的优点是控制简单、技术成熟、系统简单、成本低廉。目前仍有少量电动汽车使用有刷直流电动机。但是，该电动机在车辆上使用存在明显的缺点：功率密度低、效率低，由于电刷和机械换向器的存在导致电动机的可靠性低；此外，机械换向器限制了有刷直流电动机的容量、电压和转速。鉴于以上缺陷，新研制的电动汽车已基本上不再考虑有刷直流电动机，普遍采用永磁无刷直流电动机。

永磁无刷直流电动机（图 5-6）是一种用电子电路取代电刷和机械换向器的直流电动机。它的最大特点是具有直流电动机的良好外特性，由于没有换向器和电刷组成的机械接触结构，所以运行可靠、寿命长、维修简便，具有更高的能量密度和更高的效率。

1）永磁无刷直流电动机的结构。永磁无刷直流电动机主要由电动机本体、位置传感器和电子开关线路组成，如图 5-7 所示。其中，

图 5-6 永磁无刷直流电动机结构

电动机本体由定子和转子组成。

定子采用叠片结构并在槽内铺设绕组，绕组一般制成多相（三相、四相或五相），多做成三相对称星形接法，与三相异步电动机十分相似。

电动机的转子上装有已充磁的永久磁钢，按一定极对数组成。目前采用的永磁材料主要有钕铁硼、铁氧体、铝镍钴等。永磁材料的特性通常与温度有关，如果永磁体的温度超过居里温度，则其磁性会完全消失。磁钢在受到剧烈振动之后，有可能引起其内部磁畴发生变化，磁畴的磁矩方向发生变化后，就会造成磁钢退磁甚至失磁。因此，在使用中应该注意防止热退磁和振动退磁。

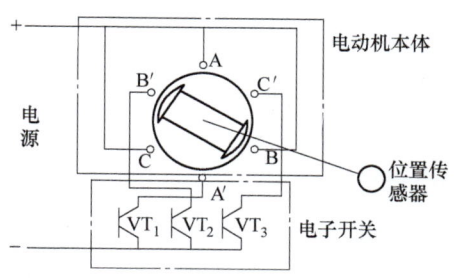

图 5-7　永磁无刷直流电动机结构组成

位置传感器用于检测电动机转子的位置，将转子磁钢的位置信号转换成电信号，为开关电路提供正确的换相信息。常见的有电磁式、光电式和磁敏位置传感器。

电子开关线路由功率电子器件和集成电路等组成，其功能包括：接受电动机的起动、停止、制动信号，以控制电动机的起动、停止和制动；接受位置传感器信号和正反转信号，用来控制逆变桥各功率管的通断，产生连续转矩；接受速度指令和速度反馈信号，用来控制和调整转速；提供保护和显示等。

三相定子绕组分别与电子开关线路中相应的功率开关器件联结，A、B、C 相绕组分别与功率开关管 VT_1、VT_2、VT_3 相接。位置传感器的跟踪转子与电动机转轴联结。

2）永磁无刷直流电动机的工作原理。当定子绕组的某一相通电时，该电流与转子永久磁钢的磁极所产生的磁场相互作用而产生转矩，驱动转子旋转，再由位置传感器将转子磁钢位置变换成电信号去控制电子开关线路（图 5-8），从而使定子各相绕组按一定次序导通，定子相电流随转子位置的变化而按一定的次序换相。由于电子开关线路的导通次序与转子转角同步，因而起到了机械换向器的换向作用。

随着位置传感器的转动，定子绕组在位置传感器的控制下，便逐相依次供电，实现了各相绕组电流的换相。图 5-9 为各相绕组导通示意图。

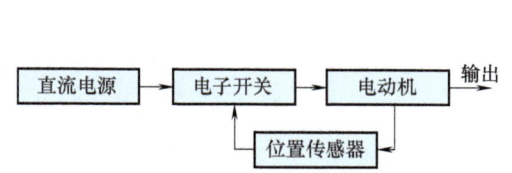

图 5-8　永磁无刷直流电动机工作原理框图

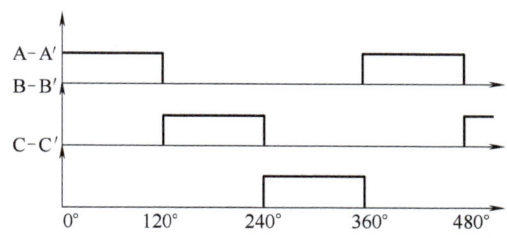

图 5-9　各相绕组导通示意图

3）永磁无刷直流电动机的控制。电动机控制器是无刷直流电动机正常运行并实现各种调速伺服功能的指挥中心，它主要完成以下功能：对各种输入信号进行逻辑综合，为驱动电路提供各种控制信号；产生脉宽调制信号，实现电动机的换向、调速、正反转、限流、短路、过电流、欠电压等故障保护功能。永磁无刷直流电动机采用微机控制，其控制原理如图 5-10 所示。

4）直流电动机的转速控制。普遍采用直流斩波器（将输入的直流电压以一定的频率通断，从而改变输出的平均电压的变换器）控制方式，因其体积小、质量轻、效率高、可控制性好，而且根据所选的加速度，能平稳加速到理想的速度。图 5-11 所示为用于直流电动机速度控制的一象限直流斩波器。

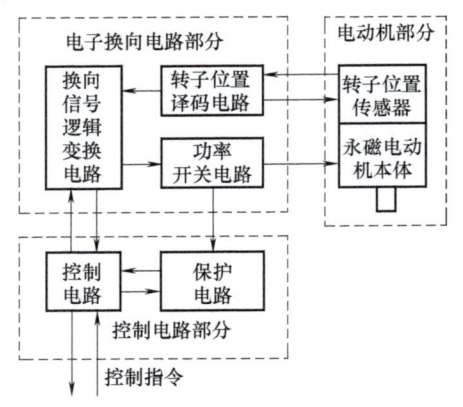

图 5-10　永磁无刷直流电动机的控制原理示意图　　图 5-11　一象限直流斩波器

　　四象限运行是指用 X 轴表示电动机转速，用 Y 轴表示电流，第一象限就是电动状态。四象限是指正向电动、正向发电、反向电动、反向发电。

　　一象限直流斩波控制的工作原理是电流经蓄电池正极输出，经绝缘栅双极型晶体管（Insulated Gate Bipolar Transistor，IGBT）的集电极 C 和发射极 E，再经电刷进入电动机 M 的转子，电动机的定子 S 可以是线圈也可以是永磁体。驾驶人踏下加速踏板时，实际上就是电路在控制 IGBT 管门极 G 的 PWM 波占空比加大。汽车减速时，若定子 S 为永磁体，则电动机转为发电机发电，但发出的电流无法经 IGBT 充入蓄电池。VD 是在 IGBT 关闭时给转子提供放电回路。要想在第二象限工作，则可在 IGBT 的 G、E 间反加一个大功率二极管，这时电机再生制动的能量就可以返回蓄电池了。

　　5）IGBT 结构原理与使用。IGBT 是 MOSFET（金属氧化物半导体场效应晶体管）与 GTR（大功率晶体管）的复合器件，它既有 MOSFET 易驱动的特点，又具有功率晶体管电压、电流容量大等优点。其频率特性介于 MOSFET 与功率晶体管之间，可正常工作于约几十千赫的频率，故在较高频率的大、中功率应用中占据了主导地位。

　　IGBT 的结构和工作原理如图 5-12 所示，GTR 是由 N^+、P、N^-、N^+ 四层半导体组成，无 SiO_2 绝缘层；MOSFET 是由 N^+、P、N^-、N^+ 四层半导体组成，但有 SiO_2 绝缘层；IGBT 是由 N^+、P、N^-、N^+、P^+ 五层半导体组成，有 SiO_2 绝缘层；图 5-12 中黑色箭头代表正电子，白色箭头代表负电子，仅有电子流动的为单极性管，有正负电子流动的为双极性管。

　　GTR 有集电极 C、基极 B、发射极 E 三个电极，当 B、E 间通过一个小电流，则在 C、E 间有大电流流过，是电流放大电流的器件；MOSFET 有漏极 D、栅极 G、源极 S 三个极，当 G、S 之间施加一个电压，则在 D、S 间有大电流流过，是电压放大电流的器件；IGBT 有集电极 C、栅极 G、发射极 E 三个极，当 G、E 之间施加一个电压，则在 C、E 间有大电流流过，是利用电压放大电流的器件。

　　IGBT 通过栅极驱动电压来控制开关晶体管，工作原理和 MOSFET 相似，区别在于 IGBT

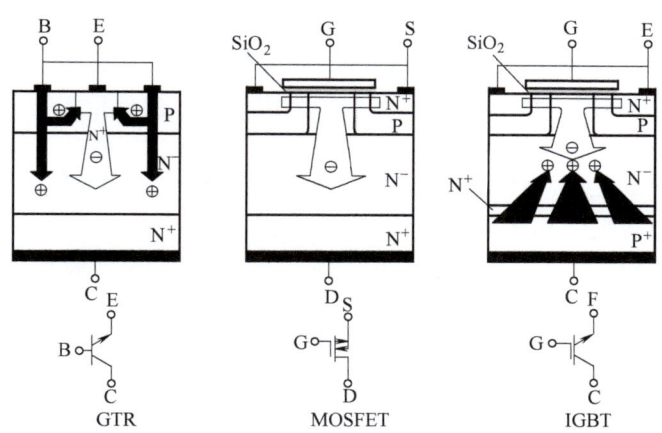

图 5-12　GTR、MOSFET、IGBT 等电子元件结构比较

是电导调制来降低通态损耗。GTR 电力晶体管饱和电压降低、载流密度大，但驱动电流也较大。MOSFET 驱动功率很小、开关速度快，但导通电压降大、载流密度小。IGBT 综合了上述两种器件的优点，驱动功率小而饱和电压降低。如图 5-13 所示为两单元 IGBT 功率模块。

IGBT 模块为 MOSFET 结构，IGBT 的栅极通过一层氧化膜与发射极实现电隔离。由于此氧化膜很薄，其击穿电压一般仅能承受到 20~30V，所以因静电而导致栅极击穿是 IGBT 失效的常见原因之一。IGBT 在使用中要注意以下几点：

图 5-13　两单元 IGBT 功率模块

① 在使用模块时，尽量不要用手触摸驱动端子部分，当必须触摸模块端子时，要先将人体或衣服上的静电用大电阻接地进行放电后再触摸；在用导电材料连接模块驱动端子时，在配线未接好之前先不要接上模块，尽量在接地的情况下操作。在应用中有时虽然保证了栅极驱动电压没有超过栅极最大额定电压，但栅极连线的寄生电感和栅极与集电极间的电容耦合，也会产生使氧化层损坏的振荡电压。因此，通常采用双绞线来传送驱动信号，以减少寄生电感。在栅极连线中串联小电阻也可以抑制振荡电压。

② 在栅极、发射极间开路时，若在集电极与发射极之间加上电压，则随着集电极电位的变化，由于集电极有漏电流流过，栅极电位升高，集电极则有电流流过。这时，如果集电极与发射极之间存在高电压，则有可能导致 IGBT 发热甚至损坏。

③ 在使用 IGBT 的场合，当栅极回路不正常或栅极回路损坏时（栅极处于开路状态），若在主回路上加上电压，则 IGBT 就会损坏。为防止出现此类故障，应在栅极与发射极之间串接一只 10kΩ 左右的电阻。

④ 在安装或更换 IGBT 模块时，应重视 IGBT 模块与散热片的接触面状态和拧紧程度。为了减少接触热阻，最好在散热器与 IGBT 模块间涂抹导热硅脂；安装时应受力均匀，避免用力过度而损坏。

⑤ 一般散热片底部安装有散热风扇，当散热风扇损坏、散热片散热不良时，将导致 IGBT 模块发热，从而发生故障。因此对散热风扇应定期进行检查，一般在散热片上靠近

IGBT模块的地方安装有温度感应器,当温度过高时报警或使IGBT模块停止工作。

(2) 三相感应式交流电动机的结构原理 与直流电动机相比,交流电动机结构简单、制造方便且比较牢固,容易做成高转速、高电压、大电流、大容量的电动机。

感应电动机有两种类型:绕线转子感应电动机和笼型感应电动机。绕线转子感应电动机成本高、需要维护、缺乏坚固性,因而没有笼型感应电动机应用广泛,特别是在电动汽车的电力驱动中。笼型感应电动机驱动除了具有无换向器电动机的共同优点外,还具有结构简单、坚固耐用、运行可靠、价格低廉、维护方便等优点,被众多电动汽车所采用。

1)三相感应式交流电动机的构造。用于电力驱动的感应电动机在结构原理上与工业用的感应电动机基本相同,主要由定子(固定部分)、转子(旋转部分)和一些附属部件组成,如图5-14所示。这种电动机需要专门设计,转子铁心和定子铁心由薄硅钢片叠压而成,以减少铁损,转子笼条采用铜条以减少转子铜损失,定子绕组采用C级绝缘,采用铸铝机座来减小电动机总质量。尽管电动机的电压等级受电动汽车动力蓄电池的数量、质量和类型的限制,但仍需合理地采用高电压和低电流的电动机设计,以减少功率逆变器的成本和体积。

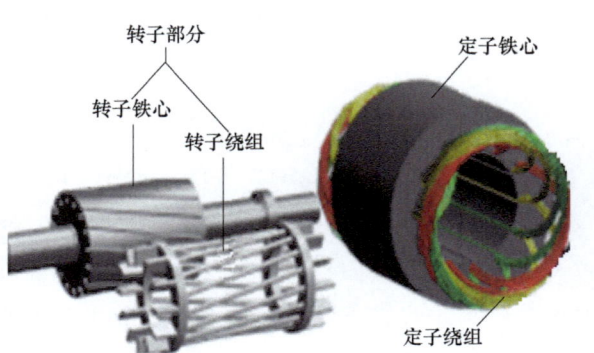

图 5-14 三相感应式交流电动机的构造

2)三相感应式交流电动机的基本工作原理。基本原理依然是电磁感应原理,不同的是采用三相定子绕组,引入三相电,产生旋转磁场,与转子产生的磁场相互作用,推动转子转动。

图5-15所示为最简单的三相定子绕组在空间按互差120°对称排列,并接成星形与三相电源相连,则三相定子绕组便通过三相对称电流。随着电流在定子绕组中通过,在三相定子绕组中就会产生旋转磁场(图5-16)。

当$\omega t=120°$时,$i_B=0$,BY绕组中无电流;i_A为正,AX绕组中的电流从A流入从X流出;i_C为负,CZ绕组中的电流从Z流入从C流出;由右手螺旋定则可得合成磁场的方向如图5-16b所示。

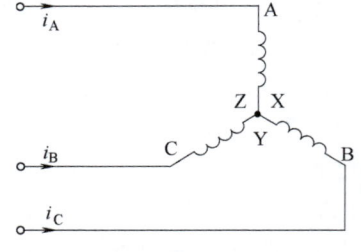

图 5-15 三相感应式交流电动机定子接线

$$i_A = I_m \sin\omega t$$
$$i_B = I_m \sin(\omega t - 120°)$$
$$i_C = I_m \sin(\omega t + 120°)$$

当$\omega t=240°$时,$i_C=0$,CZ绕组中无电流;i_A为负,AX绕组中的电流从X流入从A流出;i_B为正,BY绕组中的电流从B流入从Y流出;由右手螺旋定则可得合成磁场的方向如图5-16c所示。

可见,当定子绕组中的电流变化一个周期时,合成磁场也按电流的相序方向在空间旋转一周。随着定子绕组中的三相电流不断地做周期性变化,产生的合成磁场也不断地旋转,因

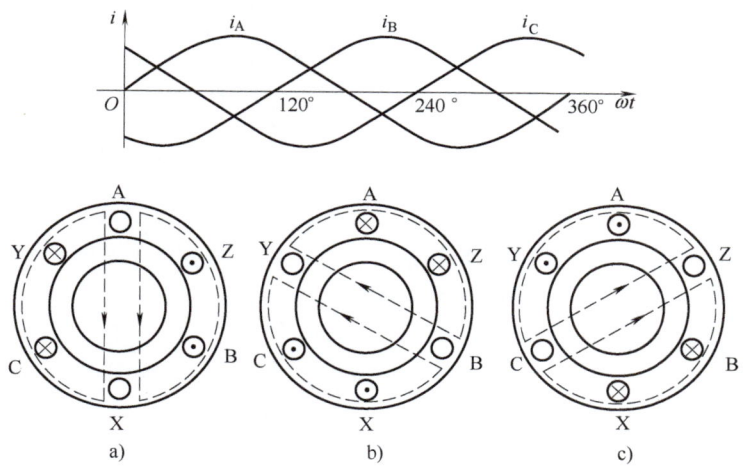

图 5-16 旋转磁场的形成
a) $\omega t = 0°$ b) $\omega t = 120°$ c) $\omega t = 240°$

此称为旋转磁场。

旋转磁场的方向是由三相绕组中电流的相序决定的,若想改变旋转磁场的方向,只要改变通入定子绕组的电流相序即可。交流感应电动机调速则采用变频器进行变频调速。

3) 三相异步电动机的机械特性。电动机的转矩 T 与转差率 s 之间的关系曲线 $T=f(s)$ 或转速与转矩之间的关系曲线 $n=f(T)$ 称为电动机的机械特性,以曲线形式表示即为特性曲线,图 5-17 所示为三相感应电动机的机械特性曲线。

图 5-17 中 T_N 称为额定转矩,它是异步电动机带额定负载时,转轴上的输出转矩。T_{max} 称为最大转矩,又称为临界转矩,是电动机可以产生的最大电磁转矩,它反映了电动机的过载能力。最大转矩与额定转矩 T_N 之比称为电动机的过载系数 λ,即

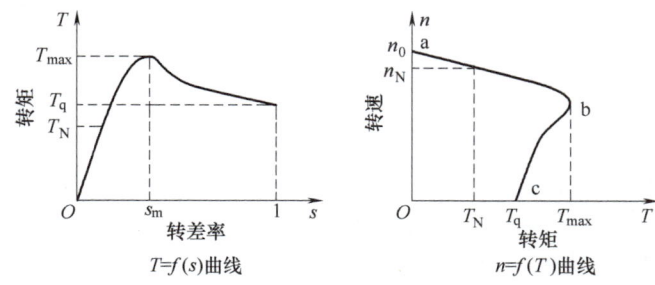

图 5-17 三相感应电动机的机械特性曲线

$$\lambda = T_{max}/T_N$$

三相异步电动机的过载系数一般为 1.8~2.2,过载系数越大,电动机的超载能力越强。

图 5-17 中的 T_q 称为起动转矩,为电动机起动初始的转矩,一般的三相异步电动机起动转矩是额定转矩的 1~2.2 倍。

电动机在工作时,它所产生的电磁转矩的大小能够在一定范围内自动调整以适应负载的变化,这种特性称为自适应负载能力。

在机械特性图中,存在两个工作区:稳定运行区和不稳定运行区。在机械特性曲线的 ab 段,当作用在电动机轴上的负载转矩发生变化时,电动机能适应负载的变化并自动调节达到稳定运行,故为稳定运行区。在机械特性曲线的 bc 段,因电动机工作在该区段时其电磁转矩不能自动适应负载转矩的变化,故为不稳定运行区。

4) 三相感应电动机的控制系统。在纯电动汽车上,采用动力蓄电池组和发电机作为电

源，三相感应电动机不能直接使用直流电源，另外，三相感应电动机具有非线性输出特性。因此，在采用三相感应电动机时，需要应用逆变器中的功率半导体交换器件，将直流电变换为频率和幅值都可以调节的交流电，以实现对感应电动机的控制。

感应电动机驱动分为单电动机型和多电动机型。单电动机驱动的结构，由三相笼型感应电动机、三相电压型PWM逆变器、电子控制器、减速器和差速器组成。多电动机型由多个电动机、多个逆变器、集中或分布式控制器和可变速比的变速器组成。

三相感应电动机经过专门设计与驱动桥集成为一体；三相PWM逆变器具有再生制动功能，并有轻微的谐波失真；电子控制器能完成电动机的各种驱动控制；采用固定速比的减速器可提供爬坡时的低速大转矩。

三相电压型PWM逆变器电路原理如图5-18所示，逆变电路中的开关器件由6个全控型器件IGBT组成逆变桥，另外还有3个开关元件，控制比较复杂。

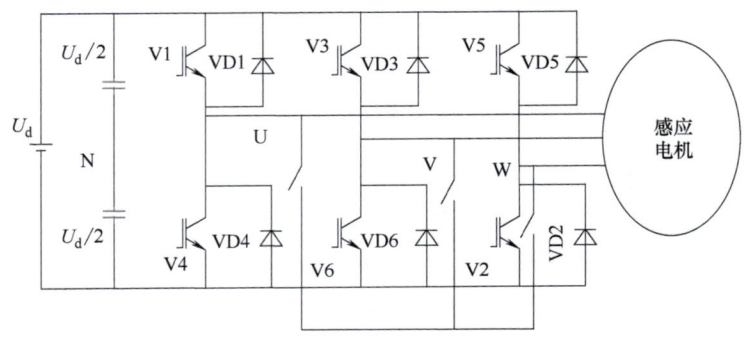

图5-18 三相电压型PWM逆变器电路原理

（3）**永磁交流电动机** 与永磁无刷直流电动机相同，永磁交流电动机也是由定子、永磁转子、位置传感器等组成，但是其定子绕组绕制方式不同、控制方式不同，就会产生不同的特性。永磁交流同步电动机的工作磁场是均匀旋转磁场，因此转矩脉动量很小，运行噪声也很小。由于电流可以做得很接近正弦波，内部励磁磁场也可以做得接近正弦波，加之绕组设计配合，可以形成较为理想的同步调速系统。永磁交流电动机与永磁无刷直流电动机的比较见表5-3。

表5-3 永磁交流电动机与永磁无刷直流电动机比较

比较内容	永磁交流电动机	永磁无刷直流电动机
定子	定子三相采用分布、正弦绕组	定子三相采用集中、整矩绕组
转子	永磁体主要有两大类：一类是表面永磁结构；另一类为内置永磁体结构，这两类结构均可确保气隙磁密的波形接近正弦	永磁体采用表面瓦片式结构，厚度均匀
转子位置传感器	需要提供连续的转子位置反馈信息	仅需提供6个（通常为3个）离散的转子位置反馈信息即可
产生波形	正弦波	方波
产生的电磁转矩	电磁转矩基本恒定	存在一定的转矩脉动
功率密度	小	大（是永磁同步电机的1.15倍）

（4）开关磁阻电动机

1）概述。开关磁阻电动机（Switched Reluctance Drive，SRD）是继变频调速系统、无刷直流电动机调速系统之后发展起来的最新一代无级调速电动机（图5-19），是集现代微电子技术、数字技术、电力电子技术、红外光电技术及现代电磁理论、设计和制作技术为一体的光、机、电一体化高新技术。它兼具直流、交流两类调速系统的优点，产品功率等级从10W到5MW，最大转速达100000r/min，广泛应用于家用电器、航空、航天、电子、机械及电动汽车等领域。

a)　　　　　　　　　　　　b)　　　　　　　　　　　　c)

图5-19　开关磁阻电动机

a）外观　b）定子　c）转子

开关磁阻电动机明显的特点是结构简单，在转子上没有集电环、绕组和永磁体等，只是在定子上有简单的集中绕组，因而可靠性高、维修方便。该电动机的另一特点是调速范围宽、控制灵活，易于实现各种特殊要求的转矩-速度特性，且在很广的范围内保持高效率，因而更适合新能源汽车的动力性要求。该类电动机的缺点是控制复杂且可控性差，功率密度也不够理想，噪声大。

2）开关磁阻电动机的结构。开关磁阻电动机的定子和转子均采用凸极结构，都是由硅钢片叠片组成，定子和转子极数不同，有多种组合方式，最常见的为三相6/4结构（图5-20a）和四相8/6结构（图5-20b）。在定子相对称的两凸极上集中绕组互相串联，构成一相，但在转子上没有任何绕组。

3）开关磁阻电动机的工作原理。三相开关磁阻电动机的工作原理如图5-21所示。当A

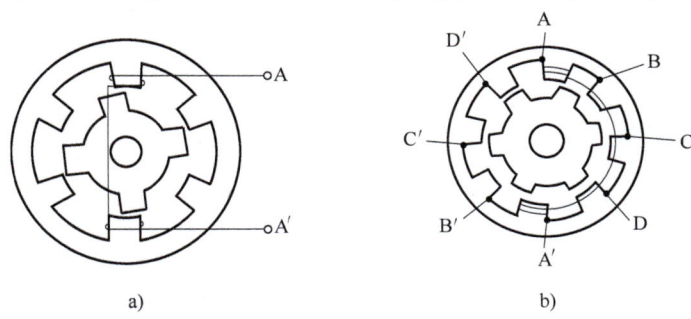

图5-20　开关磁阻电动机的结构

a）三相6/4结构　b）四相8/6结构

相线圈接通电源产生磁通,依据"磁阻最小原理",磁力线从最近的转子齿极通过转子铁心(图 5-21a),磁力线可看成极有弹力的线,在磁力的牵引下转子开始逆时针转动,经过 10°、20°(图 5-21b、c),磁力一直牵引转子转到 30°(图 5-21d)为止,到了 30°转子不再转动,此时磁路最短。

为了使转子继续转动,在转子转到 30°前已切断 A 相电源,在 30°时接通 B 相电源,磁通从最近的转子齿极通过转子铁心,于是转子继续转动,经过 40°、50°转到 60°为止。

当转子转到 60°前切断 B 相电源,在 60°时接通 C 相电源,磁通从最近的转子齿极通过转子铁心,转子又继续转动,一直牵引转子转到 90°为止。

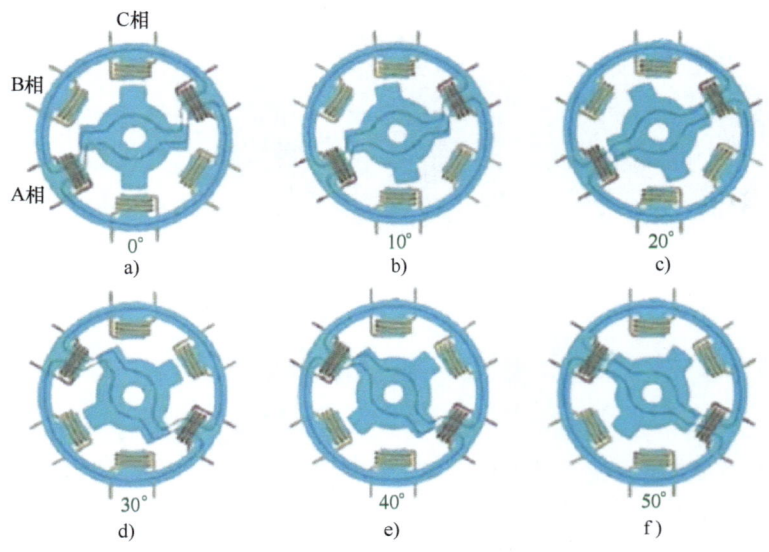

图 5-21 开关磁阻电动机的工作原理

之后又重复前面过程,接通 A 相电源,转子继续转动,这样不停地重复下去,转子就会不停地旋转。这就是磁阻电动机的工作原理。由于是运用了"磁阻最小原理",故称为磁阻电动机;又由于电动机磁场并非由正弦波交流电产生,其线圈电流通断、磁通状态直接受开关控制,故称为开关磁阻电动机。

4)开关磁阻电动机控制系统。开关磁阻电动机控制系统主要由 4 部分组成:开关磁阻电动机、功率变换器、控制器及位置传感器,如图 5-22 所示。

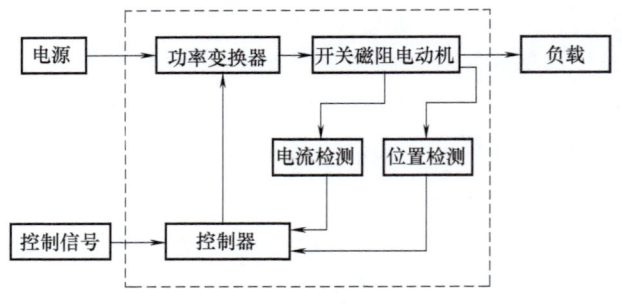

图 5-22 开关磁阻电动机控制系统组成

开关磁阻电动机是控制系统中实现能量转换的部件,也是控制系统有别于其他电机驱动系统的主要标志。功率变换器向开关磁阻电动机提供运转所需的能量,由动力蓄电池和交流电整流后得到的直流电供电。控制器是系统的中枢,它综合处理速度指令、速度反馈信号及电流传感器、位置传感器的反馈信息,控制功率变换器中主开关器件的工作状态,实现对开关磁阻电动机运行状态的控制。位置传感器负责提供控制器转子位置信息,保证在合适的时刻接通或者断开。

6. 比亚迪秦 Pro EV 纯电动汽车驱动电机及其控制系统的组成

(1) 总体组成与基本工作原理　比亚迪秦 Pro EV 纯电动汽车驱动电机及其控制系统主要由驱动电机、电机控制器及相关的传感器组成,组件在车上的位置如图 5-23 所示。

其控制原理如图 5-24 所示。工作时,驱动电机控制器接收档位开关信号、加速踏板信号、制动踏板信号及电机旋变信号,经过一系列逻辑处理和判断来控制电机的正反转和转速等。

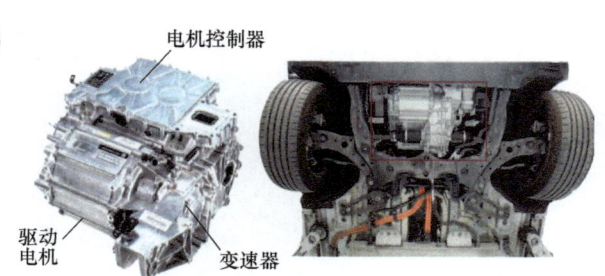

图 5-23　驱动电机及其控制系统组件在车上的位置

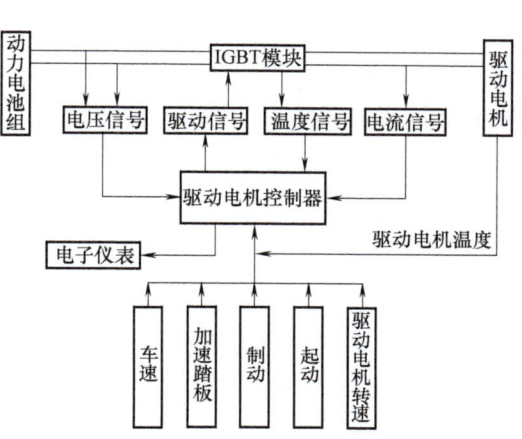

图 5-24　比亚迪秦 Pro EV 纯电动汽车电机控制原理框图

(2) 主要部件结构原理

1) 驱动电机。比亚迪秦 Pro EV 纯电动汽车驱动电机、前驱变速器组装在一起(图 5-25),为交流无刷永磁同步电机,额定转矩为 120N·m,最大输出转矩为 280N·m,额定功率为 65kW,最大输出功率为 120kW,最高工作转速为 15000r/min。

驱动电机由定子与转子组成,如图 5-26 所示。定子采用叠片结构并在槽内铺设三相正弦绕组。转子上粘有已充磁的永久磁钢,按一定极对数组成。

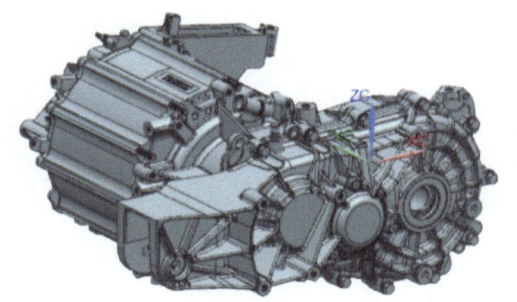

图 5-25　驱动电机与前驱变速器

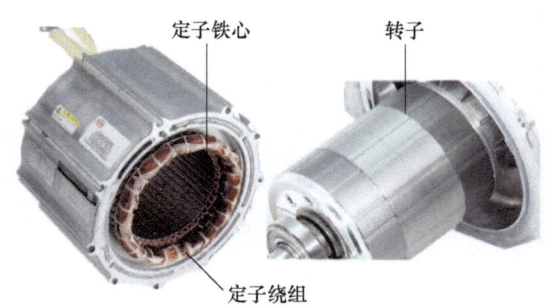

图 5-26　驱动电机定子与转子

2) 旋转变压器。旋转变压器简称旋变,是一种输出电压随转子转角变化的信号元件,用于检测电机转子的位置,将转子磁钢的位置信号转换成电信号,为开关电路提供正确的换相信息。旋变由转子总成和定子总成组成(图 5-27),安装于电机端部。

旋变工作原理与变压器相似,区别在于普通变压器的一次、二次绕组是相对固定的,所以输出与输入电压之比是常数,而旋转变压器的一次、二次绕组随转子的角位移发生相对位置的改变,因而其输出电压的高低随转子的角位移变化发生变化,输出绕组的电压幅值与转子转角呈正弦、余弦函数关系,或保持某种比例关系。

转子的转动位置与输出电压的关系如图5-28所示(图中一次侧为转子绕组,二次侧为定子绕组)。图5-28a为两线圈夹角为0°时,输出电压高低与输入电压高低基本相同,频率也相同。图5-28b为两线圈夹角为90°时,输出电压高低与输入电压相差

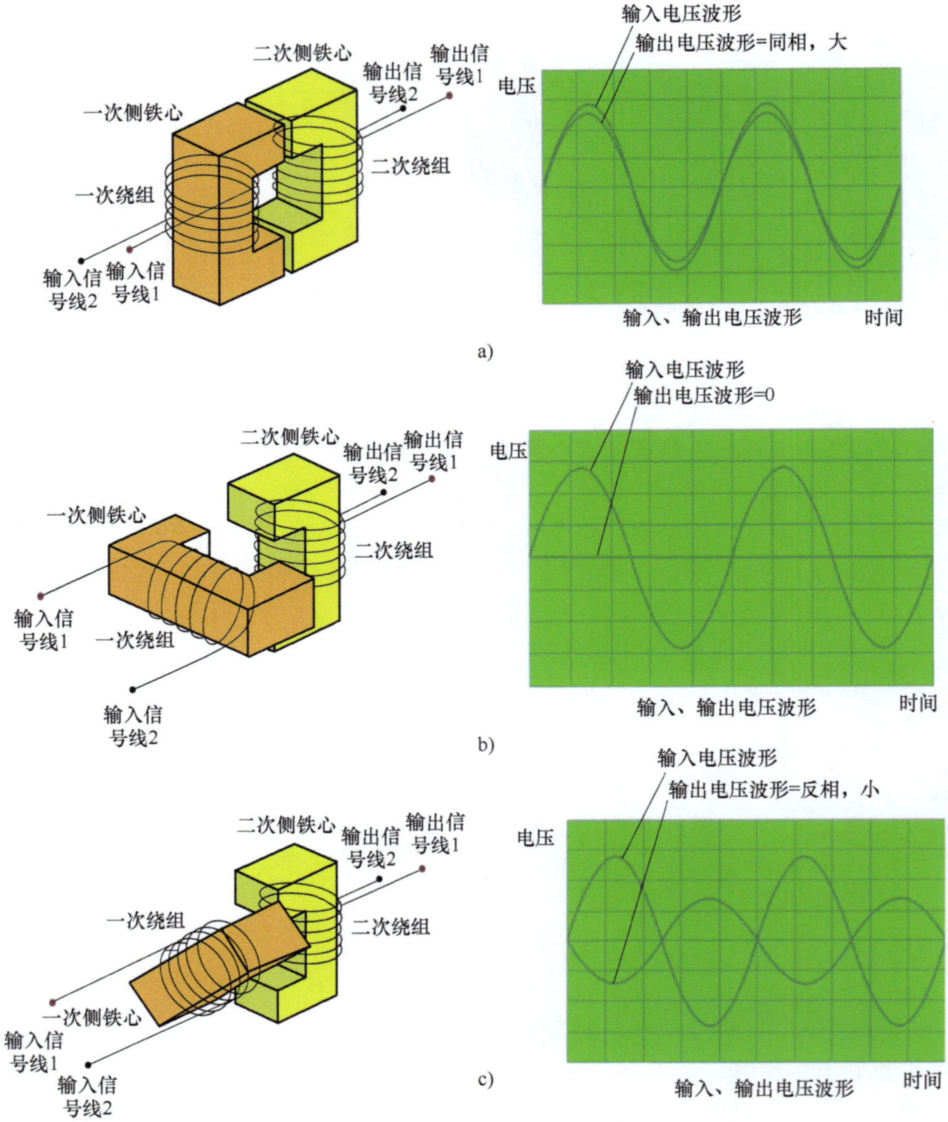

图 5-27　比亚迪秦 Pro EV 纯电动汽车驱动电机旋变总成

图 5-28　转子的转动位置与输出电压的关系

模块 3　电动汽车驱动电机及其控制系统的结构与维修

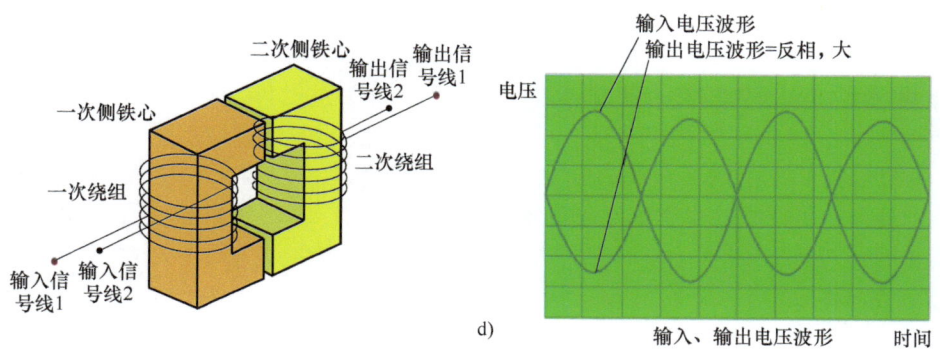

图 5-28　转子的转动位置与输出电压的关系（续）

最大，输出电压为零。图 5-28c 为两线圈夹角为 0～90°范围时，输出电压低于输入电压，但大于零。图 5-28d 为两线圈夹角为 180°时，输出电压与输入电压相同，方向相反。

> **专注研发——取得轮边电机技术突破**
>
> 　　比亚迪将轮边电机专利做到了世界第一！轮边电机是指电机安装在车辆的位置而言，驱动电机布置在车桥两侧，通过侧减速器和轮边减速器实现减速增矩驱动车轮。比亚迪对轮边电机技术研发了十几年的时间，将两台电机做成一体结构，工作时分别控制左、右两个车轮。这项技术可以实现车辆平移，对于侧方位停车很容易做到，工作时可以将四个车轮单独驱动，车轮还可以 360°原地旋转。
>
> 　　在轮边电机技术方面，中国专利数量排在全球第一，占总数量的 40.54%，远超美国的 16.22% 和日本的 11.23%。而比亚迪轮边电机专利不但是国内第一，而且做到了世界第一。比亚迪能在专利方面取得如此傲人的成绩，"技术为王，创新为本"道出了比亚迪成功的秘诀，6 万多张专利证书更是无数比亚迪人为之拼搏的结果。我们从中可以学习这种自力更生、勇攀科技高峰的科技创新精神，树立科技报国、为中华民族伟大复兴实现中国梦而奋斗的理想信念。

3）电机控制器。电机控制器是电机控制系统的核心部件，它利用 IGBT 将直流电转换为交流电，来控制电机的正反转、功率、转矩、转速等。

比亚迪秦 Pro EV 纯电动汽车电机控制器安装于驱动电机上面，其外形如图 5-29 所示。

控制器总成底板冷却水道采用摩擦焊的工艺，将两片铝制壳体进行焊接，可靠性更强。在电机控制器的直流输入端设计有一个扼流圈，可以减少对整车的电磁干扰。总成还包括信号接插件（包含 12V 电源/CAN 总线/碰撞信号线）等。

控制器中的 IGBT 模块（图 5-30）由比亚迪自主生产，夹在冷却水道与驱动板之间，其作用是将动力蓄电池的直流电转换成交流电供电机使用，另外也将

图 5-29　比亚迪秦 Pro EV 纯电动汽车电机控制器

电机回收的交流电转换成直流电向动力蓄电池充电。

车辆制动时能量回收也称为再生制动或反馈制动，其原理是在车辆制动时，利用制动能量带动电机转动，从而切割磁力线发电，此时电动机变为发电机，产生的电能向动力蓄电池充电。与此同时，转子受力减速制动，一举两得。

4）驱动电机及其控制系统冷却。由于驱动电机及其控制器工作中发热，需要及时冷却。比亚迪秦 Pro EV 纯电动汽车冷却系统由散热器总成、电子风扇总成、电动水泵总成和冷却水管组成。它采用闭式强制水冷循环系统，冷却介质为比亚迪专用乙二醇冷却液。冷却循环路线如图 5-31 所示。

图 5-30　比亚迪秦 Pro EV
纯电动汽车 IGBT 模块

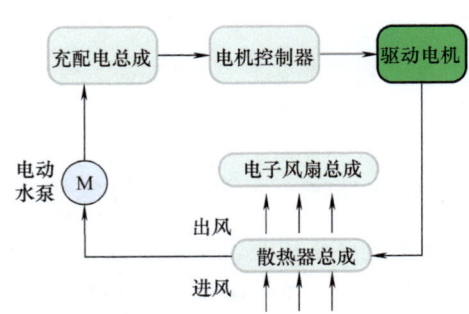

图 5-31　比亚迪秦 Pro EV 纯电动
汽车驱动电机冷却系统

（3）驱动电机及其控制系统的工作原理　比亚迪秦 Pro EV 纯电动汽车的交流无刷永磁同步电动机，通过采集电机旋变信号进行工作，当车辆要行驶时，电动机通过旋转变压器检测到电动机的位置，位置信号通过控制器的处理，发送相关信号给控制器 IGBT，逻辑信号控制 IGBT 开断，控制器输出近似正弦交流电。电机定子的三相绕组在正弦绕组下形成圆形的旋转磁场，驱动电机转子转动，在旋转的过程中，旋转变压器作为速度和位置的检测，反馈给控制器进行监测，以准确控制电机的转速和位置。

5.2　比亚迪秦 Pro EV 纯电动汽车驱动电机及其控制器温度高的故障分析

根据比亚迪秦 Pro EV 纯电动汽车结构原理，驱动电机及其控制器温度高故障的可能原因如图 5-32 所示。

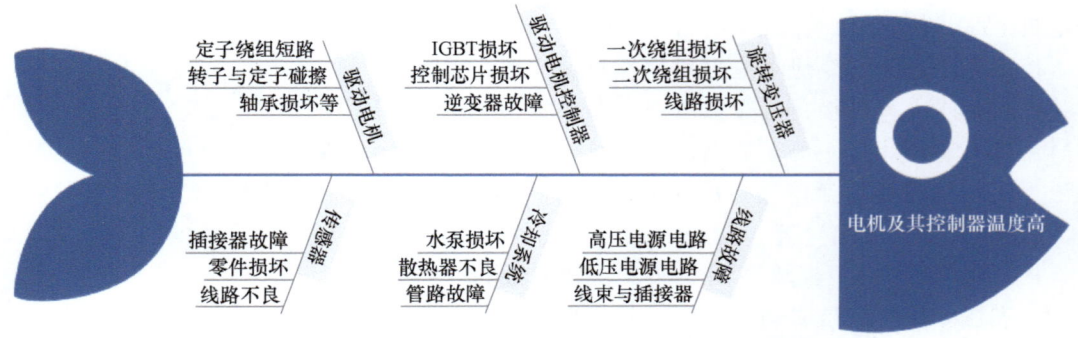

图 5-32　驱动电机及其控制器温度高故障的可能原因

5.3 驱动电机及其控制系统维修准备

驱动电机及其控制系统维修设备与材料准备见表5-4。

表5-4 维修设备与材料

名称	数量	名称	数量
元征 X-431 故障诊断仪	1台/组	1000V 绝缘手套	1双/组
汽车万用表	1台/组	手套、抹布等	1批/组
常规拆装工具	1套/组	电工胶布	2卷/组
电机及其控制系统配件	1套/组	工作台	1张/组

5.4 驱动电机及其控制系统故障的检查

1. 外部直观检查

1）检查冷却水泵是否有运转声音、管路是否破损、接头是否松动漏水,并将故障排除。

2）检查电机及其控制器外部是否渗液、管接头是否松动,并将故障排除。

3）检查电机及其控制器外部高低压接插件是否良好、导线有无破损,并将故障排除。

4）检查电机外部紧固螺钉是否松动、有无异响。

2. 用仪器设备进行故障诊断

（1）**检查低压蓄电池电压** 用万用表检查,标准电压为 11~14V,如果电压低于11V,在进行下一步之前请充电或更换低压蓄电池。

（2）**采用 X-431 故障诊断仪读取故障码** 将故障诊断仪连接DLC3诊断口,整车置于ON档,进入电机控制器读取故障码（见表5-5）。如有故障码,则应检查对应的故障码。如无通信,应检查电源线和CAN总线；若都正常仍无通信,则更换电机控制器。如无故障码,则应全面检查系统。

表5-5 电机控制器故障码

故障码	故障描述	故障码	故障描述
P1BB000	前驱动电机过电流	P1BB500	前驱动电机控制器高压欠电压
P1BB200	前驱动电机一般过温报警	P1BB600	前驱动电机控制器高压过电压
P1BB298	前驱动电机严重过温报警	P1BB700	前驱动电机控制器电压采样故障
P1BB300	前驱动电机控制器 IGBT-NTC 一般过温报警	P1BB800	前驱动电机控制器碰撞信号故障
		P1BB900	前驱动电机控制器开盖保护(预留)
P1BAC00	前驱动电机控制器 IGBT 核心温度一般过温报警	P1BBA00	前驱动电机控制器 EEPROM 错误
P1BB319	前驱动电机控制器 IGBT-NTC 严重过温报警	P1BBC00	前驱动电机控制器 DSP 复位故障
		P1BBD00	前驱动电机控制器主动泄放故障
P1BAC19	前驱动电机控制器 IGBT 核心温度严重过温报警	P1BBF00	前驱动电机旋变故障-信号丢失

(续)

故障码	故障描述	故障码	故障描述
P1BC000	前驱动电机旋变故障-角度异常	P1BD119	前驱动电机控制器驱动 CPLD 过电流故障
P1BC100	前驱动电机旋变故障-信号幅值减弱	P1BD117	前驱动电机控制器驱动 CPLD 过电压故障
P1BC200	前驱动电机缺 A 相	P1BD000	前驱动电机控制器驱动 DSP1 死机故障
P1BC300	前驱动电机缺 B 相	P1BD400	前驱动电机控制器驱动 CPLD 运行故障
P1BC400	前驱动电机缺 C 相	P1BD200	前驱动电机控制器驱动 CPLD 检测 IGBT 上桥报错故障
P1BC900	前驱动电机控制器电流霍尔式传感器 A 故障	P1BD300	前驱动电机控制器驱动 CPLD 检测 IGBT 下桥报错故障
P1BC500	前驱动电机控制器电流霍尔式传感器 B 故障	P1B2516	低压供电电压过低
P1BC600	前驱动电机控制器电流霍尔式传感器 C 故障	P1B2517	低压供电电压过高
P1BC800	前驱动电机控制器 IGBT 温度校验故障报警	U015129	前驱动电机控制器接收 SRS CAN 信号异常
		U015229	前驱动电机控制器接收 SRS 硬线信号异常
U014187	与整车控制器通信故障	P1BB100	前驱动电机控制器 IPM 故障
U011100	与 BMC 通信故障	P1BF900	备用电源故障

（3）加速踏板深度传感器检查　加速踏板深度传感器电路如图 5-33 所示。检查步骤如下：

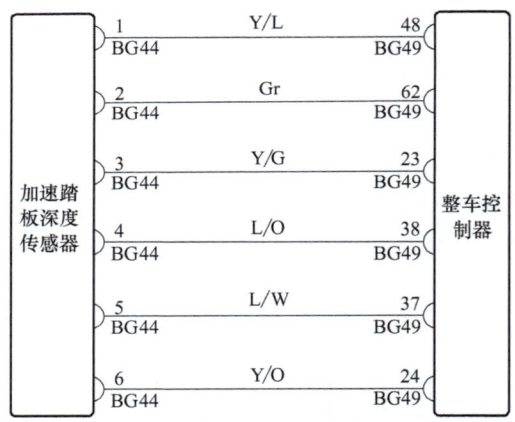

图 5-33　加速踏板深度传感器电路

1) 检查加速踏板深度传感器。拆下加速踏板深度传感器，测量接插件各端子（图 5-34）之间电压，应符合表 5-6 所列要求。如不符合，则应更换加速踏板深度传感器；如符合，进行下一步检查。

2) 检查线束。拔下加速踏板深度传感器 BG44 接插件和整车控制器接插件 BK49（整车控制器接插件）如图 5-35 所示，测量线束端接插件各端子之间电阻，应符合表 5-7 所列要求。如不符合，则应更换线束或接插件。

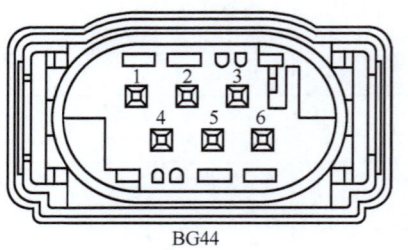

图 5-34　加速踏板接插件端子

模块 3 电动汽车驱动电机及其控制系统的结构与维修

表 5-6 接插件各端子之间电压

端子	条件	正常值/V
BG44-1→车身地	不踩加速踏板	约为 0.66
	加速踏板踩到底	约为 4.45
BG44-2→车身地	不踩加速踏板	约为 4.34
	加速踏板踩到底	约为 0.55
BG44-3→车身地	ON 档电	约为 5
BG44-6→车身地	ON 档电	约为 5
BG44-4→车身地	ON 档电	小于 1
BG44-5→车身地	ON 档电	

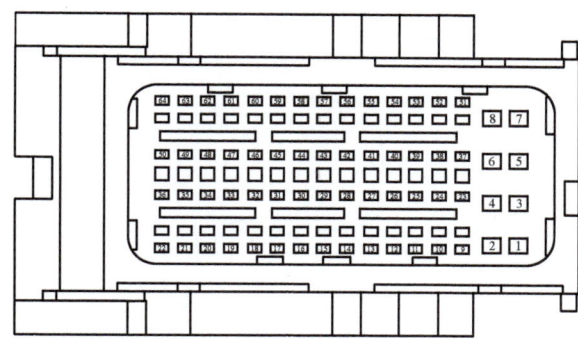

图 5-35 BK49 接插件端子

表 5-7 接插件各端子间电阻

端子	正常值	端子	正常值
BG44-1→BK49-48	<1Ω	BG44-1→车身地	>10kΩ
BG44-2→BK49-62	<1Ω	BG44-2→车身地	>10kΩ
BG44-3→BK49-23	<1Ω	BG44-3→车身地	>10kΩ
BG44-4→BK49-38	<1Ω	BG44-4→车身地	>10kΩ
BG44-5→BK49-37	<1Ω	BG44-5→车身地	>10kΩ
BG44-6→BK49-24	<1Ω	BG44-6→车身地	>10kΩ

温馨提示：加速踏板深度传感器检查视频可扫二维码资源 5.1 观看。

（4）驱动电机温度高的故障检查

1）检查驱动电机冷却水泵及线束。

2）检查冷却管路是否堵塞。如果冷却管路堵塞，清理水垢；如果冷却管路正常，则做下一步检查。

3）检查冷却液是否不足。如果冷却液不足，将冷却液加足；如果冷却液正常，则做下一步检查。

4）检查驱动电机水温传感器。

5）检查散热风扇及线束。

冷却水泵、水温传感器、散热器以及线束检查具体过程请参考任务9相关内容。

（5）电机回路检查 驱动电机回路图如图5-36所示。

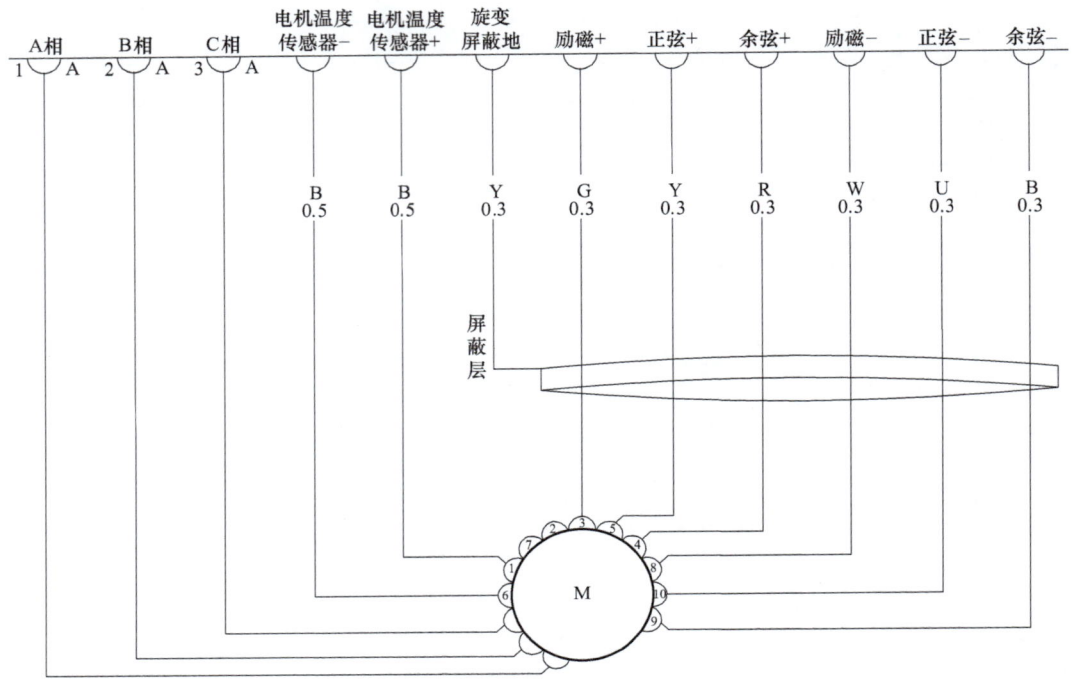

图5-36 比亚迪秦Pro EV纯电动汽车驱动电机回路图

1）旋转变压器检查。拆下旋转变压器外盖板，拔下旋转变压器接插件，测量正旋、余旋及励磁绕组阻值（图5-37）。

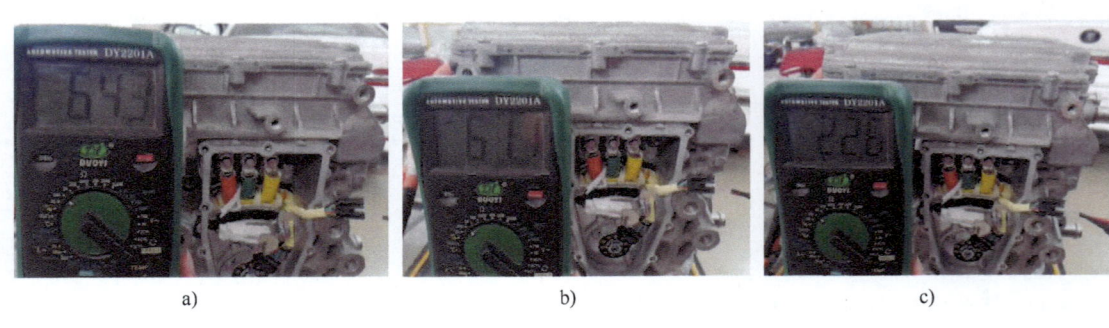

图5-37 旋转变压器检查
a）正旋阻值 b）余旋阻值 c）励磁绕组阻值

2）测量温度传感器阻值（图5-38）。

3）检查电机三相绕组的电阻与绝缘性（图5-39和图5-40）。

电机回路检查各项数据应符合表5-8所列要求。如果正常，进入下一步检查。

模块 3　电动汽车驱动电机及其控制系统的结构与维修

图 5-38　温度传感器阻值

图 5-39　电机三相绕组的电阻

图 5-40　电机三相绕组的绝缘性

表 5-8　各端子电阻值

端子	正常值	端子	正常值
正旋阻值	60Ω±5Ω	A 相→C 相	<1Ω
余旋阻值	60Ω±5Ω	B 相→C 相	<1Ω
励磁阻值	20Ω±5Ω	A 相→车身地	>10kΩ
温度传感器阻值	按规定值	B 相→车身地	>10kΩ
A 相→B 相	<1Ω	C 相→车身地	>10kΩ

温馨提示：电机回路检查视频可扫二维码资源 5.2 观看。

资源 5.2

5.5　驱动电机及其控制系统的维修

拆卸维修前，需将点火开关置于 OFF 档，断开维修开关，使蓄电池断电，还应放掉冷却系统冷却液，拆卸驱动电机及其控制器冷却管路进出水管。

1. 驱动电机控制器的拆装维修

（1）**排出齿轮油**　将前驱电动总成从整车上拆解下来，拆卸动力总成前，用扭力扳手（H10）拧下放油螺塞（图 5-41），将变速器内的润滑油排放干净，再装上放油螺塞组件，防止在拆卸过程中，异物掉入变速器腔体内。

（2）**排出水道残留冷却液**　在进水口用气枪将冷却水道内的冷却液从出水口排出。

（3）**拆卸驱动电机控制器**　用扳手交错拧下用于固定驱动电机盖的 11 个 M5 螺栓、2 个双头螺栓，将驱动电机端盖拆卸，拆卸驱动电机控制器与驱动电机相连的三相线（图 5-42），

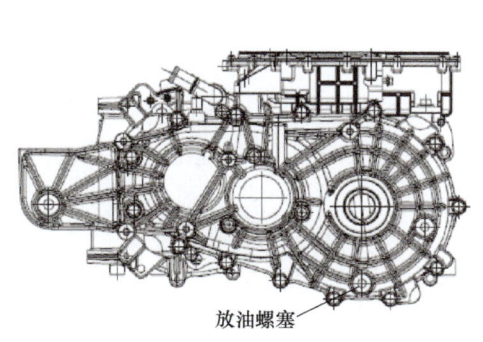
图 5-41　拆卸放油螺塞

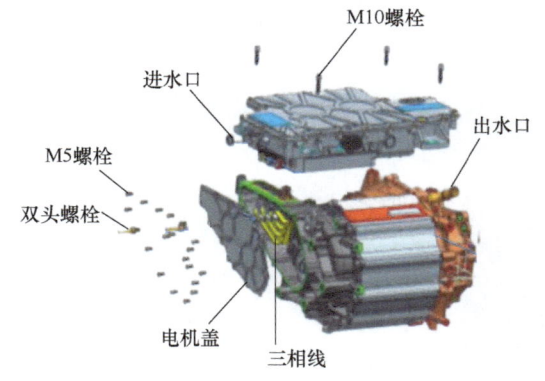
图 5-42　拆卸驱动电机控制器

用扳手拧下用于固定驱动电机控制器箱体与驱动电机和变速器前箱体的 4 个螺栓，将控制器与电机和变速器分离。

拆卸驱动电机控制器后，注意保护进水口不与驱动电机磕碰，用气枪将进水口和出水口残留的冷却液吹干。

2. 驱动电机的拆装维修

（1）拆卸旋变及温度传感器接插件　按下卡扣，将图 5-43 所示旋变及温度传感器接插件拔出。

（2）拆卸定子三相引出线　如图 5-44 所示，用扳手拧下固定定子引出线的 3 个 M6 螺栓。

（3）直流母线的拆卸

1）将驱动电机控制器分离，然后在驱动电机控制器上拆卸直流母线。

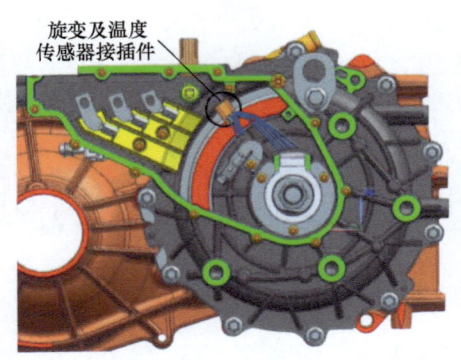

图 5-43　拆卸旋变及温度传感器接插件

2）用扳手拧下直流母线盖板 4 个螺栓，打开盖板，用扳手拧下 4 个直流母线螺栓，再用扳手拧下固定直流母线的 2 个螺栓，完成直流母线的拆卸（图 5-45）。

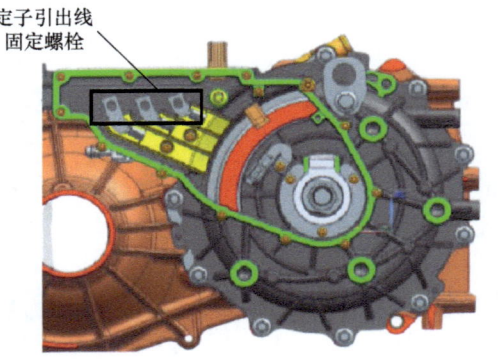

图 5-44　拆卸定子三相引出线

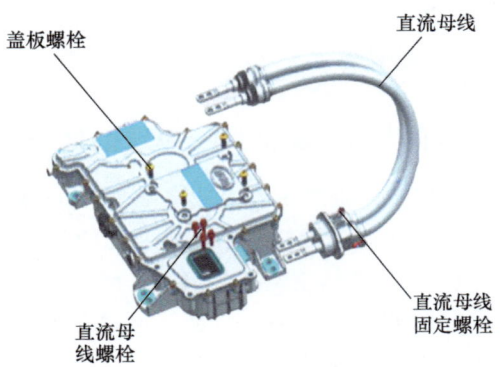

图 5-45　直流母线的拆卸

（4）驱动电机滚动轴承的拆装　由于拆卸滚动轴承时会磨损配合表面，降低配合强度，所以不应轻易拆卸滚动轴承。在检修中，遇到下列情况时才需拆卸滚动轴承：

1）修理或更换有故障的轴承。

2）轴承已超过使用寿命，需更换。

3）更换其他零部件时必须拆下轴承。

4）轴承安装不良，需重新装配。

从轴上拆轴承时，应使轴承内圈受力均匀；从轴承室拆轴承时，应使轴承外圈受力均匀。热套的轴承因过盈量大，不允许改用冷拆法，因为这样做不但拆卸困难，同时也会损伤轴承配合精度，增大轴承噪声，所以必须采用热拆法。

（5）驱动电机转子的拆装　当驱动电机转子损坏需要维修时，就要把驱动电机转子取出。为了一次抽出转子，在检修现场往往是在短轴端塞入一根"假"轴，将轴接长。如果是较重的转子就要考虑使用起重工具。

（6）驱动电机定子的拆装　当驱动电机定子损坏需要维修时，就要把驱动电机定子取出，操作步骤如下：

1）拆卸。用扳手将固定三相动力线束和定子引出线的螺栓 5 拧下，取走弹垫 6 和平垫圈 7（图 5-46）；用扳手将固定定子六角头螺栓 1 拧下，取走弹垫 2 和平垫圈 3；将定子 4 从驱动电机内取出维修。

2）检查。检查槽楔、齿压板、绕组端部绑扎和绝缘块是否松动和脱落，槽楔和绑扎的五纬带或绑扎绳是否高出铁心表面；铁心通风沟要清洗干净，不得堵塞；绕组绝缘和引线绝缘以及出线盒绝缘应良好，不得损伤；绝缘电阻值应不低于规程的规定，还要检查装配零部件是否齐全。检查后要用 30MPa 左右的压缩空气吹净驱动电机铁心和绕组上的灰尘。

3）安装。顺序与拆卸时相反。注意各螺栓的紧固力矩（螺栓 5 用 7N·m，螺栓 1 用 25N·m）。

（7）驱动电机装配注意事项

1）装配驱动电机前，要清洁定子、转子内外表面尘垢，并用蘸有汽油的棉布擦拭干净。清除驱动电机内部异物和漆瘤，特别是机座和端盖止口上的漆瘤和污垢，一定要用刮刀和铲刀铲除干净，否则影响驱动电机装配质量。

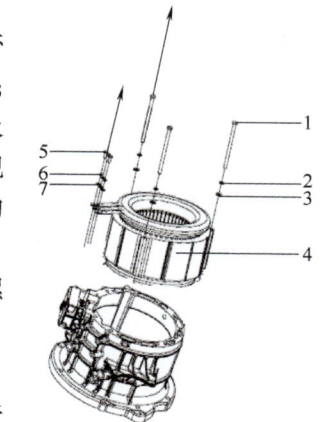

图 5-46　驱动电机定子的拆装
1—六角头螺栓　2、6—弹垫
3、7—平垫圈　4—定子　5—螺栓

2）驱动电机在修理后，若驱动电机内部润滑油不够，应按说明书加足润滑油。

3）彻底清洗各接合面，注油塞螺纹、排油塞螺纹、端盖与箱体接合处要涂抹密封胶（耐油硅酮密封胶 M-1213 型），通气阀、铭牌要用 AB 胶涂抹接合处。

4）勿过分扩张卡环，以免其变形。如果卡环变形，需要更换。安装时，确保卡环完全卡入环槽。

5）驱动电机上所有的螺栓要用螺纹胶（赛特 242）涂抹紧固。如果螺栓有裂纹或者损坏，要及时更换。螺栓拧紧后用油漆笔做标记。

6）安装轴承前，要用轴承加热器加热所用的轴承 80s。安装过程时，采用规定的工装进行操作。同样尺寸的轴承外圈与内圈不可以更换。

7）装配时使用润滑油处包括三相动力线束总成与箱体装配孔、O 形圈与箱体装配处、骨架油封与盖板装配处及旋变接插件、温控接插件与箱体装配处。

任务总结

1）驱动电机是为车辆行驶提供驱动力的电动机，是电动汽车的动力装置。驱动电机与其控制系统相配合，用于控制电机的正向驱动、反向驱动、正转发电、反转发电，与整车控制系统实时通信，实施驱动电机的最优运转控制，限制最高输出电流和电压，进行电机保护和自身内部故障的检测和处理等。

2）驱动电机的主要性能参数有电机类型、额定功率、额定电压、额定电流、额定效率、额定转速、额定转矩、额定功率因数、绝缘等级、功率密度、过载能力、可靠性和成本等。

3）驱动电机系统的基本结构主要由电枢、磁场、控制器等组成，其工作原理都是利用电磁感应原理，将电能转换为机械能。常见的驱动电机目前主要有永磁交流电动机、感应式交流电动机、直流电动机、开关磁阻电动机等。

4）驱动电机控制系统主要由高压配电、控制器及相关的传感器组成。工作时，驱动电机控制器接收档位开关信号、加速踏板深度信号、制动踏板深度信号及驱动电机旋变信号，经过一系列逻辑处理和判断，来控制驱动电机的正反转和转速等。

5）直流电动机的转速控制普遍采用直流斩波控制，其核心部件 IGBT（绝缘栅双极型晶体管），将直流电转换为交流电，来控制电机的正反转、功率、转矩、转速等。

6）驱动电机及其控制系统故障可以通过外部直观检查和仪器设备进行检测，尽量使用专用仪器设备读取故障码和数据流。

7）驱动电机及其控制系统结构原理比较复杂，拆装维修应由专业人员进行，严格按照维修手册要求操作。

学习工单

任务 5　驱动电机及其控制器温度高故障的诊断与维修

学生姓名		学生班级		小组名称/组长	
汽车型号		驱动电机型号		实训地点/时间	
客户报修	比亚迪秦 Pro EV 纯电动汽车行驶中组合仪表电机冷却液温度过高指示灯点亮。				
主要设备、工具和资料					

子任务 1　写出驱动电机在新能源汽车上的作用,并画出驱动电机控制原理框图。

子任务 2　观看加速踏板深度传感器检查的视频(可扫二维码资源 5.1 观看),进行加速踏板深度传感器检查,写出检测步骤和结果。

子任务 3　观看电机回路检查的视频(可扫二维码资源 5.2 观看),进行电机回路检查,写出检测步骤和结果。

子任务 4　画出比亚迪秦 Pro EV 纯电动汽车驱动电机回路图。

子任务 5　结合上述内容，分析比亚迪秦 Pro EV 纯电动汽车驱动电机与控制器温度过高故障的原因。

子任务 6　完成下列关于电动汽车驱动电机及其控制器的知识测评作业。
1）驱动电机控制系统的主要功能包括（　　）。
A. 限制交流电的最高输出电流　　　　B. 限制直流电的最高输出电压
C. 控制电机转向　　　　　　　　　　D. 制动能量回馈控制
2）电动汽车所采用的驱动电机类型有（　　）。
A. 感应电动机　　B. 永磁电动机　　C. 直流电动机　　D. 开关磁阻电动机
3）旋转变压器是一种输出（　　）随转子转角变化的信号元件，用于检测电机转子的位置。
A. 电阻　　　　　B. 电流　　　　　C. 电压　　　　　D. 电量
4）驱动电机控制器接收（　　），经过一系列逻辑处理和判断来控制电机的正反转和转速等。
A. 电机旋变信号　B. 加速踏板信号　C. 制动踏板信号　D. 档位开关信号
5）IGBT 通过（　　）驱动电压来控制的开关晶体管，将直流电转换为交流电。
A. 集电极　　　　B. 极栅　　　　　C. 发射极　　　　D. 基极
6）驱动电机与控制器冷却系统工作不良时，可能的原因有（　　）。
A. 冷却液少　　　　　　　　　　　　B. 散热器工作不良
C. 电动水泵工作不良　　　　　　　　D. 散热器风扇工作不良

模块 3　电动汽车驱动电机及其控制系统的结构与维修

子任务 7　任务交流（学生学习小组制作任务完成情况交流发言稿，推举代表发言）。

子任务 8　任务评价（根据上述实操、作业和交流情况，进行任务自评、小组互评和综合评价，其中自评、小组互评满分各占 25 分，教师综合测评满分 50 分）。

自评（评语及评分）：

签名：

年　月　日

小组互评（评语及评分）：

组长签名：

年　月　日

综合评分与教师评价	
	教师签名： 年　月　日

模块 4

电动汽车辅助系统的结构与维修

任务 6　电动汽车空调不制冷故障的诊断与维修

任务接受

客户报修：比亚迪秦 Pro EV 纯电动汽车在行驶中空调突然不制冷。

学习目标

1）能够描述电动汽车空调系统的结构特点与工作原理。
2）学会空调系统常见故障的检测与诊断。
3）能够进行空调制冷系统的抽真空与制冷剂加注。
4）能够进行空调系统的拆装与维修。
5）提高社会责任意识，树立正确的价值观。

任务准备

6.1　电动汽车空调系统的信息收集

1. 电动汽车空调系统结构特点

电动汽车空调与常规汽车空调相比，主要区别在于电动压缩机及正温度系数（Positive Temperature Coefficient，PTC）半导体材料电制热。

常规汽车制冷压缩机靠带轮通过发动机曲轴、传动带带动转动，其转速只能被动地通过发动机调节。电动汽车的压缩机为电动压缩机，其靠高压电（如比亚迪秦 Pro EV 纯电动汽车为 434.35V）驱动，其转速调节范围在 0~4000r/min 之间，保证了良好的制冷效果，同时也可节约电能。

常规汽车是靠冷却液的热量来制热，在发动机起动与暖机阶段制热效果差。纯电动汽车没有发动机，需要靠 PTC 制热器进行电制热，其最大功率达 5000W，同时可以任意调节。

以比亚迪秦 Pro EV 纯电动汽车为例，空调系统由制冷、供暖、通风、控制等部分组成。

1）制冷系统：主要由空调控制器、电动压缩机及其控制器、冷凝器、膨胀阀和蒸发器五大部件组成（图 6-1），辅助设备有制冷管路、储液干燥器等。

2）供暖系统：主要由空调控制器、PTC 驱动器、PTC 加热器等组成。

3）通风系统：主要由鼓风机、通风管道等组成。

4）控制系统：主要由车外温度传感器、车内温度传感器、日光照射传感器、蒸发器温度传感器、PTC 温度传感器、PTC 一次性熔断器、PTC 温度控制开关、调速模块、三态压力开关、内外循环电机、主驾冷暖电机、副驾冷暖电机、空调控制器等组成。

部分组件在车上位置如图 6-2 所示，其组成框图如图 6-3 所示。

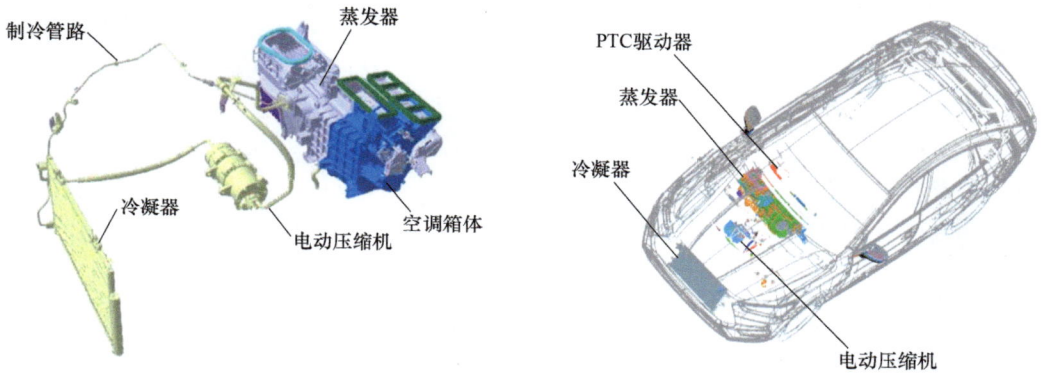

图 6-1 比亚迪秦 Pro EV 汽车空调制冷系统　　图 6-2 比亚迪秦 Pro EV 汽车空调系统在车上位置

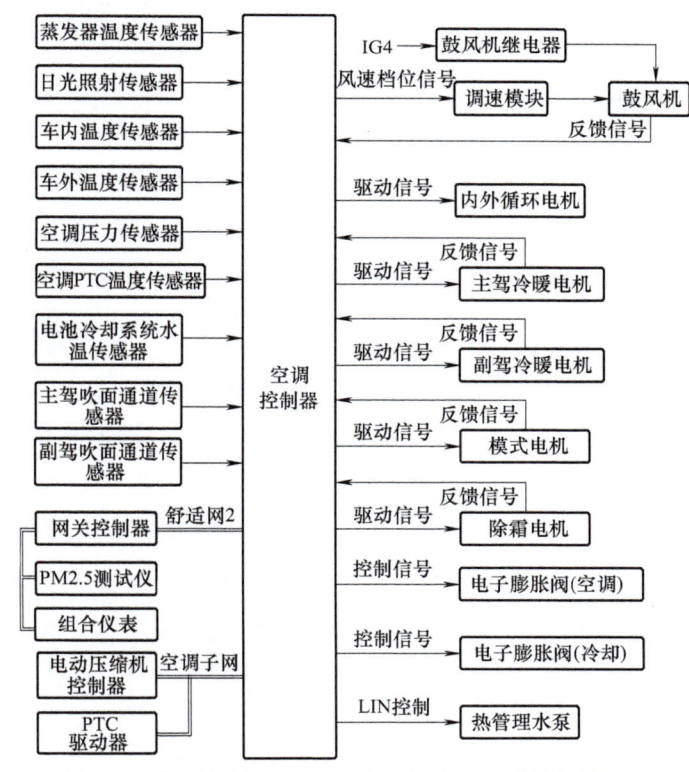

图 6-3 比亚迪秦 Pro EV 纯电动汽车空调系统组成框图

2. 电动汽车空调系统工作原理

（1）**制冷系统原理** 如图 6-4 所示，空调控制器通过 CAN 总线与电动压缩机控制器通信，由电动压缩机控制器驱动的电动压缩机将气态的制冷剂（如 R134a）从蒸发器中抽出，并将其压入冷凝器。高压气态制冷剂经冷凝器液化而进行热交换（释放热量），热量被车外的空气带走。高压液态制冷剂经膨胀阀的节流作用而降压，低压液态制冷剂在蒸发器中汽化而进行热交换（吸收热量），蒸发器附近被冷却了的空气通过鼓风机吹入车内。气态的制冷剂又被压缩机抽走，泵入冷凝器，使制冷剂封闭式循环流动，不断地将车内的热量排到车外，使车内的气温降至适宜的温度。

（2）**供暖原理** 如图 6-5 所示，空调控制器通过 CAN 总线与 PTC 驱动器通信，由 PTC 驱动器驱动 PTC 加热器制热，通过鼓风机吹出的空气将 PTC 散发出的热量送到车内或风窗玻璃，以提高车内温度和除霜。

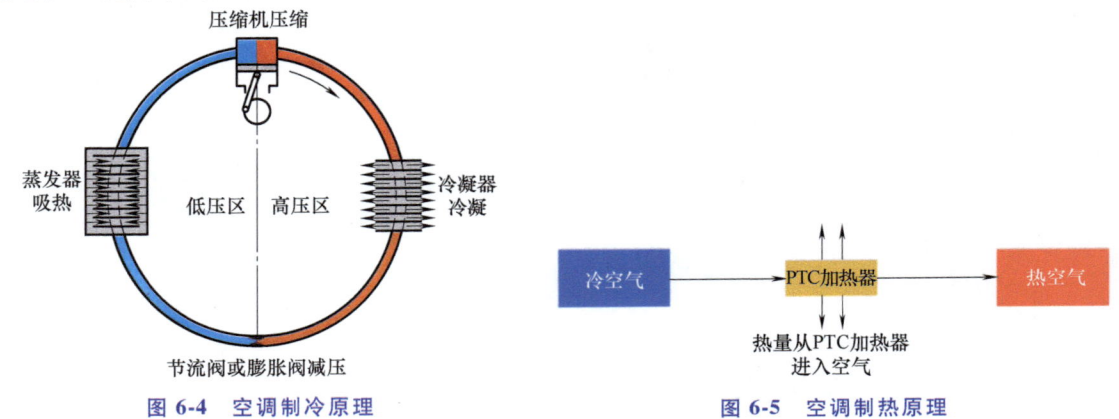

图 6-4 空调制冷原理　　　　图 6-5 空调制热原理

电动汽车空调系统的其他原理（换气、除湿、除雾等）与常规汽车空调相似。

深耕汽车热管理领域，引领行业升级——自主创新，为梦想攻克难题

传统汽车正朝着新能源汽车快速转型发展，空调作为驾乘舒适性功能的基本要求，也势必会随着新能源汽车发展而发展，从空调技术的发展和工作效率来说，热泵型空调系统良好的工作性能将成为重要的发展趋势。2022 年 8 月 17 日，比亚迪在互动平台透露，比亚迪的宽温域热泵空调系统，搭载了公司自研的热管理集成模块，在不同的工况条件下同时能实现空调制冷、空调制冷+电池冷却等 11 种功能需求，更好地服务于整车空调系统。宽温域热泵不仅能吸收环境热，更能吸收动力总成、电池、座舱的废热，-30℃仍能有效工作，冬季续驶里程提升 20%。比亚迪整车热管理研发团队专注汽车空调系统研发十多年，其中新能源空调总成出货超 50 万台，中国市场占有率达 15%，并致力于为整车热管理系统提供解决方案。

比亚迪在 2012 年就开始了热泵技术的预研工作，从间接热泵技术到直接热泵技术，再到补气增焓低温热泵技术，花费了 7 年多的时间，成功研制出了低温热泵空调。凭借行业领先的空调控制核心算法与电子、电控硬件软件开发能力和技术优势，热泵空调系统各项性能表现稳定。工程师们在实践中发现、发明、创造，我们要学习他们这种严谨、一丝不苟、精益求精的工作作风，努力提高自己的专业水平，成为社会栋梁，以报效祖国。

3. 电动汽车空调系统主要部件结构原理

（1）**电动汽车空调压缩机** 电动汽车的空调压缩机取消了传统汽车的外驱式带轮，采用电动机驱动，电动机一般与压缩机组装为一体，形成全封闭的结构。比亚迪秦 Pro EV 电动空调压缩机型号为 BC28A，其外形如图 6-6 所示。

这种结构形式灵活方便，可布置在发动机舱内任何位置，而且电动机与压缩机可采取同轴驱动，不会出现传统驱动方式的传动带打滑、压缩机转速与发动机转速不同步的现象。由于电动机同轴驱动压缩机，可通过调节电动机转速改变压缩机转速，实现空调压缩机排量及制冷量的灵活控制。封闭式的驱动结构，只有电源线及进出气管与外部联系，泵气装置运行的可靠性较高，故障率较低。

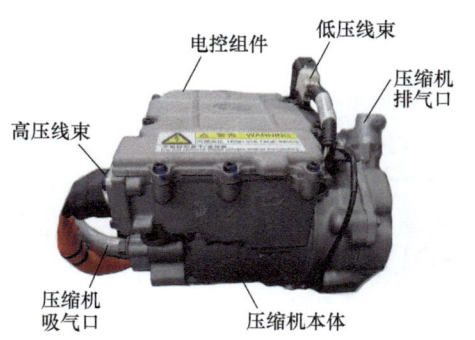

图 6-6　比亚迪秦 Pro EV 电动空调压缩机

电动空调压缩机一般使用泵气效率较高的涡旋式压缩机，与其他诸多类型的空调压缩机（如斜盘式、曲柄连杆式、叶片式等）相比，涡旋式压缩机具有振动小、噪声低、使用寿命长、重量轻、转速高、效率高、外形尺寸小等优点。

涡旋式压缩机包括一个定涡盘和一个动涡盘（图 6-7），这两个相互啮合的涡盘，其线形是相同的，它们相互错开 180° 安装在一起，即相位角相差 180°。其定涡盘是固定在机架上，而动涡盘由电动机直接驱动。动涡盘是不能自转的，只能围绕定涡盘作很小回转半径的公转运动。当驱动电动机旋转带动动涡盘公转时，制冷气体通过滤芯吸入定涡盘的外围部分，随着驱动轴的旋转，动涡盘在定涡盘内按轨迹运转，使动、定涡盘之间形成由外向内体积逐渐缩小的六个腔，制冷气体在动、定涡盘所组成的六个月牙形压缩腔内被逐步压缩，最后从定涡盘中心孔通过阀片将被压缩后的制冷气体连续排出。

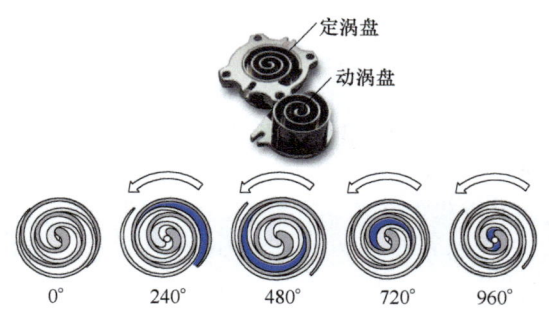

图 6-7　涡旋式压缩机

在压缩机整个工作过程中，所有工作腔均由外向内逐渐变小且处于不同的压缩状况，从而保证涡旋式压缩机能连续不断地吸气、压缩和排气。虽然涡旋式压缩机每次排出制冷剂的气量较小，其排出量为 27~30mL，但由于其动涡盘可作转速高达 9000~13000r/min 的公转，所以它的总排量足够大，能满足车辆空调制冷的需求。当然，压缩机的功耗也较大，可达 4~7kW。

（2）**空调驱动电机及其变频器** 驱动电动汽车空调压缩机运转的是三相永磁同步电动机，而向空调三相电动机供电的则是三相高压交流电。电动汽车的动力蓄电池只能提供直流电，为此必须要将电池直流电转换为交流电，这个任务就由变频器承担，由它产生向空调压缩机和三相永磁同步电动机供电的交流电。

电动空调的变频器使用了 6 个 IGBT（场效应管），IGBT 的导通或截止受控于其上的栅极电压，就能造成 IGBT 的源极与漏极间的通路或断路状况。如图 6-8 所示，当 6 个 IGBT 的栅极按一定规律轮流加上占空比脉冲调制控制电压时，就会让电池的直流高压电流经过变频器，在输出端形成三相正弦交流电流，利于三相永磁同步电动机平稳运转并产生转矩以驱动空调压缩机。图 6-8 中与 IGBT 并联的二极管是电动机三相绕组的续流二极管。

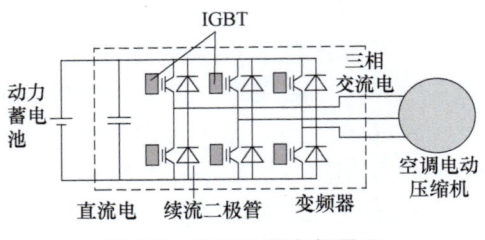

图 6-8 电动空调变频原理

通过控制永磁同步电动机定子各相绕组的通电频率及电流大小，可精确地调节电动机转子的转速与转矩，并能直接控制压缩机的转速，调节制冷剂的排量，以适应汽车运行对空调系统的不同工况要求。变频器的系统电路如图 6-9 所示。

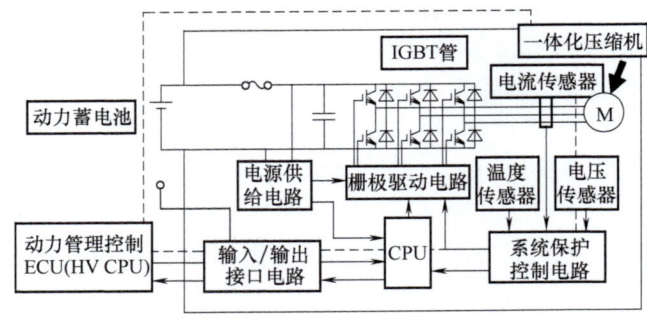

图 6-9 空调变频器系统电路

1）栅极驱动电路对各 IGBT 的栅极进行控制，它接收中央处理器的信号，当它给各栅极进行脉冲宽度调制时，将使输出电路得到正弦波的电压。通过 IGBT 的通断频率还可控制空调压缩机的转速，同时它还受保护电路的监控。

2）系统保护控制电路接收输出电流、电压和空调温度等传感信号，不让其在过流、过压及超温状态下工作，用于保护整个系统。

3）中央处理器（CPU）根据空调的目标温度和蒸发器实际温度，计算压缩机的目标转速，控制空调变频器栅极驱动电路的工作。而空调蒸发器的目标温度由驾驶人设定的温度、车外温度传感器、车内温度传感器、日照传感器以及 PTC 传感器决定。另外，车内温度传感器产生 CPU 的校正信号，提高了乘坐的舒适性。

4）输入/输出接口电路负责对外部电路如对动力管理系统电路进行通信信号的联系。

5）电源供给电路负责向 CPU 和栅极电路进行供电。

(3) PTC 加热器　电动汽车空调的供暖系统热源采用 PTC 电加热器。它通常由半导体材料制成，其电阻随温度变化而急剧变化，当外界温度降低，PTC 电阻值随之减小，发热量反而会相应增加，所以 PTC 加热器具有节能、恒温、安全和使用寿命长等特点。

比亚迪秦 Pro EV 纯电动汽车装备的 PTC 电加热器采用加热空气方式，PTC 驱动器根据来自空调面板（空调控制器）的暖风请求信号（CAN-H 和 CAN-L）以及温度传感器信号，控制 PTC 加热器工作。PTC 加热器主要由 PTC 片、温度传感器和一次性熔断器等组成。PTC 片采用半导体陶瓷元件，当施加电压时，阻值升高而发热，通常表面镀有金属电极；主副驾两个温区分别安装一个温度传感器，整个芯体共用一个熔断器。温度传感器检测加热

模块 4　电动汽车辅助系统的结构与维修

器本体的温度，控制加热器导通和切断；当加热器失控、温度过高时，一次性熔断器起到保护作用。比亚迪秦 Pro EV 纯电动汽车空调 PTC 加热器如图 6-10 所示。

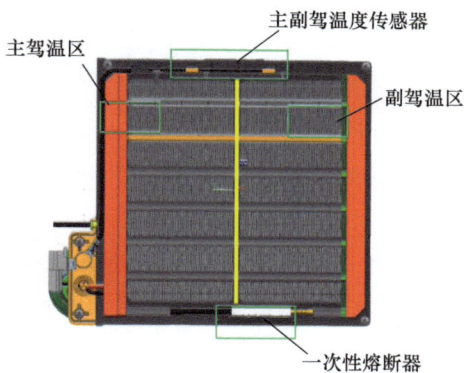

图 6-10　比亚迪秦 Pro EV 纯电动汽车空调 PTC 加热器

📣**温馨提示**：比亚迪秦 Pro EV 纯电动汽车 PTC 驱动器电路检测视频可扫二维码资源 6.1 观看。

6.2　比亚迪秦 Pro EV 纯电动汽车空调不制冷的故障分析

根据比亚迪秦 Pro EV 纯电动汽车结构原理，空调不制冷故障的可能原因如图 6-11 所示。

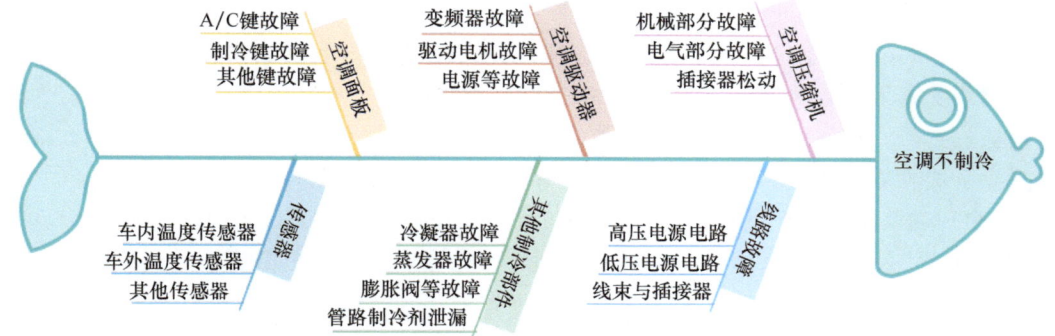

图 6-11　空调不制冷故障的可能原因

6.3　空调系统维修准备

空调系统维修设备与材料准备见表 6-1。

表 6-1　维修设备与材料

名称	数量	名称	数量
元征 X-431 故障诊断仪	1 台/组	1000V 绝缘手套	1 双/组
汽车万用表	1 台/组	眼罩、手套、抹布等	1 批/组
空调歧管压力表组	1 套/组	电工胶布等	2 卷/组
常规拆装工具	1 套/组	工作台	1 台/组
扭力扳手	1 把/组	汽车空调制冷系统配件	1 套/组

任务实施

6.4 比亚迪秦 Pro EV 纯电动汽车空调系统的故障检查

1. 外部直观检查

空调系统出现不工作或工作不正常等故障时，会有一些外在的表现，通过直观地检查（眼看、手摸、耳听）能准确而又简便地诊断故障所在，迅速排除故障。

（1）直接观察

1）仔细观察管路有无破损，冷凝器及蒸发器表面有无裂纹或油渍。如果冷凝器、蒸发器或其管路某处有油渍，检查有无渗漏。可用肥皂泡法重点检查渗漏的部位（各管路的接头处和阀的连接处，软管及软管接头处，压缩机油封、密封垫等处，冷凝器、蒸发器等表面有刮伤变形处）。

2）打开空调系统，然后再通过检视窗查看制冷剂的循环流动情况。

① 液体正常流动，偶尔出现一个气泡，说明制冷剂正常。

② 液体流动清晰，无气泡，有制冷剂充满或无制冷剂两种可能，如果出风口冷，说明制冷剂正常；如果出风口不冷，则说明制冷剂已漏光。

③ 有较多的气泡，说明制冷剂不足。

3）仔细检查有关的电气线路连接有无断路之处。

如有上述问题，则更换或维修相应组件。

（2）通过手感检查故障

1）检查空调制冷系统高压端。接通空调开关，使制冷压缩机工作 10~20min 后，用手触摸空调系统高压端管路及部件。从压缩机出口→冷凝器→干燥罐→膨胀阀进口处，手感温度应是从热到暖。如果中间的某处特别热，则说明其散热不良；如果这些部件发凉，则说明空调制冷系统可能有阻塞、无制冷剂、压缩机不工作或工作不良等故障。

2）检查空调制冷系统低压端。接通空调开关，使制冷压缩机工作 10~20min 后，用手触摸空调系统低压端管路及部件。从蒸发器到压缩机进口处，手感温度应是从凉到冷。如果不凉或是某处出现了霜冻，均说明制冷系统有异常。

3）检查压缩机出口端温度差。接通空调开关，使制冷压缩机工作 10~20min 后，用手触摸压缩机进出口两端，压缩机的高、低压端应有明显的温度差。如果温差不明显或无温差，则可能是已完全无制冷剂或制冷剂严重不足。

4）检查线路。用手检查导线接插件连接是否良好，空调系统线路各接插件应无松动和发热。如果接插件有松动或接插件表面的温度较高（手感发热），则说明接插件内部接触不良进而导致空调系统不工作或工作不正常。

如有上述问题，则更换或维修相应组件。

（3）用耳听检查故障 仔细听压缩机有无异响、压缩机是否工作，以判断空调系统不制冷或制冷不良是否因为压缩机或是压缩机控制电路出现问题。如有上述问题，则更换或维修相应组件。

2. 用空调歧管压力表组进行检查

空调歧管压力表组如图 6-12 所示。检查步骤如下：

模块 4　电动汽车辅助系统的结构与维修

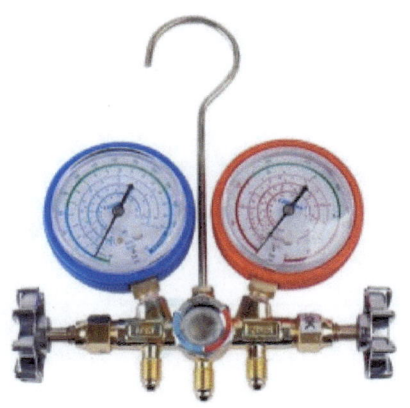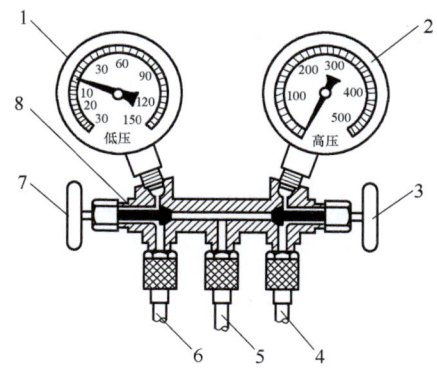

图 6-12　空调歧管压力表组

1—低压表　2—高压表　3—高压手动阀　4—高压软管　5—中间软管
6—低压软管　7—低压手动阀　8—压力表本体

1) 关闭高、低压力表的手动阀。
2) 将高、低压力软管分别连接到空调系统的高低压检修阀上。
3) 慢慢打开高、低压力表手动阀,利用空调系统内制冷剂压力排除管内空气。
4) 起动空调系统,待压力表指示稳定后即可读取压力值。
5) 根据高、低压力表值进行判断(表 6-2)。

表 6-2　空调故障判断

高压力表值	低压力表值	故障判断	备注
1.47~1.67MPa	0.15~0.25MPa	正常压力	不同空调系统略有差异,以维修手册为准
低于正常压力	低于正常压力	制冷剂不足	
高于正常压力	高于正常压力	制冷剂过量或冷凝器散热不良	
高于正常压力,且指针摆动	高于正常压力,且指针摆动	制冷系统有空气	
低于正常压力	高于正常压力	空调压缩机压力低或膨胀阀开度大	

3. 用仪器设备进行故障诊断

(1) 检查低压蓄电池电压　用万用表检查,标准电压为 11~14V,如果电压低于 11V,在进行下一步之前请充电或更换低压蓄电池。

(2) 参考汽车空调故障诊断表　如果故障在表 6-3 中列出,可根据具体故障做进一步检查、调整、维修或更换;如果不在表中,则应进行全面诊断。

表 6-3　汽车空调故障诊断表

故障症状	可能发生部位	故障症状	可能发生部位
空调系统所有功能失效	①空调控制器电源电路 ②空调面板电源电路 ③空调控制器 ④CAN 总线 ⑤线束或接插件	出风模式调节不正常	①前出风模式风门控制电动机 ②空调控制器 ③线束和接插件

(续)

故障症状	可能发生部位	故障症状	可能发生部位
仅制冷系统失效（鼓风机工作正常）	①压缩机熔丝 ②压缩机控制器 ③空调电机驱动器 ④空调面板 ⑤压力开关 ⑥CAN总线 ⑦线束或接插件	驾驶人侧冷暖调节不正常	①驾驶人侧空气混合控制电动机 ②空调控制器 ③线束和接插件
鼓风机不工作	①鼓风机熔丝 ②鼓风机继电器 ③鼓风机 ④调速模块 ⑤空调控制器 ⑥线束或接插件	前排乘客侧冷暖调节不正常	①前排乘客侧空气混合控制电动机 ②空调控制器 ③线束和接插件
仅暖风系统失效	①PTC制热模块 ②空调电动机驱动器	内外循环调节不正常	①循环控制电动机 ②空调控制器 ③线束和接插件
制冷系统工作不正常（实际温度与设定温度有偏差，风速档位异常）	①各传感器 ②前调速模块 ③鼓风机 ④空调控制器面板总成 ⑤线束和接插件	后除霜失效	①后除霜熔丝 ②后除霜继电器 ③后除霜电加热丝 ④继电器控制模块 ⑤CAN总线 ⑥线束或接插件
空气净化功能失效	①绿净系统熔丝 ②绿净继电器 ③空调ECU ④线束及接插件	PM2.5检测功能失效	①绿净系统熔丝 ②PM2.5测试仪 ③线束及接插件

（3）用诊断仪读取故障码　采用元征X-431故障诊断仪进行故障诊断，空调故障码见表6-4、表6-5。根据故障码可作进一步检查。PM2.5测试仪自诊断故障码见表6-6。

表6-4　空调ECU故障码

故障诊断码	故障描述	故障诊断码	故障描述
B2A2013	车内温度传感器断路	B2A5A13	副驾吹面出风温度传感器开路
B2A2111	车内温度传感器短路	B2A5A11	副驾吹面出风温度传感器对地短路
B2A2213	车外温度传感器断路	B2A5B13	副驾吹脚出风温度传感器开路
B2A2311	车外温度传感器短路	B2A5B11	副驾吹脚出风温度传感器对地短路
B2A2413	蒸发器温度传感器断路	B2A2712	阳光传感器对电源短路
B2A2511	蒸发器温度传感器短路	B2A4E13	高压管路的压力传感器断路
B2A5813	主驾吹面出风温度传感器开路	B2A4F11	高压管路的压力传感器对电源短路
B2A5811	主驾吹面出风温度传感器对地短路	B2A2F09	高压管路处于高压状态或低压状态
B2A5913	主驾吹脚出风温度传感器开路	B2A2A14	模式电机对地短路或开路
B2A5911	主驾吹脚出风温度传感器对地短路	B2A2A12	模式电机对电源短路

（续）

故障诊断码	故障描述	故障诊断码	故障描述
B2A2A92	模式电机转不到位	B2A5C12	暖风芯体三通水阀电机对电源短路
B2A4B14	循环电机对地短路或开路	B2A5C92	暖风芯体三通水阀电机转不到位
B2A4B12	循环电机对电源短路	B2A3214	前排鼓风机对地短路或开路
B2A4B92	循环电机转不到位	B2A3314	前排鼓风机调整信号对地短路或开路
B2A2B14	主驾冷暖电机对地短路或开路	U014687	与网关失去通信
B2A2B12	主驾冷暖电机对电源短路	U025487	与 PTC 失去通信
B2A2B92	主驾冷暖电机转不到位	U025387	与压缩机失去通信
B2A2C14	副驾冷暖电机对地短路或开路	B2A0717	电源电压过压
B2A2C12	副驾冷暖电机对电源短路	B2A0716	电源电压欠压（低于 9V）
B2A2C92	副驾冷暖电机转不到位	B2A6600	不允许高压模块工作
B2A5C14	暖风芯体三通水阀电机对地短路或开路	B2A6700	电动压缩机多次启动失败

表 6-5　空调压缩机故障诊断码

故障诊断码	故障描述	可疑部位
B2AB0-49	电流采样电路故障	空调压缩机
B2AB1-49	电机缺相故障	空调压缩机
B2AB2-49	IPM/IGBT 故障	空调压缩机
B2AB3-49	内部温度传感器故障	空调压缩机
B2AB4-1D	内部电流过大故障	空调压缩机
B2AB5-73	启动失败故障	空调压缩机
B2AB6-4B	内部温度异常	空调压缩机
B2AB7-74	转速异常故障	空调压缩机
B2AB8-1C	相电压过高故障	空调压缩机
B2AB9-97	负载过大故障	空调压缩机
B2ABC-16	负载电压低压故障	电池包
B2ABA-1C	内部低压电源故障	电池包
B2ABB-17	负载电压过压故障	空调压缩机、线束

表 6-6　PM2.5 测试仪自诊断故障诊断码

故障诊断码	检测项目	故障部位
B110811	PM2.5 速测仪短路	PM2.5 测试仪
B110913	PM2.5 速测仪断路	PM2.5 测试仪
B110A02	PM2.5 速测仪 CAN 信号故障	CAN 网络
B110B07	PM2.5 速测仪气泵故障	PM2.5 测试仪
B110C09	PM2.5 速测仪激光二极管失效	PM2.5 测试仪
B110D09	PM2.5 速测仪光电接收模块失效	PM2.5 测试仪
B110E09	PM2.5 速测仪温湿模块失效（预留）	PM2.5 测试仪

（4）检查空调控制模块　拔下空调控制器 G21A、G21B、G21C 接插件（图 6-13），用万用表测量线束端接插件各端子间电压或电阻，正常值见表 6-7。如上述检查结果不正常，则进一步检查零部件及其线路。

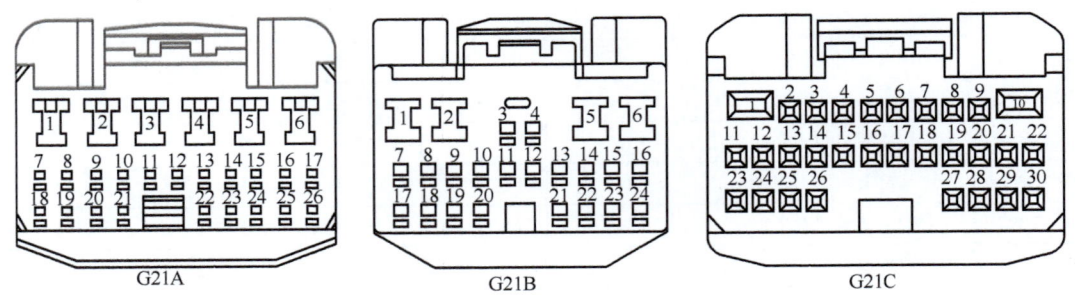

图 6-13　G21A、G21B、G21C 接插件

表 6-7　各端子间电压或电阻值

端子号	端子描述	条件	正常值
G21A-20～车身地	常电	始终	12V
G21C-4～车身地	水温信号	ON 档电	0～5V
G21B-4～车身地	电磁阀驱动	ON 档电	0V 或 5V
G21C-6～车身地	车外温度传感器采集	ON 档电	0～5V
G21B-23～车身地	PT 传感器压力采集	ON 档电	0～5V
G21C-2～车身地	PT 传感器温度采集	ON 档电	0～5V
G21A-21～车身地	PT 传感器、压力传感器电源	ON 档电	5V
G21C-13～车身地	空调压力传感器采集	ON 档电	0～5V
G21A-7～车身地	电子膨胀阀 C 端驱动	ON 档电	0V 或 12V
G21A-8～车身地	电子膨胀阀 D 端驱动	ON 档电	0V 或 12V
G21A-18～车身地	电子膨胀阀 A 端驱动	ON 档电	0V 或 12V
G21A-19～车身地	电子膨胀阀 B 端驱动	ON 档电	0V 或 12V
G21A-1～车身地	IG4 电	ON 档电	12V
G21B-1～车身地	鼓风机继电器驱动信号	ON 档电	开启或关闭空调：0V/12V
G21C-24～车身地	鼓风机反馈信号	开启空调	—
G21B-5～车身地	鼓风机控制信号	开启空调	—
G21B-17～车身地	舒适网 2 CAN-H	始终	2.5～3.5V
G21B-18～车身地	舒适网 2 CAN-L	始终	1.5～2.5V
G21B-7～车身地	空调子网 CAN-H	始终	2.5～3.5V
G21B-8～车身地	空调子网 CAN-L	始终	1.5～2.5V
G21B-6～车身地	电池冷却水泵 PWM 控制	开启内循环	0～12V
G21A-22～车身地	车身地	始终	小于 1Ω
G21C-10～车身地	前车内温度传感器采集信号	ON 档电	0～5V
G21B-22～车身地	除霜电机反馈电源	ON 档电	5V
G21C-21～车身地	除霜电机反馈信号	ON 档电	0～5V
G21A-17～车身地	除霜电机驱动电源 2	ON 档电	0V
G21A-6～车身地	除霜电机驱动电源 1	ON 档电	5V
G21B-11～车身地	内外循环电机反馈电源	ON 档电	5V

(续)

端子号	端子描述	条件	正常值
G21C-17~车身地	内外循环电机反馈信号	ON 档电	0~5V
G21A-25~车身地	内外循环电机驱动电源 2	ON 档电	0V
G21A-26~车身地	内外循环电机驱动电源 1	ON 档电	5V
G21C-23~车身地	副驾冷暖电机反馈电源	ON 档电	5V
G21C-19~车身地	副驾冷暖电机反馈信号	ON 档电	0~5V
G21A-5~车身地	副驾冷暖电机驱动电源 2	ON 档电	0V
G21A-14~车身地	副驾冷暖电机驱动电源 1	ON 档电	5V
G21C-25~车身地	主驾冷暖电机反馈电源	ON 档电	5V
G21C-20~车身地	主驾冷暖电机反馈信号	ON 档电	0~5V
G21A-12~车身地	主驾冷暖电机驱动电源 2	ON 档电	0V
G21A-3~车身地	主驾冷暖电机驱动电源 1	ON 档电	5V
G21B-20~车身地	模式风门电机反馈电源	ON 档电	5V
G21C-18~车身地	模式风门电机反馈信号	ON 档电	0~5V
G21A-16~车身地	模式风门电机驱动电源 2	ON 档电	0V
G21A-15~车身地	模式风门电机驱动电源 1	ON 档电	5V
G21C-12~车身地	蒸发器温度传感器反馈信号	ON 档电	0~5V
G21C-11~车身地	主驾吹脚通道温度传感器反馈信号	ON 档电	0~5V
G21C-1~车身地	副驾吹脚通道温度传感器反馈信号	ON 档电	0~5V
G21C-7~车身地	主驾吹面通道温度传感器反馈信号	ON 档电	0~5V
G21C-9~车身地	副驾吹面通道温度传感器反馈信号	ON 档电	0~5V

（5）**车外温度传感器故障**（故障码 B2A2213、B2A2311）**检测**

1）检查车外温度传感器。车外温度传感器电路如图 6-14 所示。如果更换车外温度传感器后功能正常，则更换车外温度传感器；如果故障仍存在，则进行下一步检查。

2）检查线束（车外温度传感器-空调控制器）。拔下空调控制器 G21C 接插件、车外温度传感器 B12 接插件（图 6-15），测量 G21C-6 端子与 B12-2 端子之间电阻应小于 1Ω，B12-1 端子与车身地之间电阻应小于 1Ω。如果异常，则更换线束或接插件；如果正常，则更换空调控制器。

（6）**鼓风机故障**（故障码 B2A3214、B2A3314）**检测**

1）检查熔丝。鼓风机电路如图 6-16 所示。用万用表检查鼓风机熔丝 F1/17，如果熔丝烧毁，更换熔丝；如果正常，进行下一步检查。

2）检查鼓风机继电器。拔下鼓风机继电器，在 56 端子和 57 端子之间连接蓄电池电压，58 端子和 60 端子之间正常情况为导通；如果正常，进行下一步检查。

3）检查鼓风机供电电压。拔下鼓风机 G23 接插件，在 ON 档电、风量调节至 7 档，测量 G23-2 端子和车身地的电压值，如果电压值在 11~14V 范围；进行下一步检查。

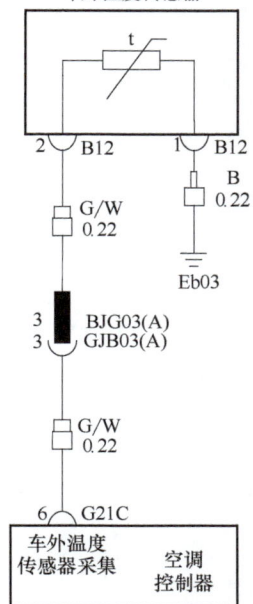

图 6-14 车外温度传感器电路

4)检查鼓风机。拔下鼓风机 G23 接插件,用万用表检查鼓风机电阻,如果异常,则更换鼓风机;如果正常,进行下一步检查。

5)检查线束。拔下鼓风机 G23 接插件(图 6-17),拔下鼓风机调速模块 G24 接插件(图 6-17),拔下空调控制器 G21B、G21C 接插件。测量线束端接插件各端子之间电阻,应符合表 6-8 要求。如果异常,则更换线束或插接器;如果正常,则更换空调控制器。

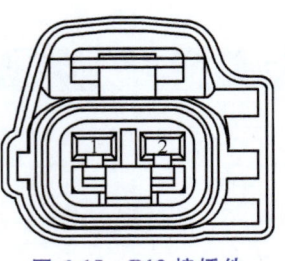

图 6-15　B12 接插件

表 6-8　插接器各端子间电阻

端子	正常值	端子	正常值
G23-1→G21C-24	<1Ω	G24-3→G21B-5	<1Ω
G23-1→G24-4	<1Ω	G24-1→车身地	<1Ω
G24-4→G21C-24	<1Ω		

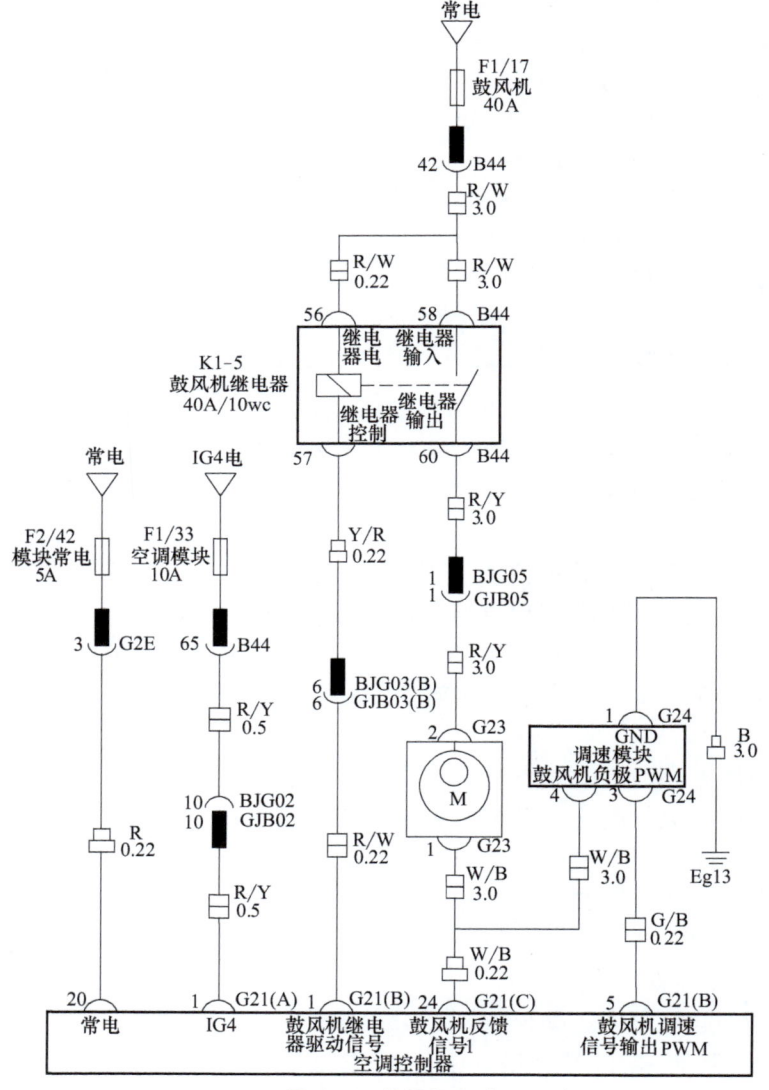

图 6-16　鼓风机电路

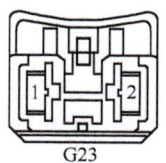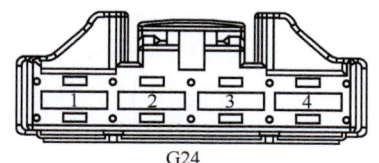

图 6-17　G23、G24 接插件

📢**温馨提示**：比亚迪秦 Pro EV 纯电动汽车空调鼓风机电路检测视频可扫二维码资源 6.2 观看。

6.5　空调系统的维修

1. 维修空调系统时的注意事项

1）维修空调系统必须由专业技术人员进行。

2）维修前应使工作区通风，请勿在封闭空间或接近明火的地方操作制冷剂。维修前应戴好眼罩，保持至维修完毕。

3）避免液体制冷剂接触眼睛和皮肤。若液体制冷剂接触眼睛和皮肤，应用冷水冲洗，并注意不要揉眼睛或擦皮肤。可在皮肤上涂凡士林软膏，严重的要立刻去医院寻求专业治疗。

4）制冷系统中如果没有足够的制冷剂，请勿运转压缩机，避免由于制冷系统中没有充足的制冷剂或润滑油不足造成压缩机烧坏。

5）压缩机运转时，不要打开压力表高压阀，只能打开和关闭低压阀。

6）必须使用专用冷冻油。不可乱用其他品牌的润滑油代替，更不能混用（不同牌号）。比亚迪秦 Pro EV 空调系统冷冻油总量为 160mL，当系统因渗漏导致冷冻油总量低于 120mL 时，就有可能造成压缩机过度磨损，因此维修站应视情况补加冷冻油。因冷冻油具有较强的吸水性，在拆下管路时要立即用堵塞或口盖堵住管口，不要使湿气或灰尘进入制冷系统。

7）维修时应注意，打开管路的 O 形圈必须更换，并在装配前在密封圈上涂冷冻油后按要求力矩连接。

8）维修中严格按技术要求（充注量、冷冻油型号、力矩要求等）操作，按照要求检修空调，保证空调系统的正常工作和使用寿命。

9）避免制冷剂过量。若制冷剂过量，会导致制冷不良。排放系统中过多的制冷剂时，不要排放得过快，以免将系统中的冷冻油也抽出来。

10）定期清洗空气过滤网，保持良好的空气调节质量。

11）检查冷凝器散热片表面是否脏污，不要用蒸汽或高压水枪冲洗，以免损坏冷凝器散热片，应用软毛刷刷洗。

12）高压电气系统的维修，应严格按照电动汽车的要求进行。

2. 空调制冷剂的充注

当发现制冷系统管路破损、制冷剂泄漏，就需要对管路抽真空和添加制冷剂。

（1）制冷系统抽真空

1）连接空调高低压力表、真空泵（图 6-18）。分别将高压表接管接入储液干燥器上的高压维修阀，将低压表接入自蒸发器至压缩机低压管路上的维修阀上，中间注入软管安装于真空泵接口上。

2) 起动真空泵，打开歧管压力表的高、低压手动阀。对系统抽真空，使真空度达到100Pa左右（低压表指示）。抽真空时间5~6min，若达不到该真空值，应关闭高、低压两侧手动阀，停止抽真空，检查泄漏处。

3) 关闭高、低压压力表的手动阀。静置5min，观察压力表指示，若真空度下降，则表明有泄漏。此时，可从低压端注入少量制冷剂，当压力达到100kPa左右时，迅速关闭制冷剂瓶和低压手动阀。用肥皂水或电子检漏仪检查漏点并消除漏点。若系统正常，则可继续下一步骤。

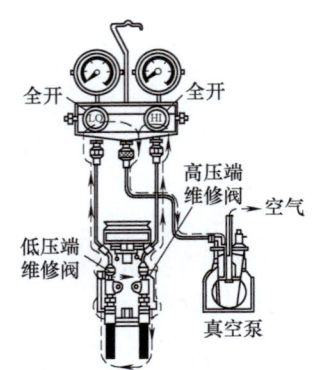

图 6-18　连接空调高低压力表和真空泵

4) 继续抽真空15~30min，因为水分的蒸发需要一定的时间，时间越长，系统内残余的水分也就越少。抽真空结束时，应先将高低压手动阀关闭，然后关闭真空泵，目的是防止空气进入系统。为了最大限度地将系统内的空气及湿气抽出，必须采用重复抽真空法，即第一次抽真空完毕后再连续抽30min以上，使真空压力表指针稳定。从真空泵的接口拆下中间注入软管，为后续向系统充注制冷剂做好准备。

（2）制冷剂的充注

1) 关闭歧管压力表的高、低压手动阀，断开真空泵，将注入阀连接在制冷剂罐上，将中间软管安装在注入阀接口上。顺时针拧紧注入阀手柄（图6-19），使阀上的顶针将制冷剂罐顶开一个小孔。逆时针旋松注入阀手柄，退出顶针，使制冷剂进入中间注入软管。如第1罐用完，再用第2、第3罐时，仍应先关闭压力表的手动阀（图6-20）。

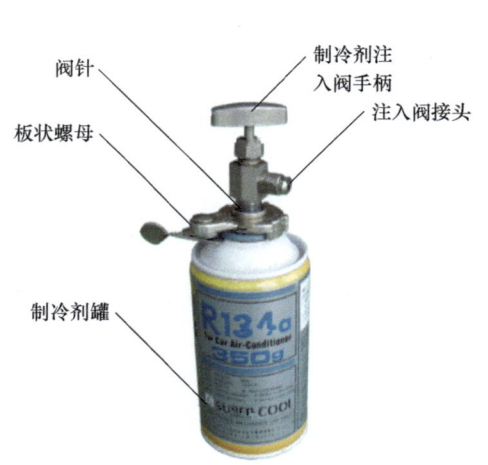

图 6-19　制冷剂注入阀

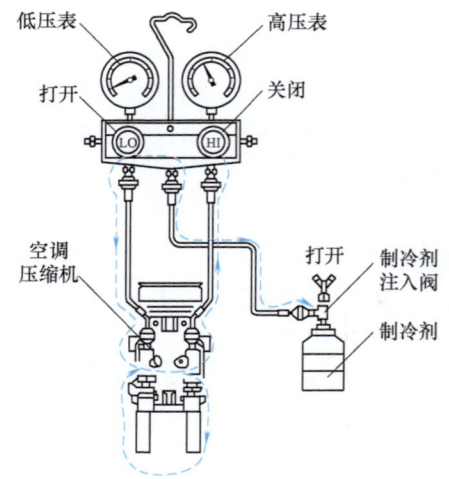

图 6-20　从制冷系统低压侧充入气态制冷剂

2) 打开制冷剂罐，拧松中间注入软管歧管压力表侧的螺母，如看到白色制冷剂气体外溢，或听到"嘶嘶"声，说明注入软管中的空气已排出，可以拧紧该螺母。

3) 旋开高压表侧手动阀，将制冷剂罐倒立，使制冷剂以液态注入制冷系统。在充注时不得打开空调，以防制冷剂倒灌。加注后用手转动压缩机若干次。

4) 关上高压手动阀，打开低压手动阀，让制冷剂罐正立使制冷剂以气态的形式进入制冷系统的低压侧。当低压侧的制冷剂压力不再增加时，关闭歧管压力表的低压侧手动阀。

5）打开空调开关，将风机开关打到高速档，同时将车门打开。再次打开歧管压力表的低压手动阀，让制冷剂继续进入制冷系统。达到规定压力后，关闭歧管压力表的低压手动阀和制冷剂罐。

6）加注完毕后，关闭空调。首先关闭歧管压力表的高、低压手动阀以及注入阀，拆下与低压维修阀连接的软管，当高压侧压力下降后，再拆下与高压维修阀连接的软管。

注意：打开空调加注制冷剂绝对不能旋开高压手动阀，否则会引起爆炸。

3. 空调系统机械部件拆装维修

拆装维修前，需将电源档位退至 OFF 档，使蓄电池断电。

（1）空调控制器总成拆装

1）拆卸仪表台左下护板。

2）拆卸空调控制器总成（图6-21）：用10#套筒拆卸2个螺母，断开接插件，取下空调控制器总成。

3）按照与拆卸相反的步骤进行安装。

（2）采暖通风与空调总成拆装

1）拆卸仪表台上护板。

2）拆卸采暖通风与空调总成（图6-22）：用10#套筒拆卸位于车内的3个螺母、2个螺栓，用13#套筒拆卸位于前舱的1个螺母，取下采暖通风与空调总成。

3）按照与拆卸相反的步骤进行安装，注意各螺栓的拧紧力矩。

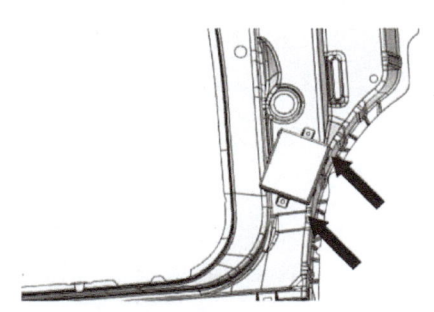

图 6-21 空调控制器面板总成拆装

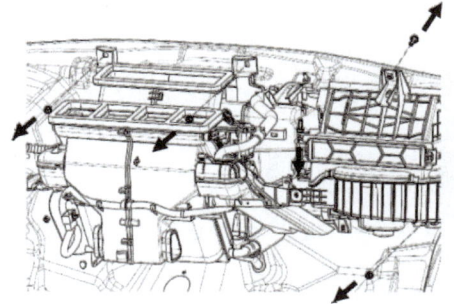

图 6-22 采暖通风与空调总成拆装

（3）空调压缩机拆装

1）电源档位退至 OFF 档，拔下紧急维修开关，使蓄电池断电。

2）拆卸前驱动力系统总成。

3）拆卸压缩机：断开管路与接插件，拆卸2个螺母与2个螺栓（图6-23），取下压缩机。

4）按照与拆卸相反的步骤进行安装，注意各螺栓的拧紧力矩。

（4）日光照射传感器拆装

1）拆卸仪表台上护板，断开日光照射传感器1个接插件，用手将日光照射传感器向外侧挤出（图6-24）。

2）按照与拆卸相反的步骤进行安装。

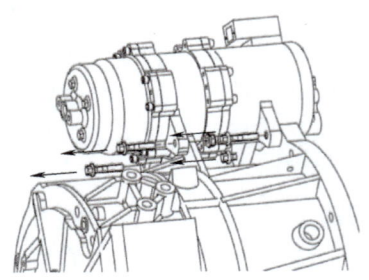

图 6-23 空调压缩机拆装

图 6-24 日光照射传感器拆装

(5) 车内温度传感器拆装

1) 拆卸仪表台左下护板，断开 1 个接插件，用一字螺丝刀撬出车内温度传感器（图 6-25）。
2) 按照与拆卸相反的步骤进行安装。

(6) 车外温度传感器拆装

1) 拆卸前保险杠总成。
2) 拆卸车外温度传感器，断开 1 个接插件，用一字螺丝刀将车外温度传感器撬下（图 6-26）。
3) 按照与拆卸相反的步骤进行安装。

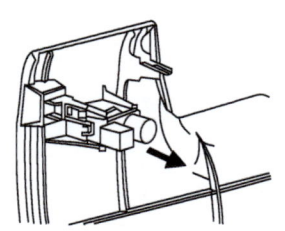

图 6-25 车内温度传感器拆装

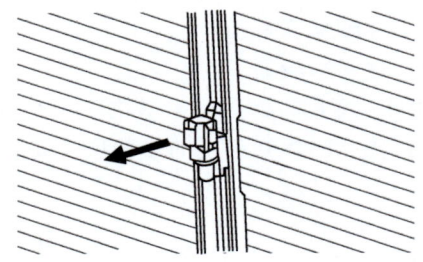

图 6-26 车外温度传感器拆装

任务总结

1) 电动汽车空调与常规汽车空调相比，主要区别在于电动压缩机及 PTC 电制热。
2) 电动汽车空调压缩机取消了传统汽车的外驱式带轮，采用三相永磁同步电动机驱动。电动空调压缩机一般使用泵气效率较高的涡旋式压缩机。
3) 电动汽车空调的供暖系统热源采用 PTC 电加热器，其电阻随温度变化而急剧变化，当外界温度降低，PTC 电阻值随之减小，发热量反而会相应增加，所以 PTC 加热器具有节能、恒温、安全和使用寿命长等特点。
4) 汽车空调系统出现不工作或工作不正常等故障时，会有一些外在的表现。通过直观地检查（眼看、手摸、耳听）能准确而又简便地诊断故障所在，迅速排除故障。
5) 空调歧管压力表组是检查汽车空调制冷系统的简单有效设备。
6) 采用专用诊断仪可以快速读取汽车空调故障码，结合一般仪器，可以全面诊断汽车空调各种故障。
7) 维修电动汽车空调系统时，要严格遵守操作规程和注意事项。
8) 电动汽车空调维修包括制冷系统抽真空、加注制冷剂和零部件拆装维修或更换等。

模块 4　电动汽车辅助系统的结构与维修

学 习 工 单

任务 6　电动汽车空调不制冷故障的诊断与维修

学生姓名		学生班级		小组名称/组长	
汽车型号		空调压缩机型号		实训地点/时间	
客户报修	比亚迪秦 Pro EV 纯电动汽车，行驶中空调突然不制冷。					
主要设备、工具和资料					

　　子任务 1　电动汽车空调与常规汽车空调有什么区别？写出它们的不同点。查询维修手册，记录以下信息：制冷时制冷标准压力、制冷剂类型。

　　子任务 2　查找资料，写出电动涡旋式压缩机的结构及工作原理。

　　子任务 3　将空调开至最冷状态，检查汽车空调制冷系统性能。检测如下数据：环境温度、出风口风速、出风口温度、空调管路压力、鼓风机工作电压。

子任务4　使用故障诊断仪进行汽车空调系统的故障检测，写出检测步骤和结果。

子任务5　结合上述检查结果，分析比亚迪秦 Pro EV 纯电动汽车空调不制冷故障的可能原因。

子任务6　完成下列关于电动汽车空调系统的知识测评作业。
1）电动汽车秦 Pro EV 纯电动空调压缩机一般使用泵气效率较高的（　　）压缩机。
　A. 斜盘式　　　　B. 曲柄连杆式　　　C. 叶片式　　　　D. 涡旋式
2）新能源汽车的空调与暖风系统作为舒适单元要满足（　　）的作用。
　A. 制热与换气　　B. 制冷与制热　　　C. 制冷与换气　　D. 保湿
3）PTC 电加热器是一种（　　）的加热器。
　A. 自动控温、费电　　　　　　　　　B. 自动控温、省电
　C. 人工控温、费电　　　　　　　　　D. 人工控温、省电
4）新能源汽车空调系统采用（　　）开关。
　A. 低压、中压　　　　　　　　　　　B. 低压、中压、高压
　C. 中压、高压　　　　　　　　　　　D. 低压、高压
5）下图是汽车空调制冷剂充注的设备连接图，请在方框处填入设备名称，并说明制冷剂充注的方法步骤。

制冷剂充注步骤：

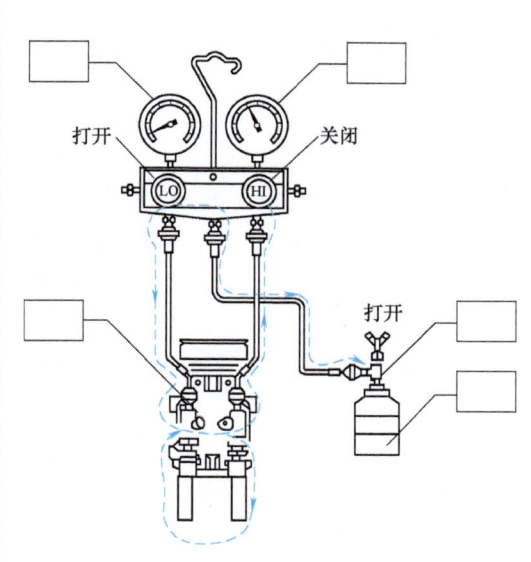

子任务 7　任务交流（学生学习小组制作任务完成情况交流发言稿，推举代表发言）。

子任务 8　任务评价（根据上述实操、作业和交流情况，进行任务自评、小组互评和综合评价，其中自评、小组互评满分各占 25 分，教师综合测评满分 50 分）。

自评（评语及评分）：

签名：

年　月　日

小组互评（评语及评分）：

组长签名：

年　月　日

综合评分与教师评价	
	教师签名： 年　月　日

任务7　电动汽车转向沉重故障的诊断与维修

任务接受

客户报修：比亚迪秦 Pro EV 纯电动汽车在行驶中，突然转向变得非常沉重，组合仪表出现"请检查转向系统"字样。虽然车辆还能继续行驶，但为了安全起见，客户将车辆停靠在路边并设置好安全警示，然后联系服务店要求救援和检修。

学习目标

1）能够描述电动助力转向系统的结构特点。
2）能够解释电动助力转向系统的结构原理。
3）能够对电动助力转向系统常见故障进行检测与诊断。
4）能够对电动助力转向系统进行拆装更换。
5）提高社会责任意识，树立正确的价值观。

任务准备

7.1　电动汽车转向系统的信息收集

1. 电动汽车转向系统结构特点

传统的机械液压助力转向系统（Hydraulic Power Steering，HPS）一般由转向盘、转向管柱、转向助力油泵、液压助力转向器、液压油管、传动带和储液罐等部件构成（图 7-1）。无论车辆是否转向，这套系统都要工作，而且在低车速大角度转向时，需要液压泵输出更大的功率以获得比较大的助力。所以人们在机械液压助力转向系统的基础上进行改进，开发出了更节省能耗的电动液压助力转向系统（Electronic Hydraulic Power Steering，EHPS）和电动助力转向系统（Electric Power Steering，EPS）。

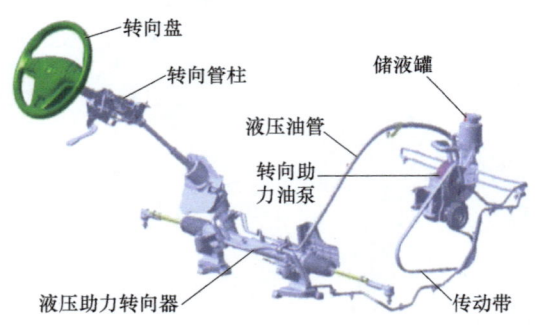

图 7-1　机械液压助力转向系统

电动液压助力转向系统的转向油泵不再由发动机直接驱动，而是由电动机来驱动，并且增加了电控系统，电子控制单元根据车辆的行驶速度、转向角度、转向力矩等信号计算出最理想状态。在低速大角度转向时，电子控制单元驱动电子液压泵以高速运转输出较大功率，使驾驶人操作省力；汽车在高速行驶时，电子控制单元驱动电子液压泵以较低的速度运转，在不至于影响高速转向操作需要的同时，节省一部分发动机功率。电动液压助力系统拥有机械液压助力系统的大部分优点，同时还降低了能耗，反应也更加灵敏，转向助力大小也能根据转角、车速等参数自行调节，更加人性化。不过由于引入了很多电子单元，其制造、维修成本也会相应增加，使用稳定性也不如机械液压式可靠。

电动助力转向系统则省去了液压动力转向系统所必需的转向助力油泵、液压软管、转向助力油、储液罐等，以蓄电池为能源，以转向助力电机为动力元件，可独立于发动机工作。其结构简单，安装调试方便，不存在液压动力转向系统的液压油泄漏问题，对环境几乎没有污染，另外，还具有效率高、路感好、回正性好以及在多种状况下都能提供转向助力的特点。正是有了这些优点，目前电动汽车普遍采用电动助力转向系统。

2. 电动助力转向系统结构与工作原理

电动助力转向系统主要由力矩及转角传感器、转向助力电机、电子控制单元和齿条式转向器组成（图7-2）。相对于电动液压助力转向系统，取消了液压系统，由转向助力电机直接驱动转向齿条移动，通过电机正反转实现左右转向助力。

电动助力转向系统的控制原理如图7-3所示。当驾驶人操纵转向盘进行转向时，力矩及转角传感器检测到转向盘的转角以及力矩的大小，将电压信号发送到电子控制单元，电子控制单元根据力矩及转角传感器检测到的力矩电压信号、转动方向和车速信号等，向驱动电路发出指令，使转向电机输出相应转矩作用在转向器的齿条上，从而产生辅助动力配合转向盘进行转向。汽车不转向时，电子控制单元不向驱动电路发出指令，转向电机不工作。

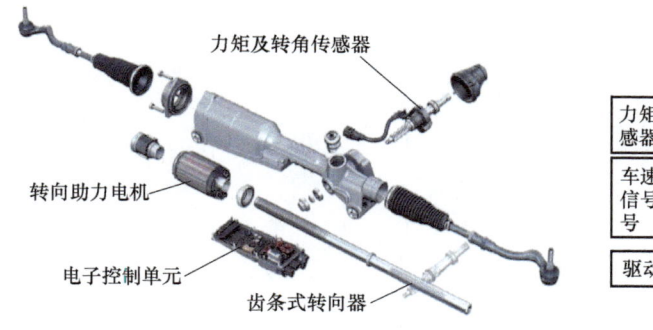

图 7-2 电动助力转向系统组成

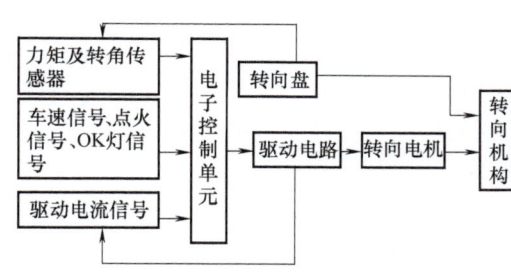

图 7-3 电动助力转向系统控制原理

电动助力转向系统的助力作用受计算机控制，在低速转向时的助力作用最强，随着车速的升高助力作用逐渐减弱，当车速达到一定时，计算机停止向电动机供电，转向变为完全由驾驶人的人力操纵。由此可见，电动助力转向系统在低速转向时，可获得较轻便的转向特性，而在高速转向时，则可获得完全的转向"路感"，具有优越的控制特性，保证车辆的行驶安全。

温馨提示：比亚迪秦 Pro EV 纯电动汽车转向系统结构原理视频可扫二维码资源7.1观看。

3. 电动液压助力转向系统结构与工作原理

电动液压助力转向系统主要由力矩及转角传感器、电动转向助力油泵、电子控制单元、液压助力转向器、液压油管、储液罐等组成（图7-4）。相对于传统的液压助力转向系统，其转向油泵是由电控单元（ECU）控制、转向助力电机驱动的。

电动液压助力转向系统的工作原理如图7-5所示。车辆直线行驶时，转向盘不转动，转向助力油泵以很低的速度运转，液压油经过限压阀流回储液罐。当驾驶人开始转动转向盘时，电子控制单元根据力矩与转角传感器发送过来的转向盘转角和力矩、仪表发送过来的车

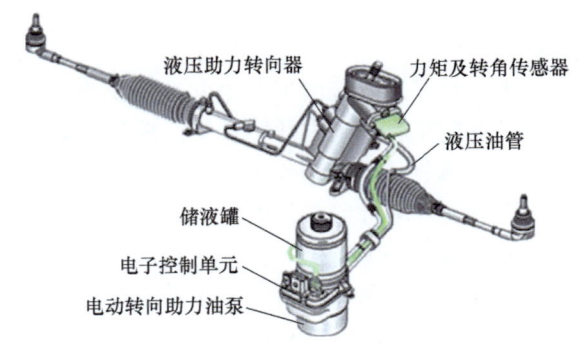

图 7-4 电动液压助力转向系统结构

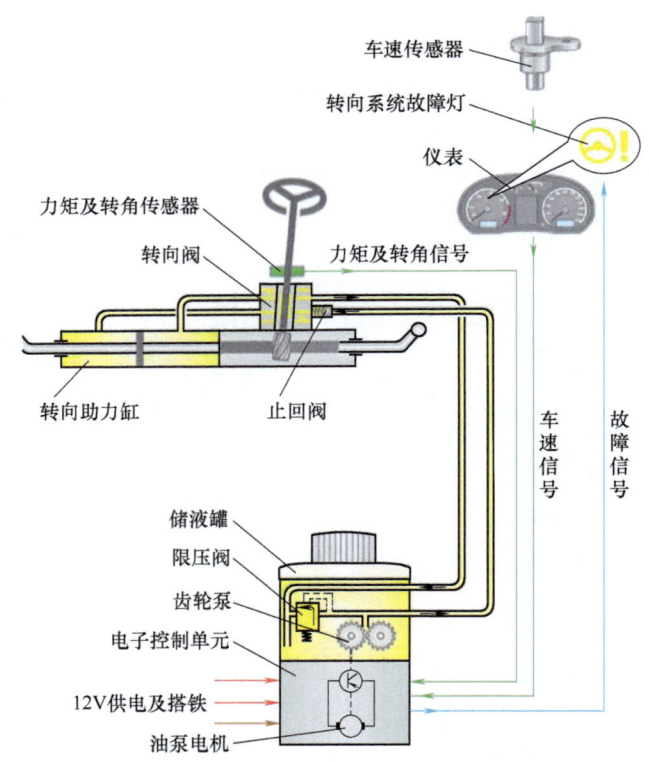

图 7-5 电动液压助力转向系统基本工作原理

速以及油泵电机的反馈信号等,判断汽车的转向状态,向电机驱动单元发出控制指令,使油泵电机产生相应的转速以驱动齿轮泵,进而输出相应流量和压力的液压油。液压油经过止回阀后流入转向阀,转向阀与转向盘同步转动,根据旋转方向控制液压油进入转向助力缸的左侧或右侧,推动活塞移动以产生适当的助力,协助驾驶人进行转向操纵,从而获得理想的转向效果。

因为助力特性曲线可以通过软件来调节,所以该系统可以适合多种车型。在电子控制单元中,还有安全保护措施和故障诊断功能。当电机电流过大或温度过高时,系统将会限制或者切断油泵电机的电流,避免转向系统损坏;当系统发生故障(如蓄电池电压过低、转角传感器失效等)时,系统仍然可以依靠机械转向系统进行转向操纵,同时点亮仪表上的转向系统故障灯并储存故障码。

7.2 比亚迪秦 Pro EV 纯电动汽车转向沉重的故障分析

根据比亚迪秦 Pro EV 纯电动汽车电动助力转向系统的结构原理，电动助力转向沉重故障的可能原因如图 7-6 所示。

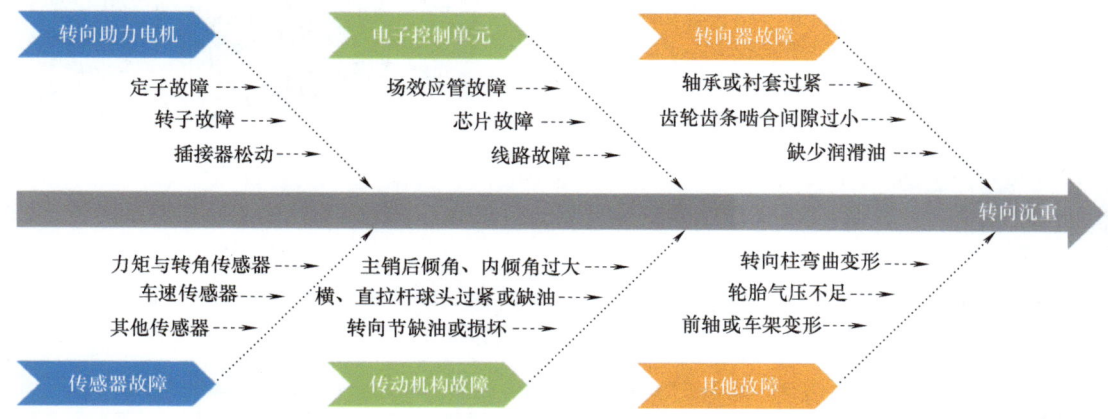

图 7-6 电动助力转向沉重故障可能原因分析

7.3 转向系统维修准备

转向系统维修设备与材料准备见表 7-1。

表 7-1 维修设备与材料

名称	数量	名称	数量
元征 X-431 故障诊断仪	1 台/组	手套、抹布等	1 批/组
数字万用表	1 台/组	电工胶布等	2 卷/组
常规拆装工具	1 套/组	工作台	1 台/组
电动助力转向系统配件	1 套/组		

任务实施

7.4 比亚迪秦 Pro EV 纯电动汽车转向系统故障的检查

1. 外部直观检查

观察转向机构有无变形，横直拉杆连接球头有无松动或损坏，转向节与主销连接处是否松动，转向时有无异常的噪声。如发现问题，应及时排除。

2. 转向盘自由行程检查

1）停车且前轮朝向正前方，并确认转向盘在中间位置。

2）向左或向右轻轻转动转向盘，检查转向盘的自由行程（图 7-7）。转向盘最大自由行程为 30mm。

3. 用仪器设备进行故障诊断

（1）**检查低压蓄电池电压** 用万用表检查，标准电压值为 11～14V，如果电压值低于 11V，在进行下一步之前应充电或更换低压蓄电池。

（2）**检查连线是否正常** 检查转向系统电子控制单元插接器连接是否正常，检查线路是否破损，如发现故障，应及时排除。

（3）**解读仪表故障现象** 当起动车辆后，EPS 指示灯会点亮，并保持 2～3s 后熄灭，此时说明 EPS 指示灯及系统运行正常。车辆起动后，如果系统有任何问题，则故障报警灯会持续点亮，且在仪表中出现"请检查转向系统"的文字提示和报警声音。

图 7-7 转向盘自由行程示意图

（4）**读取故障码** 当电动助力转向系统出现故障时，根据所读取的故障码按对应的故障排查方法排查。比亚迪秦 Pro EV 纯电动汽车电动助力转向系统部分常见故障码见表 7-2。

表 7-2 比亚迪秦 Pro EV 纯电动汽车电动助力转向系统常见故障码

故障码	故障描述	故障分析
C1B8417 C1B8416	诊断过电压、诊断欠电压	EPS 供电异常、EPS 控制单元内部故障
U029D00	车速报文丢失	CAN 通信系统异常
U1F0E87	前驱动电机控制模块命令报文丢失	
U1F0987	前驱动电机控制模块状态报文丢失	
U1F0B87	仪表报文丢失	
C1B8B00	ECU 内部电子故障	EPS 系统异常
C1B8E00	ECU 内部故障	
C1B8800	电机控制/助力监控故障	
C1B9000	供电丢失	整车供电异常
C1B8704	力矩传感器故障	传感器异常
C1B8F00	系统过热	EPS 自身电机或 ECU 温度过高

7.5 比亚迪秦 Pro EV 纯电动汽车转向系统的维修

1. 维修注意事项

1）安全气囊系统（SRS）拆卸时应严格按照维修说明书进行，不按正确的次序操作，可能会引起安全气囊在维修过程中意外打开，并导致严重的事故。故维修（包括零件的拆卸或安装、检查或更换）之前，一定要阅读安全气囊系统的注意事项。

2）拆卸或重新安装电动助力转向器总成时，避免撞击电动助力转向器总成，特别是传感器、EPS 电子控制单元、EPS 电机和减速机构。如果电动助力转向器总成跌落或遭受严重冲击，需要更换一个新的总成。

3）移动电动助力转向器总成时，切勿拉拽线束。

4）在从转向器上断开转向管柱或者中间轴之前，车轮应该保持在正前方向，车辆处于断电状态，否则，会导致转向管柱上的螺旋电缆偏离中心位置，从而损坏螺旋电缆。

5）断开转向管柱或者中间轴之前，车辆处于断电状态。断开上述部件后，不要移动车轮。不遵循这些程序会使某些部件在安装过程中定位不准。

6）转向盘打到极限位置的持续时间不要超过5s，否则可能会损坏助力电机。

2. 转向器的检修

比亚迪秦 Pro EV 电动助力转向器总成结构如图 7-8 所示。以下详细介绍转向器总成的拆装及检查过程。

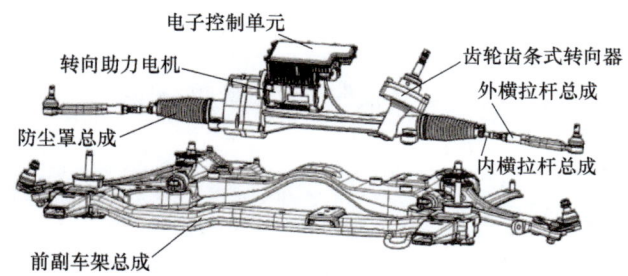

图 7-8　比亚迪秦 Pro EV 电动助力转向器总成

（1）拆卸过程

1）拆转向盘。

2）拆卸转向节防尘罩总成Ⅰ。

3）分离中间轴总成。

4）分离转向节防尘罩总成Ⅱ。

5）拆卸前轮。

6）拆掉摆臂与摆臂球头销总成的安装螺栓和螺母。

7）分离左侧外横拉杆总成与转向节的连接。

8）分离右侧外横拉杆总成与转向节的连接。

9）拔下电源接插件及 CAN 信号接插件。

10）用举升设备顶住副车架主体总成，拆掉副车架主体以及前副车架前、后安装支架与车身的八个连接螺栓。

11）降落举升设备，副车架随之落下。

12）拆掉稳定杆及拉杆球头总成。

13）拆卸万向节下防尘罩总成。

14）拆卸电动助力转向器带横拉杆总成。

15）固定电动助力转向器带横拉杆总成。

16）分别拆卸左、右侧外横拉杆总成并在外横拉杆总成与内横拉杆上做好装配标记（图 7-9）。

（2）检查过程

1）检查左侧外横拉杆外部接头分总成。

① 将左侧外横拉杆外部接头分总成固定在台虎钳上。

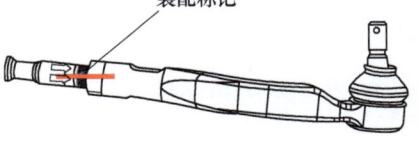

图 7-9　横拉杆装配标记

② 将螺母安装至双头螺栓。

③ 前后晃动螺栓 5 次。

④ 将扭力扳手放置螺母上、以 3~5s 一圈的速率连续转动球节并检查转动过程中是否有卡滞等异常现象。

2) 分别检查左、右侧横拉杆外部接头分总成。

3) 检查转向器空载力矩。用扭力扳手检查转向器空载力矩是否有卡滞等异常现象，如果有，则换上新的转向器总成。

4) 用专用工具转动小齿轮，检查左右防尘罩是否有龟裂或者损伤。

5) 用手指用力压防尘罩，检查在防尘罩上是否有龟裂或者损伤。

(3) 安装过程

1) 分别安装左、右横拉杆总成。将拉杆锁紧螺母和左外拉杆总成连接到电动助力转向器上，直至装配标记对齐。

2) 安装电动助力转向器横拉杆总成。

3) 安装转向节下防尘罩。

4) 安装稳定杆及拉杆球头总成。

5) 安装前副车架总成。

6) 安装电源及 CAN 信号接插件。

7) 连接左外横拉杆总成。

8) 连接右外横拉杆总成。

9) 安装摆臂与摆臂球头销总成。

10) 连接转向节防尘罩总成Ⅱ。

11) 连接中间轴总成与加长轴。

12) 安装转向节防尘罩总成Ⅰ。

13) 安装转向盘总成。

14) 安装前轮。

15) 调整四轮定位。

16) 进行力矩信号及转角信号标定。

3. 电动助力转向系统标定

比亚迪秦 Pro EV 纯电动汽车电动助力转向系统带有主动回正控制功能及遥控驾驶功能，转向系统（齿轮齿条式电动助力转向器总成等）经过拆换后，需重新进行车辆四轮定位，并标定力矩信号，同时标定 EPS 转角信号，标定流程如图 7-10、图 7-11 所示。转角信号标定前，禁止进行遥控驾驶操作，否则可能会引起严重损坏故障。用诊断仪进行标定操作时，不能触碰转向盘，转向盘不能受外在力的影响，否则可能会引起严重损坏。

完成力矩、转角标定后，车辆重新上 ON 档电源清除残留故障码。

温馨提示：比亚迪秦 Pro EV 纯电动汽车电动助力转向系统标定视频可扫二维码资源 7.2 观看。

4. 电控系统检测维修

将诊断仪连接到车辆诊断插座上，接通点火开关（IG-ON），打开诊断仪电源，在系统选择屏幕上选择比亚迪品牌，选择车型为秦 Pro EV，在"ESC 网"中选择助力转向模块，

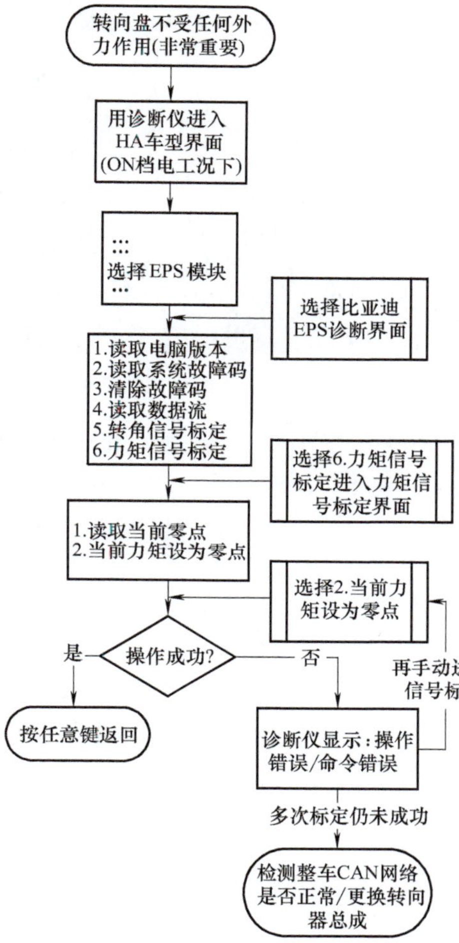

图 7-10　力矩信号标定流程 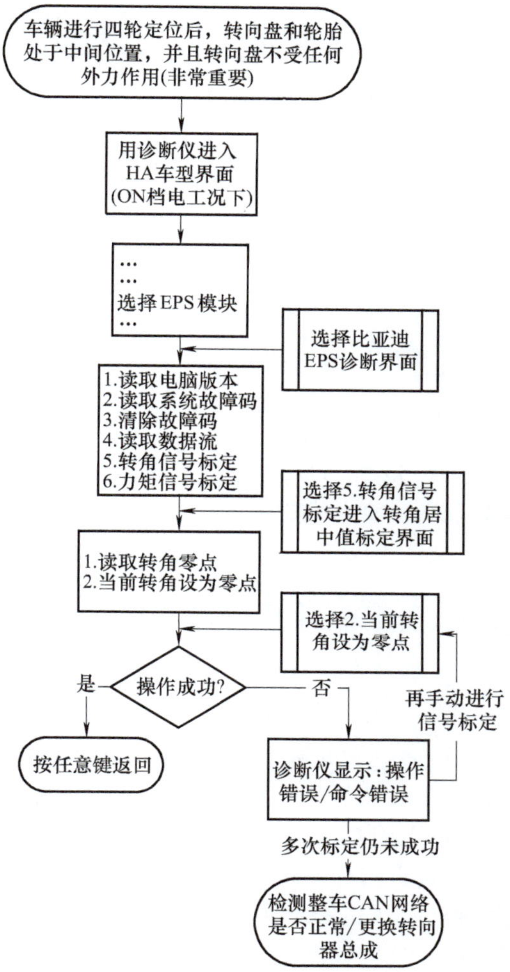　　　　图 7-11　转向盘转角信号标定流程

提示信息：与车辆 ECU 通信错误。接着在"动力网"中选择整车控制器模块，读取到故障码 U012A00：与 EPS（电动助力转向）模块失去通信。

出现通信故障原因通常是该模块的供电存在故障导致无法正常工作，或者模块之间 CAN 总线连接故障导致数据无法传输。根据秦 Pro EV 电动助力转向系统控制电路（图 7-12），熔丝 F3/3 与 F2/35 向电子控制单元供电，电子控制单元通过内部集成的转角及力矩传感器检测转向盘的转角及力矩，并控制转向电机转动提供助力，通过 ESC 网与整车控制器进行通信。

接通点火开关（IG-ON），检查电子控制单元 IG1 电，B22-1 端子与车身壳体的电压为 12V，正常；检查 CAN 总线，B22-2 端子与车身壳体电压为 2.34V，B22-3 端子与车身壳体的电压为 2.66V，均正常。检查电子控制单元常电，B23-1 端子与车身壳体的电压为 0V，异常；检查搭铁 B23-2 端子与车身搭铁的电阻为 0.4Ω，正常。由此可以判断由于 B23-1 端子常电异常导致电子控制单元无法正常工作。检查 F3/3 熔丝发现固定熔丝与线束的螺钉松动导致线路接触不良，如图 7-13 所示。

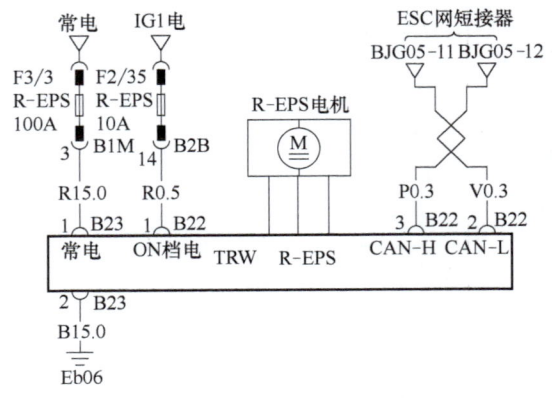

图7-12 电动助力转向系统控制电路

图7-13 电动助力转向系统供电线接触不良

重新紧固螺钉后再次检查常电B23-1端子与车身壳体的电压为12V,正常。复原系统后起动车辆,使用诊断仪可以正常连接助力转向模块,读取到历史故障码为C1B9000:供电丢失。清除所有故障码后测试电动助力转向系统功能正常,并且不再出现故障码,故障排除。

任务总结

1)机械液压助力转向系统由转向盘、转向管柱、转向助力油泵、液压助力转向器、液压油管、传动带和储液罐等部件构成。

2)电动液压助力转向系统拥有机械液压助力转向系统的大部分优点,同时还降低了能耗,反应也更加灵敏,但制造、维修成本增加,使用稳定性也不如机械液压式的可靠。

3)电动助力转向系统结构简单,安装调试方便,对环境没有污染,还具有效率高、路感好、回正性好的特点。

4)电动液压助力转向系统主要由力矩及转角传感器、电动转向助力油泵、电子控制单元、液压助力转向器、液压油管、储液罐等组成。

5)电动助力转向系统主要由力矩及转角传感器、转向助力电机、电子控制单元和齿条式转向器组成。

6)电动液压助力转向系统的工作原理:电子控制单元根据力矩与转角传感器发送过来的转向盘转角和力矩、仪表发送过来的车速以及油泵电机的反馈信号等,控制油泵电机驱动油泵产生液压油推动活塞以产生适当的助力效果。

7)电动助力转向系统的控制原理:力矩及转角传感器将检测到的转向盘的转角以及力矩信号发送到电子控制单元,电子控制单元向驱动电路发出指令,使转向电机输出相应转矩作用在转向器的齿条上,从而产生辅助动力配合转向盘进行转向。

学习工单

任务 7 电动汽车转向沉重故障的诊断与维修

学生姓名		学生班级		小组名称/组长	
汽车型号		动力转向器型号		实训地点/时间	
客户报修	比亚迪秦 Pro EV 纯电动汽车行驶时突然感觉转向非常沉重,组合仪表出现"请检查转向系统"字样。				
主要设备、工具和资料					

子任务 1 写出电动助力转向系统的直观检查步骤和结果,并说明注意事项。

子任务 2 观看采用故障诊断仪检测电动助力转向系统的视频(可扫二维码 资源 7.3 观看)。采用故障诊断仪进行电动助力转向系统的故障检测,写出检测步骤和结果,并说明注意事项。

子任务 3 观看采用万用表检测电动助力转向系统的视频(可扫二维码 资源 7.4 观看)。采用万用表进行电动助力转向系统的故障检测,写出检测步骤和结果,并说明注意事项。

子任务 4　结合上述检查结果，分析比亚迪秦 Pro EV 纯电动汽车电动助力转向系统故障的原因。

子任务 5　完成下列关于电动助力转向系统的知识测评作业。

1) 关于电动助力转向系统的主要特点，下列描述正确的是（　　）。
A. 对环境几乎没有污染　　　　B. 节能
C. 路感好　　　　　　　　　　D. 回正性好

2) 关于电动助力转向系统的结构与原理，下列描述正确的是（　　）。
A. 由转向助力电机直接驱动转向齿条移动
B. 电动助力转向系统在低速转向时，可获得较轻便的转向特性
C. 电动助力转向系统在高速转向时，可获得完全的转向"路感"
D. 电动助力转向系统的助力作用受计算机控制

3) 关于电动助力转向系统的电子控制单元，下列描述正确的是（　　）。
A. 接收来自各传感器的转矩电压信号、转动方向和车速信号
B. 可以向驱动电路发出指令，使转向电机按指定的方向和转速工作
C. 电子控制单元具有安全保护功能和故障诊断功能
D. 当系统发生故障时点亮仪表上的转向系统故障灯并储存故障码

4) 检测电动助力转向系统时，需要注意的有（　　）。
A. 更换零件时一定要小心正确操作，不正确的操作更换，可能影响转向系统的性能并且可能导致驾驶事故
B. 拆卸安全气囊系统（SRS）时应严格按照维修说明书进行
C. 在转向系统更换零件后要按照要求进行 EPS 系统中 SAS 标定
D. 拆下维修开关后至少等待 10min 放电

5) 根据电动助力转向系统的总体组成，请在下图中空白处填入部件名称，并简述其工作原理。

电动助力转向系统的工作原理：

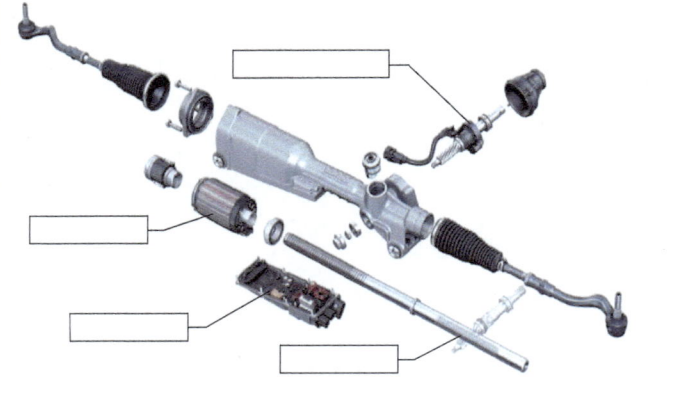

6）根据电动液压助力转向系统的工作原理，请在下图中空白处填入部件名称，并简述其工作原理。

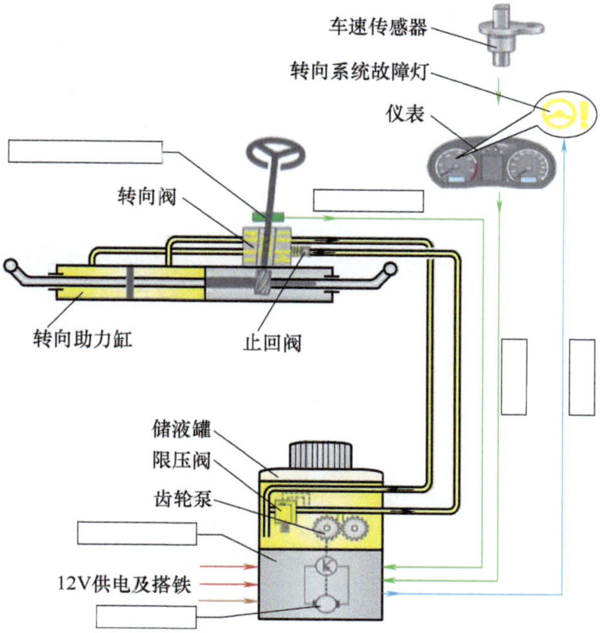

电动液压助力转向系统的工作原理：
_____
_____
_____
_____
_____
_____
_____
_____
_____
_____
_____

子任务6　任务交流（学生学习小组制作任务完成情况交流发言稿，推举代表发言）。

子任务7　任务评价（根据上述实操、作业和交流情况，进行任务自评、小组互评和综合评价，其中自评、小组互评满分各占25分，教师综合测评满分50分）。

自评（评语及评分）：

签名：
年　月　日

小组互评（评语及评分）：

组长签名：
年　月　日

综合评分与教师评价	
	教师签名： 年　月　日

任务 8　电动汽车制动踏板硬的故障诊断与维修

任务接受

客户报修：比亚迪秦 Pro EV 纯电动汽车购买已半年，在行驶时突然制动踏板踩不动，车子刹不住，差点造成追尾事故。

学习目标

1）能够描述电动汽车制动系统的结构原理与特点。
2）能够分析电动汽车制动系统的常见故障检测与诊断方法。
3）学会电动汽车制动系统检测与真空泵的拆装维修。
4）培养良好的职业道德与防患于未然的安全意识。

任务准备

8.1　电动汽车制动系统的信息收集

1. 电动汽车制动系统结构特点

电动汽车制动系统与传统汽车不同的是在真空助力器部分，传统汽车制动系统可以从发动机处获得真空源从而让真空助力器为驾驶人提供辅助作用，而电动汽车是靠电机驱动的。

2. 制动助力系统的组成

以比亚迪秦 Pro EV 纯电动汽车为例，制动助力系统主要由制动真空助力器、真空软管、压力传感器、真空泵以及整车控制器等组成（图 8-1）。

（1）**整车控制器结构原理**　整车控制器位于低压蓄电池下方，是铝合金外壳的高精度集成微电脑（图 8-2）。

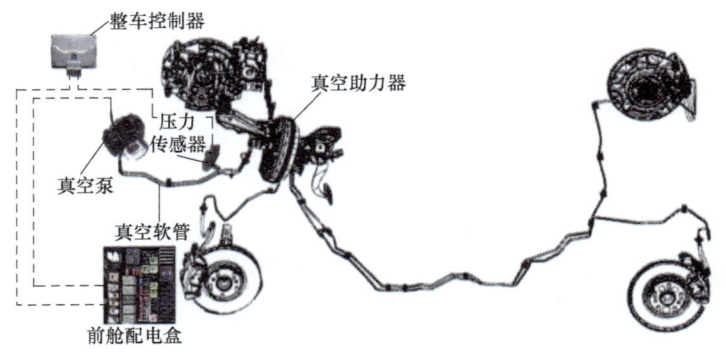

图 8-1　比亚迪秦 Pro EV 纯电动汽车制动助力系统组成

图 8-2　比亚迪秦 Pro EV 纯电动汽车整车控制器

当汽车刚起动的时候，真空压力传感器收集到真空泵软管处真空度不足，此时真空压力传感器就会传输信号到整车控制器，继而真空泵继电器 K1-1、K1-2 就会通电，真空泵电机开始工作。比亚迪秦 Pro EV 纯电动汽车整车控制器控制原理如图 8-3 所示。

(2) 真空助力器 真空助力器一般位于制动踏板与制动主缸之间,其结构原理与传统汽车类似,如图 8-4 所示。

(3) 真空压力传感器 压力传感器测量真空管路中的真空,给整车控制器提供真空压力的模拟电压值,传感器类似于发动机的进气压力传感器,由整车控制器提供 5V 电源,BA31-1 端子和 BA31-2 端子(图 8-5)分别为传感器的 +5V 和接地,BA31-3 端子为传感器给整车控制器的电压信号线,电压值随压力升高而降低。

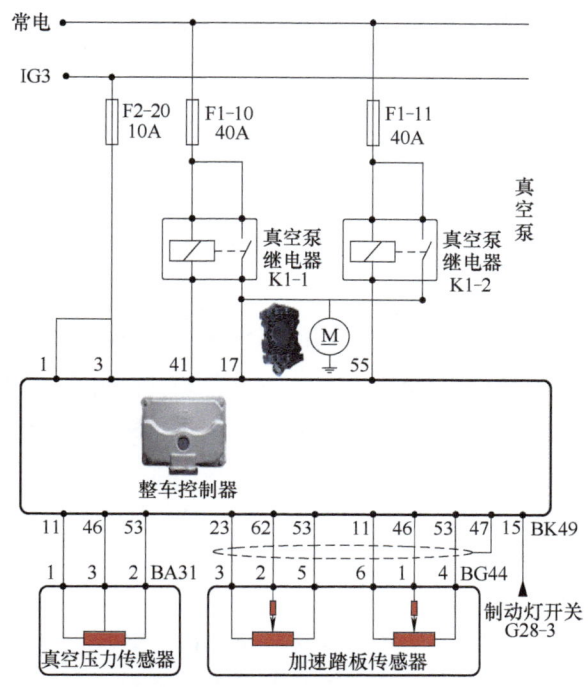

图 8-3 比亚迪秦 Pro EV 纯电动汽车整车控制器控制原理

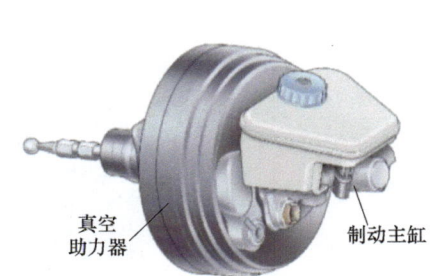

图 8-4 真空助力器

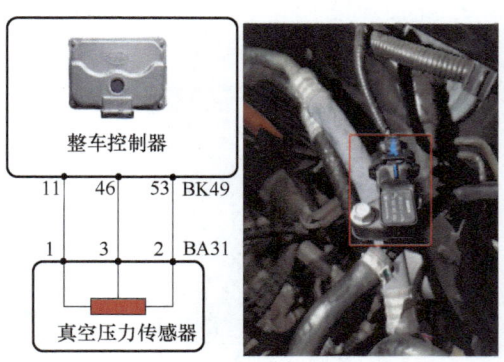

图 8-5 真空压力传感器

(4) 真空泵 真空泵(图 8-6)一般安装在真空助力器后面,采用车载电源提供动力,有效地提高了整车的制动性能。真空泵由电动机和叶片泵组成(图 8-7)。电动机是用来驱动叶片泵,在离心力的作用下,叶片贴着定子内壁,通过改变两相邻叶片与转子和定子内壁所构成的工作容积大小变化,进气侧的容量增大,排气侧的容量减少,于是腔内的气体被抽入吸气室,并由叶片送往泵出口,真空助力器接口处就产生了真空度。

图 8-6 真空泵

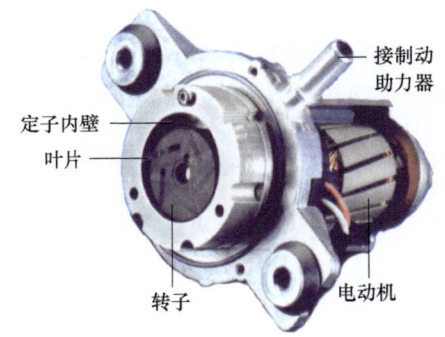

图 8-7 真空泵剖面图

> **供电电路,冗余设计——安全无小事、防范是关键**
>
> 针对电动汽车真空泵电源使用单一电源,电源出现故障后产生制动踏板硬、制动效果变差的问题,比亚迪秦 Pro EV 纯电动汽车真空泵电源电路采用冗余设计方案,由两个真空泵供电继电器提供,确保制动助力系统的工作万无一失,大大提升了制动安全性。
>
> 新能源汽车维修与维护过程中,学员一定要做好高压安全防护措施,树立安全无小事、防范是关键的安全意识。

(5)真空泵供电继电器 真空泵供电继电器安装在前舱配电盒中(图 8-8),由整车控制器给继电器提供负极线圈控制,当整车控制器内部接通继电器线圈负极回路,继电器吸合,继电器接通真空泵电机正极,此时真空泵工作。

3. 比亚迪秦 Pro EV 纯电动汽车制动助力系统工作原理

比亚迪秦 Pro EV 纯电动汽车制动助力系统工作原理如图 8-9 所示,其工作状态见表 8-1。

图 8-8 真空泵供电继电器

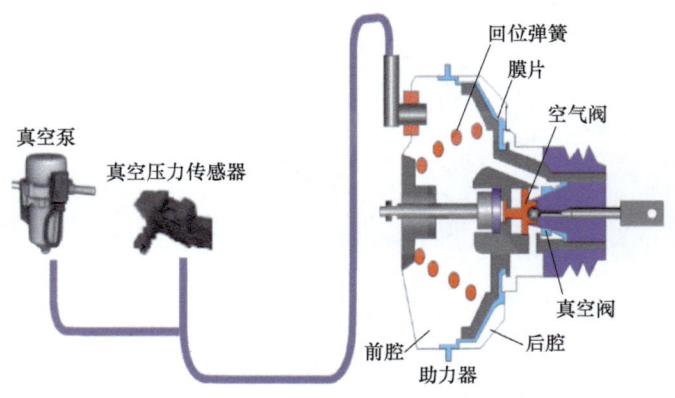

图 8-9 比亚迪秦 Pro EV 纯电动汽车制动助力系统工作原理

模块 4 电动汽车辅助系统的结构与维修

表 8-1 比亚迪秦 Pro EV 纯电动汽车制动助力系统工作状态

未踩下制动时	空气阀封闭,后腔与大气之间隔闭,而真空阀打开,前腔与后腔之间连通,此时前腔和后腔的气压均等于进气管压力,膜片在回弹弹簧力下回位,真空泵不起作用
踩下制动时	首先真空阀封闭,前腔和后腔隔闭;之后空气阀打开,后腔与大气相通。在压力差下,推动膜片移动,将驾驶人的踩踏力放大,实现助力作用
维持制动时	当踩住制动踏板不动后,空气阀由打开变为封闭,后腔与大气隔闭,真空助力泵膜片既不能前进也不能后退,处于维持制动力状态

8.2 比亚迪秦 Pro EV 纯电动汽车制动踏板硬的故障分析

根据比亚迪秦 Pro EV 纯电动汽车制动助力的结构原理分析,故障可能原因如图 8-10 所示。

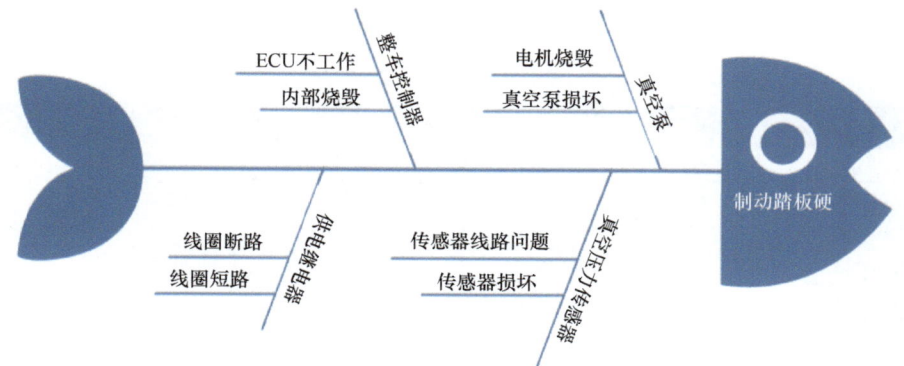

图 8-10 制动踏板过硬故障分析

8.3 制动系统维修准备

制动系统维修设备与材料准备见表 8-2。

表 8-2 维修设备与工具

名称	数量	名称	数量
元征 X-431 故障诊断仪	1 台/组	1000V 绝缘手套	1 套/组
汽车万用表	1 台/组	手套、抹布	1 批/组
常规拆装工具	1 套/组	电工胶布	2 卷/组

任务实施

8.4 比亚迪秦 Pro EV 纯电动汽车制动助力系统故障的检查

1. 外部直观检查

1) 直观检查制动助力系统各部件外观是否有损坏。

2）检查管路是否破裂、电器插头有无脱落等现象，并予以排除。

2. 用仪器设备进行故障诊断

起动汽车（钥匙开关至 ON 状态），连续踩下制动踏板，此时汽车仪表盘会显示"请检查制动系统"（图 8-11），而且汽车会不停地发出"嘀嘀嘀"的警告声。连接元征 X 431 故障诊断仪，扫描整车控制器模块，读取故障码。

故障码显示是 P1D8500、P1D8600。对照维修手册的资料（表 8-3），最终确认故障是真空泵系统失效、真空泵严重漏气。

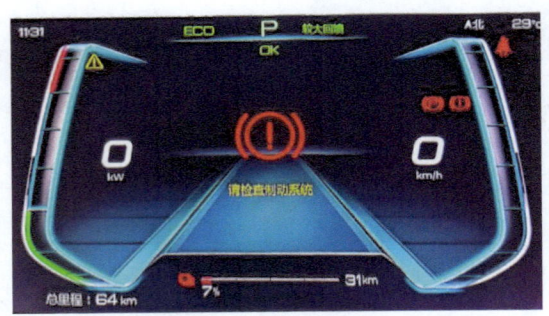

图 8-11 仪表盘显示故障

> **温馨提示**：制动助力系统读取故障码视频可扫二维码资源 8.1 观看。

资源 8.1

表 8-3 比亚迪秦 Pro EV 纯电动汽车制动助力系统故障码

故障码	故障定义	故障码	故障定义
P1D8500	真空泵系统失效	P1D8A00	真空泵继电器 2 故障
P1D8600	真空泵严重漏气故障	P1D8B00	真空泵继电器 1、2 故障
P1D8700	真空泵一般漏气故障	P1D9A00	真空压力传感器故障
P1D8800	真空泵到达极限寿命	P1D9900	大气压力传感器故障
P1D8900	真空泵继电器 1 故障	P1D8400	水温传感器故障

3. 用万用表进行终端诊断检查

如无故障诊断仪专用设备，也可以采用万用表进行检测，步骤如下：

1）测量继电器是否有正极电输入。

2）测量整车控制器是否有电源输入。

> **温馨提示**：整车控制器电源的检查视频可扫二维码资源 8.2 观看。

资源 8.2

3）检测压力传感器，用万用表检测真空压力传感器电压端、信号端，对照整车控制器端子图（图 8-12），根据表 8-4 所列端口定义进行操作和判断。

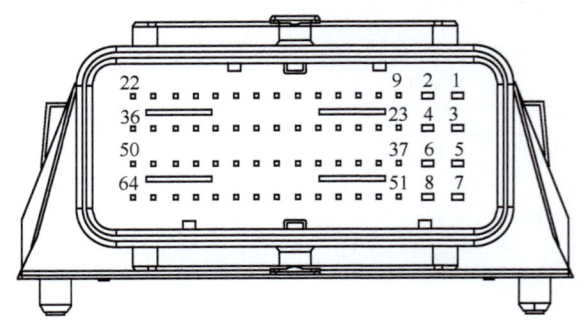

图 8-12 整车控制器端子图

表 8-4 整车控制器部分引脚端口定义

端子号	端子名称	端子定义	线束接法	信号类型	稳态工作电流	电源性质（比如：常电）
1	DC+12V	12V 电源	双路电源	电源	300mA	IG 电
3	DC+12V	12V 电源	双路电源	电源	300mA	IG 电
15	IN_FEET_BRAKE	制动开关信号	制动开关	12V 高电平有效		
17	V_PUMP_TEST_IN	真空泵继电器检测信号(0 或 12V)	真空泵继电器 1、2 与真空泵 2 号脚的交汇处	高电平有效		
11	DC+5V	真空压力传感器电源	接真空压力传感器电源 1 号脚	5V 电压		
46	VP_Sensor	真空压力传感器信号	接真空压力传感器电源 3 号脚	模拟量		
53	GND	真空压力传感器电源地	接真空压力传感器电源 2 号脚	5V 地		
55	V-PUMP2_OUT	真空泵继电器 2 控制信号	接真空泵继电器 K1-2, 7 号脚	低电平有效<1V		
41	V-PUMP1_OUT	真空泵继电器 1 控制信号	接真空泵继电器 K1-1, 1 号脚	低电平有效<1V		

4）用万用表测量真空压力传感器的 BA31-1 与 BA31-2 端子电压，整车控制器有 5V 电源提供到真空压力传感器，则供电正常。

5）测量真空压力传感器的 BA31-3 与 BA31-2 端子电压，真空压力传感器信号输出端有随压力变化的电压值，信号电压范围是 0.4～3.6V。则说明真空压力传感器工作正常，无须更换。

📎 **温馨提示**：真空压力传感器的检测视频可扫二维码资源 8.3 观看。

4. 检测真空泵系统

起动汽车，踩下制动踏板，如发现真空泵仍然不工作，应检测真空泵供电是否正常，如图 8-13 所示。如检测到有 12V 的工作电压，说明供电正常。进一步检查真空泵电机电阻，标准值是小于 1Ω，若电阻值为无穷大，说明真空泵电机烧坏，需更换真空泵。

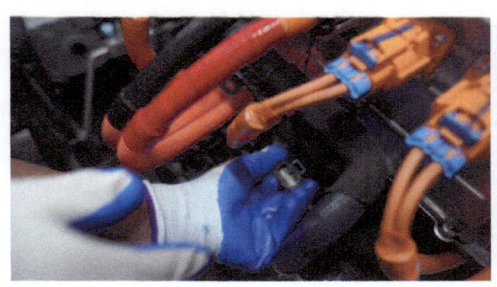 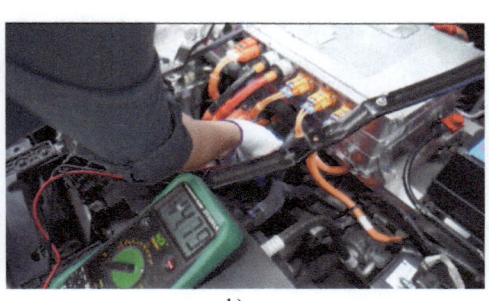

图 8-13 检测真空泵供电电压
a）拔下插头 b）测量插头供电电压

温馨提示：真空泵工作电压及其电机电阻的检查视频可扫二维码资源 8.4 观看。

资源 8.4

8.5 比亚迪秦 Pro EV 纯电动汽车真空泵的更换

根据检查结果，发现故障在真空泵，应予以更换。操作步骤如下：

1) 断开钥匙开关，关闭整车电源。
2) 拆卸真空泵外接管路。
3) 拆卸真空泵固定螺钉，取下真空泵（图 8-14）。

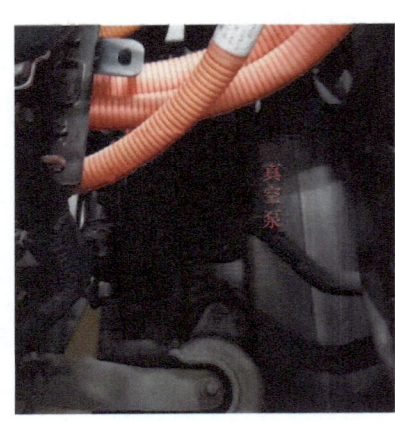

图 8-14　真空泵拆卸

4) 按照与拆卸相反的顺序安装新的真空泵。

更换完成后应对真空泵进行重新检测。起动汽车，这时会听到真空泵工作的声音，当声音停止的时候，用力踩几下制动踏板，若再次听到真空泵工作的声音则工作正常，此时可以感觉到制动踏板的轻重程度恢复正常。也可以接上解码仪，等待重新读取故障码，此时应无故障码。

任务总结

1) 电动汽车制动系统真空助力器是靠电机驱动的，它主要由制动真空助力器、真空软管、压力传感器、真空泵、整车控制器等组成。当驾驶人踩下制动时，真空阀先封闭，前腔和后腔隔闭；之后空气阀打开，后腔与大气相通，在压力差下，推动膜片移动，将驾驶人的踩踏力放大，实现助力作用。

2) 针对制动助力系统的故障，可以通过外观检查，以及故障诊断仪或万用表进行检查。

3) 经过检测，发现制动踏板硬的故障是由真空泵系统失效引起，表现在故障码是 P1D8500，通过更换真空泵排除故障。

模块 4 电动汽车辅助系统的结构与维修

学 习 工 单

任务 8 电动汽车制动踏板硬的故障诊断与维修

学生姓名		学生班级		小组名称/组长	
汽车型号		真空泵型号		实训地点/时间	
客户报修	比亚迪秦 Pro EV 纯电动汽车在行驶中突然制动踏板踩不动，车子刹不住，差点造成追尾事故。				
主要设备、工具和资料					

子任务 1 观看电动汽车制动助力系统读取故障码视频（可扫二维码　资源 8.1 观看）。利用故障诊断仪读取故障码，并记下故障码及其含义。

子任务 2 观看真空压力传感器的检测视频（可扫二维码　资源 8.3 观看）。采用万用表进行真空泵压力传感器的故障检测，写出检测过程和结果。

子任务 3 查阅电路图，绘制真空泵控制电路（含真空压力传感器），观看真空泵工作电压及其电机电阻的检查视频（可扫二维码　资源 8.4 观看）。采用万用表进行真空泵及其控制电路的故障检测，写出检测过程和结果。

子任务 4　结合上述检查结果，分析比亚迪秦 Pro EV 纯电动汽车制动踏板硬的故障的原因。

子任务 5　查阅维修手册，进行真空泵的正确拆装，写出拆装步骤。

子任务 6　完成下列关于电动汽车制动系统的知识测评作业。
1) 以比亚迪秦 Pro EV 纯电动汽车为例，制动助力系统主要组成部件包括（　　　）。
A. 制动真空助力器　　　B. 真空压力传感器　　　C. 真空泵　　　D. 整车控制器
2) 比亚迪秦 Pro EV 纯电动汽车真空泵供电继电器有（　　　）个。
A. 0　　　　　　　　　B. 1　　　　　　　　　C. 2　　　　　　D. 3
3) 真空压力传感器测量真空管路中的真空，原理类似电控发动机中的（　　　）。
A. 空气流量计　　　　　　　　　　　　　B. 进气温度传感器
C. 进气歧管压力传感器　　　　　　　　　D. 节气门位置传感器
4) 比亚迪秦 Pro EV 纯电动汽车读取制动助力系统故障码时，应进入的模块是（　　　）。
A. 充配电总成　　　B. 整车控制器　　　C. 电机控制器　　　D. ABS

子任务 7　任务交流（学生学习小组制作任务完成情况交流发言稿，推举代表发言）。

子任务 8　任务评价（根据上述实操、作业和交流情况，进行任务自评、小组互评和综合评价，其中自评、小组互评满分各占 25 分，教师综合测评满分 50 分）。
自评（评语及评分）：

签名：
年　月　日

小组互评（评语及评分）：

组长签名：
年　月　日

综合评分与教师评价	
	教师签名： 年　月　日

模块 4　电动汽车辅助系统的结构与维修

任务 9　电动汽车冷却液温度过高的故障诊断与维修

任务接受

客户报修：比亚迪秦 Pro EV 纯电动汽车在加速行驶时仪表盘突然有一红色温度过高警告灯亮起（图 9-1），其他地方暂未发现问题。

图 9-1　电机冷却液温度过高指示灯

学习目标

1）能够描述电动汽车冷却系统的结构特点。
2）能够解释纯电动汽车冷却系统的结构原理。
3）学会对电动汽车冷却系统的故障进行检测与诊断。
4）能够进行电动汽车冷却系统的维修。
5）培养良好的职业道德与安全、环保意识。

任务准备

9.1　电动汽车冷却系统的信息收集

1. 电动汽车冷却系统的作用与基本结构

电动汽车冷却系统的作用是对易产生热量而过热的电机控制器、驱动电机以及充配电总成等进行冷却降温。其主要由电动水泵、散热器、电子风扇、膨胀水箱与需要冷却的电机控制器、电机水道以及充配电总成水道等组成，图 9-2 所示为比亚迪秦 Pro EV 纯电动汽车冷却系统。

传统汽车发动机冷却系统水泵是靠发动机机械驱动，而纯电动汽车没有发动机，只能靠电驱动。如图 9-2 所示，比亚迪秦 Pro EV 纯电动汽车的水泵安装在散热器与充配电总成之间，水泵的进水管与散热器下部的管路连接，出水管连至充配电总成的进液口，由电机驱动。

2. 电动汽车冷却系统的工作原理

以比亚迪秦 Pro EV 纯电动汽车为例，冷却系统工作时，水泵将低温的冷却液从散热器下部抽出（图 9-3），加压后送至充配电总成进液口，经充配电总成冷却水道，输送至电机控制器冷却水道与驱动电机冷却水道，再到散热器，经冷却后又回到水泵，这就是冷却液的循环路线。当散热器或电机控制器出水口处的冷却液温度过高时，部分高温水汽会进入膨胀水箱，同时膨胀水箱底部冷的冷却液会进入管路中进行补充。

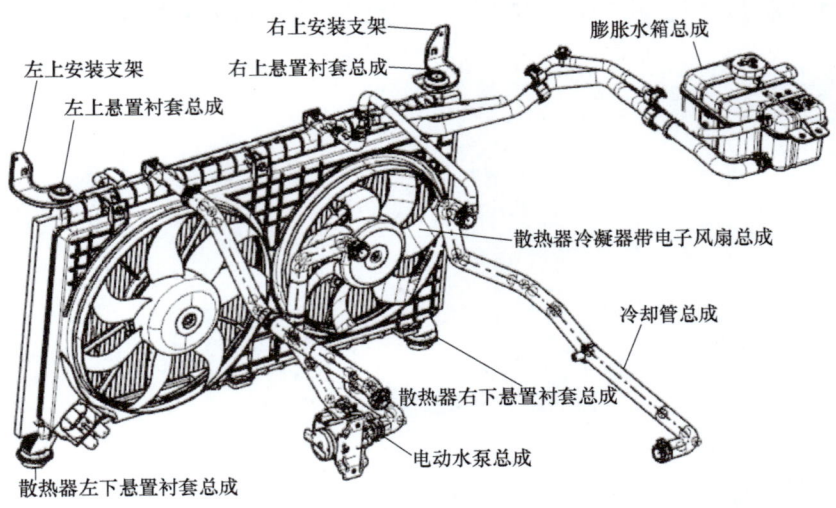

图 9-2 比亚迪秦 Pro EV 纯电动汽车冷却系统组成

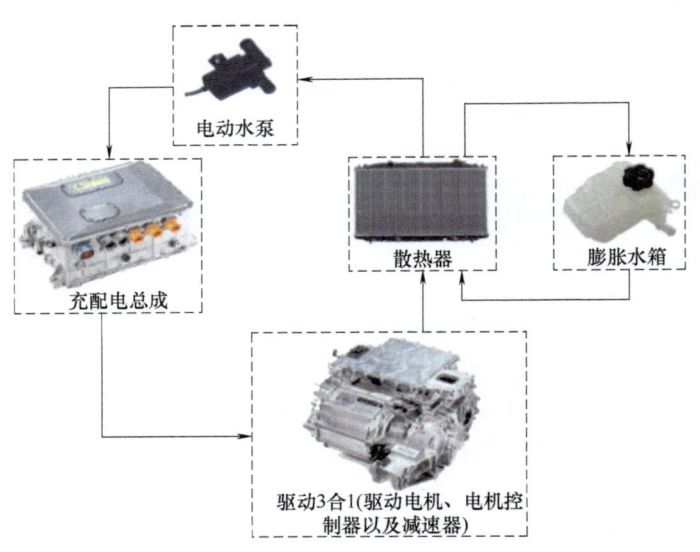

图 9-3 电动汽车冷却系统的工作原理

📄 **温馨提示**：比亚迪秦 Pro EV 纯电动汽车冷却系统组成与工作原理视频可扫二维码资源 9.1 观看。

资源 9.1

9.2 比亚迪秦 Pro EV 纯电动汽车冷却液温度过高的故障分析

根据比亚迪秦 Pro EV 纯电动汽车冷却系统的结构原理，冷却液温度过高故障可能原因如图 9-4 所示。

图 9-4　冷却液温度过高故障可能原因分析

9.3　冷却系统维修准备

冷却系统维修设备与材料准备见表 9-1。

表 9-1　冷却系统维修设备与材料

名称	数量	名称	数量
元征 X-431 故障诊断仪	1 台/组	1000V 绝缘手套	1 套/组
汽车万用表	1 台/组	手套、抹布等	1 批/组
常规拆装工具	1 套/组	电工胶布等	2 卷/组
扭力扳手	1 把/组	工作台	1 台/组
压力测试仪	1 把/组	配合工具	1 个

任务实施

9.4　比亚迪秦 Pro EV 纯电动汽车冷却系统故障的检查

1. 外部直观检查

直观检查包括静态直观检查和动态直观检查。静态直观检查是指在未通电的情况下检查冷却系统外部是否有破损、漏液，接头有无脱落、松动等现象，若有应予以排除；动态直观检查是指在通电情况下，用手触摸管路，观察是否发热，水泵是否有工作迹象，进行初步的故障判断。

2. 用仪器设备进行故障诊断

若直观检查均正常，可以使用元征 X-431 故障诊断仪进行检查。诊断步骤如下：

1）检查低压蓄电池电压及整车低压线束供电是否正常。标准电压为 11~14V，如果低于 11V，应更换低压蓄电池或进行上电充电，或者检查整车低压线束。

2）对接好插接线，整车上 ON 档电，进入电机控制器、整车控制器以及充配电总成读取故障码（表 9-2）。

3）针对故障进行调整、维修或更换。

4）确认测试，诊断工作结束。

表 9-2 故障码

序号	故障码	故障定义	序号	故障码	故障定义
1	P1BB200	驱动电机一般过温报警	5	P1BAC19	驱动电机控制器 IGBT 核心温度严重过温报警
2	P1BB298	驱动电机严重过温报警	6	P1D8400	水温故障（电机）
3	P1D6300	整车控制器水泵驱动故障	7	P15FD00	冷却液温度高（充配电总成-OBC）
4	P1BAC00	驱动电机控制器 IGBT 一般温度严重过温报警	8	P151500	水温传感器故障（充配电总成-OBC）

若显示驱动电机过温的相应故障码，应对电机进一步测试；若显示如 IGBT 过热等，则应进一步检修电机控制器。若无此类故障码，则应使用万用表检测电动风扇或电动水泵及相应线路。

3. 用万用表进行元件和线路诊断

（1）检查冷却水泵及线束

1）检测冷却水泵熔丝是否烧毁，测量熔丝两针脚阻值应为 1Ω 以下。驱动电机水泵电路如图 9-5 所示。

2）断开水泵插接器，上电，并测量接插件 B43-1 与 B43-3 端子之间电压，应为 12V（图 9-6）。

3）下电，测量接插件 B43-1 端子与 F2/23 之间电阻应小于 1Ω，接插件 B43-3 端子与车身地之间电阻应小于 1Ω。如果异常，则更换线束或接插件；如果以上检查都正常，冷却水泵不工作，则更换冷却水泵。

> **温馨提示**：驱动电机冷却水泵检测视频可扫二维码资源 9.2 观看。

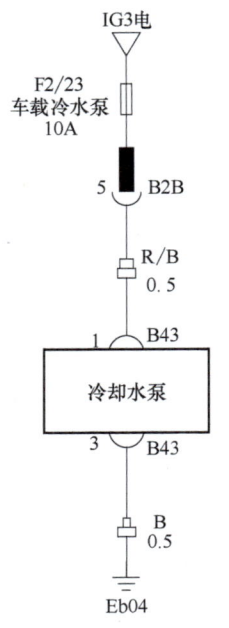

图 9-5 驱动电机水泵电路

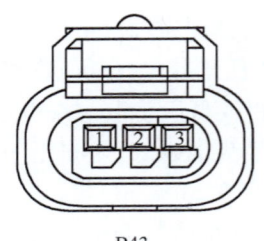

图 9-6 B43 接插件

(2) 检查散热风扇及线束

1) 检测散热风扇熔丝是否烧毁,测量熔丝两针脚阻值应为 1Ω 以下。

2) 拔下散热风扇 B14 接插件(图 9-7),上电,并测量 B14-2 号端子与 B14-1 号端子之间电压,应为 12V 散热风扇电路如图 9-8 所示。

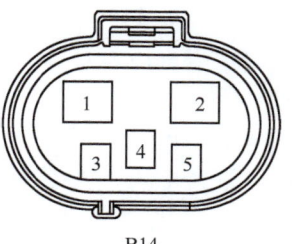

图 9-7 B14 接插件

3) 下电,测量 B14-2 端子与 F3/6 之间电阻应小于 1Ω,B14-1 端子与车身地之间电阻应小于 1Ω;B14-5 端子与 F2/23 之间电阻应小于 1Ω;B14-3 端子与整车控制器 BK49 接插件的 19 端子之间电阻应小于 1Ω;如果异常,则更换线束或接插件。如果以上检查都正常,散热风扇不工作,则更换散热风扇。

温馨提示:散热风扇及线束检查视频可扫二维码资源 9.3 观看。

(3) 检查驱动电机水温传感器 驱动电机水温传感器电路如图 9-9 所示。下电,拔下整车控制器接插件 BK49,并测量 BK49-58 端子与 BK49-59 端子之间阻值约 2.28kΩ(实际水温约 32℃)。测量 BK49-58 端子与 B29-1 端子之间的阻值,应小于 1Ω;测量 BK49-59 端子与 B29-3 端子之间的阻值,应小于 1Ω。如果异常,则更换线束或接插件。

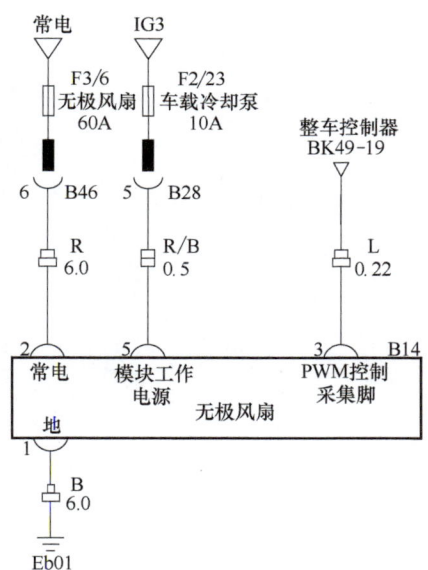

图 9-8 散热风扇电路

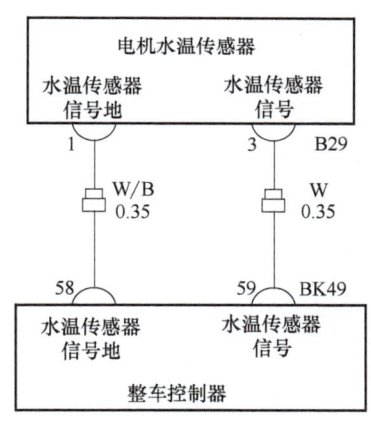

图 9-9 驱动电机水温传感器电路

温馨提示:驱动电机水温传感器检测视频可扫二维码资源 9.4 观看。

4. 膨胀水箱盖的测试

1) 拆下膨胀水箱盖,用冷却液润湿其密封圈,然后将它装在压力测试仪上(图 9-10),使用配合工具安装膨胀水箱盖。

2）施加 15~45kPa 的压力。

3）检查压力是否下降，如果压力降低，则更换膨胀水箱盖。

5. 膨胀水箱的测试

1）待电机、电控冷却以后，小心地拆下膨胀水箱盖，给膨胀水箱注入冷却液，直至膨胀水箱上的 MAX（最高）标记处。

2）使用一个小的配合件，将压力测试仪装在膨胀水箱上。

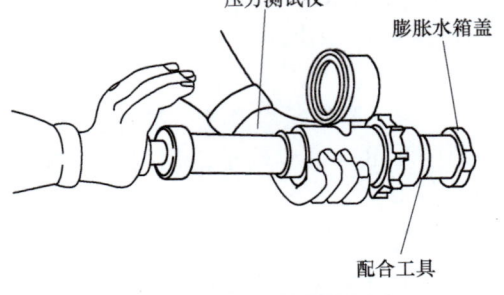

图 9-10 膨胀水箱盖的测试

3）施加 15~45kPa 的压力。

4）检查冷却液是否泄漏及压力是否下降，如有应及时排除。

9.5 比亚迪秦 Pro EV 纯电动汽车冷却系统的维修

1. 冷却液的更换

1）上电让水泵运行约 5min，然后断电，重复 2~3 次。用手触摸，确认电机和膨胀水箱等已冷却，拆除膨胀水箱盖。

2）沿逆时针方向慢慢转动膨胀水箱盖，待冷却系统中的残余压力全部释放后，将盖取下。

3）拧松放水阀（图 9-11），排尽冷却液，排净后，旋紧放水阀。

4）将冷却液倒入膨胀水箱，直至达到注入口颈部的底端为止。

5）盖上膨胀水箱盖，并拧紧，上电让水泵运转约 5min，然后将其断电。

6）待电机和膨胀水箱等已冷却，取下膨胀水箱盖，再将冷却液加至注入口颈部的底端。

7）盖上膨胀水箱盖并拧紧，上电让水泵运转约 5min，然后断电。

8）待电机和散热器等已冷却，将冷却液加至膨胀水箱上的标记上限。

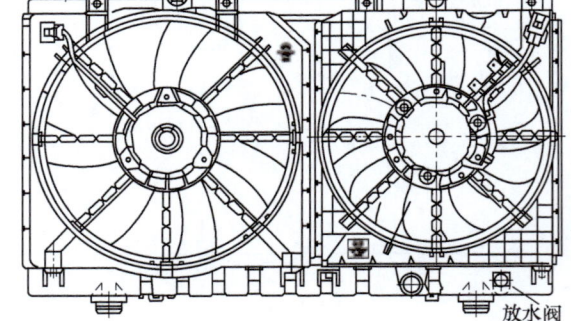

图 9-11 放水阀

9）重复 6）~8）步骤，直至不需要再添加为止。

10）盖上膨胀水箱盖。

2. 散热器和风扇的更换

1）排放冷却液系统里的冷却液后，拆除散热器上的软管与散热器固定螺栓。

2）断开电子风扇开关接插件。

3）拆除上悬置支架及散热器上横梁，拉起散热器。

4）拆除散热器上的电子风扇总成及其他部件。

5）安装新散热器，确认安装就位且牢固。

6）注入冷却液，排放冷却液中的空气。

3. 电动水泵的拆装与更换

1) 拧开散热器放水阀排空冷却液。
2) 断开水泵接插件并拆下进出水软管。
3) 拆下紧固水泵的螺栓。
4) 检查清洁水泵及清除溢出的冷却液。
5) 安装新水泵。
6) 连接水泵进出水软管及水泵接插件，拧紧散热器放水阀。
7) 注入冷却液，排放冷却液中的空气。

任务总结

1) 电动汽车冷却系统的作用是对易产生热量而过热的电机控制器及驱动电机进行冷却降温。其主要由电动水泵、散热器、电子风扇、膨胀水箱与需要冷却的电机控制器及电机水道以及充配电总成水道等组成。

2) 冷却液循环路线（因车型而异）一般是散热器出水口→水泵→充配电总成→电机控制器→电机冷却水道→散热器。若散热器或电机控制器出水口处的冷却液温度过高时，部分高温水汽会进入膨胀水箱，同时膨胀水箱底部冷的冷却液会进入管路中进行补充。

3) 冷却系统的故障检查有直观检查、用诊断系统进行故障诊断、用万用表测量检查等。

4) 冷却系统的维修工作包括冷却液加注、电动水泵更换、散热器更换和软管更换等。

学 习 工 单

任务 9　电动汽车冷却液温度过高的故障诊断与维修

学生姓名		学生班级		小组名称/组长	
汽车型号		电动水泵型号		实训地点/时间	
客户报修	比亚迪秦 Pro EV 纯电动汽车在加速行驶时仪表盘突然有一红色温度过高警告灯亮起，其他地方暂未发现问题。				
主要设备、工具和资料					

　　子任务 1　绘制比亚迪秦 Pro EV 纯电动汽车冷却系统循环路线。

　　子任务 2　利用故障诊断仪读取电动汽车冷却系统相关的故障码，并记下故障码及其含义。

　　子任务 3　观看采用万用表检测电动汽车冷却系统的检查视频（下载教学资源视频 9.2~9.4）。采用万用表进行散热器电动风扇、冷却水泵、水温传感器及其控制电路的故障检测，写出检测过程和结果。

　　子任务 4　分析比亚迪秦 Pro EV 纯电动汽车冷却水温高故障的可能原因。

子任务 5　参照维修手册,进行电动汽车冷却液更换,写出更换步骤。

子任务 6　完成下列关于电动汽车冷却系统的知识测评作业。
1) 比亚迪秦 Pro EV 纯电动汽车电机冷却液温度过高警告灯亮起,其标志为(　　)。
A. 　　　　B. 　　　　C. 　　　　D. 
2) 比亚迪秦 Pro EV 纯电动汽车冷却系统需要进行冷却的高压总成部件有(　　)。
A. 电机控制器　　B. 驱动电机　　C. 充配电总成　　D. 转向助力电机
3) 比亚迪秦 Pro EV 纯电动汽车无级风扇的 PWM 控制信号来自(　　)。
A. 电机控制器　　B. 空调控制器　　C. 整车控制器　　D. 电池管理器
4) 比亚迪秦 Pro EV 纯电动汽车读取冷却系统故障码时,应进入的模块是(　　)。
A. 充配电总成　　B. 整车控制器　　C. 电机控制器　　D. ABS
子任务 7　任务交流(学生学习小组制作任务完成情况交流发言稿,推举代表发言)。

子任务 8　任务评价(根据上述实操、作业和交流情况,进行任务自评、小组互评和综合评价,其中自评、小组互评满分各占 25 分,教师综合测评满分 50 分)。
自评(评语及评分):

签名:
年　月　日

小组互评(评语及评分):

组长签名:
年　月　日

综合评分与教师评价	
	教师签名: 年　月　日

模块 5

高级驾驶辅助系统（ADAS）的工作原理与故障诊断

任务 10　电动汽车不能进入自适应巡航的故障诊断与维修

任务接受

客户报修：比亚迪汉 EV 纯电动汽车的仪表提示"自适应巡航功能受限"，组合仪表中故障警告灯亮。

学习目标

1) 能够描述高级驾驶辅助系统传感器的作用、分类及各自结构原理。
2) 能够描述高级驾驶辅助系统的分类与各自的工作原理。
3) 能够列出自动泊车系统常见工作状态与故障分析。
4) 能够进行自适应巡航系统的传感器拆装与故障诊断。
5) 提升学生对于先进传感器的认知，同时培养自主创新意识，为建设社会主义强国做出新的更大贡献。

任务准备

10.1　高级驾驶辅助系统的信息收集

1. 高级驾驶辅助系统传感器分类与结构原理

高级驾驶辅助系统的传感器按照功能可分为车辆状态传感器和外部环境感知类传感器。其中，车辆状态传感器是用以检测车辆工作状态和行驶状态的传感器，包括转速传感器、车身侧倾角传感器、横摆角速度传感器、温度传感器、踏板位置传感器、转向力矩传感器等。传统燃油车、新能源车辆以及智能车辆都会装备这些传感器，以便辅助和保障车辆的正常运行。

环境感知类传感器是高级驾驶辅助系统特有的一类传感器，负责感知外部环境和收集外部交通信息，相当于智能车辆的"眼睛"。环境感知类传感器负责收集外部环境信息并传递给车辆 ECU 决策单元，因此，环境感知系统是各高级驾驶辅助系统能够正常运行的基本前提条件。目前市场上常见的环境感知传感器有摄像头、毫米波雷达、激光雷达、超声波雷达、组合定位系统等。目前车辆上为提升感知系统的检测精度和覆盖范围，通常都会配备多种传感器，通过传感器冗余和多源数据融合来进一步提升感知系统的可靠性。各类传感器的常见安装位置如图 10-1 所示。

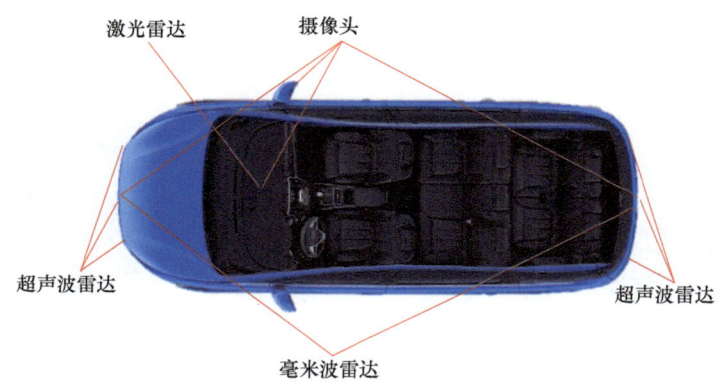

图 10-1　各类传感器的常见安装位置

表 10-1 所列为高级驾驶辅助系统的几类主要传感器性能比较，不同传感器的检测对象、功能、范围及性能均有差异。

表 10-1　高级驾驶辅助系统的几类主要传感器性能比较

传感器	摄像头	毫米波雷达	激光雷达	超声波雷达	组合定位系统
探测距离	近	远	远	近	远
检测精度	高	高	高	低	高
环境适应性	差	好	一般	一般	一般
价格	一般	高	高	低	高
数据处理	复杂	一般	复杂	简单	一般

（1）摄像头　光学摄像头是目前智能化车辆使用最广泛的一类传感器，可以获取最接近人眼观测的效果。车载摄像头被应用于多个驾驶辅助系统，如自动泊车系统、倒车辅助系统等。摄像头安装位置遍布车身，如放置于风窗玻璃前方或进气格栅前方的摄像头（图 10-2），可以为自适应巡航系统和自动制动系统等提供行人、障碍物检测功能；放置于后方的摄像头（图 10-3），可以为自动泊车系统等提供倒车影像和车位标线识别功能。

放置于侧方、翼子板、后视镜下等位置的摄像头可以为并线辅助系统和全景影像系统等提供侧向图像和车辆检测功能（图 10-4）；放置于车内的摄像头可以为驾驶人疲劳检测系统、乘员姿态识别系统等提供检测识别功能（图 10-5）。

图 10-2 前置摄像头

图 10-3 后置摄像头

图 10-4 后视镜摄像头

图 10-5 车内摄像头

光学摄像头工作原理：首先采集图像，并对图像进行二值化等处理；然后，对采集的数据进行模式识别，以检测出图像内的各种交通要素，如车道线、路沿等；然后进一步提取处理信息，得到位置、景深、速度等数据。图 10-6 所示为一帧图片内的各种分割区域，其中①标示的是可行驶区域，②标示的是车道线检测，③标示的是道路护栏与路沿检测，④标示的是全类型对象检测和跟踪（一般动态障碍物）。

图 10-6 基于摄像头的交通要素识别

温馨提示：智能车辆传感器之摄像头视频可扫二维码资源 10.1 观看。

资源 10.1

（2）毫米波雷达 毫米波雷达是利用毫米波的飞行时间差（发送时间与接收时间的差）来测量目标间隔的一类传感器，即有测量距离

模块 5　高级驾驶辅助系统（ADAS）的工作原理与故障诊断

$$R = \Delta t \times c / 2$$

式中 R 为毫米波雷达与障碍物的距离；Δt 为发射信号与回波信号时间差；c 为光速。毫米波雷达的波长为 1～10mm，工作频段在 30～300GHz 之间，毫米波穿透性强、抗干扰能力强，可以全天候进行工作。毫米波雷达通过多普勒效应进行测速，当波源靠近物体时，频率变高；当波源远离物体时，频率变低。常见的毫米波雷达外形如图 10-7 所示。

如图 10-8 所示，毫米波雷达安装时发射面朝前，水平方向上朝向车身的正前方，最多容许 ±2° 的误差；垂直方向上需上倾 1°（$\alpha = 91°$），允许 ±1° 的误差。

图 10-7　毫米波雷达外形示意图

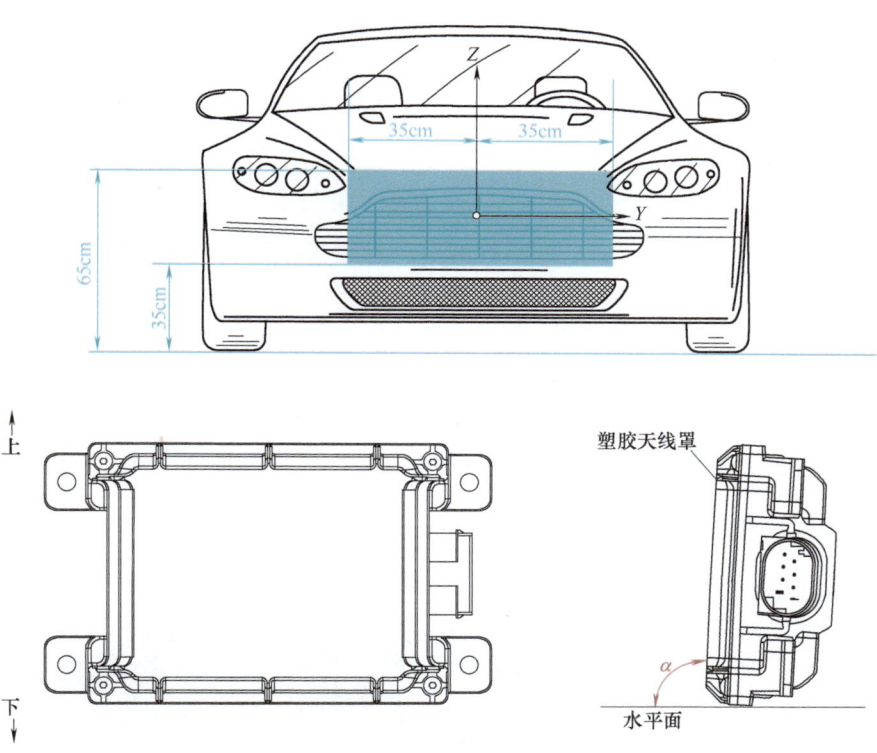

图 10-8　某品牌 77GHz 毫米波雷达安装示意图

毫米波雷达可以检测 1～100m 范围内的物体，高端的雷达能够检测到更远的物体。同时，毫米波雷达不易受天气状况影响，即使是雨雪天也能够正常工作，穿透雾、烟、灰尘的能力强，具有全天候、全天时的工作特性，且探测距离远、探测精度高，被广泛应用于车载距离探测，如自适应巡航、碰撞预警等。毫米波雷达的工作频段包括 24GHz、60GHz、70GHz、77GHz 等，主流工作频段为 24GHz 和 77GHz，分别应用于中短距和中长距测量。表 10-2 所列为某品牌 77GHz 毫米波雷达的主要性能指标。

表 10-2　某品牌 77GHz 毫米波雷达的主要性能指标

项目	参数	项目	参数
工作频率	77GHz	速度解析力	0.7m/s
功耗	8.2W	方位角范围	−5°~5°；−25°~25°
工作温度	−40~85℃	方位角精度	2°
防尘防水等级	IP67	俯仰角范围	−4°~4°
测量范围	1~200m；1~100m	视场角	−5°~5°；−25°~25°
精度范围	0.3m	刷新时间	50ms
速度精度	0.1m/s		

毫米波雷达只用于检测车辆、行人等交通要素的位置、距离、方位角等信息，数据量相比于摄像头和激光雷达较小，通常基于 CAN 线实现通信。

温馨提示：智能车辆传感器之毫米波雷达视频可扫二维码资源 10.2 观看。

（3）激光雷达　激光雷达又称光学雷达（Light Detection And Ranging，LiDAR），是一种先进的光学遥感技术，它通过首先向目标发射一束激光，然后根据接收—反射的时间间隔确定目标物体的实际距离。测距原理同毫米波雷达相似，即等于信号飞行时间差与飞行速度乘积的一半。同时结合这束激光的发射角度，利用基本的三角函数原理推导出目标的位置信息。由于激光具有能量密度高、方向性好的特点，激光雷达的探测距离往往能达到 100m 以上。通过对测得的点云数据的处理，激光雷达也可以用于测量物体距离和表面形状。通常车用激光雷达的精度可达厘米级，水平分辨率可达 0.08°~0.1°，垂直分辨率可达 0.4°~1.3°。

激光雷达在车上通常安装在车顶、驾驶室正前方，或者车辆正前方。在垂直方向上具有多个发射器和接收器，通过电机的旋转可获得多条线束，线束越多则激光雷达获得的数据越多。图 10-9 所示为激光雷达获取的环境点云数据（浅色部分）。

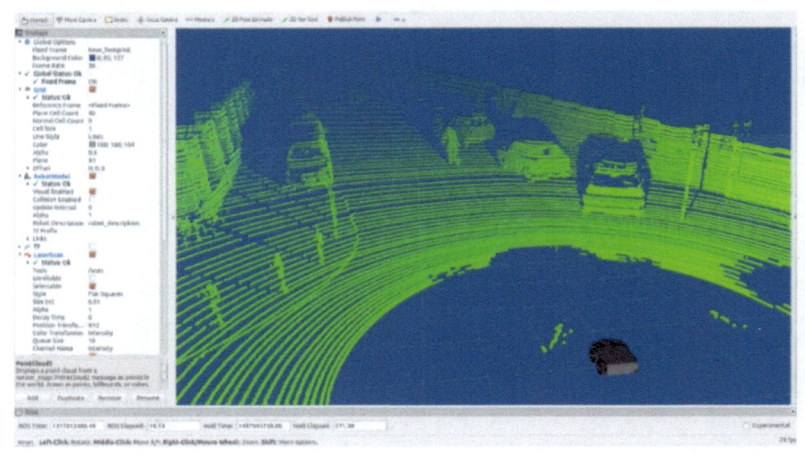

图 10-9　激光雷达获取的环境点云数据

模块 5　高级驾驶辅助系统（ADAS）的工作原理与故障诊断

📄 **温馨提示**：智能车辆传感器之激光雷达视频可扫二维码资源 10.3 观看。

资源 10.3

（4）超声波雷达　超声波雷达通常由声波发送器、声波接收器、信号控制模块和电源模块组成。声波发送器主要由直径 1.5cm 左右的压电陶瓷振子构成，受到 20～60kHz 的高频脉冲电压后，根据所加电压的极性伸长或缩短，进而向外发送相应频率的超声波。声波接收器主要是由压电陶瓷换能器与放大电路组成。接收到回波后，换能器产生振动并将其转化为电信号，通过放大电路发送给信号输出端。信号控制模块则对声波发送器的高频脉冲、发射频率占控比及探测距离等进行控制。测距原理同毫米波雷达相似，即测量距离

$$R = \Delta t \times V_c / 2$$

式中，R 为超声波雷达与障碍物的距离；Δt 为发射信号与回波信号时间差；V_c 为声速。

常见的超声波传感器有两种，一种是收发分离式的即超声波传感器的声波发射装置和接收装置是两个独立分开的探头，如图 10-10 所示，车上更常用的一类超声波雷达采用的是收发一体式，即声波的发射和接收装置合为一体，由同一探头发射和接收声波，如图 10-11 所示。

图 10-10　收发分离式超声波传感器

图 10-11　收发一体式超声波传感器

超声波雷达传感器探测距离较近，一般为 0～5m，通常用于近距离且低速下的障碍物检测场景，如倒车行驶、泊车过程中；而且单个超声波雷达传感器的测量角度较小，通常为 60°左右，所以一般多个成组使用，例如在图 10-1 中，车辆前围和后围均布置了多组超声波雷达传感器。

📄 **温馨提示**：智能车辆传感器之超声波雷达视频可扫二维码资源 10.4 观看。

资源 10.4

 奋发图强、自力更生，自主创新才是强国之道

车辆的传感器为智能车辆的核心关键技术，近年来美国公布的影响其国家长期安全和经济繁荣至关重要的 22 项技术中，有 6 项与传感器技术直接相关。与全世界生产的超过 2 万种产品品种相比，我国目前只能生产其中的约 1/3，整体技术含量也较低。高精度传感器已成为关乎我国智能驾驶发展的关键技术。

> 习近平同志指出，全面建设社会主义现代化强国，实现第二个百年奋斗目标，必须走自主创新之路。
>
> 针对当前国际大环境，尤其是美国针对我国高科技产品和技术的定点围堵，一定要注重提升传感器产业链合作水平，整合上下游技术，主动出击、狠下功夫补链、强链，找到传感器等短板弱项的"卡脖子"技术的定点攻关和突破方向。

2. 主动制动的结构原理与工作过程

主动制动系统（Autonomous Emergency Braking，AEB）是一项主动安全技术，通过主动启用制动系统实现紧急避撞，让汽车拥有自动防撞的能力。汽车在行驶过程中，如果由于驾驶人的疏忽、注意力不集中等导致制动不及时（汽车离前方障碍物过近），主动制动系统会自动启动，为汽车采取制动措施，实现紧急避障。

目前市面上所搭载 AEB 技术方案主要分为以下四种：第一种是仅依靠 77GHz 毫米波雷达，这是最基础的一种技术方案；第二种是仅依靠视觉方案，如特斯拉 Model 3；第三种是视觉+毫米波雷达，这种方案在有效识别行人和车辆的同时，也可以识别一些障碍物，但容易触发导致频繁急停；还有一种是多传感器融合方案，包括毫米波雷达、超声波雷达以及摄像头等。主动制动系统的工作过程如图 10-12 所示。其中 ECU 启用主动制动系统的逻辑有两种，即基于行车间距的安全距离避撞策略和基于驾驶人反应特性的碰撞发生时间避撞策略。

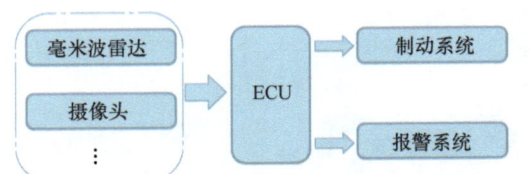

图 10-12　主动制动系统的工作过程

3. 自动泊车系统的结构原理与工作过程

自动泊车系统（Automated Parking System/Auto Parking Assist）主要由感知模块、中央处理器、车辆控制模块以及人机交互模块组成，其逻辑结构如图 10-13 所示。感知模块负责采集外界环境及车辆自身运动状态信息，利用车辆自身装配的传感器采集图像、距离、车辆位置、速度等信息，并将这些信息传输给中央处理器。中央处理器是自动泊车系统的核心，主要负责对采集到的信息进行分析处理，确定车位的信息，同时根据当前车辆位姿状态生成一条泊车路径，并制定泊车策略，向车辆控制模块下发指令。车辆控制模块接收中央处理器的指令，通过对转向、档位、制动以及加速的控制来实现泊车过程。人机交互模块负责信息交互，驾驶人通过人机交互模块向自动泊车系统发起泊车指令，中央处理器通过人机交互模块将泊车相关情况反馈给驾驶人。

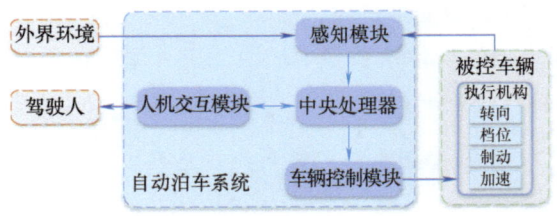

图 10-13　自动泊车系统的逻辑结构

以比亚迪汉 EV 纯电动汽车的自动泊车系统为例。它利用超声波雷达和全景摄像头，识别有效的车位泊车空间，并通过控制单元控制车辆自动进行泊车。该系统主要由 12 个超声波探头、4 个全景摄像头和自动泊车控制器等组成，其工作过程如图 10-14 所示。

模块 5 高级驾驶辅助系统（ADAS）的工作原理与故障诊断

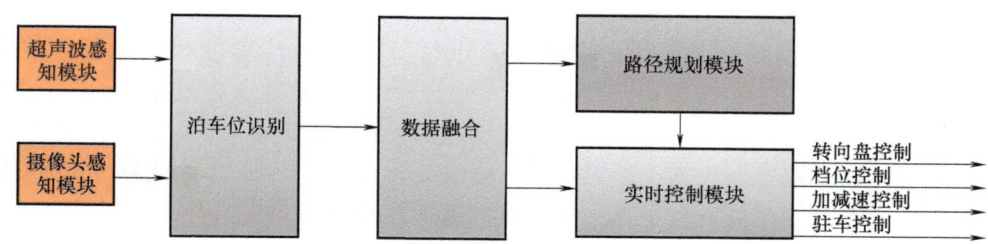

图 10-14 比亚迪汉 EV 纯电动汽车的自动泊车系统工作过程

各模块功能见表 10-3。

表 10-3 比亚迪汉 EV 纯电动汽车的自动泊车系统各模块功能

模块	说明
超声波感知模块	超声波感知模块检测车声周围的障碍物距离，并能够提供目标停车区域的深度和宽度扫描结果
摄像头感知模块	摄像头感知模块感知环境结果：地面上显著可见的停车标志线、移动物体的轨迹和危险性评估，结合超声波感知信息优化停车目标位置
泊车位识别	应用环视系统和超声波系统采集信息进行融合，获取停车位信息，如是否有停车框，是否有足够大的空间，是否是垂直泊车、平行泊车
数据融合	根据以上传感器信息对泊车小范围环境进行建模融合及状态和位置估计等
路径规划	根据对周边环境的感知提供实时的路径规划，以保证利用最少的档位变换达到停车的目的
实时控制	对车辆底盘实行实时控制，控制信号包括转向盘、档位，加减速控制和驻车控制

比亚迪汉 EV 纯电动汽车的自动泊车（APA）系统能够识别的泊车位类型如图 10-15 所示。

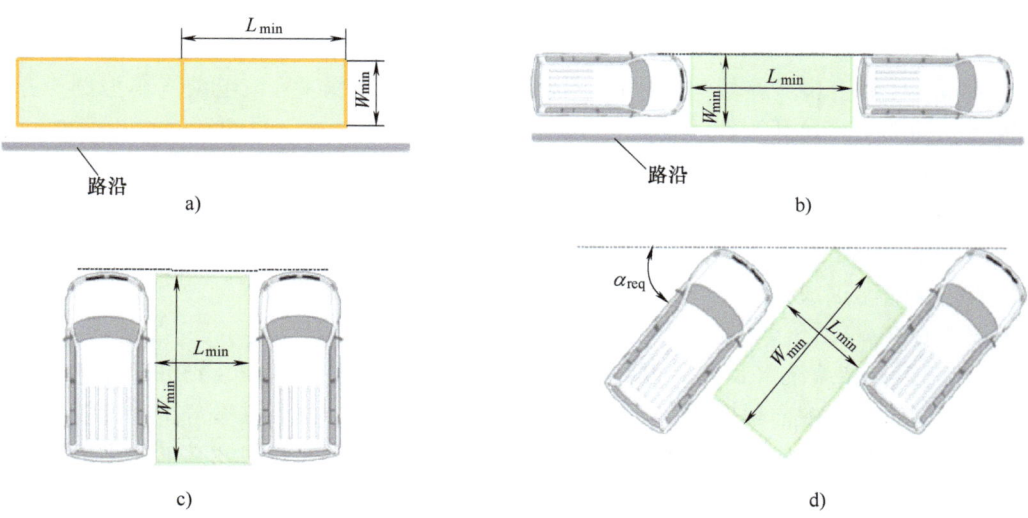

图 10-15 比亚迪汉 APA 系统能够识别的泊车位类型
a）有泊车线的车位 b）水平泊车 c）垂直泊车 d）斜列泊车

4. 自适应巡航控制系统的结构原理与工作过程

自适应巡航控制系统（Adaptive Cruise Control，ACC）是传统定速巡航控制（Cruise Control，CC）系统的一个扩展，该系统通过自动控制加速和制动来调节车速，并在前方预留一段安全行车距离（该距离可由驾驶人提前预设）。ACC 系统与其他智能驾驶辅助系统共用感知层传感器（如毫米波雷达、激光雷达、摄像头等），用以与前车之间的相对距离和相对速度的测定。ACC 系统有两种常见工况：前方预留安全距离内无其他车辆，则 ACC 车辆通过控制加速以驾驶人预先设定的速度行驶，在这种情况下，ACC 系统与 CC 系统的功能类似；而前方预留安全距离内有同向行驶车辆，则 ACC 车辆会以设定的安全距离跟随前方车行驶，直至前方车辆离开安全行车距离。一般 ACC 系统的工作范围限定在车速 40~160km/h 之间（否则不可启用），最大制动减速度约为 $0.5g$。

ACC 系统控制结构如图 10-16 所示。其主要由环境感知及车载传感器、上层控制器/ACC 控制器、下层控制器/纵向控制器和车辆动力学模型 4 个部分组成。环境感知及车载传感器部分主要通过距离传感器和车载传感器等来分别获得与前车的相对距离、相对速度和自车车辆状态等。然后，上层控制器/ACC 控制器通过由环境感知及车载传感器部分测得/估计的与前车相对距离、相对车速以及自车的行驶状态等设计上层控制器来计算期望的纵向加速度。下层控制器/纵向控制器使用车辆动力学模型、动力系统特性和非线性控制综合技术等来计算跟踪上层控制器中期望纵向加速度所需的实时各轮制动压力和加速踏板输入。最后实际纵向加速度作用在车辆上实现对自车速度的控制，从而跟踪期望的跟车距离或车速。

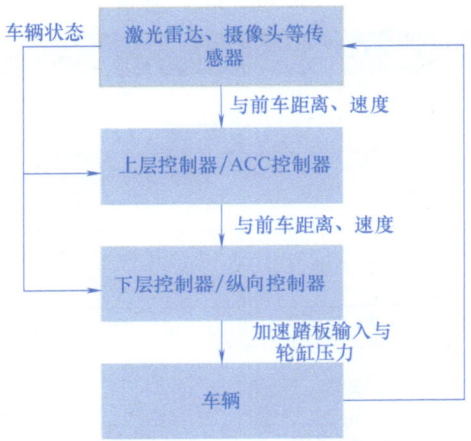

图 10-16 自适应巡航控制系统结构

5. 比亚迪汉 EV 纯电动汽车高级驾驶辅助系统

目前市场上存在多种高级驾驶辅助系统，以下以比亚迪汉 EV 纯电动汽车为例，介绍几类高级驾驶辅助系统及其工作环境。

（1）智能领航系统（Intelligent Cruise Control，ICC） 比亚迪汉 EV 纯电动汽车智能领航系统分为交通拥堵辅助和集成式巡航辅助系统。交通拥堵辅助（Traffic Jam Assistant，TJA）系统在交通拥堵时用于在本车道内跟车行驶，适用车速范围 0~60km/h；优先跟随车道线行驶，从有车道线变为无车道线时，可以在一定幅度上跟随前车行驶。

集成式巡航辅助（Integrated Cruise Assist，ICA）系统主要融合了自适应巡航系统（ACC）与车道保持系统（LKS）的功能，能够在较高速度范围（60~150km/h）内为驾驶人提供车辆的纵向和横向辅助控制，减轻驾驶人的驾驶负担，提供安全舒适的驾驶环境。车辆起动时，功能默认关闭，此时可以通过多媒体系统开启或关闭集成式巡航辅助系统。系统开启时，若驾驶人双手长期（20s 左右）脱离转向盘，系统会提醒驾驶人接管转向盘，否则系统将会退出。

集成式巡航辅助系统在使用时也需遵循自适应巡航系统（ACC）与车道保持系统

(LKS)的相关注意事项。集成式巡航辅助系统属于驾驶辅助系统，不是自动驾驶，驾驶人需始终保持对车辆的控制，双手不能长时间脱离转向盘，否则系统会在接管提醒后退出。集成式巡航辅助功能会受天气、照明度和车道线的清晰度影响，在背光、日落、路面被冰雪覆盖以及路面磨损严重的情况下，性能会显著下降。

（2）**自适应巡航系统**　比亚迪汉 EV 纯电动汽车也装备了自适应巡航系统，该系统可以在 0~150km/h 内跟随前车或定速巡航；系统激活后将可辅助驾驶人进行纵向控制。在加速过程中，系统发送加速度给电控制动模块（Integrated Power Brake，IPB），IPB 将加速度转换成转矩信号给到 VCU 实现加速；在减速过程中，系统发送减速度给 IPB，IPB 根据减速度建立压力输入轮端进行减速。实际使用过程中，ACC 系统在 40km/h 以下时才可识别静止的物体。ACC 系统功能的取消可以通过人为制动来实现，也可以通过巡航开关取消和关闭键来取消；当 ESP、TCS 等车辆稳定功能激活时，ACC 系统也会自动退出。

ACC 功能开启后，存在以下三种工况：如果自车左右两侧的车道线均存在，无论前方有无车辆，自车都会被维持在车道中心附近进行自适应巡航，此时仪表显示系统工作状态指示灯为车道保持状态（图 10-17）；如果自车左右两侧中有一侧车道线不可见，前方有目标车辆，则自车会跟随前方车辆进行侧向移动，此时仪表显示系统工作状态指示灯为跟车行驶状态（图 10-18）；前方无目标车辆，则功能的横向控制会被抑制，只进行自适应续航，此时仪表显示系统工作状态指示灯为待机状态（图 10-19）。

图 10-17　车道保持状态

图 10-18　跟车行驶状态

图 10-19　待机状态

（3）**车道辅助系统**（Lane Keeping System，LKS）　车道辅助系统是用于辅助车辆在车道内自动地循线行驶，包含车道偏离辅助、车道保持、交通标志识别以及智能远近光灯控制等。其中，车道偏离系统和车道保持系统功能的启用车速需要大于 60km/h，当车速小于 55km/h 时退出，或者在驾驶人主动偏离车道（驾驶人打转向灯或快打转向盘）时退出；交通标志识别系统用以识别道路上的限速标志，并通过仪表显示提示驾驶人控制车速；智能远近光灯系统则用以识别前方车辆尾灯、对方车辆前大灯或路灯设备，并自动切换灯光。

（4）**其他监测预警系统**

1）盲点检测（Blind Spot Detection，BSD）：车辆行驶过程中（车速大于 15km/h），当雷达传感器探测到自车外后视镜盲区内存在车辆时，相应侧外后视镜上的警告灯点亮。如果此时开启同侧的转向灯，外后视镜警告灯变为闪烁，提示驾驶人若继续变道可能存在危险。

2）后方穿行预警（Rear Cross Traffic Alert，RCTA）：当车辆倒车时，RCTA 系统通过雷达探测车辆后方盲区内行驶的其他车辆。如果 RCTA 系统判断后方逐渐靠近的其他车辆有可能与本车发生碰撞时，RCTA 系统会点亮两侧车外后视镜上的盲区警告灯。

3）后碰预警（Rear Collision Warning，RCW）：自车车速大于 5km/h，车辆行驶过程中，当雷达传感器探测到本车道后方行驶的车辆快速接近并存在碰撞的风险时，车辆紧急故障警告灯及后视镜警告灯（装有时）点亮并闪烁，及时提醒驾驶人小心驾驶。

4）车门开启预警（Door Open Warning，DOW）：开门预警系统可以在停车状态即将开启车门时，监测车辆后方可能危及安全的状况，并通过警示灯方式给予报警，从而避免可能发生的安全事故。

5）预测性碰撞报警（Forward Predictive Collision Warning，FPCW）：雷达和摄像头会持续监测前方道路情况，当存在潜在碰撞风险时 FPCW 系统将通过声音或图标对驾驶人进行警告。当驾驶人未对风险做出避让措施时，系统会自动施加制动力以避免或减轻碰撞。

10.2 自适应巡航系统的故障分析

根据比亚迪汉 EV 纯电动汽车自适应巡航系统（ACC 系统）的结构原理和工作过程，故障可能原因如图 10-20 所示。

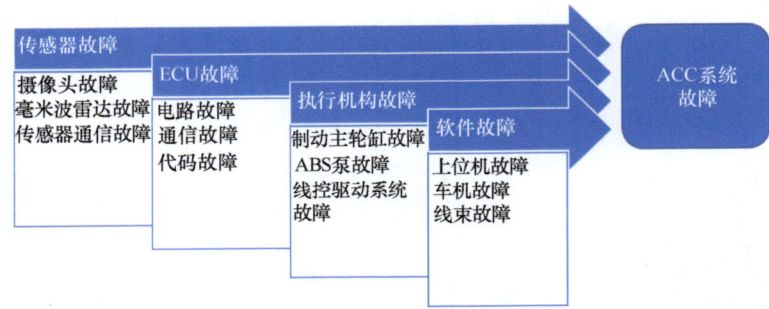

图 10-20 自适应巡航系统故障可能原因分析

10.3 自适应巡航系统维修准备

自适应巡航系统维修设备、材料准备见表 10-4。

表 10-4 维修设备与材料

名称	数量	名称	数量
标定工装	1 套/组	1000V 绝缘手套	1 套/组
比亚迪 VDS2100 诊断仪	1 台/组	手套、抹布等	1 批/组
汽车万用表	1 套/组	电工胶布等	2 卷/组
常规拆装工具	1 套/组	工作台	1 台/组
绝缘工具	1 套/组	示波器	1 台/组

10.4 自适应巡航系统检查

1. 外部直观检查

1）检查摄像头、雷达等传感器外观是否损坏、松动，检查自适应巡航系统用户输入按键（或多功能转向盘）是否损伤、松动。

模块 5　高级驾驶辅助系统（ADAS）的工作原理与故障诊断

2）检查雷达连接线路是否松动、损坏，通信网线是否存在松动、外部损伤。结合自适应巡航系统架构图逐一检查，流程结构如图 10-21 所示。

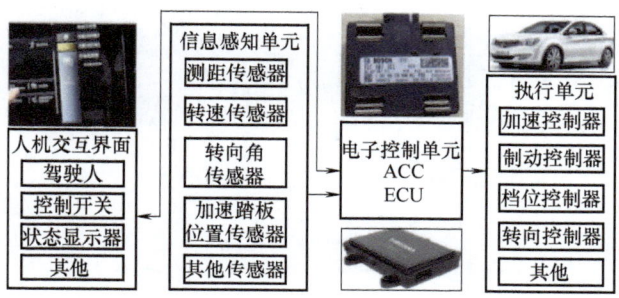

图 10-21　自适应巡航系统的常见流程结构

2. 功能检查

1）车辆上 OK 档电，检查是否能进入巡航状态。

2）检查自适应巡航按键功能是否正常。比亚迪汉 EV 的自适应巡航按键功能如图 10-22 所示。

3）检查驾驶人安全带、车门开关以及前舱盖开关功能是否正常。

3. 用仪器设备进行故障诊断

1）根据比亚迪汉 EV 自适应巡航系统电路（图 10-23），用万用表检查自适应巡航模块电源电路及 CAN 总线是否正常。具体包括以下步骤：

① 检查 MPC 熔丝 F2-14、ADAS 熔丝 F2-29 是否烧毁，如烧毁，则更换。

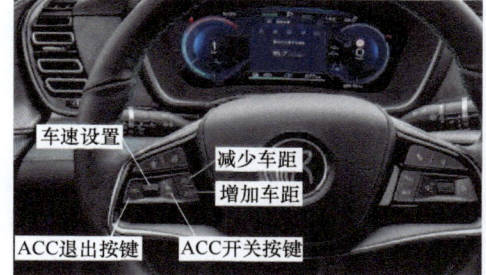

图 10-22　比亚迪汉 EV 自适应巡航按键

② 检查线束，断开自适应巡航模块多功能视频控制器的接插件 P13、前置毫米波雷达接插件 DB60，电源置于 ON 档，正常值见表 10-5。

表 10-5　DB60 端子正常值

连接端子	条件	正常值	连接端子	条件	正常值
DB60-5~GND	ON 档电	12V	DB60-8~GND	ON 档电	小于 1Ω

③ 检查线束，断开自适应巡航模块的接插件 B60，电源置于 ON 档，正常值见表 10-6。

表 10-6　CAN 网络正常值

连接端子	条件	正常值
DB60-1~GND	ON 档电	2.5~3.5V
DB60-2~GND	ON 档电	1.5~2.5V
DB60-1~DB60-2	OFF 档电，断开蓄电池正极	60Ω 左右

2）用比亚迪 VDS2100 诊断仪检查自适应巡航模块故障码，并根据故障码提示做进一步的检查。部分常见的自适应巡航模块的故障码及排查方向见表 10-7。

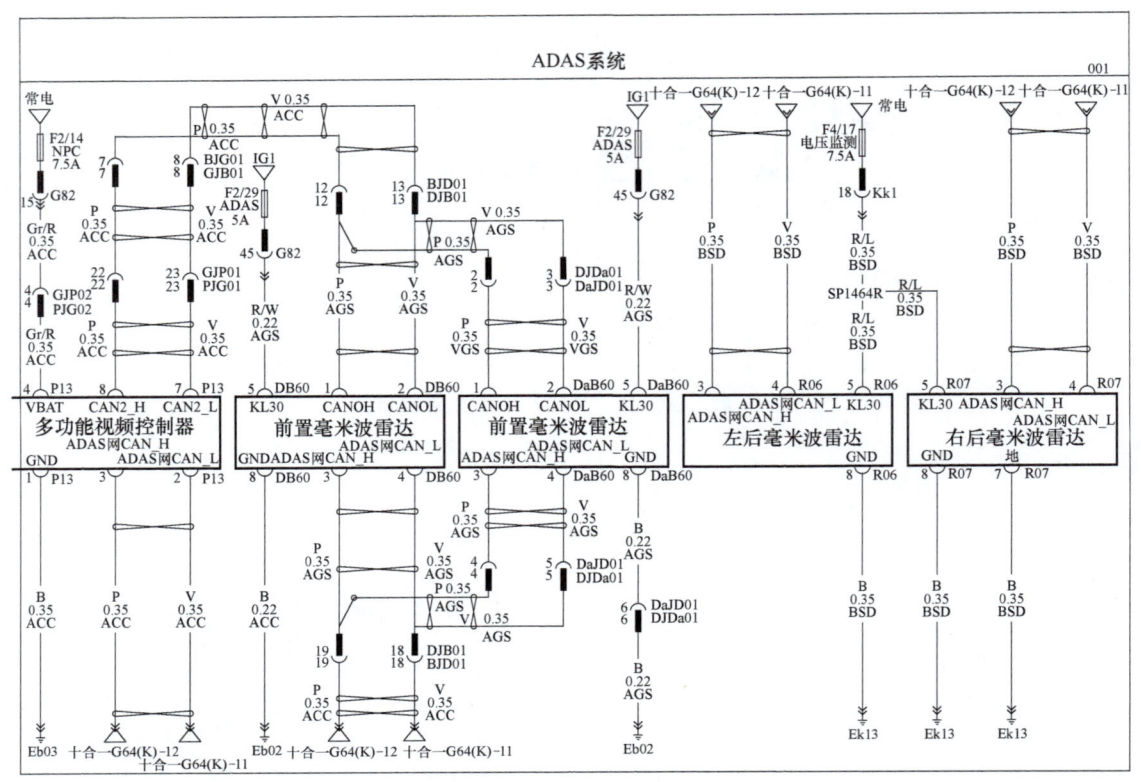

图 10-23 比亚迪汉 EV 自适应巡航系统电路

表 10-7 部分常见的自适应巡航模块的故障码

序号	故障码	故障定义	序号	故障码	故障定义
1	B2CB100	系统没有配置	13	U010087	与 EMS 通信丢失
2	B2CA555	系统没有配置（没有进行标定过）	14	U018586	ESP 车速信号无效
3	B2CBA55	系统没有配置（安装误差角度过大）	15	U018686	ESP 偏航率信号无效
4	B2CB349	雷达内部电子故障	16	U018786ESP	AXAY 信号无效
5	B2CB44B	雷达系统过温	17	U018886	SAS 转角信号无效
6	B2CB500	系统遮挡故障	18	U018986	TCU 档位信号无效
7	B2CB700	雷达内部存储器故障	19	U018A86	VCM 档位信号无效
8	B2CA088	CAN 总线关闭（Priate CAN）	20	U018D00	CAN 消息 counter 错误
9	U015887	与 ESP 通信丢失	21	U018E00	CAN 消息 checksum 错误
10	U01DA87	与 SAS 通信丢失	22	B2CB816	供电电源低
11	U010187	与 TCU 通信丢失	23	B2CB917	供电电源高
12	U01B087	与 VCM 通信丢失			

10.5 自适应巡航系统维修

1. 前置毫米波雷达的拆装

（1）拆卸过程

1）执行低压电气系统下电。
2）拆卸前舱密封条。
3）拆卸电机盖板。
4）拆卸前舱右装饰板总成。
5）拆卸前舱左装饰板总成。
6）拆卸主动进气格栅总成。
7）断开1个接插件，如图10-24所示。
8）拆卸前保险杠本体。
9）拆卸ACC支架。
10）松开6处塑料卡夹，将前置毫米波雷达从ACC支架中取出，如图10-25所示。

（2）安装过程　安装以拆卸倒序进行。

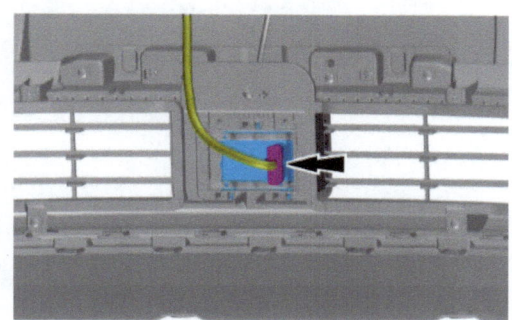

图10-24　断开接插件

图10-25　松开6处塑料卡夹

2. 前置毫米波雷达工装标定

车辆雷达传感器松动或更换、保险杠支架松动或更换、传感器锁定支架松动或拆卸、车轮悬挂几何发生变化，可能会出现"MRR未校准"故障，需要对雷达进行重新校准。

（1）环境条件要求

1）雷达表面清洁，无积雪、结冰、泥土等杂物。
2）避免在大雨天气进行校准。
3）道路两侧应有一定数量的静止金属物体，如路灯柱、道路护栏、路牌等。有条件的建议选用有金属栏杆的封闭道路。
4）道路表面平整，无过多凹坑凸起，道路表面不应有积雪、结冰、泥土等易造成轮胎打滑的情况。

（2）工装标定步骤

1）工装设备与雷达对齐。
① 工装激光发射器对准雷达安装中心线位置（图10-26）。
② 工装标定板的角度调至0°，标定所在的地面需要保证水平度（图10-27）。

图 10-26 工装设备与雷达对齐

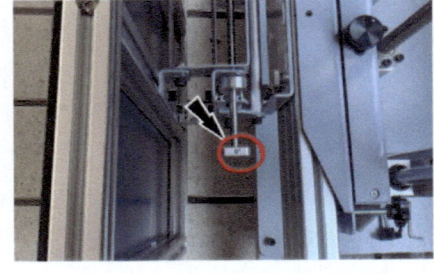

图 10-27 调整角度与水平度

2）工装设备位置调整。

① 校准版的气泡水平仪需要调整至 0°，否则会产生标定偏差（图 10-28）。

② 刻度尺两端与车辆前轴中心的距离为 2.75m（图 10-29）。

③ 雷达标定板中心距地面高度为 450mm（图 10-30）。

注意：车辆行驶轴线与标定板的垂直度需要保证，否则会产生水平方向的标定偏差。

图 10-28 调整气泡水平仪

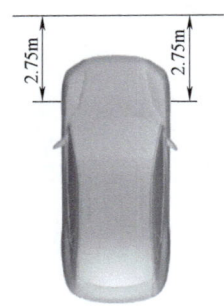

图 10-29 刻度尺两端与车辆前轴中心的距离

图 10-30 雷达标定板中心距地面高度

3）VDS 设备标定流程。整车上电，启动并连接 VDS→选择"汽车诊断系统"→选择"乘用车"→选择"EV 系"→选择"汉 EV"→选择"ECU 模块"进入扫描→选择"前置毫米波雷达"页面→选择"动作测试"，写入距离值：17500，点击下方执行写入，VDS 提示操作成功表示坐标信息写入成功→重新进入"前置毫米波雷达"页面，选择"标定"→选择"静态标定"，点击下方执行，约 10s 之后反馈标定结果，角度偏差在±3°以内均符合要求。

任务总结

1）高级驾驶辅助系统是近年来车辆配备的驾驶辅助装备，用以提升车辆的驾乘体验、安全性、操稳性。

2）高级驾驶辅助系统是车辆智能化的体现，车辆配置的驾驶辅助系统越完善，车辆的智能化程度也就越高。

3）高级驾驶辅助系统主要由智能传感器系统、电气系统、中央决策系统及相应的执行器等组成。

4)环境感知系统是各高级驾驶辅助系统能够正常运行的基本前提条件。目前市场上常见的环境感知传感器有摄像头、毫米波雷达传感器、激光雷达传感器、超声波雷达传感器、组合定位系统等。目前车辆为提升感知系统的检测精度和覆盖范围,通常都会配备多种传感器,通过传感器冗余和多源数据融合来进一步提升感知系统的可靠性。

5)ACC系统常见工况:前方预留安全距离内无其他车辆,则ACC车辆通过控制加速以驾驶人预先设定的速度行驶,在这种情况下,ACC系统与CC系统的功能类似;前方预留安全距离内有同向行驶车辆,则ACC车辆会以设定的安全距离跟随前方车行驶,直至前方车辆离开安全行车距离。一般ACC系统的工作范围限定在车速40~160km/h之间(否则不可启用),最大制动减速度约为$0.5g$。

6)大多数高级驾驶辅助系统都是由感知模块、中央处理器、车辆控制模块以及人机交互模块组成,如自动泊车系统、主动制动系统。

学 习 工 单

任务 10　电动汽车不能进入自适应巡航的故障诊断与维修

学生姓名		学生班级		小组名称/组长	
汽车型号		前置毫米波雷达型号		实训地点/时间	
客户报修	比亚迪汉 EV 纯电动汽车仪表提示"自适应巡航功能受限",组合仪表中故障警告灯亮。				
主要设备、工具和资料					
子任务 1	写出自适应巡航系统相关传感器故障的外部直观检查内容和结果。				
子任务 2	用万用表检查自适应巡航模块电源电路,写出检测步骤和结果。				
子任务 3	用示波器检查自适应巡航系统 CAN 网络,写出检测步骤并画出波形图。				
子任务 4	采用故障诊断仪读取自适应巡航系统故障码,写出读取步骤和结果。				
子任务 5	结合上述检查结果,分析仪表提示自适应巡航系统故障的可能原因。				

模块 5　高级驾驶辅助系统（ADAS）的工作原理与故障诊断

子任务 6　完成下列关于高级驾驶辅助系统的知识测评作业。
1）关于自适应巡航系统的主要特点，下列描述正确的是（　　）。
A. 可随时加减速　　　　　　　　　　B. 任何车速下均可启用
C. 可实时调整安全距离　　　　　　　D. 可自主避障
2）关于高级驾驶辅助系统的传感器原理，下列描述正确的是（　　）。
A. 摄像头比激光雷达的环境适应性更好
B. 毫米波雷达的测量范围与超声波雷达传感器大致相近
C. 毫米波雷达的穿透性较差，因此只能在晴朗天气等良好环境下适用
D. 超声波雷达传感器的测量距离为 0～5m，因此只能用于低速或倒车场景
3）关于比亚迪智能领航系统，下列描述错误的是（　　）。
A. 该系统能够在全速度范围（0～150km/h）内为驾驶人提供车辆的纵向和横向辅助控制
B. 可以通过多媒体系统开启或关闭集成式巡航辅助系统
C. 系统开启后，驾驶人双手可以长期脱离转向盘
D. 该系统具备车道保持功能
4）检测高级驾驶辅助系统时，注意事项包括（　　）。
A. 检查高压系统务必采取安全措施，佩戴绝缘手套，拆下维修开关
B. 自动泊车系统传感器为多源信息融合感知系统，因此需要检测多个传感器
C. 毫米波雷达传感器的安装需要严格遵守适用手册，不得出现安装位置的偏差
D. 车道保持系统的视觉传感器，每次安装时均需要校准
子任务 7　任务交流（学生学习小组制作任务完成情况交流发言稿，推举代表发言）。

子任务 8　任务评价（根据上述实操、作业和交流情况，进行任务自评、小组互评和综合评价，其中自评、小组互评满分各占 25 分，教师综合测评满分 50 分）。
自评（评语及评分）：

签名：
年　月　日

小组互评（评语及评分）：

组长签名：
年　月　日

综合评分与教师评价	
	教师签名： 年　月　日

171

模块6

混合动力电动汽车的结构与维修

任务11　丰田卡罗拉混合动力电动汽车无法行驶故障的诊断与维修

任务接受

客户报修：丰田卡罗拉混合动力电动汽车（型号为ZWE182）在起动车辆时，仪表盘提示"混合动力系统故障，请到经销店检查"，READY灯没有点亮，车辆无法行驶。

学习目标

1）能够解释混合动力电动汽车的结构特点和基本工作原理。
2）能够描述丰田卡罗拉混合动力系统的结构组成。
3）学会丰田卡罗拉混合动力系统故障的检测与诊断方法。
4）能够进行丰田卡罗拉混合动力系统的维修。
5）引导学生辩证地看问题，了解我国混合动力汽车的技术成就与不足，努力提高专业水平。

任务准备

11.1　混合动力电动汽车的信息收集

1. 混合动力电动汽车及其特点

（1）混合动力电动汽车定义　混合动力电动汽车（Hybrid Electric Vehicle，HEV）是指能够至少从消耗的燃料和可再充电电能储存装置两类车载存储的能量中获得动力的汽车，本书如无特殊说明，主要指从发动机和动力蓄电池获得动力的汽车。

（2）混合动力电动汽车的主要特点
1）排气污染少。在繁华市区，可关停发动机，由动力蓄电池单独提供能量，实现零排放。
2）节能。因为有了动力蓄电池，可以十分方便地回收减速、制动、下坡时的能量；采用混合动力后，可按平均需用的功率来确定发动机的最大功率，此时处于油耗低、污染少的最优工况下工作。

3）续驶里程长。由于发动机可持续工作，所以续驶里程和传统燃油汽车一样。

4）可以利用现有的加油站加油，不必再投资建设基础设施。

5）长距离高速行驶基本不能省油。

2. 混合动力电动汽车的基本结构与工作原理

（1）**混合动力电动汽车总体组成**　混合动力电动汽车是在纯电动汽车的基础上增加一套动力系统，本书主要指发动机。其总体组成如图 11-1 所示，主要由动力蓄电池、发动机、发电机、驱动电机、控制器等组成。动力蓄电池和发动机是 HEV 的动力源，驱动电机用于将动力蓄电池的电能转化为机械能，驱动车辆行驶。发电机将发动机的机械能转换为电能向动力蓄电池充电，也可以直接提供给驱动电机。控制系统实时对动力蓄电池、发动机及电机进行管理和控制。

（2）**混合动力电动汽车的基本工作原理**
在车辆行驶之初，动力蓄电池处于电量饱满状态，其能量输出可以满足车辆要求，发动机不需要工作，动力蓄电池输出的直流电经控制器供入驱动电机，驱动电机输出的转矩经减速齿轮、传动轴及驱动桥驱动车轮。当动力蓄电池

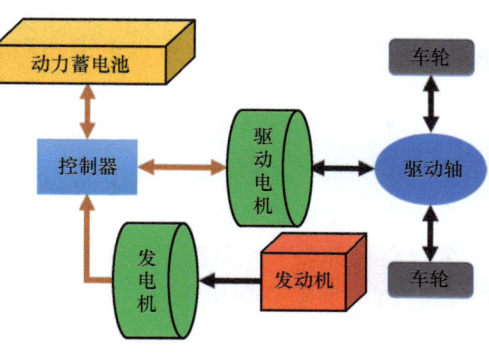

图 11-1　混合动力电动汽车的总体组成

电量低于一定值时，发动机在控制器控制下自动起动，带动发电机为驱动电机提供能量，同时还给动力蓄电池进行充电。当车辆能量需求较大时，比如上坡或加速，发动机与动力蓄电池同时为汽车提供能量，驱动车辆行驶。当车辆减速或制动时，发动机与动力蓄电池都停止对外供给能量，在控制器的控制下，驱动电机转换为发电机，回收减速和制动能量，向动力蓄电池充电。

混合动力电动汽车的工作原理如图 11-2 所示。

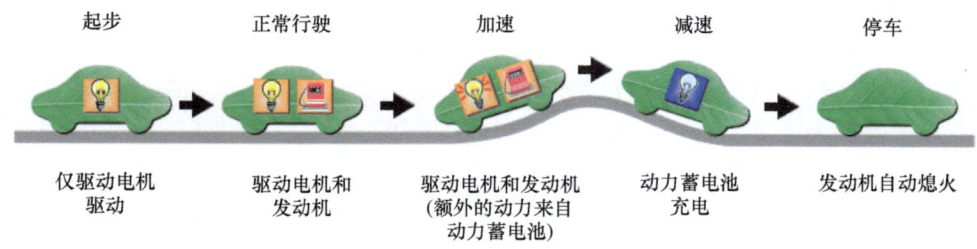

图 11-2　混合动力电动汽车的工作原理

3. 混合动力电动汽车的分类

（1）**按照混合度分类**　混合度是指驱动电机的输出功率占整车输出功率的比例，即

$$H = \frac{P_{电机}}{P_{整车}} \times 100\%$$

混合动力电动汽车可分为弱混、中混和强混 3 种，其特征见表 11-1。

表 11-1　不同混合度的混合动力电动汽车主要特征

类型	主要特征	节油率
弱混	$H\leqslant 10\%$，具有 Start-Stop 功能和能量回收功能	5%~10%
中混	$10\%<H<25\%$，具有 Start-Stop 功能、能量回收功能、智能充电和电机助力功能	10%~25%
强混	$H\geqslant 25\%$，具有 Start-Stop 功能、能量回收功能、智能充电和短距离纯电动行驶功能	25%~40%

表中所提 "Start-Stop" 是一种 "怠速起停" 系统，它能在发动机怠速时自动关闭发动机，再次起动时利用电机快速起动，以节省燃料和减少排放。

（2）按照能否外部充电分类　混合动力电动汽车可分为可外接充电式和不可外接充电式。可外接充电式混合动力电动汽车在正常使用条件下可以从非车载装置中获得电能。插电式属于此类，其动力蓄电池可以使用外部电源充电，容量比纯电动的小但大于普通油电混合动力电动汽车；发动机只是作为后备动力来源，在电池电量耗尽时才启用。也就是说插电式混合动力车主要适合城市道路，作为一辆上下班通勤车，可以达到节能减排目的，它是强混车型的一种。不可外接充电式混合动力电动汽车在正常使用条件下从车载燃料中获取全部能量。其电池容量很小，仅在起/停、加/减速的时候供应/回收能量，不能用纯电模式较长距离行驶，其大部分时间是起动发动机运行，是一种轻度混合动力电动汽车（弱混）。

（3）按照发动机与电动机的连接分类　混合动力电动汽车可分为增程式和普通式。增程式是一种在纯电模式下可以达到其所有的动力性能，而当车载可充电储能系统无法满足续驶里程要求时，打开车载辅助供电装置为动力系统提供电能，以延长续驶里程的电动汽车，且该车载辅助供电装置与驱动系统没有传动轴（带）等传动连接。其发动机直接与电动机连接，直接驱动，使发动机一直处于最佳工作状态，排放小、效率高，而且结构简单，无离合器和变速器。普通式采用了机械动力混合结构，增加了离合器、变速器等部件，结构较复杂，而且发动机工作范围变宽，不可能运行在最佳工作状态，导致排放和油耗高。

（4）按动力系统结构形式分类　混合动力电动汽车可分为串联式、并联式和混联式（串、并联式）三种形式。

1）串联式混合动力电动汽车：车辆的驱动力只来源于电动机的混合动力电动汽车。系统将发动机与动力蓄电池串联，共同驱动电动机运行，其结构简单，如图 11-3 所示。由于发动机与驱动车轮之间没有直接的机械连接，发动机可以不受汽车行驶工况的影响，始终在最佳工作区稳定运行。汽车正常行驶时，发动机带动发电机发电，电能被充入动力蓄电池，同时，在控制器的调节下，动力蓄电池供给电动机电能，使电动机运转，电动机通过变速器或减速器驱动车轮前进；在汽车低负荷运转时，发动机发出的功率超过驱动车辆的需要，多余的电能向动力蓄电池充电；在汽车高负荷运转时，电能来自两部分，即发动机带动的发电机和动力蓄电池，发动机的最高输出功率要受到电动机功率的限制。串联式混合动力电动汽车特别适用于在市区低速运行的工况，汽车在起步和低速时还可以关闭发动机，只利用动力蓄电池提供驱动功率，达到零排放要求。

2）并联式混合动力电动汽车：车辆的驱动力由电动机及发动机同时或单独供给的混合动力电动汽车。混合动力系统中的发动机和驱动电机两套驱动系统以并联形式共同驱动车辆，如图 11-4 所示。车辆可以由发动机单独驱动、电力单独驱动或者一起协调工作共同驱动。当发动机提供的功率大于驱动汽车所需要的功率或者制动能量回收时，驱动电机工作在发电状态，将多余的能量充入蓄电池；当发动机发出的功率小于驱动汽车所需要的功率时，驱动电机利用动力蓄电池提供的能量与发动机共同驱动，达到汽车所需要的功率；汽车在起步和低速时，可以只利用动力蓄电池提供驱动功率，驱动电机起"调峰"作用，因此并联式混合动力系统可以在比较复杂的工况下使用，应用范围比较广。由于发动机与驱动车轮之间的直接机械连接，提高了能量转化的效率。并联系统的结构紧凑，比较适用于轿车，如采用 IMA 混合动力系统的本田思域就是采用并联式。但并联混合动力系统的传动系统较为复杂，工作模式较多，控制系统复杂。

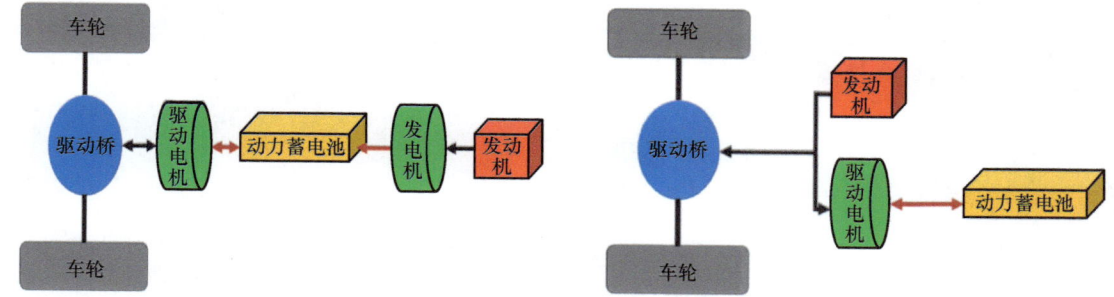

图 11-3　串联式混合动力电动汽车结构示意图　　图 11-4　并联式混合动力电动汽车结构示意图

3）混联式混合动力电动汽车。同时具有串联式和并联式驱动方式的混合动力电动汽车（图 11-5），综合了串联式和并联式混合动力电动汽车的结构特点，与串联式相比增加了机械动力的传递路线，与并联式相比增加了电力驱动路线，具有串联式与并联式的优点。但其结构复杂、成本高，控制也更加困难，发动机-电动机组与动力蓄电池之间的匹配要求比较严格，应能根据汽车行驶需要和动力蓄电池情况，智能起动或关闭发动机-电动机组。

4. 丰田卡罗拉混合动力系统的结构与工作原理

（1）结构　图 11-6 所示为丰田卡罗拉混合动力驱动系统组成。它包括发动机和电机驱动两部分，本节主要介绍电机驱动部分。电机驱动部分由动力蓄电池、带 DC/DC 变换器的逆变器、混合动力车辆传动桥总成（包括发电机及驱动电机）、动力管理控制 ECU（HEV CPU）等组成。

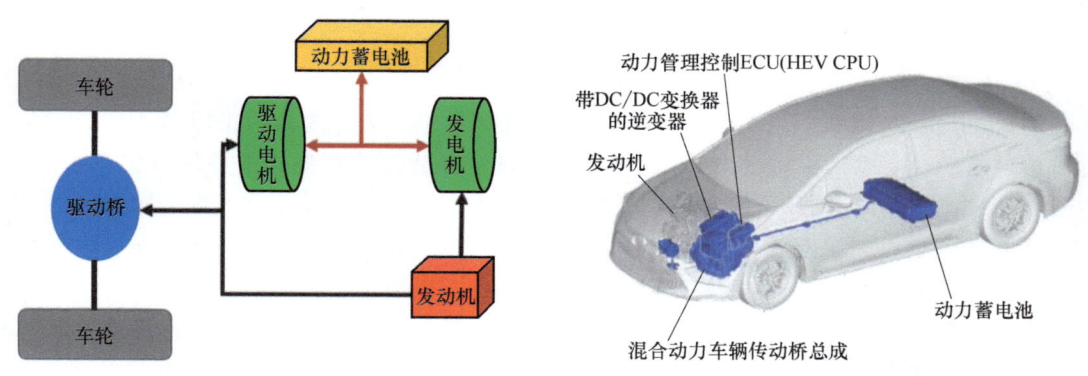

图 11-5　混联式混合动力电动汽车结构示意图　　图 11-6　丰田卡罗拉混合动力驱动系统组成

1）动力蓄电池。动力蓄电池安装在行李箱舱，它为一密封型镍氢电池，该电池包括 28 个模块（图 11-7），每个模块又由 6 个单格组成，由于每个单格的电压是 1.2V，所以总电压为：1.2V×6×28=201.6V。放电时，电流最大可达125A。如图11-8所示，动力蓄电池内部除了电池组，还有继电器、电池智能单元、维修开关、电池冷却鼓风机等部件。

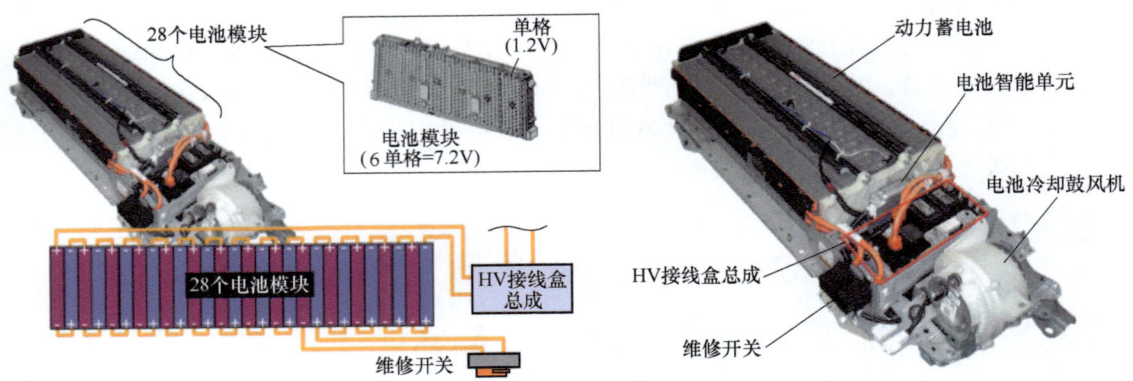

图11-7 动力蓄电池模块　　图11-8 动力蓄电池

动力蓄电池内部有3个主继电器（图11-9），用于接通或切断高压电，同时保护接触器触点。动力蓄电池电路接通时，SMRB和SMRP先闭合，由于SMRP电路接入电阻器，可控制接通电流；之后，SMRG工作而SMRP关闭，可以使SMRG电路中的触点避免受到强电流冲击而造成损坏。

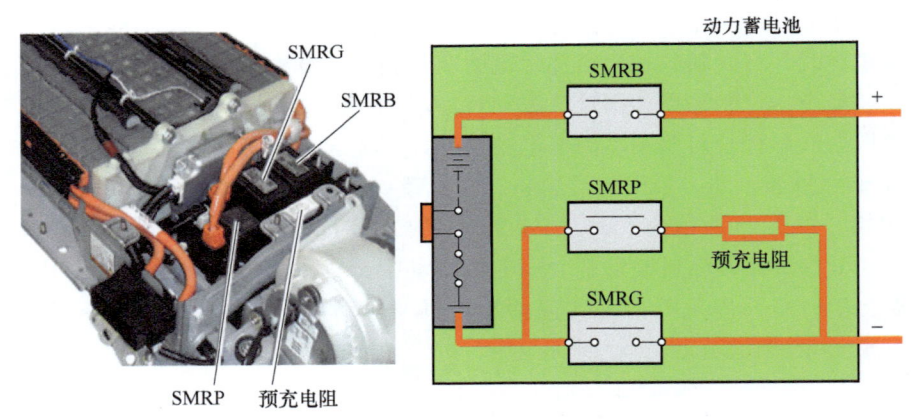

图11-9 动力蓄电池内部接触器

2) 发电机-电动机组（MG1和MG2）。它们安装在驱动桥内，用来驱动车辆、发电和提供再生制动。由发动机驱动的MG1产生高压电，对动力蓄电池充电并供电以驱动MG2。此外，通过调节发电量（改变发电机转速），MG1有效地控制传动桥的无级变速功能，同时MG1还可作为起动机来起动发动机。再生制动过程中，MG2将车辆的动能转换为电能，并存储到动力蓄电池内。

MG1和MG2为交流永磁同步电机，结构原理如图11-10所示，所使用的转子含有V形布局的高磁力永久磁铁，可最大程度地产生转矩。定子由低铁心耗损的硅钢片和可承受高压的电机绕组线束制成。

由图11-10可知，三相交流电经过定子线圈的三相绕组时，发电机-电动机组内产生旋转磁场，转子中的永久磁铁受到旋转磁场的吸引而产生转矩。通过控制旋转磁场与转子磁铁

模块 6　混合动力电动汽车的结构与维修

的角度，可以有效地产生大转矩和高转速。

MG1 和 MG2 的工作原理如图 11-11 所示。IPM 内的绝缘栅双极晶体管（IGBT）在 ON 和 OFF 之间切换，为电机提供三相交流电，基本原理与纯电动汽车类似。

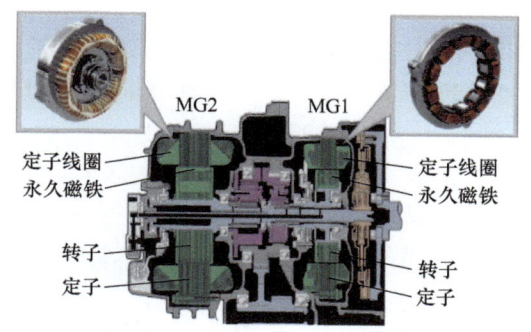

图 11-10　交流永磁同步电机工作原理

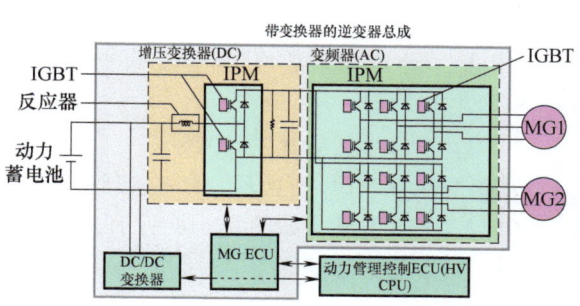

图 11-11　MG1 和 MG2 的工作原理

3）带变换器的逆变器总成。如图 11-12 所示，逆变器总成内部为多层结构，主要由电容、智能动力模块、反应器、MG ECU、DC/DC 变换器、变频器电流传感器、互锁开关等组成。

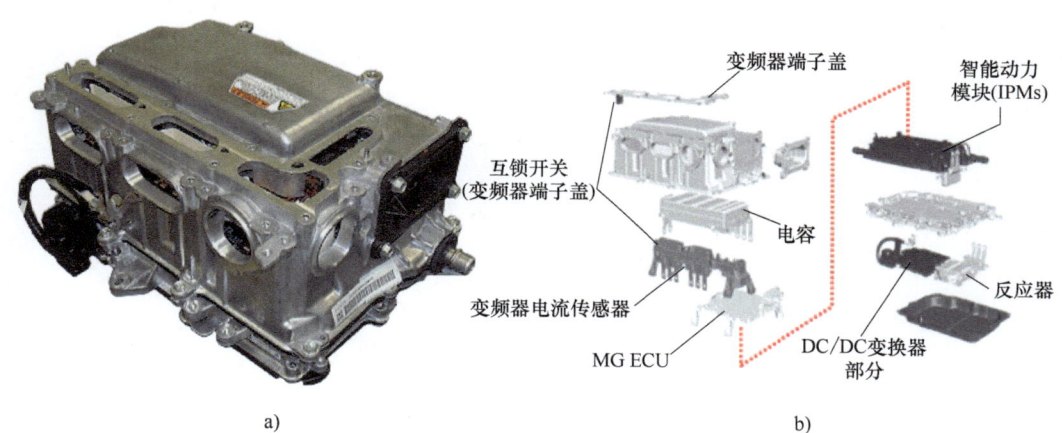

图 11-12　逆变器总成

a）外观　b）内部结构

它的工作原理如图 11-13 所示。增压变换器将动力蓄电池额定电压从 201.6V 的直流增高为最高 650V 的直流，反之可将 650V 的直流降低为 201.6V 的直流。变频器将来自增压变换器的直流电变换为用于 MG1 和 MG2 的交流电，反之也可以将驱动电机或发电机发出的交流电变换成直流电。DC/DC 变换器负责将动力蓄电池额定电压从 201.6V 的直流降低为大约 14V 的直流，为低压电气部件提供电力，并为辅助蓄电池再充电。MG

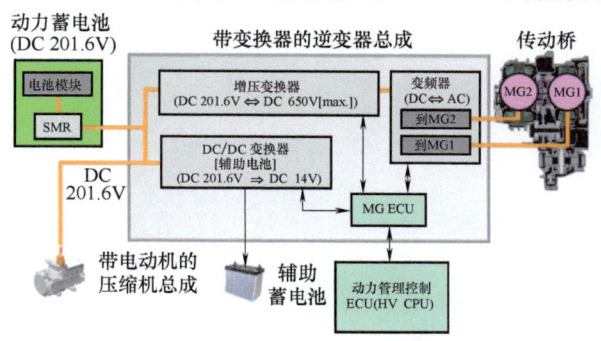

图 11-13　带转换器的逆变器工作原理

177

ECU根据自动力管理控制ECU的信号控制逆变器和增压变换器，从而使MG1和MG2作为发动机或电动机运行。

4）HV CPU。它也被称为动力管理控制ECU，负责执行混合动力系统的综合控制，具体有以下功能：

① 接收来自各传感器及ECU（ECM、MG ECU、蓄电池控制单元等）的信息，并基于这些信息，计算出所需的转矩及输出功率，动力管理控制ECU将计算的结果发送到其他ECU。

② 监视动力蓄电池的SOC。

③ 控制DC/DC变换器、HV水泵和动力蓄电池冷却鼓风机等。

（2）工作原理 如图11-14所示，卡罗拉混合动力系统工作时，HV CPU根据汽车工况，控制动力蓄电池输出高压电，同时也和逆变器建立连接通信，将201.6V的直流电进行增压，再经逆变器变换成三相交流电，使驱动电机运行。

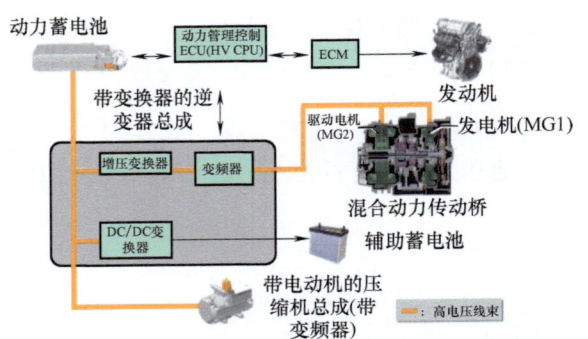

图11-14 丰田卡罗拉混合动力系统的工作原理

图11-15和图11-16为动力分配行星齿轮组的连接图，从图上可看出，丰田卡罗拉动力组件上有两套行星齿轮组件：动力分配行星组件和电机减速行星组件。前者分配动力，后者主要是起到减速作用。动力分配行星组件的行星架与发动机相连，太阳轮与发电机（MG1）相连，齿圈输出动力，电机减速组件的太阳轮则与电动机（MG2）相连，行星架固定，齿圈与动力分配行星组件的齿圈固连，可一起输出动力。

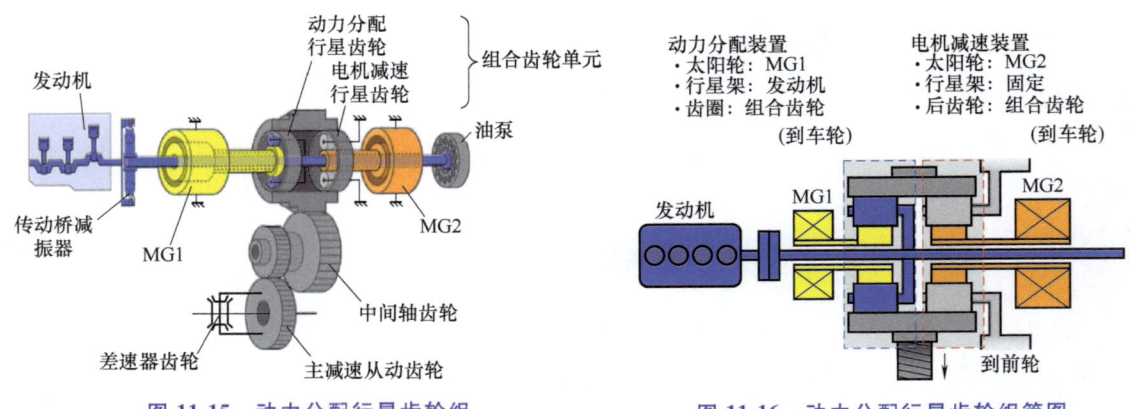

图11-15 动力分配行星齿轮组　　　　图11-16 动力分配行星齿轮组简图

根据行驶工况的不同，HV CPU会控制发动机、电动机、发电机或其他子系统相互协调工作，以满足具体工况的需求。图11-17所示为纯电动模式，此时动力蓄电池向MG2供电，从而提供驱动前轮的动力；图11-18所示为发动机与电动机混合驱动的模式，此时发动机通过行星轮驱动前轮时，也同时驱动MG1，以将产生的电力提供给MG2；图11-19所示为充电模式，此时动力蓄电池亏电，发动机通过行星轮带动 MG1，对动力蓄电池进行充电；图 11-20 所示为能量回馈模式，此时车辆是减速或制动状态，前轮的动能被回收并转换为电能，通过 MG2 向动力蓄电池再充电。

温馨提示：丰田卡罗拉混合动力系统工作原理视频可扫二维码资源 11.1 观看。

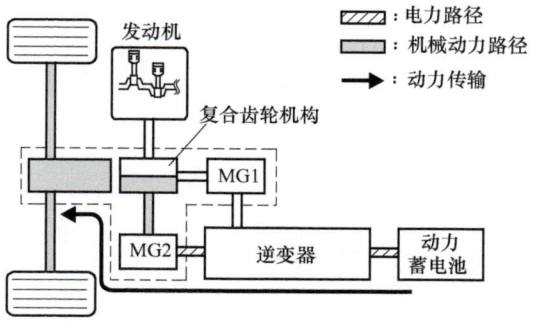

图 11-17　纯电动模式

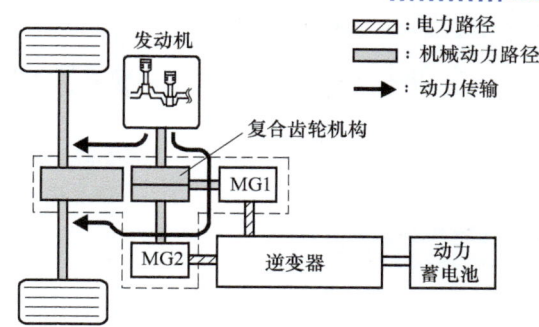

图 11-18　混合驱动模式

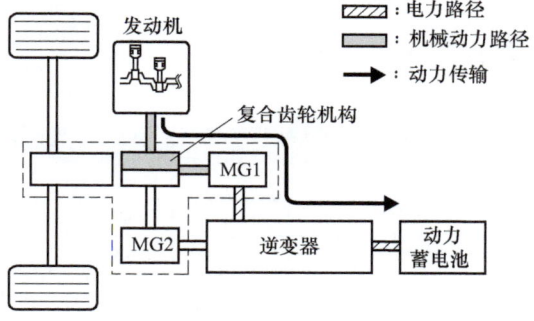

图 11-19　充电模式

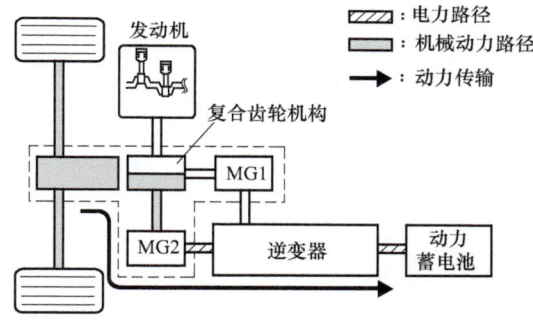

图 11-20　能量回馈模式

洋为中用中西结合——国产混合动力的崛起

以丰田为首的日系油电混合动力汽车在全球占据绝对地垄断地位，特别是丰田的 THS 混合动力系统，通过二十多年的迭代优化愈发成熟，创造了上百项垄断的专利技术，已经成了整个混合动力汽车市场的典范。

国内在这方面虽然起步较晚，但近几年已经有了巨大突破，如比亚迪 2021 年推出的第四代超级混动技术 DM-i，以大容量电池和高性能大功率扁线电机为设计基础，主要依靠大功率高效电机进行驱动，真正实现了多用电、少用油并且高效用油。长城汽车 2020 年推出柠檬混动 DHT，采用的双电机+燃油机系统，动力系统综合效率可以达到 50% 以上。吉利汽车 2021 年推出的雷神智擎 Hi·X，采用 DHE15（1.5TD）混动专用发动机，是世界首款量产增压直喷混动专用发动机，其发动机热效率高达 43.32%。无论在效率上还是油耗上，新推出的国产混合动力系统都具备同世界顶尖水平一战的实力，并且以实惠的价格打动了消费者，销量有了大幅提升。学习他国所长为我所用，我们要努力学习专业知识，服务国家，建设国家。

11.2 丰田卡罗拉混合动力电动汽车无法行驶的故障分析

根据丰田卡罗拉混合动力电动汽车的结构原理，混合动力系统故障可能原因如图 11-21 所示。

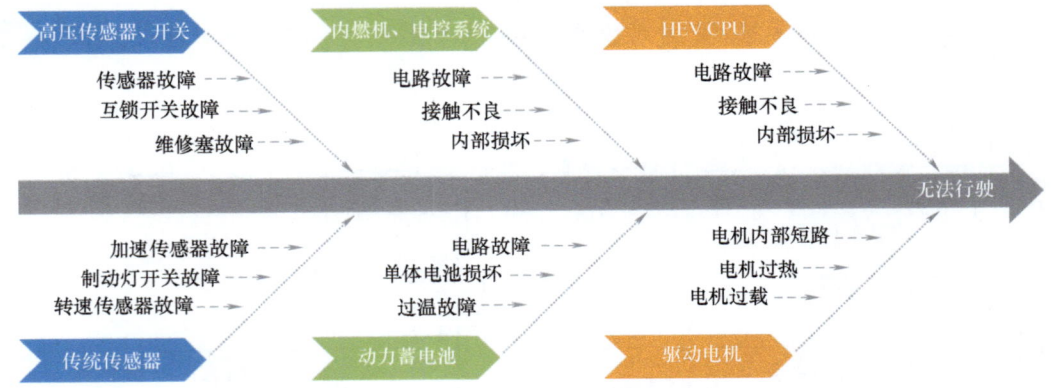

图 11-21　混合动力系统故障可能原因分析

11.3 丰田卡罗拉混合动力电动汽车动力系统维修准备

丰田卡罗拉混合动力电动汽车动力系统维修设备与材料准备见表 11-2。

表 11-2　维修设备与材料（按组配备）

名称	数量	名称	数量
丰田 TIS 诊断系统	1 台/组	1000V 绝缘手套	1 套/组
汽车万用表	1 台/组	手套、抹布等	1 批/组
常规拆装工具	1 套/组	电工胶布等	2 卷/组
扭力扳手	1 把/组	工作台	1 台/组
绝缘工具	1 套/组	示波器	1 台/组

任务实施

11.4 丰田卡罗拉混合动力电动汽车动力系统故障检查

1. 混合动力系统检测注意事项

1）检查高压系统务必采取安全措施，佩戴绝缘手套（图 11-22）；拆下维修开关把手，放在自己口袋中（图 11-23），以防别人拿到插上，造成触电事故。

图 11-22　佩戴绝缘手套

图 11-23　维修开关应放在自己口袋中

2）拆下维修开关后至少等待 10min 放电（图 11-24）。

3）拆下高压插接器后，要用绝缘胶带缠绕插接器以防接触异物。

4）动力系统重新激活时注意将电源开关置于 OFF 位置后，从辅助蓄电池负极端子上断开电缆前需要等待一定时间。

5）断开高压插头前，务必从辅助蓄电池负极端子上断开电缆，并用绝缘胶带缠绕高压插头。

6）应认真阅读车辆维修手册，尤其要熟悉动力系统控制电路的组成原理。图 11-25 所示为丰田卡罗拉动力系统控制的部分电路。

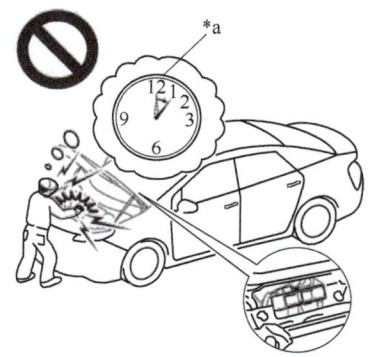

图 11-24　拆下维修开关等待 10min

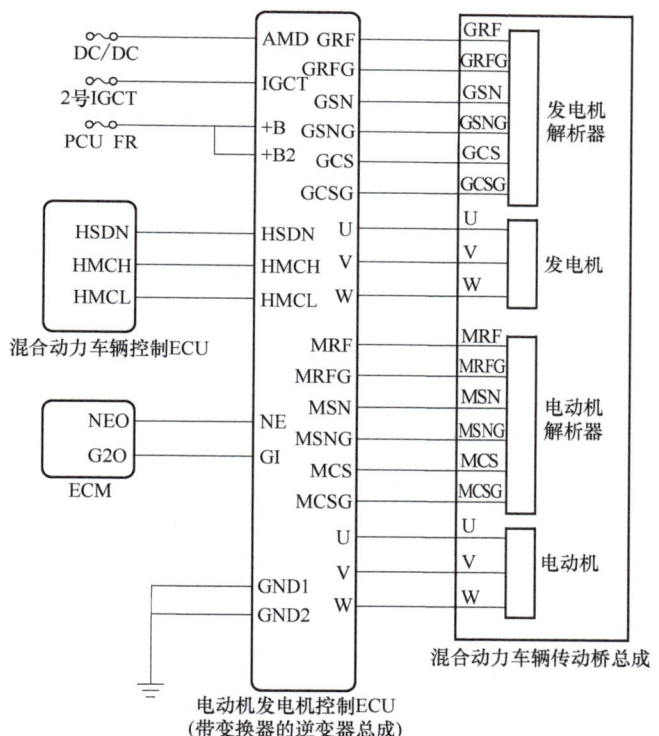

图 11-25　丰田卡罗拉动力系统控制电路（部分）

2. 外部直观检查

直观检查包括静态直观检查和动态直观检查。静态直观检查是指在未上电的情况下检查高压系统外部是否有破损、漏液，接头有无脱落、松动等现象，若有应予以排除；动态直观检查是指在上电情况下试车，观察是否有异响，是否出现客户描述的故障，初定是偶发性故障还是静态故障，进行初步的故障判断，并记录故障详细征兆。

3. 用丰田 TIS 诊断系统进行故障诊断

（1）**丰田 TIS 诊断系统**　丰田 TIS 诊断系统外观如图 11-26 所示。

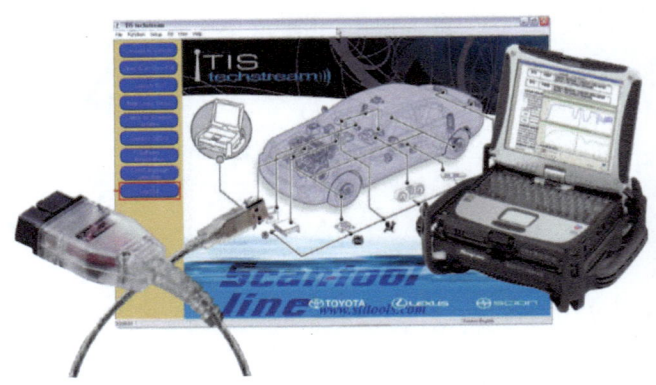

图 11-26 丰田 TIS 诊断系统外观

（2）**丰田 TIS 诊断系统功能** 丰田 TIS 诊断系统的功能包括：存储和传送车辆数据；无线或有线车辆诊断；查看监控状态的结果和细节，同时进行当前故障码、历史故障码查询；可进行车辆的重新编程。

（3）**丰田 TIS 诊断系统操作方法** 丰田 TIS 诊断系统的具体操作步骤如下：

1）车辆送入维修车间。

2）客户故障分析。

3）将智能检测仪连接到诊断接口 DLC3，电源开关置于 ON（IG）档，打开智能检测仪，如果检测仪上显示指示有通信故障，则检查 DLC3。

4）检查故障码（DTC）并保存定格数据。要注意以下几点：

① 确保定格数据，因为必须用这些数据进行模拟测试。

② 混合动力车辆控制系统有许多 DTC，其中一些可能由于单个故障而存储，因此，一些诊断程序中提供了说明以检查其他 DTC 和与其相对应的 INF 码。根据输出 DTC 和 INF 代码的组合遵循诊断路径，可尽早缩小故障范围并避免不必要的诊断。

5）清除 DTC 和定格数据。

6）进行目视检查。

7）确认故障症状。如果发动机不起动，则首先执行步骤 9）和 11）；结果若未出现故障请转至步骤 8）；出现故障则转至步骤 10）。

8）再现产生症状的条件。

9）检查 DTC。有 DTC 输出则转至步骤 10）；无则转至步骤 11）。

10）请参考 DTC 表。使用智能检测仪上的相同菜单显示混合动力控制系统和混合动力蓄电池系统的 DTC，有必要时检查混合动力控制系统和混合动力蓄电池系统的故障码表。

11）进行基本检查。如结果未确认故障零件则转至步骤 12）；确认则转至步骤 15）。

12）检查 ECU 电源电路。如结果未确认故障则进入步骤 13）；确认则转至步骤 16）。

13）进行电路检查。如结果未确认故障则进入步骤 14）；确认则转至步骤 16）。

14）检查是否存在间歇性故障。如结果未确认故障则进入步骤 15）；确认则转至步骤 16）。

15）进行零件检查。

16）识别故障。

17）调节和/或维修。

18）进行确认测试。

19）结束。

4. 用其他仪器进行故障诊断

可以采用万用表或示波器进行故障的辅助诊断和深入检测。图 11-27 所示为采用示波器检测的丰田卡罗拉电动机旋变信号波形。

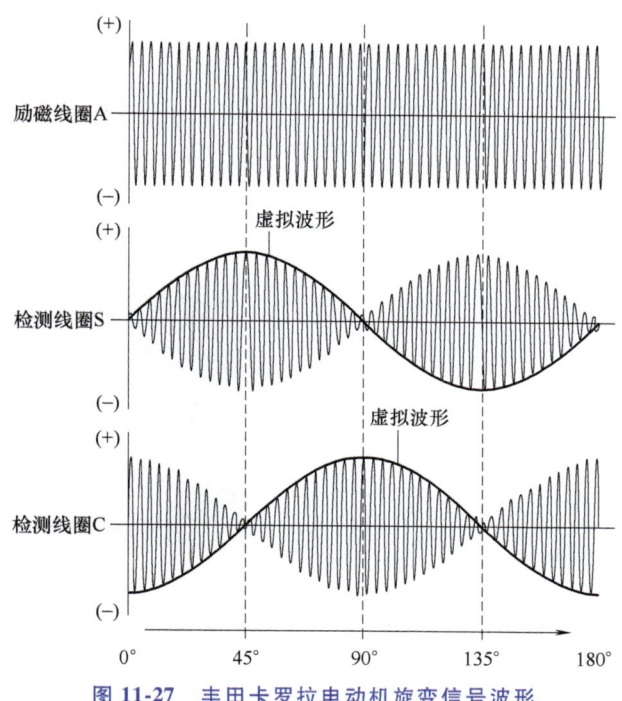

图 11-27　丰田卡罗拉电动机旋变信号波形

11.5　丰田卡罗拉混合动力电动汽车无法行驶的故障诊断维修

1. 故障诊断

丰田 TIS 诊断系统一般流程：将诊断仪连接到诊断插座 DLC3 上，接通点火开关（IG ON）；打开诊断仪电源，在系统选择屏幕上选择丰田品牌，自动识别车型为 COROLLA HV；进入菜单"传动链/混合控制/故障码"，读到的故障码为"P312387：驱动电机 A 和 HV ECU 之间失去通信"和"U011087：与驱动马达控制模块 A 失去通信-丢失信息"。

温馨提示：用丰田 TIS 系统进行故障诊断视频可扫二维码资源 11.2 观看。

出现通信故障原因通常是该模块的供电存在故障导致无法正常工作，或者模块之间总线连接故障导致数据无法传输。查看丰田混合动力系统电路图（图 11-28），带变换器的逆变器由 IGCT 继电器及 2 号 IGCT 熔丝供电，其中 IGCT 继电器由混合动力车辆控制 ECU 的 MREL 端子控制。混合动力控制 ECU 及带变换器的逆变器总成通过 HMCH 及 HMCL 连接通信。

接通点火开关（IG-ON），检查混合动力车辆控制 ECU 端子 MREL 的电压为 12V，正常；检查带变换器的逆变器总成 IGCT 端子的电压为 0V，异常；检查 2 号 IGCT 熔丝对地电压分别为 12V、0V；关闭点火开关，检查熔丝两端的电阻为无限大。通过上述检查分析，基本上确定了故障产生的原因是 2 号 IGCT 熔丝熔断导致带变换器的逆变器总成不能工作，车辆无法行驶。检查线路连接情况，发现带变换器的逆变器总成连接线路存在破损，并且与车架金属部件有接触（图 11-29）。因此，判断故障原因是供电线路保护层破损并与车身搭铁接触发生短路，导致熔丝熔断。

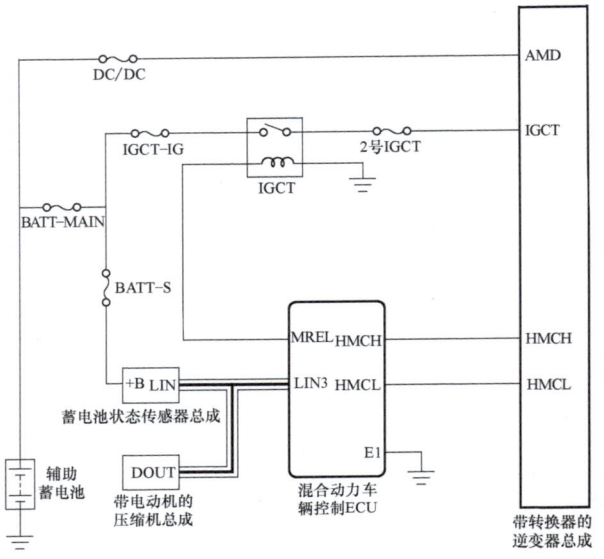

图 11-28　丰田混合动力系统电路图

图 11-29　带变换器的逆变器总成连接线路破损

温馨提示：混合动力系统转换器的检测视频可扫二维码资源 11.3 观看。

2. 故障排除

1) 修复破损的线路保护层，更换 2 号 IGCT 熔丝。
2) 接通点火开关（IG-ON），检查带变换器的逆变器总成 IGCT 端子的电压为 12V。
3) 试车，清除故障码，并确认故障码不再出现。

最终变频器正常工作，仪表各项显示均正常，故障排除。

任务总结

1) 混合动力电动汽车一般是指能够至少从消耗的燃料和可再充电电能储存装置两类车载存储的能量中获得动力的汽车。
2) 混合动力电动汽车的主要特点是排气污染少、节能、续驶里程长、可以利用现有的加油站加油，但长距离高速行驶基本不能省油。
3) 混合动力系统主要由动力蓄电池、发动机、发电机、驱动电机、控制器等组成。
4) 混合动力电动汽车在动力蓄电池处于电量饱满状态，其能量输出可以满足车辆要求，发动机不需要工作；当动力蓄电池电量低于一定值时，发动机在控制器控制下自动起动,带动发电机发电,为驱动电机提供能量,同时还给动力蓄电池进行充电;当车辆能量需求较大时,发动机与动力蓄电池同时为汽车提供能量,驱动车辆行驶;当车辆减速或制动时,发动机与动力蓄电池都停止对外供给能量,在控制器的控制下,驱动电机转换为发电机,回收减速和制动能量,向动力蓄电池充电。

5)混合动力电动汽车按照混合度可分为弱混、中混和强混3种;按照能否外部充电分为可外接充电式和不可外接充电式;按照发动机与电动机的连接分为增程式和普通式;按动力系统结构形式分为串联式、并联式和混联式3种形式。

6)丰田卡罗拉电机驱动部分由动力蓄电池、带变换器的逆变器、发电机、电动机、动力管理控制ECU(HEV CPU)等组成。

7)丰田卡罗拉混合动力系统的故障检查方法有直观检查、TIS诊断设备智能检测、万用表测量检查和示波器检测几种。

8)本任务丰田卡罗拉混合动力电动汽车出现"无法行驶"的故障是由于线路短路导致2号IGCT熔丝熔断,带变换器的逆变器无法正常工作引起。

学 习 工 单

任务 11　丰田卡罗拉混合动力电动汽车无法行驶故障的诊断与维修

学生姓名		学生班级		小组名称/组长	
汽车型号		动力蓄电池型号		实训地点/时间	
客户报修	丰田卡罗拉混合动力电动汽车（型号为ZWE182）在起动车辆时，仪表盘提示"混合动力系统故障，请到经销店检查"，READY灯没有点亮，车辆无法行驶。				
主要设备、工具和资料					

子任务 1　写出混合动力电动汽车的直观检查步骤和结果，并说明注意事项。

子任务 2　观看采用故障诊断仪检测混合动力系统的视频（可扫二维码  资源11.2观看）。采用故障诊断仪进行混合动力系统的故障检测，写出检测步骤和结果，并说明注意事项。

子任务 3 观看采用万用表检测混合动力系统的视频（可扫二维码资源 11.3 观看）。采用万用表进行混合动力系统的故障检测，写出检测步骤和结果，并说明注意事项。

子任务 4 结合上述检查结果，分析丰田卡罗拉仪表提示混合动力系统故障的原因。

子任务 5 完成下列关于混合动力电动汽车的知识测评作业。
1）关于混合动力电动汽车的主要特点，下列描述正确的是（   ）。
A. 排气污染少　　B. 节能　　C. 续驶里程长　　D. 长距离高速行驶非常省油
2）关于混合动力电动汽车的结构与原理，下列描述正确的是（   ）。
A. 车辆制动时，电动机转换为发电机，回收制动能量，向动力蓄电池充电
B. 在车辆行驶之初，动力蓄电池处于电量饱满状态，发动机不需要工作
C. 当动力蓄电池电量低于一定值时，发动机自动起动，为驱动电机提供能量
D. 当车辆能量需求较大时，发动机与动力蓄电池同时为汽车提供能量，驱动车辆行驶
3）关于丰田卡罗拉动力管理控制 ECU，下列描述正确的是（   ）。
A. 接收来自各传感器及 ECU 的信息，计算出所需的转矩及输出功率，发送到其他 ECU
B. 将动力蓄电池额定电压从 201.6V 的直流增高为最高 650V 的直流
C. 监视动力蓄电池的 SOC
D. 控制 DC/DC 变换器、HV 水泵和动力蓄电池冷却鼓风机等
4）检测混合动力系统时，需要注意的事项包括（   ）。
A. 检查高压系统务必采取安全措施，佩戴绝缘手套，拆下维修开关把手，放在自己口袋中
B. 拆下维修开关后至少等待 10min 放电
C. 拆下高压插接器后，要用绝缘胶带缠绕插接器以防接触异物
D. 动力系统重新激活时注意将电源开关置于 OFF 位置后，从辅助蓄电池负极端子上断开电缆前需要等待一定时间

5）根据混合动力电动汽车的总体组成，请在下图中空白处填入部件名称，并说明其有哪些工作模式与能量流动方向。

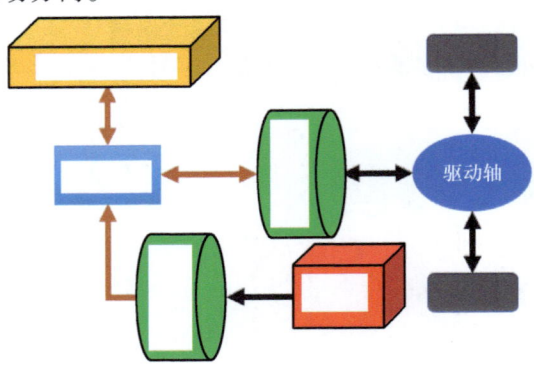

混合动力电动汽车的工作模式及能量流动方向：

子任务 6　任务交流（学生学习小组制作任务完成情况交流发言稿，推举代表发言）。

子任务 7　任务评价（根据上述实操、作业和交流情况，进行任务自评、小组互评和综合评价，其中自评、小组互评满分各占 25 分，教师综合测评满分 50 分）。

自评（评语及评分）：

签名：
年　月　日

小组互评（评语及评分）：

组长签名：
年　月　日

综合评分与 教师评价	
	教师签名： 年　月　日

任务12　比亚迪秦混合动力电动汽车 EV 模式失效故障的诊断与维修

任务接受

客户报修：比亚迪秦 Pro DM 混合动力电动汽车在电动模式（EV）无法行驶，在行驶中仪表盘突然显示"请检查动力系统"字样；车辆强制进入 HEV 模式，手动无法切换到 EV 模式，同时出现减速和制动过程中都无法实现能量回收、无"OK"灯显示等故障现象。

学习目标

1）能说出比亚迪秦 Pro DM 混合动力系统的结构组成特点。
2）能描述比亚迪秦 Pro DM 混合动力系统的工作模式。
3）学会比亚迪秦 Pro DM 混合动力系统故障的检测与诊断。
4）能列出比亚迪秦 Pro DM 混合动力系统故障诊断与维修的注意事项。
5）培养具备良好的职业道德与情操，打造成为具有现代工匠精神的汽车人才。

任务准备

12.1　比亚迪秦 Pro DM 混合动力电动汽车的信息收集

1. 比亚迪秦 Pro DM 的基本参数

比亚迪秦 Pro DM 混合动力电动汽车（以下简称比亚迪秦 Pro DM）的外观如图 12-1 所示，其组合仪表如图 12-2 所示，其主要动力参数见表 12-1。

图 12-1　比亚迪秦 Pro DM 外观

图 12-2　比亚迪秦 Pro DM 组合仪表

表 12-1　比亚迪秦 Pro DM 主要动力参数

项　　目		参　　数
最高车速/(km/h)		185
0—100km/h 加速时间/s		5.9
发动机	型号	BYD476ZQA
	类型	涡轮增压/缸内直喷/分层燃烧/可变气门正时/全铝合金发动机

(续)

项　目		参　数
发动机	排量/L	1.497
	额定功率/kW	113@ 5200r/min
	额定转矩/N·m	240@ 1750~3500r/min
	排放标准	国 V
动力蓄电池	类型	三元锂电池
	额定容量/kW·h	10
	工作电压/V	501.6
	电池管理系统	智能型分布式电池管理系统
驱动电机	类型	交流永磁同步电机
	型号	BYD-TYC110A
	额定功率/kW	40
	最大功率/kW	110
	最高转速/(r/min)	12000
	最大转矩/N·m	250
HEV 综合工况油耗/(L/100km)		2.0[①]
EV 综合纯电动续驶里程/km		≥70

① 实际油耗、电耗与车况、道路条件、驾驶习惯等因素有关。

 在平凡岗位上诠释工匠精神

　　比亚迪股份有限公司早期的混合动力汽车动力蓄电池连接方式采取螺纹连接，由于动力蓄电池放电倍率最高可达到 30C，在车辆加速过程中容易导致电池发热量很大，严重影响电池的性能和寿命。为了解决这一缺陷，郑卫鑫工程师和工作团队在技术攻坚中，大胆创新，敢为人先，采用焊接的方式来降低接触阻抗，利用一种叫电磁脉冲焊的技术，克服了铜和铝焊接的难点，成功地解决了动力蓄电池发热问题。

　　在这技术更新的时代里，比亚迪的工程师们在平凡的岗位上用自己的行动，诠释着什么是工匠精神，并呼唤着工匠精神的回归。

2. 比亚迪秦 Pro DM 动力系统的基本组成与工作原理

（1）**基本组成**　比亚迪秦 Pro DM 采用第三代 DM 混动系统，主要由发动机控制系统与驱动电机控制系统两部分组成，发动机采用 BYD476ZQA 电控汽油机，驱动电机型号为 BYD-TYC110A。驱动电机控制系统主要由动力蓄电池及其管理控制器、驱动电机及其控制器、充电系统和高压配电箱等部件组成（图 12-3），其高压系统在车上的布置如图 12-4 所示。

📄 **温馨提示**：比亚迪秦 Pro DM 高压系统部件位置视频可扫二维码资源 12.1 观看。

资源 12.1

模块 6　混合动力电动汽车的结构与维修

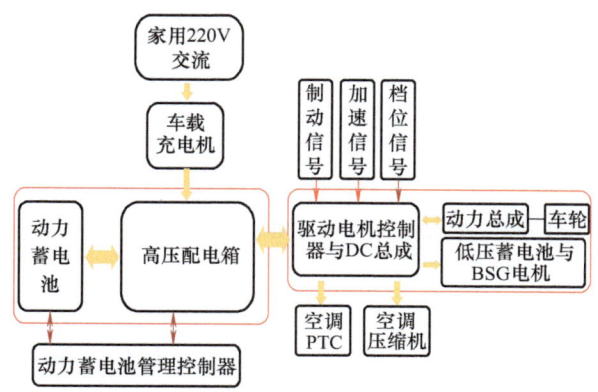

图 12-3　整车高压部分组成

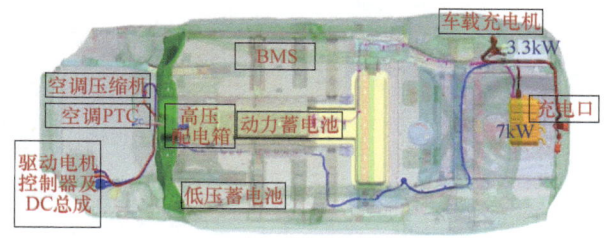

图 12-4　比亚迪秦 Pro DM 高压系统在车上的布置

（2）工作原理　比亚迪秦 Pro DM 工作模式通过模式切换开关（图 12-5）进行选择，"EV"按键上的指示灯（绿色）点亮表示在 EV 模式。如果这时逆时针旋转中间的旋钮，就进入 ECO（经济）模式，在保证动力的情况下，最大限度节约电量；如果这时顺时针旋转中间的旋钮，则进入 SPORT（运动）模式，以保证较好的动力性能。

当按下"HEV"按钮，其指示灯（绿色）点亮则表示在 HEV 模式，这时逆时针旋转旋钮，进入 ECO 模式，此时为了保证较好的经济性和动力性，电量低于 5% 时，发动机会起动保持工作；当电量大于 5% 且车速较低时，将不会起动发动机。如果顺时针旋转旋钮，则进入 SPORT（运动）模式，发动机会一直工作，来保持最充沛的动力。

比亚迪秦 Pro DM 有以下两种工作模式：

1）EV（纯电动）工作模式。如图 12-6 所示，在 EV 工作模式下，动力蓄电池提供电

图 12-5　模式切换开关

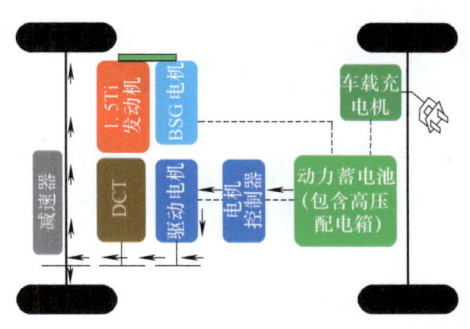

图 12-6　EV 模式

能给驱动电机，以驱动车辆行驶，可以满足各种工况行驶，如起步、倒车、怠速、急加速、匀速行驶等。

2）HEV（混合动力）工作模式。其工况特点如下：

① 将模式切换开关选择 HEV 模式后，车辆由发动机和驱动电机适时驱动（图 12-7），实现了最佳的动力性和良好的经济性。当有足够电能时，车辆在中低速行驶工况下使用 EV 工作模式；在高速时，BSG 起动发动机，此后 BSG 电机与驱动电机均不工作，由发动机直接驱动车辆。

② 当电量不足 15% 时，在起动过程中，BSG 电机提前拉升发动机的转速，越过低速抖动区间再点火，实现发动机快速平稳地起动。在车辆以较稳定的速度行驶时，由发动机驱动车辆；同时也会驱动 BSG 电机进行发电，对动力蓄电池进行充电（图 12-8），通过实现小功率范围内的"串联"，弥补第二代 DM 混动系统馈电能力弱的缺点。

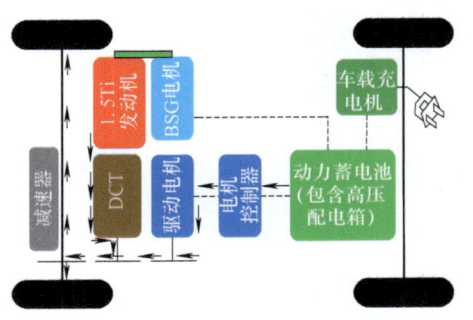
图 12-7　HEV-动力模式

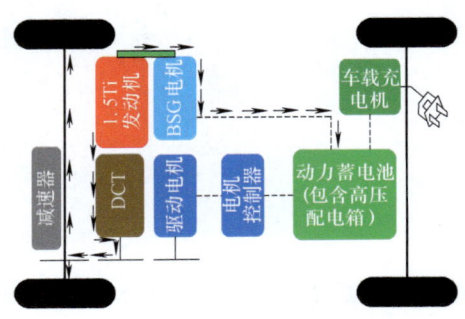
图 12-8　电量不足时的 HEV 模式

③ 当电量下降到 5% 或高压系统故障时，12V 起动机可以起动发动机，保存了起动系统的独立性，使发动机实现单独驱动模式（图 12-9）。

④ 在能量回收工作模式（图 12-10），汽车减速滑行或制动时，发动机不工作，驱动电机负责将机械能转化为电能，降低动能并向动力蓄电池充电，实现能量回收。

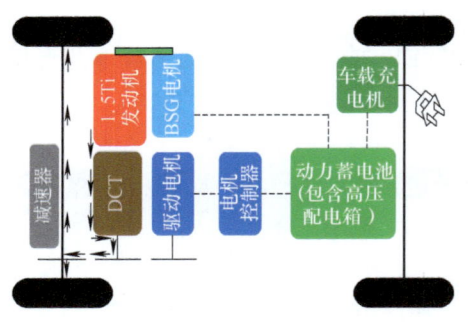
图 12-9　发动机单独驱动模式

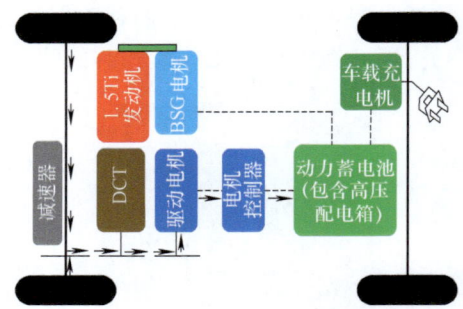
图 12-10　能量回收工作模式

3. 比亚迪秦 Pro DM 动力系统主要控制部件结构特点

比亚迪秦 Pro DM 动力系统的动力蓄电池及其管理器、驱动电机及其控制器、充电系统和高压配电箱的基本结构原理与纯电动汽车基本类似,下面重点介绍档位控制器和驱动电机控制器。

(1) **档位控制器**　比亚迪秦 Pro DM 采用先进的线控换档系统,通过电控方式来选择前进档、倒档、空档和驻车档。档位信号由档位控制器(图 12-11)总成进行采集及处理,档位控制器在布置时靠近档位执行器总成,避免因线束过长导致信号不稳的现象。换档完毕后,变速杆可以自动回正以减少误操作。

(2) **驱动电机控制器**　驱动电机控制器与 DC 总成集成在一起(图 12-12),安装在前舱左侧。

图 12-11　档位控制器

图 12-12　驱动电机控制器与 DC 总成

驱动电机控制器作为动力系统的总控中心,其作用包括:驱动电机的运行,根据工况控制电机的正反转、功率、转矩、转速等;协调发动机管理系统工作;硬件采集电机的旋转变压器温度,制动、加速踏板开关信号通过 CAN 通信采集制动踏板深度、档位信号、驻车开关信号、起动命令、电池管理控制器相关数据、控制器的故障信息;内部处理的信号有直流侧公线电压、交流侧三相电流、IGBT 温度、电机的三相绕组阻值。其功能要求见表 12-2。

表 12-2　驱动电机控制器功能

电机控制	转矩控制	整车控制	ESC/Has-Hev 匹配
	功率控制		档位控制
	能量回馈功能		软件更新功能
	爬坡助手功能		状态管理
整车控制	辅助整车上电/掉电功能	安全控制	异常处理功能
	经济模式、运动模式		制动优先功能
	动力系统防盗功能		辅助 BMS 进行烧结检测功能
	巡航控制功能		泄放电功能、卸载功能

控制器功能较多,针对双模控制、一键起动上电和防盗功能介绍如下(图 12-13):根据 BCM 发出的起动开始指令,电机控制器开始与 IKEY(智能钥匙)和 ECM 进行防盗对码;对码成功后防盗解除,电机控制器发出起动允许指令给 BMS,开始进行预充;预充成功后

OK 灯点亮；若预充失败，电机控制器起动发动机，OK 灯也将点亮。

驱动电机控制器系统框图如图 12-14 所示。

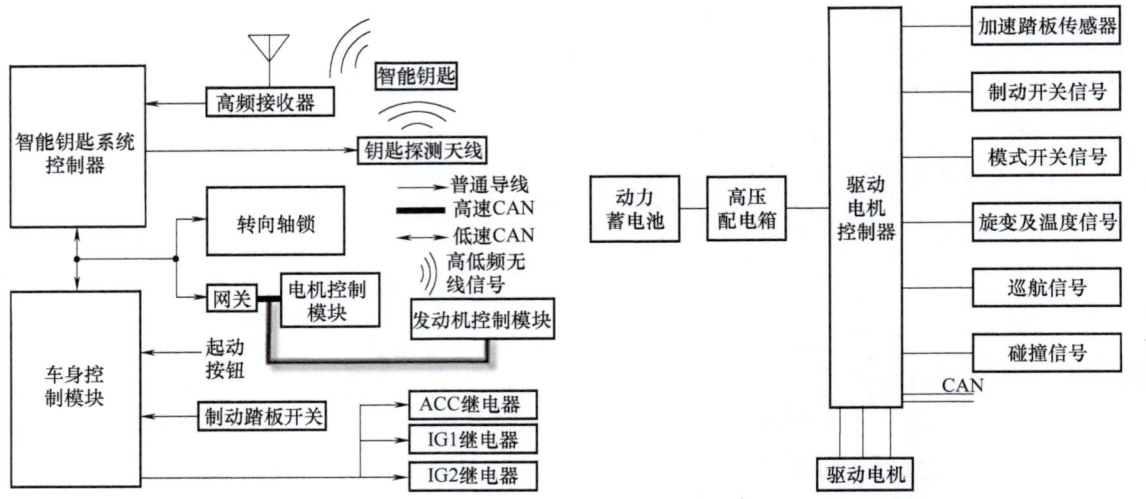

图 12-13 双模控制、一键起动上电和防盗功能　　　图 12-14 驱动电机控制器系统框图

4. 整车控制系统的工作原理

整车控制系统通过网关与 CAN 总线（EV BUS）协调动力蓄电池管理系统、电机控制器、空调系统等模块相互通信，如图 12-15 所示。

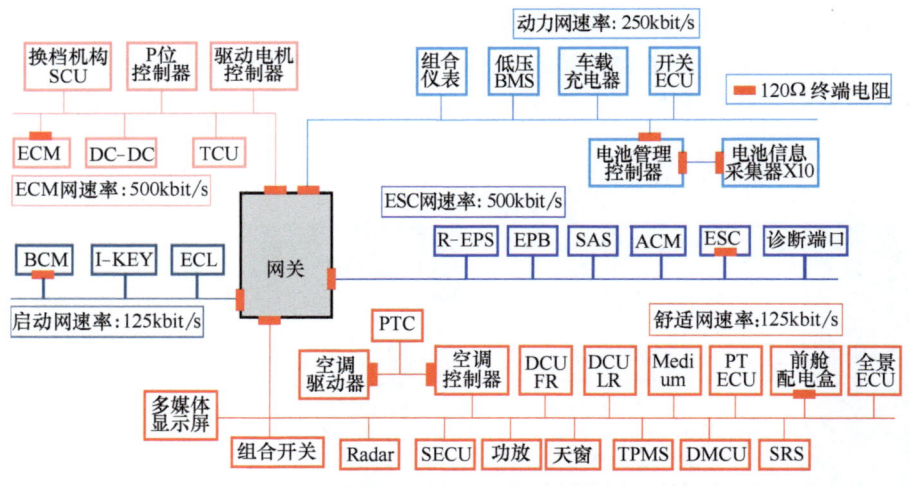

图 12-15 整车控制系统工作原理及网络拓扑图

12.2　比亚迪秦 Pro DM EV 模式失效的故障分析

根据比亚迪秦电动汽车结构原理，EV 模式失效故障可能原因如图 12-16 所示。

12.3　比亚迪秦 Pro DM 维修准备

比亚迪秦 Pro DM 维修设备与材料准备见表 12-3。

模块 6 混合动力电动汽车的结构与维修

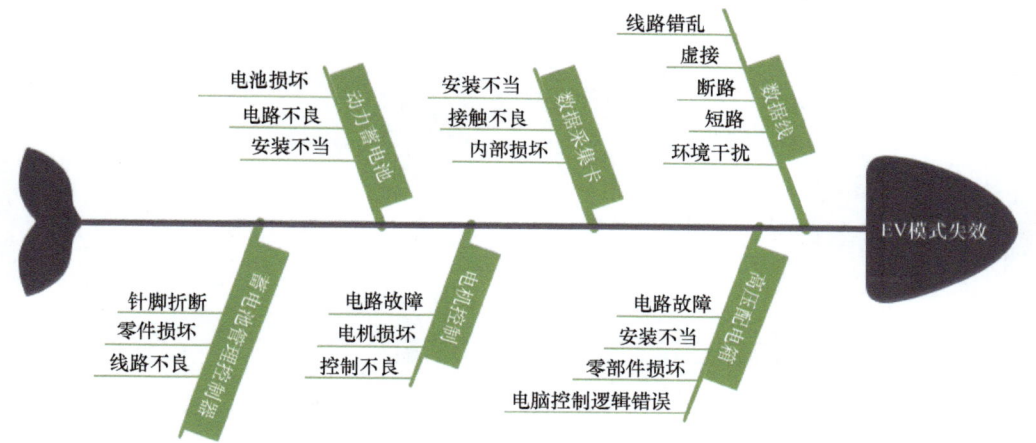

图 12-16 EV 模式失效故障可能原因分析

表 12-3 维修设备与材料

名 称	数 量	名 称	数 量
元征 X-431 故障诊断仪	1 台/组	1000V 绝缘手套	1 套/组
汽车万用表	1 台/组	手套、抹布等	1 批/组
常规拆装工具	1 套/组	电工胶布等	1 卷/组
工作台	1 台/组	绝缘检测仪	1 台/组

12.4 比亚迪秦 Pro DM 的故障检查

1. 外部直观检查

先检查动力系统各零部件、控制器外部是否损坏，各高压导线是否损坏，插头是否脱落、松动，有无漏液、漏油，切换按键是否损坏等直观的现象，并予以排除。

2. 故障诊断仪检查

因故障牵连到众多系统，请参照维修手册中的步骤、方法和注意事项进行，下面以驱动电机控制器诊断为例加以说明，其流程如下：

1）检查低压蓄电池电压及整车低压线束供电是否正常。标准电压为 11~14V，如果低于 11V，应更换低压蓄电池或检查整车低压线束。

2）将诊断仪连接 DLC3 诊断口，如果提示通信错误，则可能是车辆 DLC3 诊断口出现问题，也可能是诊断仪问题。

可以检测 DLC3 诊断口电源线是否有 12V 电压，搭铁线是否小于 1Ω，检查 CAN 总线是否完好，如果都完好，则需更换诊断仪再试一试。

3）对接好诊断仪插接线，电源档位置于 ON 档，若仍无法读取故障码，则需要检修驱动电机控制器与 DC 总成电源双路电和 DC 电源接地的相关情况（图 12-17）。

4）若有故障码（表 12-4）出现，则根据故障码进行调整、维修或更换，最后确认测试。

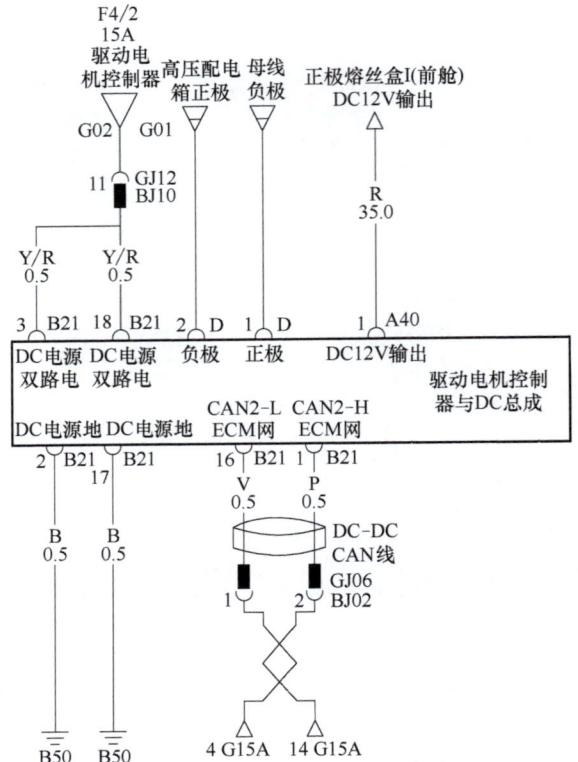

图 12-17 驱动电机控制器与 DC 总成电源双路电

表 12-4 驱动电机控制器故障码表

序号	故障码	描述	序号	故障码	描述
1	P1B0000	驱动电机过电流	12	P1B0B00	巡航开关信号故障
2	P1B0100	IPM 故障	13	P1B0C00	DSP 复位故障
3	P1B0200	电机过温报警	14	P1B0F00	主动泄放故障
4	P1B0300	IGBT 过温报警	15	P1B1000	水泵驱动故障
5	P1B0400	水温过高报警	16	P1B1100	旋转变压器故障-信号丢失
6	P1B0500	高压欠压	17	P1B1200	旋转变压器故障-角度异常
7	P1B0600	高压过压	18	P1B1300	旋转变压器故障-信号幅值减弱
8	P1B0700	电压采样故障	19	P1B1400	电机缺 A 相
9	P1B0800	碰撞信号故障（硬线）	20	P1B1500	电机缺 B 相
10	P1B0900	开盖保护	21	P1B1600	电机缺 C 相
11	P1B0A00	EEPROM 错误			

5）若无故障码出现，则要调取相应的数据流，进行全面分析，再进行调整、维修或更换，最后确认测试。

温馨提示：比亚迪秦 Pro DM 旋转变压器故障码和数据流的读取方法视频可扫二维码资源 12.2 观看。

3. 万用表终端检测

（1）检查 B21 接插件端子 断开驱动电机控制器与 DC 总成低压 B21 接插件，用万用表测量线束端输入电压；之后接回 B21 接插件，测量各端子（图 12-18），其正常值见表 12-5。

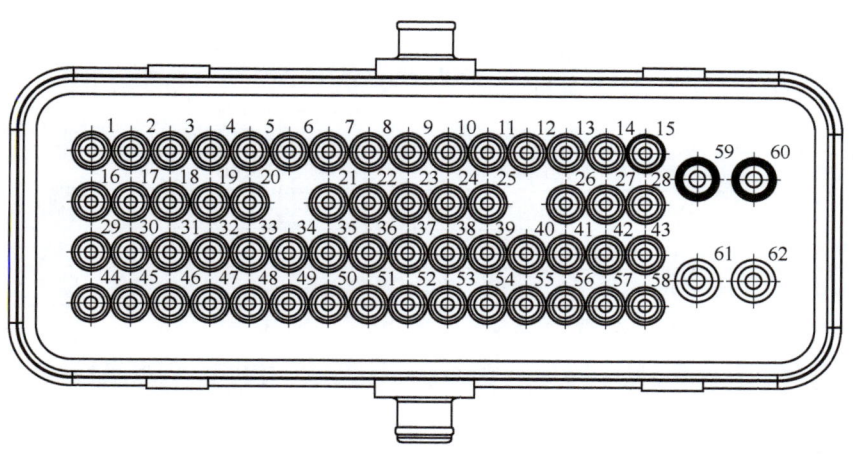

图 12-18 B21 接插件端子

表 12-5 各端子正常值

连接端子	引脚名称/功能	条件	正常值
B21-30～B21-45	SIN- 正弦-	OFF 档	15～19Ω
B21-31～B21-46	COS- 余弦-	OFF 档	15～19Ω
B21-32～车身地	预留	预留	预留
B21-32	预留	预留	预留
B21-34	/FAN_H_OUT 风扇高速输出（空）	预留	预留
B21-35～B21-61	/PUMP_OUT 水泵输出	ON 档 水泵未工作	10～14V
		OK,EV 模式水泵工作	小于 1V
B21-36～B21-37	CANL CAN 信号低	OFF 档	54～69Ω
B21-37～B21-36	CANH CAN 信号高	OFF 档	54～69Ω
B21-38～车身地	GND2 电机温度地	OFF 档	小于 1Ω
B21-39～B21-11	CURISE_IN 巡航信号	OFF 档	2150～2190Ω
B21-40～车身地	WATER_T_IN 水温信号	ON 档	0～5V 模拟信号
B21-41～车身地	DC_GAIN1 加速踏板深度信号 1	ON 档	0～5V 模拟信号
B21-42～车身地	GND 制动踏板深度屏蔽地	OFF 档	小于 1Ω
B21-43～车身地	+5V 制动踏板深度电源 2	ON 档	4.5～5.5V
B21-44～车身地	EXCOUT 励磁+	OFF 档	7～10Ω
B21-45～B21-30	SIN+ 正弦+	OFF 档	15～19Ω
B21-46～B21-31	COS+ 余弦+	OFF 档	15～19Ω
B21-47～车身地	GND 旋变屏蔽地	OFF 档	小于 1Ω

（续）

连接端子	引脚名称/功能	条件	正常值
B21-48~车身地	/IN_FEET_BRAKE 制动踏板信号	预留	预留
B21-49~车身地	/BAT-OFF-OUT 起动电池切断继电器	预留	预留
B21-50	/FAN_L_OUT 风扇低速输出（空）	预留	预留
B21-51~车身地	GND(CAN)CAN 屏蔽地	OFF 档	小于 1Ω
B21-52~车身地	/IN_EMACHINE 电机过温		
B21-53~车身地	STATOR_T_IN 电机绕组温度	ON 档	0~5V 模拟信号
B21-54~车身地	PRESSURE_IN 水压检测信号	预留	预留
B21-55~车身地	GND 加速踏板深度屏蔽地	OFF 档	小于 1Ω
B21-56~车身地	DC_GAIN2 加速踏板深度信号 2	ON 档	0~5V 模拟信号
B21-57~车身地	DC_BRAKE1 制动踏板深度 1	ON 档	0~5V 模拟信号
B21-58~车身地	DC_BRAKE2 制动踏板深度 2	ON 档	0~5V 模拟信号
B21-59~车身地	GND(VCC)外部电源地	OFF 档	小于 1Ω
B21-60~B21-61	VCC 外部 12V 电源	ON 档	10~14V
B21-61~车身地	GND(VCC)外部电源地	OFF 档	小于 1Ω
B21-62~B21-61	VCC 外部 12V 电源	ON 档	10~14V
B21-4~B21-61	/HV_LOCK2 高压互锁输入 2	ON 档	PWM 信号
B21-5~B21-61	/PUMP_TEST 水泵检测输入	OK 档,EV 模式	10~14V
B21-6	预留	预留	预留
B21-7	预留	预留	预留
B21-8	预留	预留	预留
B21-9~B21-61	CRASH-IN 碰撞信号	ON 档	PWM 信号
B21-10~车身地	GND 水温检测电源地	OFF 档	小于 1Ω
B21-11~B21-39	GND 巡航信号地	OFF 档	2150~2190Ω
B21-12~B21-61	GND 加速踏板深度电源地 1	OFF 档	小于 1Ω
B21-13~B21-61	GND 加速踏板深度电源地 2	OFF 档	小于 1Ω
B21-14~B21-61	GND 制动踏板深度电源地 2	OFF 档	小于 1Ω
B21-15~B21-61	+5V 制动踏板深度电源 1	ON 档	0~5V 模拟信号
B21-19~B21-61	/IN_HAND_BRAKE 驻车制动信号	ON 档	0~12 高低电平信号
B21-20~车身地	/HV-LOCK1 高压互锁输入 1	ON 档	PWM 信号
B21-21	调试 CAN 高	预留	预留
B21-22	调试 CAN 低	预留	
B21-23~车身地	KEY_CONTROL 钥匙信号	预留	预留
B21-24~车身地	GND 水压检测地	预留	预留
B21-25~车身地	+5V 水压检测电源	预留	预留
B21-26~车身地	+5V 加速踏板深度电源 1	ON 档	0~5V 模拟信号
B21-27~车身地	+5V 加速踏板深度电源 2	ON 档	0~5V 模拟信号
B21-28~车身地	GND 制动踏板深度电源地 1	OFF 档	小于 1Ω
B21-29~B21-44	/EXCOUT 励磁-/EXCOUT	OFF 档	7~10Ω

（2）驱动电机控制器传感器及执行器的检查

1）旋转变压器检测 具体步骤如下：

① 检查正弦、余弦、励磁线圈阻值。电源档位置于 OFF 档，拔掉电机控制器低压接插件。对照旋转变压器系统电路图（图 12-19），用万用表检查在低压接插件上的相应旋转变压器中正弦、余弦、励磁的阻抗，标准值见表 12-6。

表 12-6 旋转变压器标准值

连接端子	端子描述	线色	条件	正常值
B21-45~B21-30	正弦线圈	Y/G	OFF 档	12~19Ω
B21-46~B21-31	余弦线圈	Y/L	OFF 档	12~19Ω
B21-44~B21-29	励磁线圈	Y/O	OFF 档	7~10Ω

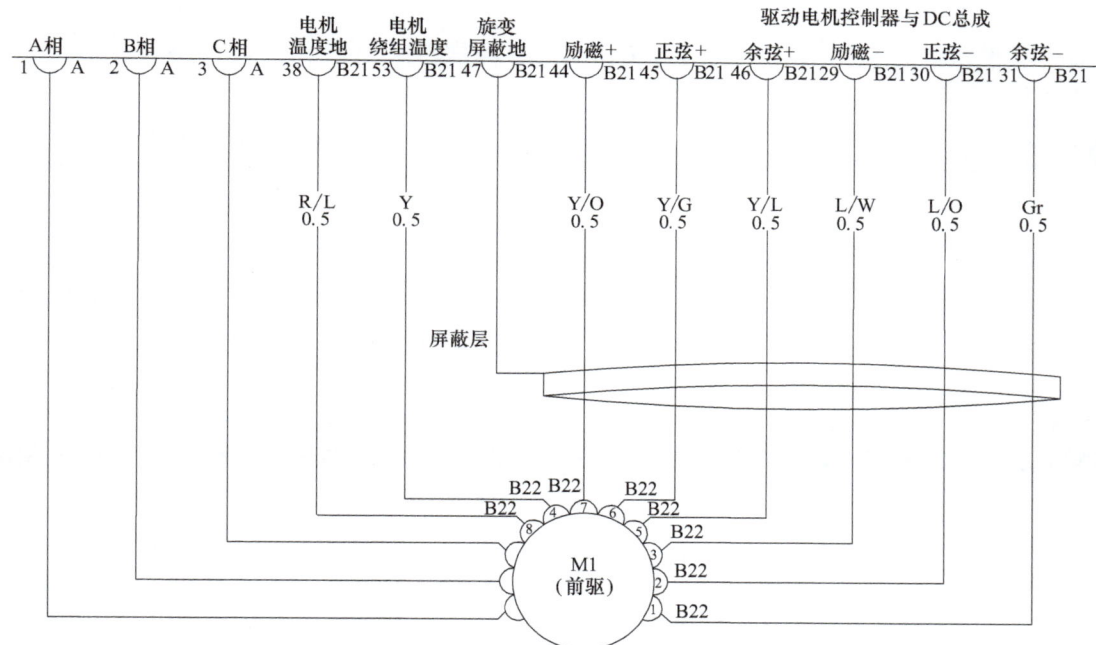

图 12-19 旋转变压器系统电路图

② 检查正旋、余旋之间，正旋、余旋和励磁之间，以及旋转变压器信号线和壳体之间阻抗是否正常，一般应大于 20MΩ，如阻值正常，则进行下一步检查。

③ 线束及接插件检查。检查低压接插件是否内部断路，拔下线束，用万用表测量同一信号线束两端的阻值，应小于 1Ω。若正常，则更换驱动电机控制器；若异常，则更换连接线束或维修更换接插件。

2）直流母线电压故障检查。具体步骤如下：

① 检查直流高压接插件。关闭点火开关，拔下高压接插件，用万用表或者绝缘电阻检测仪测量控制器上高压接插件正极、负极对控制器外壳阻抗，一般大于 20MΩ。若正常，进行下一步检查；若异常，检查高压电缆。

② 检查高压输入信号。用万用表检查高压输入端，看是否在 480~500V 范围内。若正常，则为驱动电机控制器故障；若小于 480V，则为外部输入异常，可进一步检查电池系统、预充系统。

3）电机过温保护检查步骤。检查电机温度传感器阻值，断开高压电，拔下低压线束，对照电路图找出电机温度相应的线束（图 12-19），用万用表检测驱动电机控制器低压线束 B21-53 与 B21-38 端子的阻值，一般为 20kΩ（60℃时）。若正常，可重新接低压接插件上电一次，若还是出现故障码，维修/更换驱动电机控制器；若为无穷大，则为温度传感器故障，进行维修或更换。

4）散热器过温检查步骤。查看控制器是否发烫，水泵是否正常工作，水道是否畅通。若不正常，请解决水泵、水道的故障；若正常，进行返厂维修。

综合以上全面诊断，故障诊断仪显示故障码 P1B1100（图 12-20），其含义为"旋变故障-信号丢失"。读取数据流，显示驱动电机旋变状态为故障（图 12-21）。经检查风扇、电动水泵工作正常，液位也够，触碰电机温度也不高。最后发现旋转变压器线束和旋转变压器部件本身没问题，故障部位在驱动电机控制器与 DC 总成中，旋转变压器余弦+公针脚退针导致旋转变压器故障，这也是 EV 模式失效根本故障的原因。

图 12-20　读取故障码　　　　　　　　　图 12-21　调取数据流

修复后，EV 模式恢复正常，故障码消失，读取数据流状态为正常，同时测量旋转变压器波形（图 12-22、图 12-23），检查结果正常。

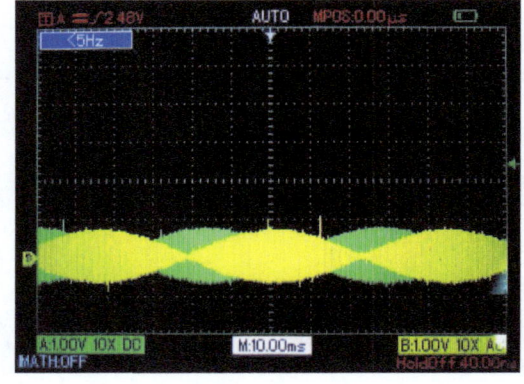

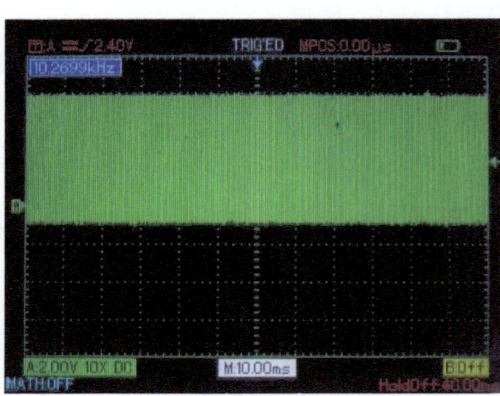

图 12-22　正弦波形与余弦波形对比　　　　图 12-23　励磁波形

模块 6 混合动力电动汽车的结构与维修

✈ **温馨提示**：比亚迪秦 Pro DM 电动汽车旋转变压器波形图读取视频可扫二维码资源 12.3 观看。

12.5 比亚迪秦 Pro DM 的故障维修

1. 维修准备

将电源置于 OFF 档，断开低压蓄电池负极，等待 10min 以上，拆掉配电盒高压线束（即来自动力蓄电池的高压线束）。

2. 驱动电机控制器与 DC 总成拆装

1）拆掉电机三相线接插件的 4 个螺栓。

2）拔掉高压母线接插件。

3）拔掉 PTC 接插件电动压缩机接插件。

4）拆掉附在箱体的配电盒上端螺栓。

5）拆掉底座的 4 个紧固螺栓。

6）将控制器往左移，拔掉 62pin 低压接插件，拆掉搭铁螺栓，拔掉 DC 低压输出线，拔掉 4 个低压线束卡扣。

7）将控制器往右移，拆掉进水管和出水管。

注意：拆掉进水管时，将流出的冷却液用容器接住。

8）按拆卸相反顺序进行安装。要特别注意各紧固螺栓的拧紧方法和力矩，各接插件要安装牢固有效，卡扣要扣紧。

3. 维修检验

把驱动电机控制器与 DC 总成上盖掀开（图 12-24），找出连接外部的低压插头，将公针退出来修复，然后插回相应的插孔。恢复原状后，用 X-431 故障诊断仪重新检测，故障码消失；读取数据流状态为正常；对车辆进行路试，驱动电机恢复运行，故障排除。

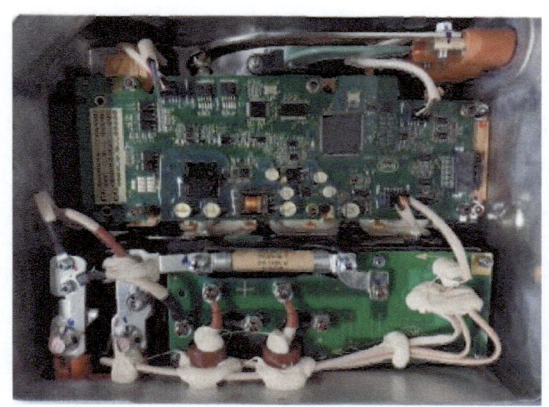

图 12-24 拆卸上盖

任务总结

1）比亚迪秦 Pro DM 动力系统主要由发动机与电驱动两大部分组成，发动机采用

BYD476ZQA 电控汽油机，电驱动部分与 BEV 类似，主要由动力蓄电池及其管理器、驱动电机及其控制器、充电系统和高压配电箱等组成。

2）比亚迪秦 Pro DM 有如下两种工作模式：纯电动（EV）模式和混合动力（HEV）模式。其 EV 模式与一般纯电动汽车相同；将模式切换开关选择 HEV 模式后，车辆由发动机和驱动电机适时驱动，实现了最佳的动力性和良好的经济性。

3）比亚迪秦 Pro DM 取消维修开关，均由大规格熔丝作为过电流保护。电池包内部增加了一定数量的熔丝盒接触器进行保护，动力蓄电池的每根采样线也有单独的熔丝保护。即使发生碰撞短路，也可保证电池包等高压器件及线束不会短路损坏或起火。

4）驱动电机控制器作为动力系统的总控中心，其功用是控制驱动电机和发动机驱动车辆行驶，同时包括 CAN 通信、故障处理、在线 CAN 烧写、与其他模块配合完成整车的工作要求以及自检等功能。

5）正确进行驱动电机控制器与 DC 总成的拆装。

学习工单

任务 12　比亚迪秦混合动力电动汽车 EV 模式失效故障的诊断与维修

学生姓名		学生班级		小组名称/组长	
汽车型号		动力蓄电池型号		实训地点/时间	
客户报修	比亚迪秦 Pro DM 混合动力电动汽车在电动模式（EV）无法行驶，在行驶中仪表盘突然显示"请检查动力系统"字样；车辆强制进入 HEV 模式，手动无法切换到 EV 模式，同时出现减速和制动过程中都无法实现能量回收、无"OK"灯显示等故障现象。				
主要设备、工具和资料					

子任务 1　观看比亚迪秦 Pro DM 电动汽车高压系统部件位置视频（可扫二维码资源 12.1 观看），绘制高压系统部件在车辆的布置，可用方框图表示。

子任务 2　观看比亚迪秦 Pro DM 旋转变压器故障码和数据流的读取视频（可扫二维码资源 12.2 观看），用 X-431 诊断仪进行实际操作，写出检测操作步骤和结果。

子任务3　观看比亚迪秦 Pro DM 旋转变压器波形捕捉视频（可扫二维码观看），用示波器进行实际操作，写出检测操作步骤和结果。

子任务4　查找维修手册，写出比亚迪秦 Pro DM 旋转变压器的工作原理。

子任务5　根据上述检查与实际操作，分析比亚迪秦 Pro DM 电动汽车 BEV 模式失效故障的原因。

子任务6　完成下列关于比亚迪秦 Pro DM 混合动力系统的知识测评作业。
1）关于驱动电机安全控制功能，下列描述正确的是（　　）。
　A. 异常处理功能　　　　　　　　　　B. 制动优先功能
　C. 辅助 BMS 进行烧结检测功能　　　　D. 泄放电功能、卸载功能
2）比亚迪秦混合动力系统的基本组成主要由（　　）两大部分组成。
　A. 发动机电控系统、动力总成控制系统
　B. 发动机、驱动电机
　C. 发电机、驱动电机
　D. 发电机控制系统、驱动电机控制系统
3）关于比亚迪秦 Pro DM 旋转变压器的具体数值，下列描述正确的是（　　）。
　A. SIN+ 与 SIN- 之间阻抗，应为 16Ω±1Ω
　B. COS+ 与 COS- 之间阻抗，应为 16Ω±1Ω
　C. EXC+ 与 EXC- 之间电阻值，应为 8Ω±1Ω
　D. SIN+ 与 COS+ 之间电阻值，应为 8Ω±1Ω
4）拆卸比亚迪秦 Pro DM 动力系统高压部件时，需要做的准备工作包括（　　）。
　A. 将车辆上电至 OFF 档　　　　　　B. 断开 12V 蓄电池负极
　C. 佩戴绝缘手套　　　　　　　　　　D. 拔掉维修开关

模块 6　混合动力电动汽车的结构与维修

子任务 7　任务交流（学生学习小组制作任务完成情况交流发言稿，推举代表发言）。

子任务 8　任务评价（根据上述实操、作业和交流情况，进行任务自评、小组互评和综合评价，其中自评、小组互评满分各占 25 分，教师综合测评满分 50 分）。
自评（评语及评分）：

签名：
年　月　日

小组互评（评语及评分）：

组长签名：
年　月　日

综合评分与教师评价	
	教师签名： 年　月　日

模块 7

燃料电池电动汽车的结构与维护

任务 13　丰田 Mirai 燃料电池电动汽车的使用维护

任务接受

刘先生购买了一辆丰田 Mirai 燃料电池电动汽车。交车时，4S 店派出了售后服务工程师就车辆的使用与日常维护对客户进行了培训与指导。

学习目标

1）能够描述燃料电池电动汽车的定义与分类。
2）能够解释燃料电池电动汽车的基本结构与工作原理。
3）能够描述燃料电池电动汽车使用注意事项。
4）能够进行燃料电池电动汽车的维护。
5）培养爱护环境良好的品德、低碳生活的价值观。

任务准备

13.1　燃料电池电动汽车使用与维护准备

1. 培训计划

1）介绍燃料电池电动汽车基本知识。
2）介绍丰田 Mirai 汽车的基本结构与工作原理。
3）介绍丰田 Mirai 汽车的使用注意事项。
4）介绍丰田 Mirai 汽车的日常维护注意事项。

2. 维护设备与材料准备

维护设备与材料准备见表 13-1。

模块 7　燃料电池电动汽车的结构与维护

表 13-1　维护设备与材料准备

名称	数量	名称	数量
汽车举升机	1 台/组	使用说明书	1 本/组
1000V 绝缘手套	1 套/组	常规拆装工具	1 套/组
防冻冷却液	1 罐/组	轮胎气压表	1 个/组
制动液	1 罐/组	手套、抹布等	1 批/组

13.2　燃料电池电动汽车的基本知识

1. 燃料电池电动汽车定义及特点

（1）定义　燃料电池电动汽车（Fuel Cell Electric Vehicle，FCEV）是以燃料电池作为单一动力源或是以燃料电池系统与可充电储能系统作为混合动力源的电动汽车。

（2）特点

1）零排放，不污染环境。燃料电池的燃料是氢和氧，生成物是清洁的水。

2）能量转化效率高。燃料电池的能量转化效率可高达 60%~80%，为内燃机的 2~3 倍。

3）氢燃料来源广泛，可以从可再生能源获得，不依赖石油燃料。

4）燃料电池成本过高，而且燃料的存储和运输按照目前的技术条件来说比较困难。

5）燃料电池汽车的技术复杂，发展较为缓慢，短时间内还无法替代传统汽车。

 绿水青山，金山银山——"氢"装上阵，绿色出行

为了实现碳达峰碳中和的目标，保护人类生存的共同家园，国内众多车企转型发展新能源汽车，技术研发方面频频突破，多条技术路线"百花齐放"。主流车企抓住机遇，为企业品牌注入了低碳发展的新元素。2015 年上汽集团发布了荣威 950 插电式燃料电池车；2020 年，上汽大通 MAXUS EUNIQ7 上市，广汽推出首款氢燃料电池汽车 Aion LX Fuel-Cell，长城汽车也发布了氢能战略；2022 年北汽福田氢燃料汽车在冬奥会亮相，长安发布深蓝 SL03 氢电版。这些新能源汽车为人们生活低碳出行提供了更多的选择。让我们都行动起来，爱护环境、低碳生活，守护祖国的每片绿水青山。

2. FCEV 基本组成结构与工作原理

（1）基本结构　FCEV 一般由燃料罐、燃料电池、控制系统、驱动系统、动力蓄电池和辅助动力系统等部分构成（图 13-1）。

1）燃料电池组是 FCEV 的电源，由多个 1V 以下的燃料电池单体串联组成，是一种将储存在燃料和氧化剂中的化学能通过电极反应直接转化为电能的发电装置。

以质子交换膜燃料电池为例，单体燃料电池主要由质子交换膜、催化剂层、气体扩散层、阳极和阴极等组成，如图 13-2 所示。正、负极板采用活性炭制成，置于电解质溶液中。

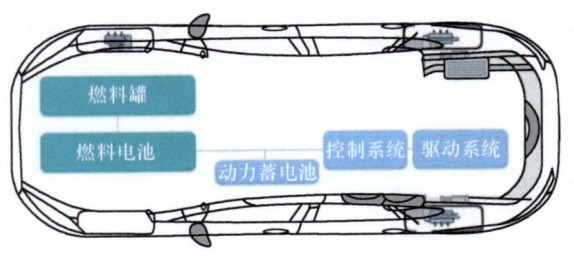

图 13-1　FCEV 基本组成结构

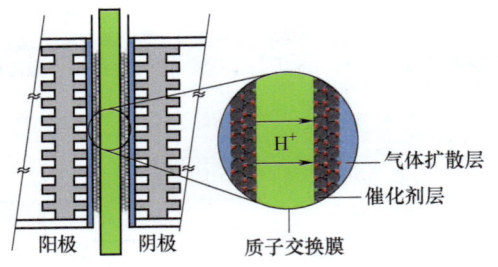

图 13-2　单体燃料电池的组成

燃料电池工作时，外界不断供给氢气往阳极，供给空气往阴极（图 13-3），在催化剂（铂、多孔石墨等）作用下，产生如下反应：

阳极反应　$2H_2 \rightarrow 4H^+ + 4e^-$

阴极反应　$O_2 + 4H^+ + 4e^- \rightarrow 2H_2O$

氢气在阳极经催化剂的作用下，氢原子中的电子被分离出来，电子通过外电路回到电池阴极，失去电子的氢离子，穿过高分子膜电解质到达阴极，在阴极与氧及电子结合为水，氧可从空气中获得，只要不断地供给氢气和带走水，燃料电池就可不断产生电能。

2）控制系统（图 13-4）用于控制燃料电池堆的反应过程（启动、反应、输出电能的调整、停止等）和驱动电机的运行过程，所有工作状态由各种传感器采集，集中反馈到整车控制器，由各控制器控制燃料电池组和驱动电机以及储氢罐安全运行。

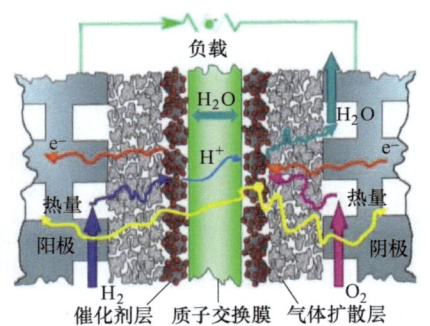

图 13-3　燃料电池的工作原理

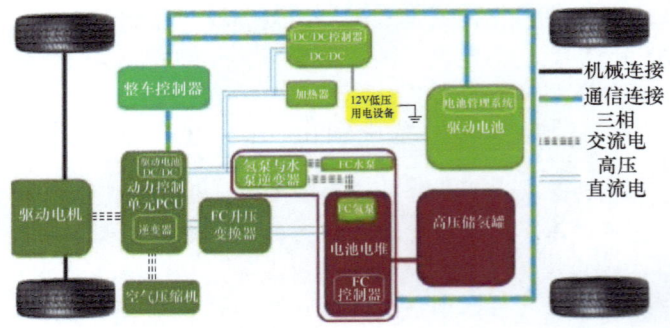

图 13-4　燃料电池汽车工作状态监控管理

3）驱动系统。燃料电池的电流需要经过专用的大功率 DC/DC 变换器，将燃料电池产生的直流电转换为稳压的直流电流，然后经过逆变器转换为交流电输送给驱动电机，从而驱动车轮转动。

4）辅助动力系统。通常在 FCEV 上还要装配动力蓄电池作为辅助电源，其作用包括：①用于 FCEV 行驶能量；②用于储存 FCEV 在再生制动时反馈的电能；③为电动汽车控制系统、照明系统等电气设备提供低压电源。

(2) **FCEV 的工作原理**　如图 13-5 所示，由高压储氢罐不断地供给燃料，燃料电池把燃料氧化的化学能转化为电能，产生的直流电经过控制器变为交流电后供入驱动电机，经传动系统驱动车轮。

在电动汽车开始行驶时，动力蓄电池处于电量饱满状态，其能量输出可以满足汽车行驶要求，由其为驱动系统提供能量，并对燃料电池进行预热，燃料电池动力系统不需要工作；

在汽车平稳行驶时，燃料电池动力系统为驱动电机提供能量；当车辆能量需求较大时，燃料电池动力系统与动力蓄电池同时为驱动系统提供能量；当车辆能量需求较小时，燃料电池动力系统为驱动系统提供能量的同时，还给动力蓄电池进行充电。当汽车停止且动力蓄电池SOC低于一定值时，燃料电池动力系统将会发电，并为动力蓄电池充电。

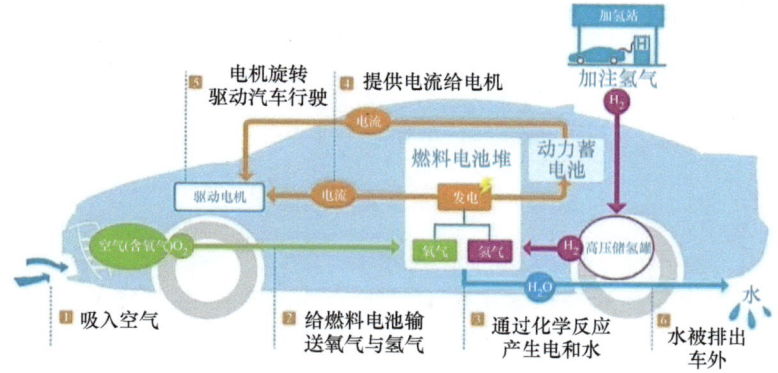

图 13-5　FCEV 的工作原理

3. 燃料电池汽车的分类

（1）按燃料类别和反应机理　燃料电池可分为氢型、碳型、氮型和有机物型，其中以氢气、甲醇、联氨、一氧化碳等为燃料的电池统称为氢氧燃料电池，还有以铝、镁、锂和锌等轻金属为燃料的金属燃料电池。

（2）按电池工作温度　燃料电池可分为高温燃料电池、中温燃料电池和常温燃料电池。

（3）按电解液类别　燃料电池主要有质子交换膜燃料电池、碱性燃料电池、磷酸燃料电池、熔融碳酸盐燃料电池、固态氧化物燃料电池。各种类型燃料电池对比见表 13-2。

表 13-2　各种类型燃料电池对比

类型	电解质	导电离子	工作温度/℃	燃料	氧化剂
碱性燃料电池	KOH	OH^-	80	氢气	氧气
磷酸燃料电池	H_3PO_4	H^+	200	重整气	空气
质子交换膜燃料电池	质子交换膜	H^+	60~100	氢气、重整气	空气
熔融碳酸盐燃料电池	Na_2CO_3	CO_3^{2-}	650	净化煤气、天然气、重整气	空气
固态氧化物燃料电池	ZrO_2-Y_2O_3	O^{2-}	1000	净化煤气、天然气	空气

1）质子交换膜燃料电池（Proton Exchange Membrane Fuel Cell，PEMFC）。它采用氟系高分子膜作为电解质，工作温度 60~100℃。单体燃料电池由质子交换膜、催化剂层、气体扩散层、双极板（阴极、阳极）四种基本元件组成（图 13-6）。双极板可采用石墨板、金属板或复合板；质子交换膜采用改性的全氟型磺酸膜，它具有电导率高、化学稳定性好、热稳定性好、力学性能好、反应气体的透气率低、水的电渗系数小、价格低廉等优点。

工作时，氢在阳极被转变成氢离子的同时释放出电子，电子通过外电路回到电池阴极，与此同时，氢离子则通过电池内部高分子膜电解质到达阴极。在阴极，氧气转变为氧原子，氧原子得到从阴极传过来的电子变成氧离子，和氢离子结合生成水。

2）熔融碳酸盐燃料电池（Molten Carbonate Fuel Cell，MCFC）。这种电池使用熔融态的

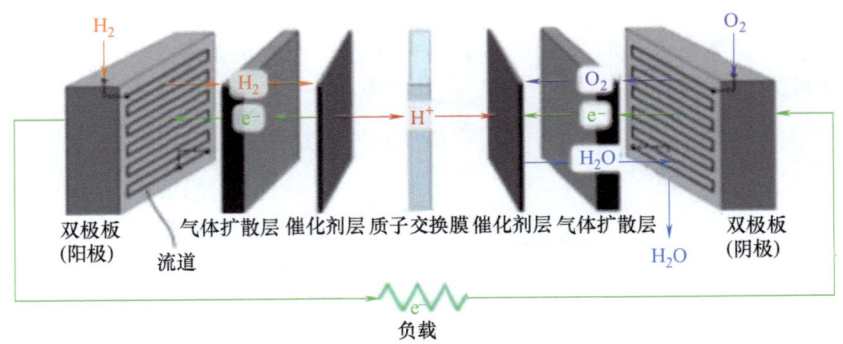

图 13-6 质子交换膜燃料电池组成

碳酸盐（碳酸锂、碳酸钾）作为电解质，由多孔陶瓷阴极、多孔陶瓷电解质隔膜、多孔金属阳极、金属极板构成的燃料电池，工作温度 600~700℃。高温下，这种盐就会进入熔融状态，产生碳酸根离子，从阴极流向阳极，与氢结合生成水、二氧化碳和电子。电子然后通过外部回路返回到阴极，在这个过程中发电（图13-7）。

阴极
$$CO_2+\frac{1}{2}O_2+2e^-\rightarrow CO_3^{2-}$$

阳极
$$H_2+CO_3^{2-}\rightarrow H_2O+CO_2+2e^-$$

总的反应方程式
$$H_2+\frac{1}{2}O_2+CO_2（阴极）\rightarrow H_2O+CO_2（阳极）$$

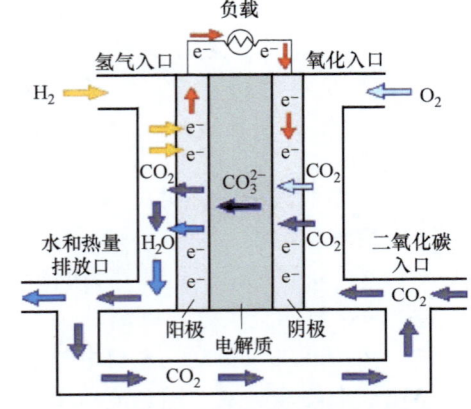

图 13-7 熔融碳酸盐燃料电池工作原理

3）固态氧化物燃料电池（Solid Oxide Fuel Cell, SOFC）。它属于第三代燃料电池，是一种在中高温下直接将储存在燃料和氧化剂中的化学能高效、环境友好地转化成电能的全固态化学发电装置。它被普遍认为是在未来会与PEMFC一样得到广泛普及应用的一种燃料电池。

固态氧化物燃料电池工作温度比熔融碳酸盐燃料电池的温度还要高，其工作温度为 800~1000℃，科学家也正在努力开发低温 SOFC，其工作温度有可能降低至 650~700℃。

其单体电池由阳极、阴极和固体氧化物电解质组成（图 13-8），阳极为燃料发生氧化的场所，阴极为氧化剂还原的场所，两极都含有加速电极电化学反应的催化剂。在这种燃料电池中，在阴极发生氧化剂（氧或空气）的电还原反应，即氧气接触电子后生成氧离子（O^{2-}），O^{2-} 进入电解质借助电解质中的氧空位向阳极迁移。氧的电还原反应可由下式表示：

$$\frac{1}{2}O_2+2e^-\rightarrow O^{2-}$$

在阳极发生燃料（氢或富氢气体）的电氧化反应，即氢与经电解质传导过来的氧离子 O^{2-} 反应生成水，同时外电路释放电子，电子经外电路到达阴极。氢的电氧化反应可由下式表示：
$$H_2+O^{2-}\rightarrow H_2O+2e^-$$

电池的总反应是氧与氢反应生成水：
$$2H_2+O_2\rightarrow 2H_2O$$

如果燃料是 CO，阳极产物则是 CO_2，反应过程与氢/氧 SOFC 类似。

当氧离子从阴极移动到阳极氧化燃料气体（主要是氢和一氧化碳的混合物）时便产生能量。阳极生成的电子通过外部电路移动返回到阴极上，减少进入的氧气，从而完成循环发电。

4）磷酸燃料电池（Phoshoric Acid Fuel Cell，PAFC）。这是当前商业化发展得最快的一种燃料电池，使用液体磷酸作为电解质。磷酸燃料电池的工作温度为 150~200℃，但仍需电极上的铂金催化剂来加速反应。由于工作温度较高，所以其阴极上的反应速度要比质子交换膜燃料电池的阴极的速度快，且较高的工作温度也使其对杂质的耐受性较强。磷酸燃料电池的效率比其他燃料电池低，约为 40%，其加热的时间也比质子交换膜燃料电池长。其优点是结构简单、稳定、电解质挥发度低等。磷酸燃料电池也可作公共汽车的动力。磷酸燃料电池工作原理如图 13-9 所示。

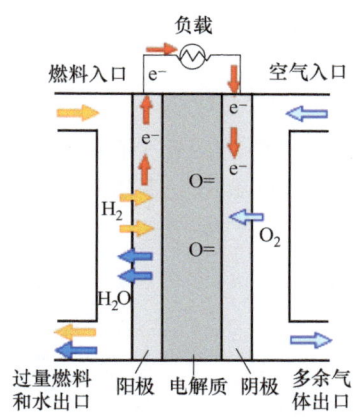

图 13-8 固态氧化物燃料电池工作原理

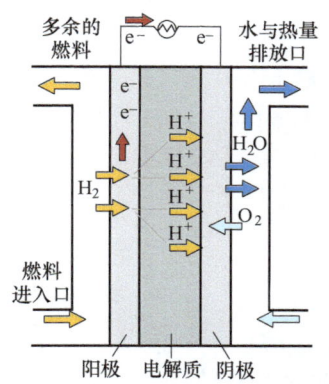

图 13-9 磷酸燃料电池工作原理

阳极反应
$$H_2\rightarrow 2H^++2e^-$$

阴极反应
$$\frac{1}{2}O_2+2H_2+2e^-\rightarrow H_2O$$

5）碱性燃料电池（Alkalime Fuel Cell，AFC）。该电池用碱性液体氢氧化钾等作为电解质，工作温度是室温，是早期开发的产品，20 世纪 60—70 年代用于阿波罗登月飞船、航天飞机、空间轨道站的动力电源。碱性燃料电池作为一种轻质、高效的动力源一直是航天的首选，表现出良好的可靠性和安全性。美国航天飞机载有 3 个额定功率 12kW 的碱性燃料电池，采用液氢、液氧系统，燃料电池产生的水可以供航天员饮用，从 1981 年到 2011 年的 30 年间，燃料电池堆累计运行了 101000 小时，可靠性达到 99% 以上。但是因为以液态氢为燃料的碱溶液型燃料电池造价昂贵，在汽车上应用受限。

AFC 以氢为燃料，纯氧或者脱除微量二氧化碳的空气作为氧化剂，其工作原理如图 13-10 所示。

在阳极，氢气与碱中的 OH^- 在电催化剂的作用下，发生氧化反应生成水和电子：

$$H_2 + 2OH^- \rightarrow 2H_2O + 2e^-$$

电子通过外电路到达阴极，在阴极电催化剂的作用下，参与氧的还原反应：

$$\frac{1}{2}O_2 + H_2O + 2e^- \rightarrow 2OH^-$$

生成的 OH^- 通过饱浸碱液的多孔石棉膜迁移到氢电极。

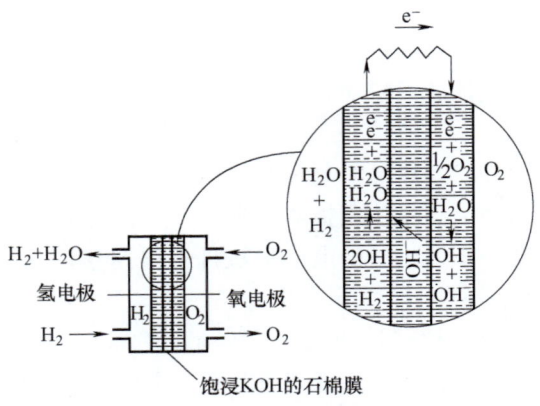

图 13-10　碱性燃料电池工作原理

为保持电池连续工作，除需与电池消耗氢气、氧气等速地供应氢气、氧气外，还需连续、等速地从阳极（氢极）排出电池反应生成的水，以维持电解液浓度的恒定；排出电池反应的废物热以维持电池工作温度的恒定。一个单体单池的工作电压为 0.6~1.0V。

📢 温馨提示：质子交换膜燃料电池基本结构原理视频可扫二维码资源 13.1 观看。

4. 丰田 Mirai 燃料电池汽车的结构原理

（1）基本结构　第二代丰田 Mirai 汽车外观与动力搭载如图 13-11 所示。燃料电池与能量控制单元安装于车辆前舱区域，3 个高压储氢罐被设计在座舱底部呈 T 形布置，驱动电机与动力蓄电池位于后轴区域。

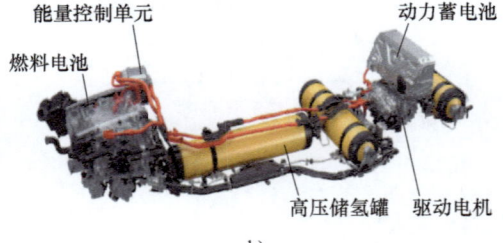

a)　　　　　　　　　　　　　b)

图 13-11　第二代丰田 Mirai 汽车
a) 外观　b) 动力搭载

第二代丰田 Mirai 燃料电池汽车于 2020 年 12 月 9 日在日本正式发布，配套的燃料电池堆精简了尺寸，容积从 33L 降至 24L，质量从 41kg 降至 24kg，实现轻量化的同时，最大输出功率从 114kW 提升至 128kW，改善率达到 15%，功率密度提升至 5.4kW/L。其主要应用性能见表 13-3。

表 13-3　丰田 Mirai 汽车主要应用性能

	续驶里程/km	约 850
整车	最高车速/(km/h)	175
	0—100km 加速时间/s	9.6

(续)

	峰值功率/kW	128
燃料电池堆	体积功率密度/(kW/L)	5.4（不包含端板）
	质量功率密度/(kW/kg)	5.4（不包含端板）
	数量/片	330（一排堆叠）
单体电池	厚度/mm	1.11
	质量/g	72.7
	数量/个	3
	容量/L	141（64+52+25）
高压储氢罐	额定工作压力/MPa	70
	储氢密度（wt%）	6.0
	加氢时间/min	5
驱动电机	最大功率/kW	134
	最大转矩/N·m	300

注：续驶里程是室外气温20℃，罐内压力从70MPa减少到10MPa时的行驶距离。

（2）工作原理 丰田Mirai汽车工作原理如图13-12所示，氢气与空气中的氧气在燃料电池堆中发生化学反应产生电能和水，电能驱动汽车行驶。

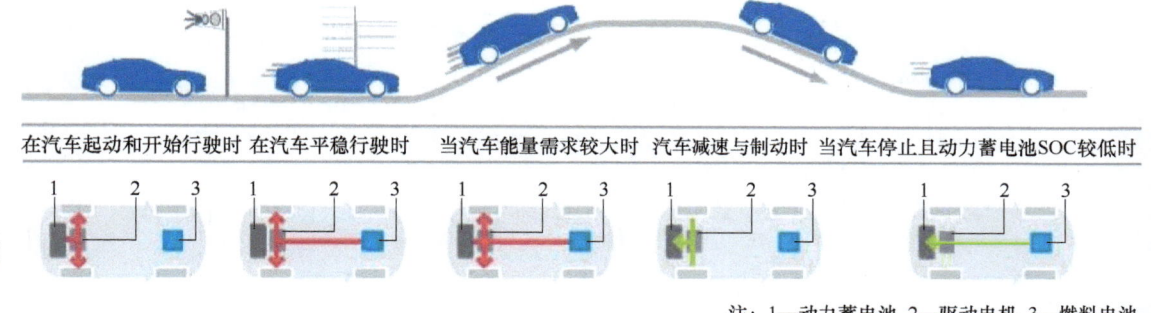

图 13-12　丰田 Mirai 汽车工作原理

在汽车起动和开始行驶时，由于动力蓄电池处于电量饱满状态，其能量输出可以满足汽车起动要求，由其为驱动电机提供能量，并对燃料电池进行预热，燃料电池动力系统不需要工作；在汽车平稳行驶时，燃料电池动力系统为驱动电机提供能量；当车辆能量需求较大时，燃料电池动力系统与动力蓄电池同时为驱动系统提供能量；当车辆能量需求较小时，燃料电池动力系统为驱动系统提供能量的同时，还给动力蓄电池进行充电；减速和制动时，进行能量回收，给动力蓄电池充电；当汽车停止且动力蓄电池SOC低于一定值时，燃料电池动力系统将会发电，并为动力蓄电池充电。

如图13-13所示，丰田Mirai汽车是一辆汽车，还可以作为一个移动电站，在家里停电的紧急情况下，可以用它为用电器供电，最大可以提供9kW功率。

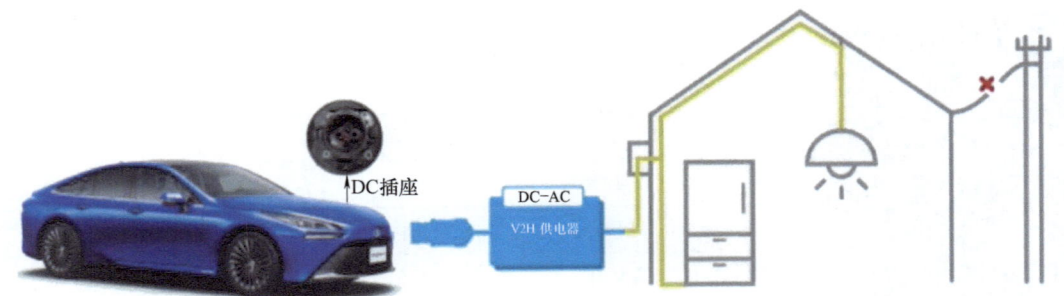

图 13-13　Mirai 汽车为室内供电

温馨提示：丰田 Mirai 汽车基本结构原理视频可扫二维码资源 13.2 观看。

13.3　燃料电池电动汽车的使用维护

1. 燃料电池电动汽车的使用

以丰田 Mirai 汽车为例，与传统汽车不同，燃料电池电动汽车使用时应注意以下问题：

1）应熟读车辆使用说明书，熟悉驾驶室配置（图 13-14）及各操纵机构使用。

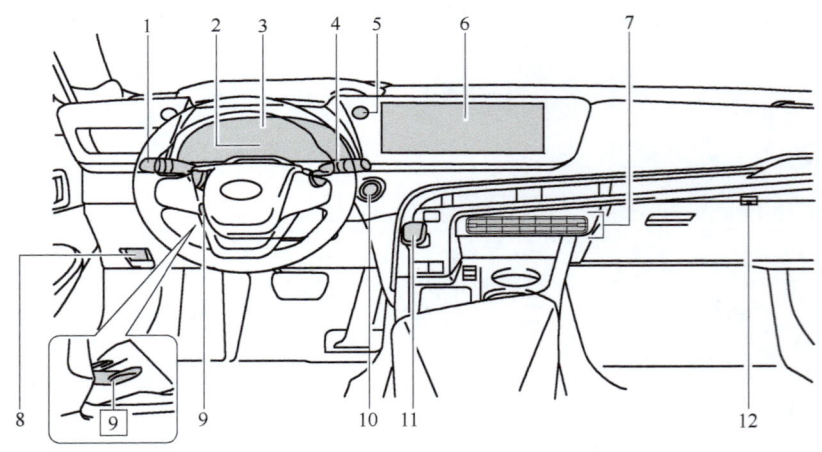

图 13-14　丰田 Mirai 汽车驾驶室配置

1—转向信号灯操纵杆和灯光按钮　2—多信息显示屏　3—仪表　4—刮水器和车窗清洗按钮
5—紧急故障警告灯按钮　6—多媒体显示屏　7—空调系统控制面板　8—机舱盖开启按钮
9—转向盘位置调整按钮　10—起动按钮　11—变速杆　12—行李舱开启按钮

2）应熟悉汽车信息显示屏的各种信息（图 13-15），尤其是与传统汽车不同的信息。汽车信息显示屏用于显示燃油效率相关信息和各种类型的驾驶相关信息，还可用于更改显示设置和其他设置。左侧为氢燃料计量表，中间为行车电脑信息显示区域，右侧是档位指示灯等。当车辆起动后，系统进行自检的同时，将会亮起各种指示灯。

各种指示灯的内容说明见表 13-4。

模块 7　燃料电池电动汽车的结构与维护

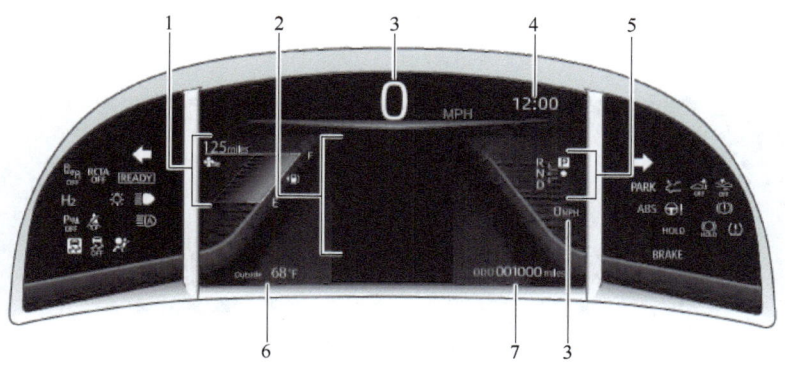

图 13-15　汽车信息显示屏

1—氢燃料计量表　2—行车电脑信息显示区域　3—车速表　4—时间　5—档位指示表
6—车外环境温度　7—里程表和行程表

表 13-4　丰田 Mirai 汽车信息显示屏部分信息

标志	内容	标志	内容
H₂	氢气泄漏警示灯	P OFF	丰田驻车辅助传感器 OFF 指示灯
RCTA OFF	RCTA 关闭指示灯		打滑指示灯
RCD OFF	RCD 关闭指示灯	OFF	VSC OFF 指示灯
	LTA 指示灯	OFF	PCS 警告灯
	BSM 外后视镜指示灯		动态雷达巡航控制指示灯
	安全保障指示灯		制动优先系统警告灯
READY	"READY"指示灯		机舱盖开启指示灯
	冷却液温度过高的警告灯		燃料电池系统过热警告灯
SPORT	动力模式指示灯	SNOW	雪地模式指示灯
ECO	经济模式指示灯	Br	档位指示灯

215

通过转向盘左侧的仪表控制按钮对行车电脑信息显示的情况进行切换与查看，信息变化如图 13-16 所示。

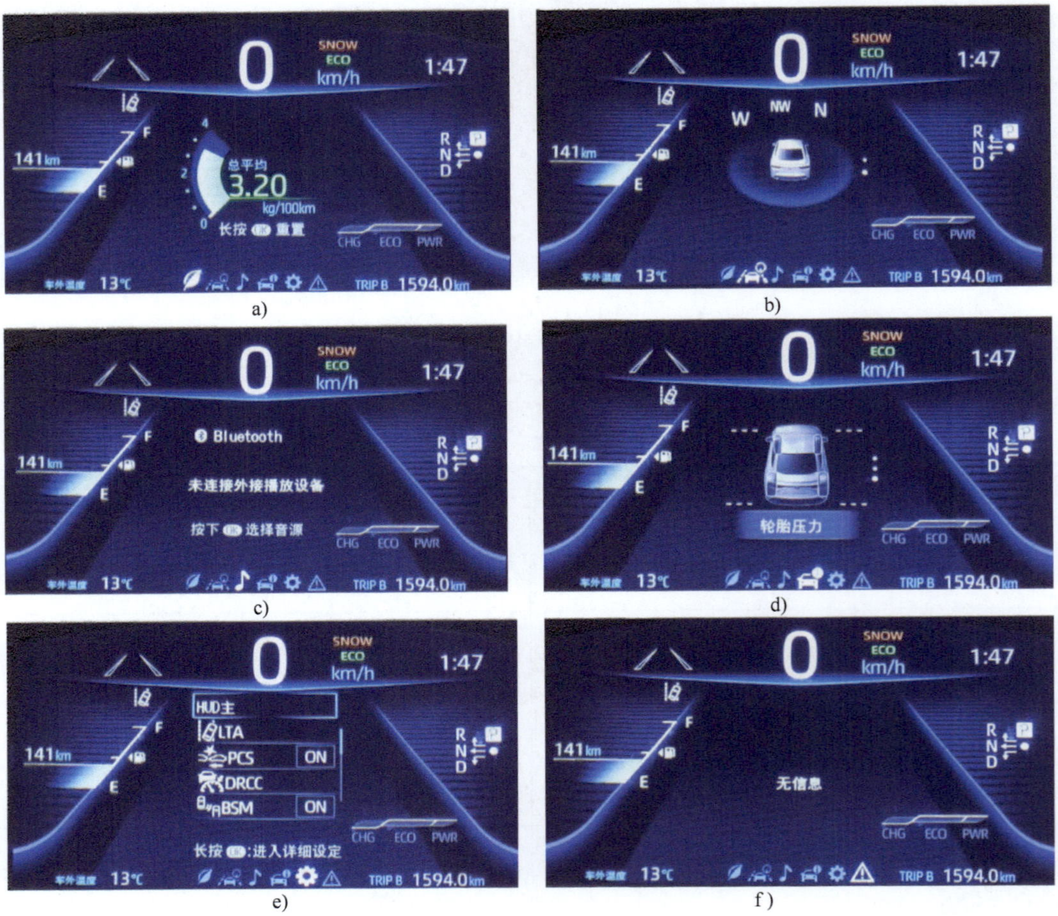

图 13-16 行车电脑信息显示区域

a）行驶信息显示　b）行驶支持系统信息显示　c）音频系统链接显示
d）车辆信息显示　e）设置显示　f）警告信息显示

车辆信息显示用于显示燃料电池系统状态（表 13-5）。

表 13-5　显示燃料电池系统状态

电源系统状态	示意图	电源系统状态	示意图
用燃料电池堆的电行走时	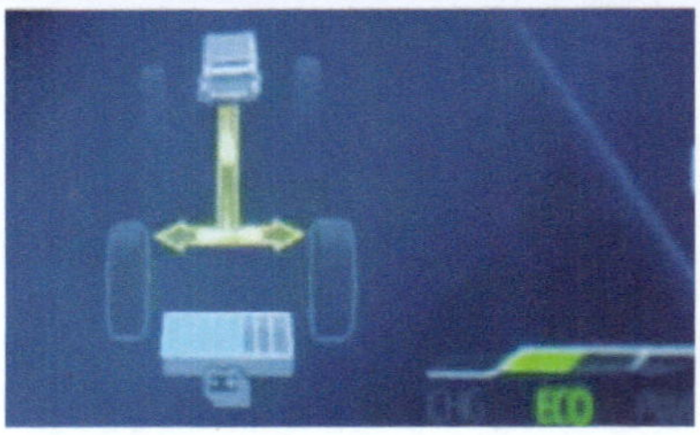	用燃料电池堆和动力蓄电池的电行走时	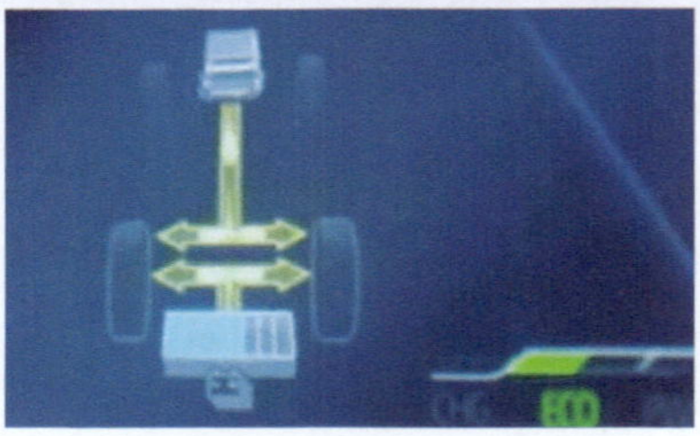

模块 7　燃料电池电动汽车的结构与维护

（续）

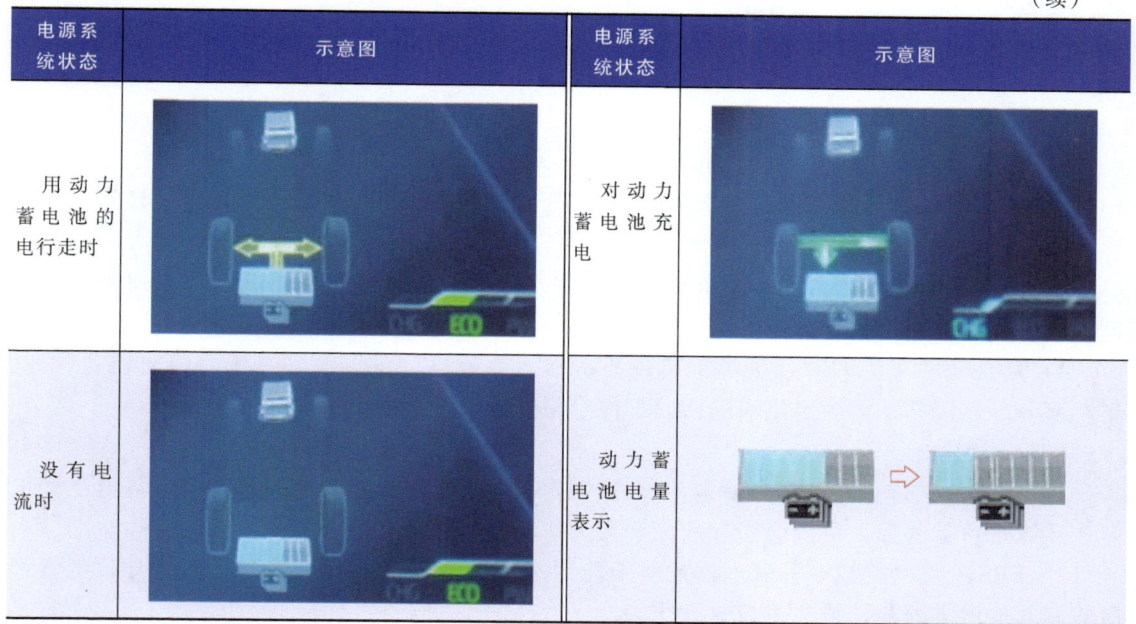

电源系统状态	示意图	电源系统状态	示意图
用动力蓄电池的电行走时		对动力蓄电池充电	
没有电流时		动力蓄电池电量表示	

FC 系统显示与环保评定如图 13-17 所示。

2. 燃料电池电动汽车的维护

以丰田 Mirai 汽车为例，由于它也有动力蓄电池，所以凡是纯电动汽车的维护注意事项也同时适用于燃料电池汽车。另外，还要注意以下特殊要求。

(1) 充氢　充氢口在汽车左后方（图 13-18），氢压力为 70MPa，充氢瞬时最高压力是 87.5MPa。充氢注意事项如下：

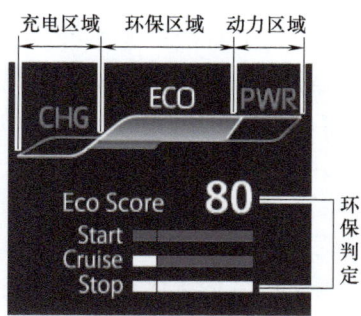

图 13-17　FC 系统显示与环保评定

图 13-18　充氢

1）充氢前，车窗和车门关闭，关掉能量按钮，挂驻车档，关掉灯光。

2）充氢时，不要把香烟等明火靠近。

3）充氢时充入的气体很冷，充氢管和汽车充氢口的表面也会变得很冷，甚至表面会产生霜，刚刚充完氢后，不要用手去摸充氢管或者汽车充氢口，手有可能被冻伤。

4）不要使用指定以外的燃料，可能会产生故障。

5）充氢完成后必须把盖子盖上，如有异物进入充氢口，可能会产生氢泄漏等故障。

(2) 充电　丰田 Mirai 是燃料电池堆给动力蓄电池充电，不需要从车外充电，但是，车辆长时间放置的话，动力蓄电池会有少量的放电，所以至少需要 2~3 个月充电 30min 或者行驶 16km。万一动力蓄电池的电全部放完了，燃料电池系统就不能启动了，应联系丰田 4S 店。

（3）洗车时的注意事项

1）前机舱内不要用水清洗，电器部分接触到水可能会引发车辆火灾。

2）前风窗玻璃清洗时刮水器按钮要打在 OFF 档。如果打在 AUTO 档，可能会导致刮水器运动，产生夹手等事故。

3）充燃料口的盖子可以拿下来清洗，但是不能直接用水来冲洗充燃料口，如果充燃料口有水进入，会引起故障。

4）用高压洗车机的时候喷嘴的前端不能接近燃料电池堆、驱动系统、转向器、悬架、制动部分的连接部，因为水压高的话，部件容易受到损伤。

（4）注意防水

1）车底部、行李舱、动力蓄电池加冷却液的口等不能有水进入，因为动力蓄电池和电器产品有水覆盖的话，可能会引起故障和火灾。

2）SRS 气囊的构成产品和电器配线不能用水擦拭，如果电器不正常，可能导致气囊开启或者其他地方故障，或者造成重大伤害。

3）充电设备不能用水擦拭。如果发热造成保护膜脱落的话，可能会造成触电等重大伤害。

（5）维修

1）更改出厂模式的时候，一定要去丰田 4S 店，因为使用了高压电，可能会导致重大的伤害。

2）要确认前机舱内不要遗留工具和抹布，一旦检查或者清扫使用的工具或者抹布忘在前机舱内，则可能会造成故障，或者因高温引起车辆火灾。

3）更换燃料电池时，请使用车辆要求的专用燃料电池，因为从燃料电池里产生的氢一旦泄漏到室内，可能会引起爆炸，如果要更换燃料电池，请回丰田销售店。

燃料电池更换要注意：不要用湿淋淋的手操作；除燃料电池以外的部件不要移动；不要弄弯电极。

（6）外接用电设备　　在车内，中控屏的下方设计一块手机无线充电面板，中央扶手箱内有两个 USB 电源接口和一个 12V 的点烟器，在后排中间下方有两个 USB 电源接口。在行李舱内配备有一个 1500W 的 220V 交流插座，如图 13-19 所示，其适用多种电器产品，可以应对一般家庭 4 天的供电。

图 13-19　220V 交流插座

模块 7　燃料电池电动汽车的结构与维护

（7）FCEV 供电常见故障（表 13-6）

表 13-6　FCEV 供电常见故障

故障现象	故障原因	故障处理方法
完全不能供电	外部供电器产生故障	根据外部供电器的说明书处理相应的故障或打开外部供电器
	外部供电器打到 OFF 档	
	燃料少	加入燃料后再试
	供电的插接器没有连接好	确认供电的插接器确实连接好了
	动力蓄电池的温度非常高或非常低	FC 系统开始运转时，空调使车内的温度过高，等它冷下来再进行供电；让车行驶起来，让 FC 系统暖机，可以使温度升高
	上次供电时没有正常结束	使 FC 系统开始运转，使能量开关打到 OFF 档，再次供电操作
	其他	按照供电前操作的顺序再次进行供电操作
供电中间停止	外部供电器不知道什么原因变成 OFF 档了	按照外部供电器的说明书再操作一次
	动力蓄电池的温度非常高或非常低	等一段时间再操作，或者 FC 系统开始运转时，空调使车内的温度过高，等它冷下来再进行供电；让车行驶起来，让 FC 系统暖机，可以使温度升高
	外部供电器故障	根据外部供电器说明书，进行合适的处理
供电结束后，FC 系统不能开始运转	车辆以外的外部供电器被连接了	按照外部供电器的说明书把供电插头拔下
	供电口的盖子开了	把供电口的盖子合上，再次启动 FC 系统
	外部电源供给系统故障	联系 4S 店的专业人员
供电结束后供电插头不能拆开	供电插头不知何原因被锁死了	按照说明书进行操作

任务总结

1）FCEV 是通过电化学反应将燃料的化学能直接转变为电能的高效率发电装置的汽车。

2）FCEV 一般由燃料罐、燃料电池、控制系统、驱动系统动力蓄电池和辅助动力系统等部分构成。

3）单体燃料电池主要由质子交换膜、催化层（催化剂）、气体扩散层、阳极和阴极等组成。燃料电池工作时，外界不断供给阳极氢气，供给阴极空气，在催化剂（铂、多孔石墨等）作用下，阳极氢原子中的电子被分离出来，在阴极吸引下，在外电路形成电流，失去电子的氢离子，在正极与氧及电子结合为水。

4）FCEV 按照电解质不同可分为质子交换膜燃料电池、磷酸型燃料电池、熔融碳酸型燃料电池、固体氧化物燃料电池、碱性燃料电池等几种类型。

5）丰田第二代 Mirai 汽车配套的燃料电池堆精简了尺寸，容积从 33L 降至 24L，质量从 41kg 降至 24kg，实现轻量化的同时，最大输出功率从 114kW 提升至 128kW，改善率达到 15%，功率密度提升至 5.4kW/L。

6）对燃料电池汽车进行使用维护应详细阅读使用说明书。

学 习 工 单

任务 13　丰田 Mirai 燃料电池电动汽车的使用维护

学生姓名		学生班级		小组名称/组长	
汽车型号		燃料电池型号		实训地点/时间	
客户培训	刘先生购买了一辆丰田 Mirai 燃料电池电动汽车，要求 4S 店给予使用与维护培训，4S 店派出了售后服务工程师进行指导。				
主要设备、工具和资料					

子任务 1　根据丰田 Mirai 汽车的结构图，填写各代号的名称，并描述其工作原理。

◇代号的名称

代号	名称
1	
2	
3	
4	
5	

◇丰田 Mirai 汽车的工作原理：

子任务 2　以丰田 Mirai 汽车为例，熟悉驾驶室配置各按键与操纵机构，填写各代号的名称。

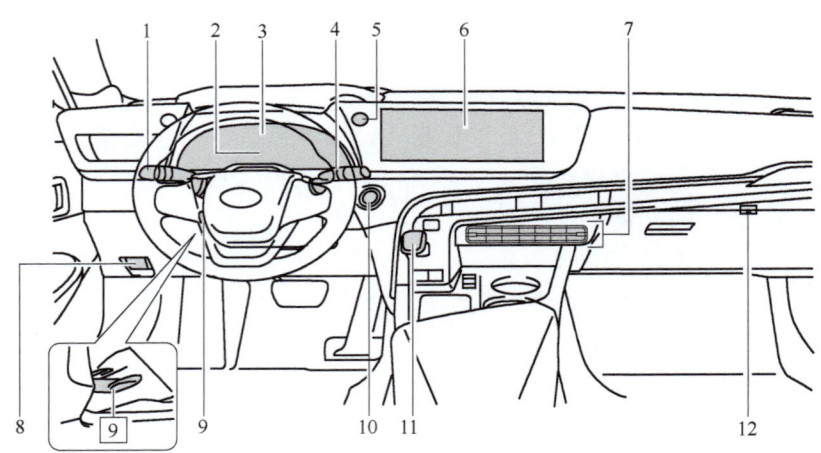

模块 7 燃料电池电动汽车的结构与维护

代号的名称：

代号	名称	代号	名称	代号	名称	代号	名称
1		4		7		10	
2		5		8		11	
3		6		9		12	

子任务 3　解读丰田 Mirai 汽车信息显示屏的各种信息，并将信息内容填入下表相应空白处。

标志	内容	标志	内容
H₂		P OFF	
RCTA OFF		(滑移)	
RCD OFF		(车辆警示)	
(车道偏离)		OFF (雾)	
(盲点监测)		(车辆故障)	
(门锁)		READY	

子任务 4　写出 FCEV 充氢的步骤及注意事项。

子任务 5　描述清洗燃料电池汽车时的注意事项。

子任务 6　完成下列关于燃料电池的知识测评作业。
1）质子交换膜燃料电池工作时，下列描述正确的是（　　）。
A. 外界不断供给阴极氢气，供给阳极空气
B. 阳极经催化剂作用，氢原子中的电子被分离出来，在阴极吸引下，在外电路形成电流
C. 失去电子的氢离子穿质子交换膜来到阴极
D. 阴极产生的物质是水
2）燃料电池组是 FCEV 的电源，由多个（　　）以下的燃料电池单体串联组成。
A. 1V　　　　B. 1.5V　　　　C. 2V　　　　D. 2.5V

3）熔融碳酸盐燃料电池，使用熔融态的碳酸盐作为电解质，其工作温度是（　　）。
  A. 450~550℃   B. 600~700℃   C. 750~850℃   D. 850~950℃
4）第二代丰田 Mirai 燃料电池由（　　）片单体电池堆叠而成，在不包含端板的条件下，质量功率密度可达（　　）kW/kg。
  A. 300/6.4   B. 330/5.4   C. 360/4.4   D. 390/3.4

子任务 7　任务交流（学生学习小组制作任务完成情况交流发言稿，推举代表发言）。

子任务 8　任务评价（根据上述实操、作业和交流情况，进行任务自评、小组互评和综合评价，其中自评、小组互评满分各占 25 分，教师综合测评满分 50 分）。

自评（评语及评分）：

签名：
年　月　日

小组互评（评语及评分）：

组长签名：
年　月　日

综合评分与教师评价	教师签名： 年　月　日

模块 8

燃气汽车的结构与使用维护

任务 14　压缩天然气汽车燃气系统的使用维护

任务接受

客户培训：出租车公司在主机厂订购了一批 CNG 双燃料汽车，针对 CNG 汽车燃气系统的使用维护，主机厂将派出工程师对车队的驾驶员和技师进行技术指导。

学习目标

1）能够描述燃气汽车的含义、特点与分类。
2）能够解释压缩天然气汽车燃料供给系统的基本结构与工作原理。
3）能够进行压缩天然气汽车燃料供给系统的正确使用和维护。
4）能够解释氢气汽车燃料供给系统的基本结构与工作原理。
5）培养合作实训、严谨工作的职业道德与安全、环保意识。

任务准备

14.1　压缩天然气汽车燃料供给系统信息的收集

1. 燃气汽车及其分类

以可燃气体为燃料的汽车被称为燃气汽车。目前常用的燃气汽车有压缩天然气汽车、液化天然气汽车、液化石油气汽车，它们分别以压缩天然气、液化天然气、液化石油气为燃料。也有与传统汽油、柴油配合使用的，称为双燃料汽车。

2. 压缩天然气汽车特点

压缩天然气（Compressed Natural Gas，CNG）汽车使用的燃料是压缩的天然气。天然气被压缩到 20MPa 并以气态储存在容器中。CNG 汽车的特点如下：

1）有害气体排放低。CNG 在常温下为气态，容易与空气混合形成均匀的可燃混合气，燃烧完全,可以大幅度减少 CO、HC 和微粒的排放。另外,CNG 的火焰温度低,因此 NO_x 的排放量也相应减少。

2)热效率高。CNG 辛烷值高、抗爆性好,因此可提高发动机的压缩比,从而获得较高的发动机热效率。

3)冷起动性和低温运转性能良好。CNG 汽车在暖机期间无须加浓混合气。

4)可以燃用稀混合气。其燃烧界限宽,稀燃特性优越,可以减少 NO_x 的生成和改善燃料经济性。

5)延长润滑油更换周期。因其不稀释润滑油,可以延长润滑油更换周期和发动机使用寿命。

6)储运性能差。CNG 在常温、常压下是气体,所以体积大,储运性能差。

7)一次充气的续驶里程短。

8)动力性能有所下降。CNG 呈气态进入气缸,使发动机充气系数降低;另外,与汽油或柴油相比,CNG 的理论混合气热值小,因此,燃用 CNG 将使发动机功率下降。

3. CNG 汽车燃料供给系统的结构与工作原理

CNG 汽车一般是在原传统燃油车上改装而成,只是燃料供给系统有所不同,因此本任务只讨论 CNG 燃料供给系统结构原理与使用维护。

(1) CNG 汽车燃料供给系统的总体组成

如图 14-1 所示,CNG 汽车燃料供给系统主要由供气系统和电控系统两大部分组成。前者主要由天然气瓶、加气阀、高压电磁阀、高压减压阀、压力表、燃气导轨及喷嘴等组成,实现燃料压缩天然气的随车储存、在各种管路内输送、充装和向发动机喷射等功能;后者主要由气体压力传感器、温度传感器、电子节气门以及燃气 ECU 等组成,与原车的 ECU 配合,实现燃料 CNG 的定时定量喷射。如果带废气涡轮增压,则结构更为复杂。

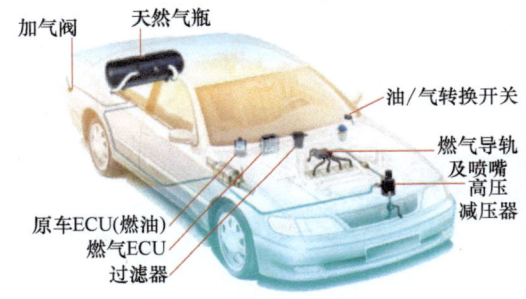

图 14-1 CNG 汽车燃料供给系统的总体组成

(2) CNG 发动机基本原理 如图 14-2 所示,发动机处于烧气工作状态时,高压的压缩天然气从储气瓶出来,经高压电磁阀进入高压减压阀,再输送至天然气滤清器,高压电磁阀的开闭由燃气 ECU 控制。高压减压阀的作用是经过减压加热将高压的压缩天然气(工作压力 25MPa 左右)压力调整到 0.7~0.9MPa。高压天然气在减压过程中由于减压膨胀,需要吸收大量热量,为防止减压器结冰,将发动机冷却液引出到减压阀对燃气进行加热,经过天然气滤清器过滤后的天然气进入燃气导轨。原车 ECU 根据各传感器采集的发动机运转数据来调整喷油与点火,燃气 ECU 将喷油信号转化为喷气信号,由电控燃气喷嘴精确控制天然气喷射时刻与喷射量;与此同时,

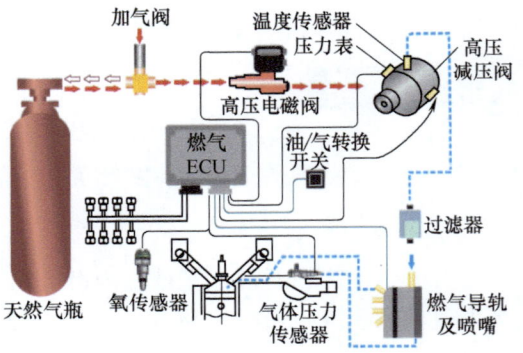

图 14-2 CNG 汽车发动机的工作原理

燃气 ECU 发送模拟喷油信息给原车 ECU，此时微弱的电信号不足以让喷油器打开，保证了原车电控系统的正常工作，顺利实现将喷油转化成喷气，完成了燃料的代替。当燃气喷嘴开启时，天然气被喷射到进气歧管内与空气混合，进入发动机气缸内，经火花塞点燃进行燃烧。火花塞的点火时刻由原车 ECU 控制，氧传感器即时传递燃烧后的尾气的氧浓度，原车 ECU 根据氧传感器反馈的信号，及时修正天然气喷射量。

温馨提示：CNG 汽车燃料供给系统的基本结构原理视频可扫二维码资源 14.1 观看。

4. CNG 发动机主要零部件结构原理

（1）**高压电磁阀** 如图 14-3 所示，高压电磁阀（也称高压燃料切断阀）的作用是及时切断或恢复燃料供给。它由燃气 ECU 控制其开闭，停机状态下处于常闭状态，为有效防止高压电磁阀进气接头与高压电磁阀结合部位漏气，安装该接头时，必须使用螺纹密封胶，并且锁紧接头。

（2）**高压减压器** 如图 14-4 所示，高压减压器通过压力膜片克服弹簧阻力，带动杠杆调整节流孔的流通面积，从而控制减压后的天然气压力。通过节流和加热，使高压的压缩天然气减压到 0.4~0.6MPa 的低压天然气（压力因车型不同稍有变化）。

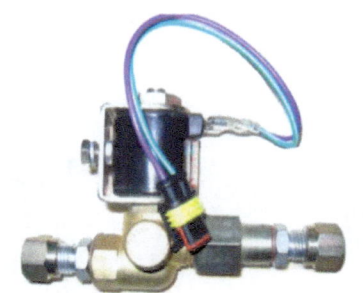

图 14-3 高压电磁阀

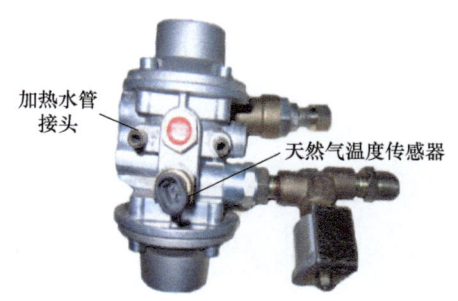

图 14-4 高压减压器

安装时要求高压减压器进气接头螺纹部分必须使用螺纹密封胶，并且使用铜垫进行密封；高压减压器出气接头使用 O 形圈进行密封，高压减压器出气接头与过滤器、导轨与过滤器出气接头采用螺纹连接，安装时必须使用螺纹密封圈胶；减压过程中会大量吸热，为了防止高压减压器结霜结冰，影响发动机正常工作，采用发动机循环水对高压减压器中的 CNG 进行加热。

（3）**燃气喷嘴与导轨** 燃气喷嘴安装于燃气导轨内部，其数量与缸数一致（图 14-5）。

图 14-5 燃气喷嘴与导轨

CNG（气态）经过高压减压器流至燃气导轨，并到达燃气喷嘴。燃气经喷嘴通过发动机进气歧管进入发动机气缸，燃气喷嘴的开闭与喷射持续时间受燃气 ECU 的控制。

（4）电子节气门　如图 14-6 所示，电子节气门通过控制蝶阀的开度，控制进入缸内的混合气的量，从而控制发动机的转速和负荷。驾驶人通过加速踏板，将动力需求传送给 ECU，ECU 接收到加速踏板信号后，根据发动机运行工况控制电子节气门开度，控制怠速转速和调速特性曲线。

（5）点火线圈　如图 14-7 所示，点火线圈接收来自 ECM 的点火指令，产生高电压并将高电压传给火花塞，产生电火花，点燃天然气。

安装时要求拧紧点火线圈安装螺栓，以保证点火线圈胶套内弹簧与火花塞头部紧密接触。由于高压电源会在接触表面产生电弧，弹簧与火花塞头部接触的部位易受热氧化，导致接触部位电阻过大，分压作用过大导致火花塞点火能量降低，严重时会导致失火。所以安装火花塞和点火线圈时，必须在火花塞头部与点火线圈弹簧结合部位涂抹导电膏，在胶套与火花塞接触的陶瓷部位应该涂抹绝缘润滑油脂，以防止胶套老化导致火花塞与缸盖之间漏电。

（6）电子控制模块　如图 14-8 所示，电控模块是发动机管理中心，通过各种传感器监控发动机运行工况，并根据发动机运行工况控制各执行器，并且通过 CAN 总线与汽车各子系统通信。

图 14-6　电子节气门　　　　图 14-7　点火线圈　　　　图 14-8　电控模块

除上述各部件外，还有各种传感器，如氧传感器、大气环境传感器、进气压力传感器、凸轮轴位置传感器、废气旁通控制阀、冷却液温度传感器、天然气温度传感器、加速踏板传感器等，都与传统电控汽油机类似，此处不再赘述。

任务实施

14.2　CNG 汽车燃气系统使用维护准备

CNG 汽车燃气系统维修设备与材料准备见表 14-1。

表 14-1　维修设备与材料

名称	数量	名称	数量
化油器清洗剂	1 瓶/组	CNG 汽车燃气系统零部件	1 套/组
漏气检测仪	1 台/组	手套、抹布等	1 批/组
常规拆装工具	1 套/组	工作台、零部件盘	1 套/组

14.3 CNG 汽车燃气系统的使用维护

1. 使用注意事项

（1）出车前的例行检查

1）检查充气量：接通全车电源，打开点火开关，将油气转换开关按至"气"的位置，检查气量显示器指示的气量。

2）检查密封性：在出车前，除执行通常例检外，还必须对 CNG 供给系统的供气管路、接头组件是否泄漏进行检查并闻有无臭味（天然气已加臭）。

（2）发动机起动

1）用 CNG 起动：将油气转换开关置于"气"的位置，按一般操作程序用 CNG 起动汽车。起步时发动机冷却液温度应在 60℃ 以上，档位以低档为宜。

2）用汽油起动：将油气转换开关按到"油"的位置，可按一般操作程序起动。

（3）行驶中的燃料转换

1）建议起动后使用同一燃料进行行驶。

2）进行燃料转换时，将会出现燃料供给的过渡期，此时发动机将出现转速下降或轻微的停顿现象。因此，若在行驶中进行燃料的转换，不得在交通拥挤、上下坡、转弯或视线不好的地方操作。

（4）驾驶注意事项

1）双燃料汽车停车时，应选择阴凉通风处，防止暴晒，应远离火源和热源。

2）双燃料汽车在行驶时如发现天然气有泄漏现象，应立即靠边停车，关闭天然气储气瓶阀，并让管道中的天然气用完；然后改用汽油将汽车开到加装厂进行处理，泄漏故障排除后方可继续使用天然气行驶。

3）如在行驶中万一发生火灾，应迅速关闭电源和天然气储气瓶阀，并隔离火源，立即用灭火器灭火。此外，应迅速将现场人员疏散到安全地方（向上风方向撤离）。排放高压天然气时，严禁现场明火。

（5）车辆的充气与停放

1）充气前，在加气区外让乘客下车，不能载客加气；检查有无泄漏，是否符合加气条件。充气结束，应先关闭充气阀手动截止阀，再拔出充气枪接头，插入防尘塞；检查高压管路、接头有无漏气现象。天然气充装气瓶内的压力不得超过 20MPa。

2）车辆停放时，必须检查系统有无漏气、损坏等现象，必须关闭电源开关，关闭天然气储气瓶截止阀，用完管道里的余气。

3）长期停放时，必须关闭电源开关和天然气储气瓶开关。同时应将天然气用完，按汽油车的停放规定对车辆进行停放。停在停车场或车库里，保证通风效果良好，必须有防火、防爆等安全设备和措施。严禁在封闭的车库和厂房内拆卸或维修天然气供气系统。

2. 燃气系统的维护

（1）日常维护（每日进行）

1）检查气瓶、CNG 高压电磁阀、减压器、喷射共轨等部件情况，检查安装是否完好牢固，紧固已经松动的紧固件。

2）检查供气软管和喷射分配管是否泄漏。

3) 接通全车电源,打开点火开关,检查气量显示器指示的气量。
4) 检查供气系统管路、接头等是否泄漏,如发现有损伤,请及时到专业维修服务站修理。

(2) A 级维护（每行驶 8000~10000km 维护保养内容）

1) CNG 气瓶固定装置检查与紧固:检查气瓶固定装置有无变形、损伤;紧固固定装置。
2) CNG 气瓶阀门检查:用漏气检测仪或检测液检测多功能阀充气阀是否泄漏,如泄漏,应及时处理;检查出液手动阀应开关灵活,管接头应无泄漏;检查充液阀及管接头与管路卡箍,应无松动、无泄漏。
3) 系统各管路及接头检查管体无损伤、龟裂现象:用检测仪或检测液检测应无泄漏;管接头及阀门连接牢固无松动、无泄漏。
4) 高压减压器检查与紧固:用检测仪或检测液检测高压减压器及接头有无泄漏;检查装置支架有无松动,并予以坚固。
5) 高压减压器循环水管及接头检查:检查温水管有无污垢堵塞,如有,应予以清除;检查水管有无老化、龟裂、破损及泄漏;检查供气软管有无老化、龟裂、破损及泄漏。
6) 高压电磁阀动作及安全检查:检查各电磁阀是否正常、灵敏、可靠,有无泄漏;检查电源接口是否稳固、接触是否良好;检查并紧固电磁阀支架。
7) 电源系统检查:低压电路连接可靠,无绝缘损坏,接触良好,无断路和短路现象;熔丝齐全、可靠,符合要求,无另搭接线;清洁检查火花塞,必须使用燃气专用机油。
8) 高压电磁阀进气口自带滤芯,维护时可用汽油浸泡,并用压缩空气吹干净再装复。

(3) B 级维护

1) 包括所有 A 级维护项目。
2) 检测标定减压器。

(4) 其他维护

1) 高压减压器:每 5 万 km 应维护保养高压减压器,用汽油或化油器清洗剂清洗高压减压器一级压力腔,并用干净空气吹干净后装好;拆除高压减压器进气接头,检查滤芯是否脏污,若脏污,应更换;更换易损件（如橡胶密封圈）;检查轴销的磨损情况,若磨损,更换轴销;检查调整减压压力。每 10 万 km 更换膜片及密封件,并对减压压力进行检查调整。
2) 电子节气门:安装时,要求电子节气门驱动电动机轴线必须保持水平方向。每 10 万 km（视当地气体清洁度而定）从发动机上拆下节气门,看内部是否有明显的油污,若有,则需要用节气门清洗剂清洗节气门蝶阀部分,清洗后用干压缩空气吹干;清洗后,用手按压碟阀,检查碟阀运动有无卡滞、是否回位,若出现卡滞,则需要更换电子节气门总成。
3) 点火线圈:每 3 个月或 2 万 km 清理弹簧与火花塞之间的氧化物,并涂抹导电膏;检查点火线圈胶套是否老化开裂,如有开裂,应及时更换。

知识拓展

14.4 氢气汽车的基本结构原理

1. 氢气汽车

氢气汽车（Hydrogen Internal Combustion Engine Vehicle,HICEV）又称氢内燃机汽车、

氢动力汽车，使用的燃料是氢气。宝马 7 系氢动力汽车构造如图 14-9 所示。它装备了一台特别设计的 6.0L V12 氢/汽油双燃料发动机，如图 14-10 所示，既能使用汽油，也能使用液氢。它除配有一个容量为 74L 的普通燃油箱外，还配有一个额外的液氢燃料罐，可容纳约 8kg 的液态氢。

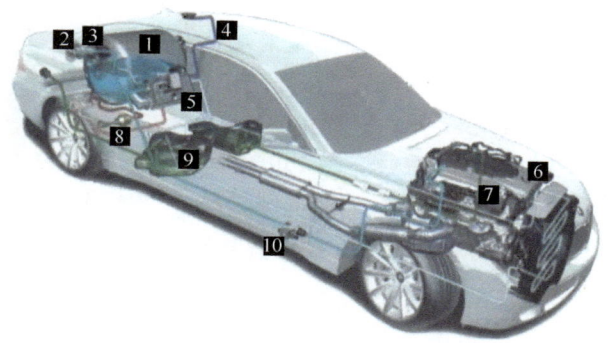

图 14-9　宝马 7 系氢动力汽车

图 14-10　宝马双燃料发动机

1—液氢燃料罐　2—液氢燃料罐盖　3—液氢燃料罐连接口
4—低电压安全接线　5—热能交换器
6—氢/汽油双燃料发动机　7—氢燃料喷射轨道
8—防蒸发管理系统　9—燃油箱　10—压力控制阀

2. 氢气汽车的特点

氢气汽车的燃料是氢气，通常情况下是一种无色、无味、无毒的气体。相比其他燃料，它具有下列优缺点：

1）资源丰富。氢可采用多种方式制取，如可从天然气中提取，可由再生物质制取，可电解水制氢等。

2）环保。氢气燃烧后无一氧化碳、二氧化碳、硫化物、碳烟和颗粒物排放，只产生氮氧化物和水，稀混合气燃烧时氮氧化物也可降低到比其他燃料少得多，真正实现零排放。

3）燃烧热值高。氢的燃烧热值高于所有化石燃料和生物质燃料，见表 14-2。

表 14-2　几种物质的燃烧值

名称	氢气	甲烷	汽油	乙醇	甲醇
燃烧值/(kJ/kg)	121061	50054	44467	27006	20254

4）热效率高。其理论循环接近奥托循环，在相同的测试条件下，氢气发动机的热效率比汽油机提高 15%~50%。

5）燃烧稳定、燃烧充分。氢在空气中的可燃比非常高（体积的 4%~75%），而汽油（1%~7.6%）和甲烷（5.3%~15%）却较低，这一特性在氢的燃烧中起了很大的作用。加上氢的燃烧在气体中传播速度很快，因此氢燃料发动机的燃烧非常清洁。

6）燃料混合比的浓度调节方便。氢发动机可以靠空气-燃料混合比的浓度调节动力输出，不需要节流阀。这样做最大的好处是提高了发动机的整体效率，因为不存在燃料泵中流量的损失，稀薄燃烧的效率较高也起了一定的作用。

7）辛烷值高。氢的辛烷值高达 130，而高级汽油的辛烷值只有 95 左右，因此它的自燃温度很高，抵抗爆燃的能力强，也就是说可以采用较高的压缩比。据福特公司的研发统计数据，一台压缩比为 14.5∶1 的氢发动机最大效率可达到 52%。

8) 点火能量低。点火能量不到汽油最低点火能量的 1/10，并且火焰传播特性很好，可在空气过量系数较大的范围内稳定燃烧。其沸点低（约 253℃），冷起动性能好。

9) 稀燃能力强。其发动机能在稀混合气下稳定工作，具有很好的热效率。

10) 难以储存。氢是最轻的元素，易泄漏，从高压储气罐中泄漏的速度是天然气的 3 倍；而且其远程运输时损耗较大。

11) 制取成本高。与传统动力汽车相比，其成本至少高出 20%。

12) 易燃。氢/空气混合物燃烧的范围是 4%～75%（体积分数），点火能量仅为 0.02MJ，而其他燃料的着火范围要窄得多。氢燃料低点火能量所导致的进气管回火和缸内早燃，以及经由活塞环渗漏到曲柄箱的氢气产生爆炸等问题，使得氢气发动机正常工作遭到破坏。

13) 氢脆。锰钢、镍钢以及其他高强度钢容易发生氢脆，这些钢长期暴露在氢气中，尤其是在高温高压下，其强度会大大降低，导致失效。因此，如果与氢接触的材料选择不当，就会导致氢的泄漏和燃料管道的失效。

3. 氢气汽车的结构原理

（1）氢气汽车总体组成　氢气汽车与传统汽车的区别主要在燃料供给系统。氢气燃料供给系统的结构示意图如图 14-11 所示，主要由氢气储存装置、过滤器、高压电磁阀、减压阀和压力表、氢气流量计量装置、电控单元和传感器、氢气喷射器，以及输送氢气的无缝金属管等组成。其中电控系统由发动机转速、节气门位置、氢气压力和温度等各种传感器和 ECU 组成。

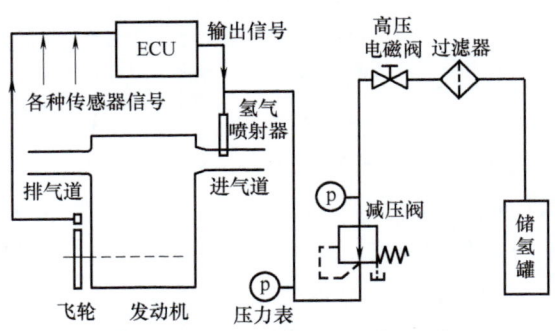

图 14-11　氢气供给系统的结构示意图

（2）氢气汽车基本工作原理　工作时，氢气电磁阀打开，氢气从储氢罐出来，经过过滤器、电磁阀到减压器减压，再通过氢气喷射器喷入进气歧管，与空气混合后，进入燃烧室燃烧，推动活塞做功，将动力输出，排气生成的水从排气管排出。

氢气喷射器喷氢的时间和数量由 ECU 控制，取决于外部各种传感器输入的信号，如驾驶人操作加速踏板位置、进气量、温度等，基本控制原理与电控汽油机类似。

（3）氢气汽车燃料供给系统部分零部件

1) 氢气发动机。图 14-12 为宝马 7 系汽车的氢气发动机，除了燃料供给系统不同外，对发动机的许多零部件都有特殊要求，包括气门和气门座，需要采用特殊硬化的材料以补偿氢相对汽油润滑性能的下降；火花塞采用铱金材料以提高火花塞寿命；点火线圈采用高能线圈，与火花塞做成整体式；喷油器与燃油轨要专为氢进行设计，采用了 30MPa 的气体喷射系统来代替原来的汽油直喷系统，其中氢气喷嘴和喷射过程的仿真分析结果如图 14-13 所示；气缸垫、活塞、连杆与活塞环采用高强度设计以适应氢燃烧较高的燃烧压力。

2) 储氢罐。储氢罐用于储藏液态氢，由于高压，储氢罐对安全性能要求特别高。其基本结构如图 14-14 所示。

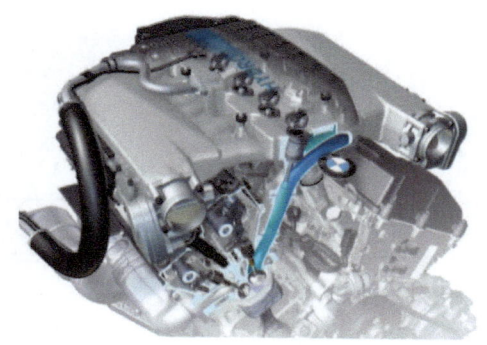

图 14-12 宝马 7 系汽车的氢气发动机

图 14-13 氢气喷嘴和喷射过程仿真

双燃料氢气发动机的氢气与汽油切换十分简捷，如宝马 7 系氢动力汽车在多功能转向盘上有一个单独的按钮（图 14-15），可以手动完成从氢动力到汽油动力模式的转换。如果一种燃料用尽，系统将会自动切换到另一种燃料形式，保证燃料的供应持续而可靠。

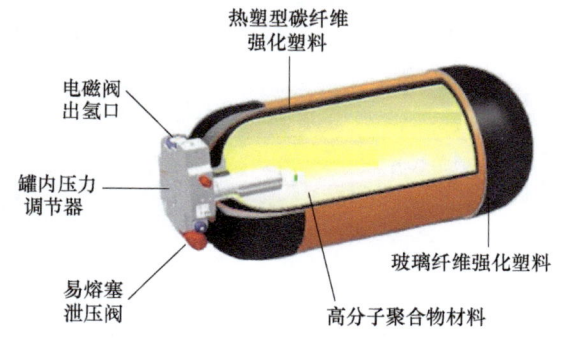

图 14-14 氢气汽车储气罐

图 14-15 燃料切换按钮

任务总结

1）燃气汽车是以可燃气体为燃料的汽车。目前常用的燃气汽车有压缩天然气汽车、液化天然气汽车、液化石油气汽车。

2）CNG 汽车的优点是有害气体排放低、热效率高、冷起动性和低温运转性能良好、可以燃用稀混合气；但是其储运性能较差，一次充气的续驶里程短，动力性能有所下降。

3）CNG 汽车燃料供给系统主要有供气系统和电控系统两大部分。前者主要由天然气瓶、充气阀、高压电磁阀、高压减压阀、压力表、燃气导轨及喷气嘴等组成，实现燃料压缩天然气的随车储存、在各种管路内输送、充装和向发动机喷射等功能；后者主要由气体压力传感器、温度传感器、电子节气门等组成，与原车的 ECU 配合，实现燃料 CNG 的定时定量喷射。

4）要高度重视 CNG 汽车的正确使用和维护，严格按照使用说明书要求进行，以确保人身和财产安全。

5）氢气汽车的燃料是氢气，它具有资源丰富、环保、热效率高、抗爆性强等优点，缺点是储存困难、制取成本高、易燃。

6）氢气汽车的燃料供给系统主要由氢气储存装置、过滤器、高压电磁阀、减压阀和压力表、氢气流量计量装置、电控单元和传感器、氢气喷射器，以及输送氢气的无缝金属管等组成。

学 习 工 单

任务 14　压缩天然气汽车燃气系统的使用维护

学生姓名		学生班级		小组名称/组长	
汽车型号		发动机型号		实训地点/时间	
客户培训	出租车公司在主机厂订购了一批 CNG 双燃料汽车，针对 CNG 汽车燃气系统的使用维护，主机厂将派出工程师对车队的驾驶员和技师进行技术指导。					
主要设备、工具和资料					

子任务 1　根据 CNG 汽车燃料供给系统的总体结构图，填写各代号的名称，并描述其工作原理。

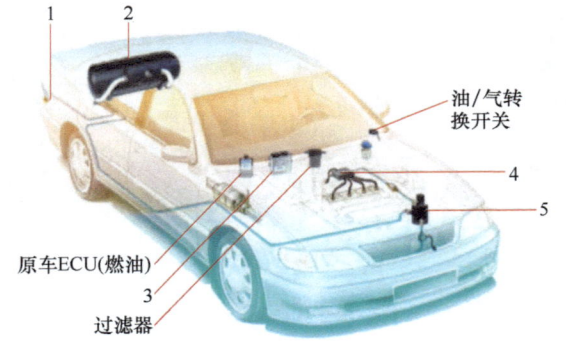

◇代号的名称：

代号	名称
1	
2	
3	
4	
5	

◇CNG 汽车燃料供给系统的工作原理：

子任务 2　描述压缩天然气汽车的特点。

子任务3　描述CNG汽车燃气供给系统的使用注意事项。

子任务4　描述CNG汽车的日常维护内容。

子任务5　描述氢气汽车的基本工作原理。

子任务6　完成下列关于压缩天然气汽车燃气系统的知识测评作业。
1）天然气充装气瓶内的压力不得超过（　　　）MPa。
A. 50　　　　　　　B. 40　　　　　　　C. 30　　　　　　　D. 20
2）CNG发动机用来及时切断或恢复燃料供给的部件是（　　　）。
A. 高压电磁阀　　　B. 电控调压器　　C. 高压减压器　　　　D. 防喘振阀
3）用CNG起动时，将油气转换开关置于"气"的位置，按一般操作程序用CNG起动汽车。起步时发动机冷却液温度应在（　　　）℃以上，档位以（　　　）档为宜。
A. 20　　　　　　　B. 60　　　　　　　C. 低　　　　　　　D. 高
4）氢气喷射器喷氢的时间和数量由ECU控制，取决于外部（　　　）信号。
A. 加速踏板位置　　B. 进气量　　　　C. 发动机冷却液温度　　D. 节气门开度
5）根据储氢罐的结构组成，请在下图方框中填入部件名称。

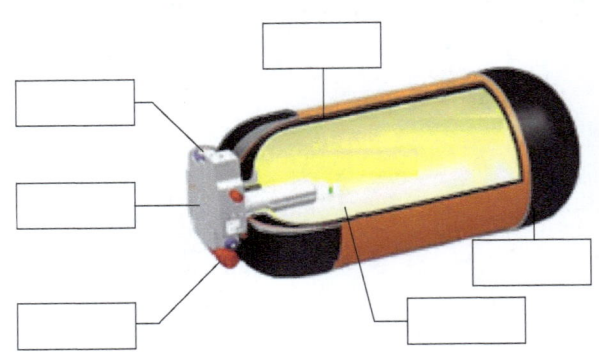

子任务7　任务交流（学生学习小组制作任务完成情况交流发言稿，推举代表发言）。

子任务8　任务评价（根据上述实操、作业和交流情况，进行任务自评、小组互评和综合评价，其中自评、小组互评满分各占25分，教师综合测评满分50分）。
自评（评语及评分）：

签名：
年　月　日

小组互评（评语及评分）：

组长签名：
年　月　日

综合评分与教师评价	
	教师签名： 年　月　日

任务15　液化石油气汽车燃气系统的使用维护

任务接受

客户培训：出租车公司将一批燃油车改装成了LPG双燃料汽车，针对LPG汽车燃气系统的使用维护，改装工程师将为公司车队维护技师进行技术培训。

学习目标

1）能够描述液化石油气汽车的特点。
2）能够解释液化石油气汽车燃料供给系统的基本结构与工作原理。
3）能够进行液化石油气汽车燃料供给系统的正确使用和维护。
4）培养合作实训、严谨工作的职业道德与安全、环保意识。

任务准备

15.1　液化石油气汽车发动机的信息收集

1. 液化石油气汽车及其特点

使用液化石油气（Liquefied Petroleum Gas，LPG）的汽车称为液化石油气汽车，使用液化石油气和汽油的汽车称为液化石油气双燃料汽车。LPG汽车的特点与CNG汽车类似，可参见任务14。

2. LPG汽车燃料供给系统的结构与工作原理

（1）LPG汽车燃料供给系统的总体组成　LPG汽车燃料供给系统为电控多点喷射系统，其总体组成如图15-1所示。

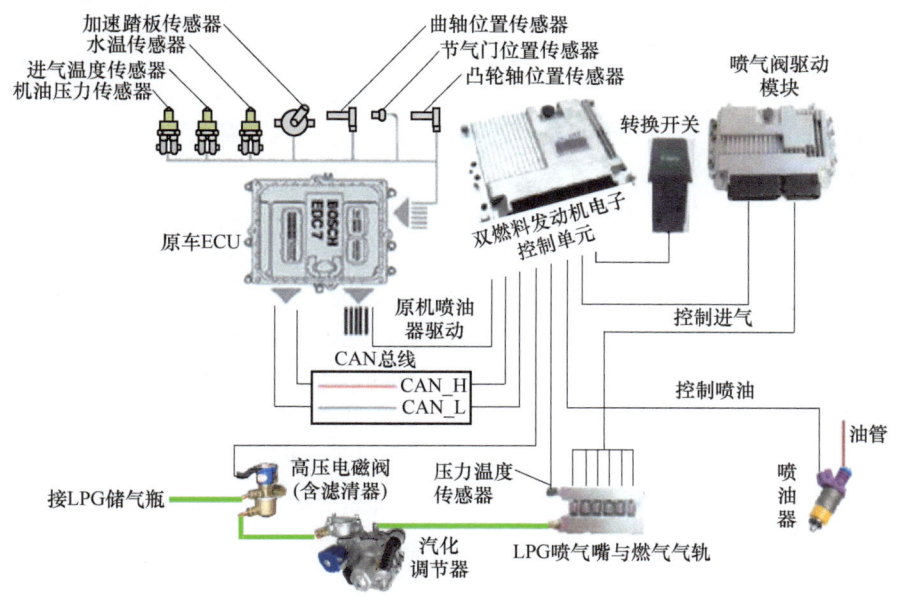

图15-1　LPG汽车燃料供给系统的总体组成

该系统主要由供气系统和电控系统两大部分组成。前者主要由储气瓶、充气阀、高压电磁阀、汽化调节器、油气转换开关、LPG 喷气嘴以及燃气气轨等组成，实现燃料液化石油气随车储存、在各种管路内输送、充装和向发动机喷射等功能；后者主要由各种传感器、控制器和执行器组成，与原车的 ECU 配合，实现燃料 LPG 的定时定量喷射。

（2）LPG 汽车燃料供给系统工作原理 图 15-2 为 LPG 燃料供给系统工作原理示意图。液化石油气以液态储存在储气瓶中，发动机工作时，储气瓶和供液管截止阀打开，由储气瓶流出的液化石油气经汽化调节器调压、计量后以气态输送到燃气气轨，LPG 喷气嘴开启时，喷射 LPG 燃气与空气在进气歧管混合后被吸入气缸，经火花塞点火燃烧。

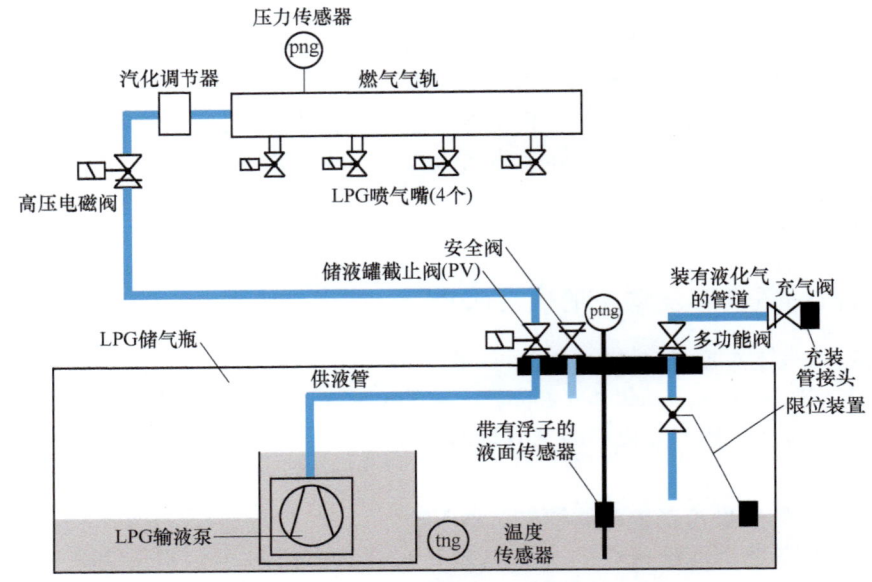

图 15-2 LPG 燃料供给系统工作原理示意图

1）加气过程：将加气站加气枪和 LPG 充气阀连接，打开加气枪加气开关，LPG 经加气枪、充气阀、加气管路、组合阀流入 LPG 钢瓶内。当钢瓶内 LPG 液面达到钢瓶容积 80% 位置时，组合阀上的限充装置自动切断 LPG 进气通道，加气枪加气开关自动跳开，完成加气过程。

2）LPG 工作过程：将油/气转换开关置于 LPG 位置，打开点火开关钥匙，起动发动机，当转速超过转换界限，LPG 截止阀打开 LPG 管路，同时，原车 ECU 控制喷油器处于关闭状态，停止汽油供给，LPG 蒸发减压后进入燃气气轨，最后由 LPG 喷气嘴喷射至进气歧管。当起动发动机后，油/气转换开关得到转速信号输入，条件达到时输出控制 LPG 电磁截止阀的开启信号，LPG 电磁截止阀打开 LPG 管路，钢瓶内 LPG 在压力作用下经过组合阀、LPG 管路、LPG 电磁截止阀输送到汽化调节器。液态的、具有一定压力的 LPG 在调节器内被蒸发减压成接近常压的气态 LPG，气态 LPG 经低压管路、LPG 喷气嘴喷射至进气歧管，与来自空气滤清器的空气混合，形成可燃混合气，可燃混合气通过进气歧管进入各个燃烧室，被点燃并完成做功过程。

3）汽油工作过程：将油/气转换开关置于汽油位置，喷油器接通其控制电路，用汽油时，LPG 电磁截止阀处在关闭位置，发动机按正常电喷方式工作。

4）LPG 的闭环控制：为了实现对空燃比的精确控制，在系统中安装有一个用于控制 LPG 供给量的闭环控制系统。闭环控制系统中的中央控制器读入安装在排气管上的氧传感器测得的尾气中的氧浓度信号，然后通过 LPG 喷气嘴修正喷气时间，使进入发动机的混合气浓度始终在理论空燃比附近。

3. LPG 汽车燃料供给系统主要零部件结构原理

（1）储气瓶　储气瓶是一种高压容器，额定压力为 2.2MPa。轿车的储气瓶安装在车辆尾部的行李舱内（图 15-3）。

储气瓶由瓶体、防护盒、支架和组合阀组成，在燃料加注阀上设有过量安全装置，当加注燃料至规定液面高度时，安全装置自动关闭，以防止燃料加注过量。为保证安全，规定燃料加注极限为储气瓶容量的 85%。

液体输出阀具有自动限流功能，当输出流量超过规定值或压差超过 50kPa 时，输出阀将

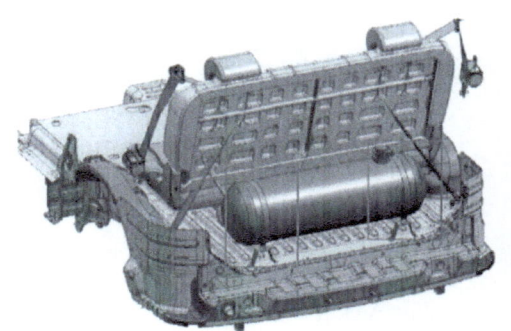

图 15-3　储气瓶

会自动关闭。钢瓶与组合阀组装后，已按规定进行气密性检测，不允许自行拆卸或更换。储气瓶组合阀由进气口单向阀、自动限充阀、出气口手动阀、超流阀、安全阀（限压阀）、气量表及电子显示器接头组成，有些还装有电磁阀（图 15-4）。

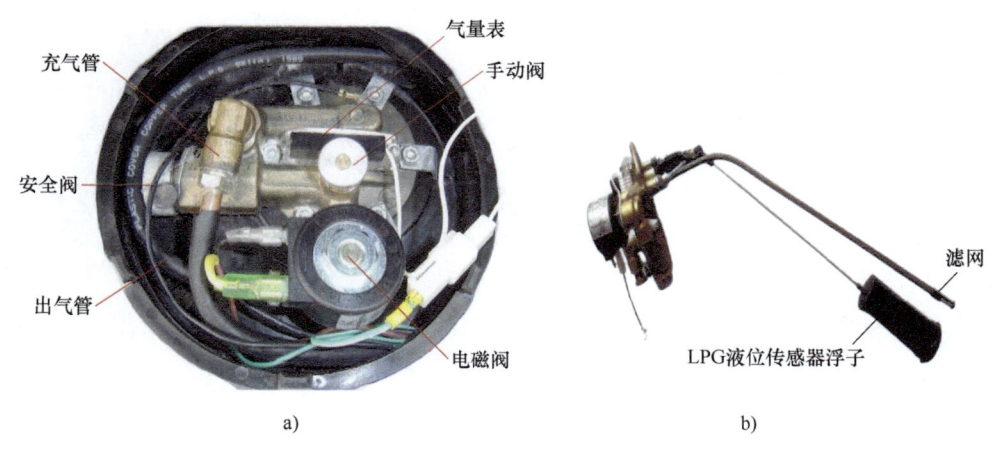

图 15-4　储气瓶组合阀
a）组合阀顶部　b）组合阀结构

组合阀用于显示储气瓶 LPG 容量，还具有限量充装、流量过度控制、安全卸荷等功能。

（2）高压电磁阀　高压电磁阀是发动机燃气控制系统的第一个部件，从液化气瓶过来的液态 LPG 首先到高压电磁阀下部的滤清器，滤清器内部有一个纸质滤芯，需要定期清洗，使用满一定周期后要进行更换（图 15-5）。

电磁阀的开闭受发动机 ECU 控制，在发动机起动时起动转速超过 200r/min 时才打开，高压电磁阀出口通过铜管连接到汽化调节器的入口，LPG 经高压电磁阀进入汽化调节器。

在液化石油气 LPG 供气管路中，通常安装有 2~3 个电磁阀。当发动机熄火时，它切断燃气供应管路。有的电磁阀还具有限制发动机转速的作用。

（3）汽化调节器 汽化调节器又称蒸发调压器，如图 15-6 所示。其功能如下：
1) 将高压燃气压力调整至工作压力。
2) 利用发动机循环热水，提供液态燃气进行汽化所需的汽化热。
3) 依据发动机负荷，提供适量的气态燃气。
4) 紧急状态或发动机熄火时，自动切断燃气供应。

图 15-5 高压电磁阀

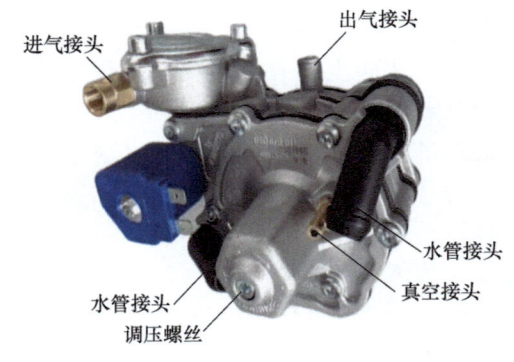

图 15-6 汽化调节器

（4）油/气转换开关 油/气转换开关安装在仪表板上，其功能是驾驶人通过此开关来选择使用 LPG 或汽油，有的油/气转换开关还能够显示钢瓶中存气量的多少（图 15-7）。

1) 左档：LPG 工作，汽油起动方式。在该位置起动时，自动转换用汽油来起动，当发动机转速加速到 2000r/min 以上，再减速至预定转速 2000r/min 时自动转换到 LPG 燃料工作，这种方式称为减速预定值转换。转换开关转换速度预定值可以通过开关背面的调整旋钮调整，一般为 2000r/min 左右。

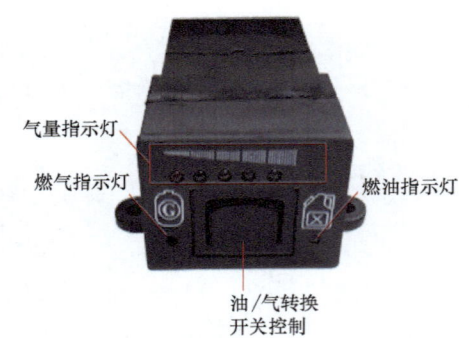

图 15-7 油/气转换开关

2) 右档：汽油工作方式。当从汽油转换至 LPG 时，LPG 高压电磁阀开启，并将转换信号输入电喷模拟调节器，关闭喷嘴，模拟喷嘴正常工作信息并把信息传给发动机 ECU，使之像汽油工作一样生成点火信号，使汽油喷射系统仍按原有工作方式工作。此时油泵不能工作，否则，油泵将烧毁。一般的处理方法是通过油泵继电器将油泵供电断开。

（5）LPG 喷气嘴及气轨 LPG 喷气嘴安装在燃气气轨上，由 ECU 控制（图 15-8）。电路接通时，LPG 喷气嘴电磁阀打开，LPG 经喷气嘴喷入进气歧管内，与空气混合后进入气缸燃烧。

（6）LPG 电控系统 LPG 电控系统配合发动机的电控系统工作，也是由各种传感器采集 LPG 的温度、压力、流量等各种参数，送给 ECU 进行分析计算和判断，再去控制执行器动作（图 15-9）。对于 LPG 主要是控制喷气量的多少和安全控制，以适应发动机要求。

图 15-8　LPG 喷气嘴及气轨

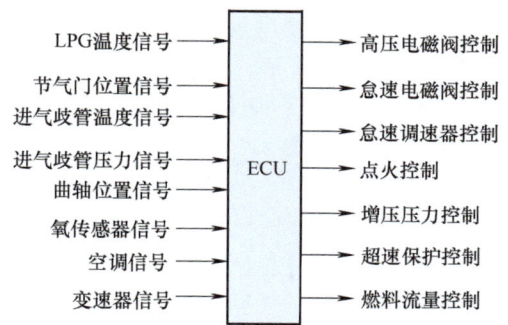

图 15-9　LPG 电控系统

温馨提示：LPG 汽车燃料供给系统结构原理视频可扫二维码资源 15.1 观看。

15.2　LPG 汽车燃气系统使用维护准备

LPG 汽车燃气系统维修设备与材料准备见表 15-1。

表 15-1　LPG 汽车燃气系统维修设备与材料

名称	数量	名称	数量
汽车万用表	1 台/组	LPG 汽车燃气系统零部件	1 台/组
常规拆装工具	1 套/组	手套、抹布等	1 批/组
灭火器	1 个/组	工作台、零部件盆	1 套/组

15.3　LPG 汽车燃气系统的使用维护

1. 使用注意事项

1）用汽油起动发动机时，只要将转换开关置于"汽油"位置即可，但用 LPG 起动时应首先将油路中的汽油燃尽。为此，必须先将转换开关放在中间位置（即既不供气也不供油的位置），待油路中的汽油燃尽后再将它换到"LPG"位置。

2）每天至少用汽油工作 20min，以保持汽油机的良好状态，否则，气门座的寿命会由于气门座长期得不到润滑而降低。

3）必须注意车用 LPG 的质量，无论是进口 LPG 还是国产 LPG，其丁二烯和硫的含量都应分别小于 0.5% 和 0.015%（质量分数）。

4）在汽车行驶中如果发现 LPG 泄漏，应立即靠边停车，关闭电源和 LPG 储气瓶组合阀上的手动截止阀，然后进行处理。在故障未排除的情况下，汽车应用汽油行驶。

如果有大量燃气泄漏或无法关闭组合阀上的手动截止阀，应立即切断电源，隔离现场，隔离人员和火源。如发生火灾，应用灭火器进行灭火或报警等待消防部门来处理。

5）如果准备长期不用 LPG，则必须将管道和汽化调节器中的 LPG 燃尽或排尽，还要将汽化调节器排液孔打开，放出污液，再对汽化调节器做必要的清洗。否则 LPG 中不易挥发的物质会沉淀在密封件和膜片上，腐蚀密封件和膜片。

6）双燃料汽车停驶后重新使用的处置。LPG供给系统应经常使用，如果长期停用，应将LPG储气瓶内燃气用完；停用半年后再次使用时，应到有资质的LPG汽车维护企业进行LPG供给系统安全检测和调试，确定安全可靠后才可投入使用。

2. 燃气系统的维护

（1）日常维护

1）检查LPG各管路及接头有无破损、泄漏、松动和堵塞。要求包括：管路无损伤、挤压变形和堵塞，接头牢固且无泄漏；管路与其他物件无摩擦、不干涉，无老化和裂纹，连接可靠，与车体装卡牢固，无脱落，必要时进行管路通透、清洗，乃至更换管路；拆装高压管路时应更换管接头的环形卡箍。

2）检视燃气专用装置各功能部件及系统的工作状态。要求系统的工作状态正常且连接无松动、泄漏和损坏。

3）检查LPG压力或LPG储气瓶的储气量，不足时应立即加充，加充最大容量不要超过储气瓶容量的80%。

4）每天出车和收车时要进行两种燃料的转换运行，确保LPG供给系统和油气转换开关的工作正常。

5）车辆使用LPG时，电动汽油泵仍在工作，汽油箱中应保留10L以上的汽油，以防止电动汽油泵损坏。

6）行车中要随时观察燃气系统的工作状况，要特别注意燃气系统是否出现过热、异响、异味、碰撞（包括车辆底盘）、漏电和打火现象。如出现异常情况，应及时关闭LPG储气瓶阀门，并及时到有资质的LPG汽车维护企业进行维修。

（2）定期维护

1）LPG含有非挥发性物质，很容易损坏膜片和密封件，所以每月要将汽化调节器排液口打开一次，清除掉LPG沉积物。

2）汽车每行驶3000～5000km后应更换燃气滤芯，同时检漏，消除燃气泄漏隐患。每10000km后清洗燃气气轨与汽化调节器，发动机其他部件正常保养。

任务总结

1）使用液化石油气（LPG）的汽车称为液化石油气汽车。

2）LPG汽车燃料供给系统主要由储气瓶、充气阀、高压电磁阀、汽化调节器、油气转换开关、LPG喷气嘴等以及各种传感器、控制器和执行器组成。

3）LPG汽车燃料供给系统基本原理是：当发动机工作时，储气瓶和供液管截止阀打开，由储气瓶流出的液化石油气经汽化调节器调压、计量后以气态输送到燃气气轨，LPG喷气嘴开启时，喷射LPG燃气与空气在进气歧管混合后被吸入气缸，经火花塞点火燃烧。

4）储气瓶组合阀由进气口单向阀、自动限充阀、出气口手动阀、超流阀、安全阀（限压阀）、气量表及电子显示器接头组成，有些还装有电磁控制阀。

5）汽化调节器的功能包括：将高压燃气压力调整至工作压力；利用发动机循环热水，提供液态燃气进行汽化所需的汽化热；依据发动机负荷，提供适量的气态燃气，并能在紧急状态或发动机熄火时，自动切断燃气供应。

6）检查LPG各管路及接头，应无破损、泄漏、松动和堵塞。

7）注意LPG汽车的使用和维护与传统汽车不同，应严格按照使用说明书要求进行。

模块 8 燃气汽车的结构与使用维护

学 习 工 单

任务 15　液化石油气汽车燃气系统的使用维护

学生姓名		学生班级		小组名称/组长	
汽车型号		发动机型号		实训地点/时间	
客户培训	出租车公司将一批燃油车改装成了 LPG 双燃料汽车，针对 LPG 汽车燃气系统的使用维护，改装工程师为公司车队维护技师进行了技术培训。					
主要设备、工具和资料						

子任务 1　根据 LPG 汽车燃料供给系统的总体结构图，填写各代号的名称，并描述 LPG 工作过程。

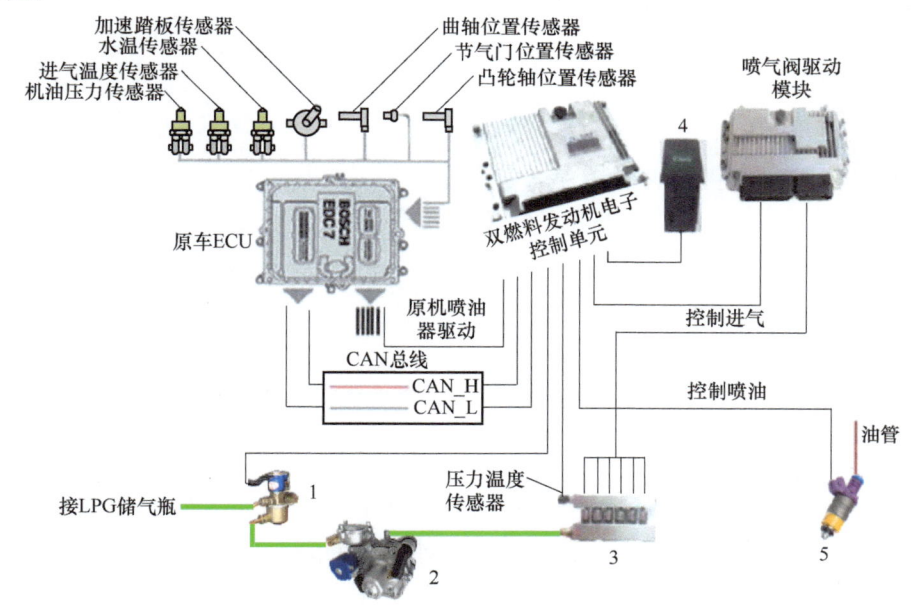

◇代号的名称：

代号	1	2	3	4	5
名称					

◇LPG 工作过程：

子任务 2　描述汽化调节器的功能。

子任务 3　列出 LPG 汽车燃气供给系统的使用注意事项。

子任务 4　描述 LPG 汽车的日常维护内容。

子任务 5　描述 LPG 汽车的定期维护内容。

子任务 6　完成下列关于液化石油气汽车燃气系统的知识测评作业。
1）在 LPG 汽车加气过程中，当钢瓶内 LPG 液面达到钢瓶容积（　　　）位置时，组合阀上的（　　　）装置自动切断 LPG 进气通道，加气枪加气开关自动跳开。
　　A. 80%　　　　　　B. 90%　　　　　　C. 限充　　　　　　D. 限压
2）以下部件中发动机燃气控制系统的第一个部件是（　　　）。
　　A. 储气瓶　　　　　B. 高压电磁阀　　　C. 汽化调节器　　　D. LPG 喷气嘴
3）以下可实现 LPG 的闭环控制，对空燃比进行精确控制的传感器是（　　　）。
　　A. 氧传感器　　　　B. 空气流量传感器　C. 曲轴位置传感器　D. 爆燃传感器
4）汽化调节器用于将（　　　）压力调整至工作压力；利用（　　　）循环热水，提供液态燃气进行汽化所需的汽化热。
　　A. 高压燃气　　　　B. 低压燃气　　　　C. 加热器　　　　　D. 发动机

5）根据汽化调节器的结构组成，在下图方框中填写各种接头名称。

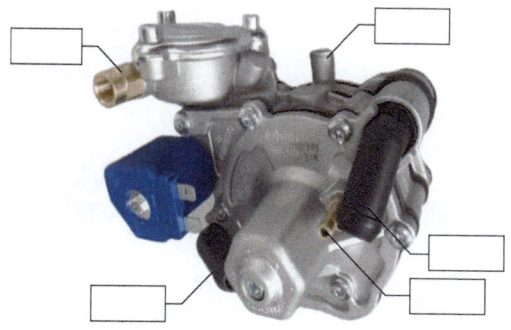

子任务 7　任务交流（学生学习小组制作任务完成情况交流发言稿，推举代表发言）。

子任务 8　任务评价（根据上述实操、作业和交流情况，进行任务自评、小组互评和综合评价，其中自评、小组互评满分各占 25 分，教师综合测评满分 50 分）。
自评（评语及评分）：

签名：

年　月　日

小组互评（评语及评分）：

组长签名：

年　月　日

综合评分与教师评价	
	教师签名： 年　月　日

模块 9

其他新能源汽车的结构原理

任务 16　其他新能源汽车的结构原理认识

🔄 任务接受

为了拓展学生的新能源汽车知识，学校邀请广州市科学技术协会一些热心科普、拥有丰富理论研究及实践经验的专家，给学生进行"其他新能源汽车的结构原理"的讲座，并要求学生课外检索一种其他类型的新能源汽车的结构原理和发展动态，在小组或班级交流。

🔄 学习目标

1）能够描述太阳能汽车、生物燃料汽车、飞轮储能装置汽车、压缩空气汽车等结构与优缺点。

2）能够解释太阳能汽车、生物燃料汽车、飞轮储能装置汽车、压缩空气汽车等的工作原理。

3）学会检索其他类型的新能源汽车的结构原理和发展动态，发表自己看法，撰写检索报告。

4）培养"寒窗苦读少年志，韶华不负正当时"的品质。

🔄 任务准备

16.1　太阳能汽车的结构原理

1. 太阳能汽车定义

太阳能汽车是将太阳能转化为电能的汽车。图 16-1 所示为"天津号"太阳能汽车，它是一款高等级智能驾驶汽车。

图 16-1　"天津号"太阳能汽车

2. 太阳能汽车特点

1) 汽车能量来自太阳，太阳是取之不尽、用之不竭的能源"聚宝盆"。
2) 没有任何有害排放，属于零污染。
3) 结构简单，没有复杂的内燃机、离合器、变速器、传动轴、散热器、排气管等零部件，而是由电池板、储能装置和电机组成。
4) 缺点是依赖太阳，续驶里程较短。

3. 太阳能汽车的基本组成

太阳能汽车一般由太阳能电池组、向日自动跟踪器、驱动系统和控制器等组成。

（1）**太阳能电池组**　它是太阳能汽车的核心，由一定数量的单体电池串联或并联组成电池方阵。太阳能单体电池由半导体材料制成，当太阳光照射在该半导体材料时，半导体的电子-空穴对被激发，形成"势垒"，也就是P-N结（图16-2）。由于势垒的存在，在P型层产生的电子向N型层移动而带正电，而在N型层产生的空穴向P型层移动而带负电，于是在半导体元件的两端产生P型层为正的电压，即形成了太阳能电池。

太阳能电池的电流大小与太阳光照射强度的大小、太阳能电池面积的大小成正比。车用太阳能电池是将很多太阳能电池排列组合成太阳能电池板（图16-3），以产生所需要的大电流和高电压。

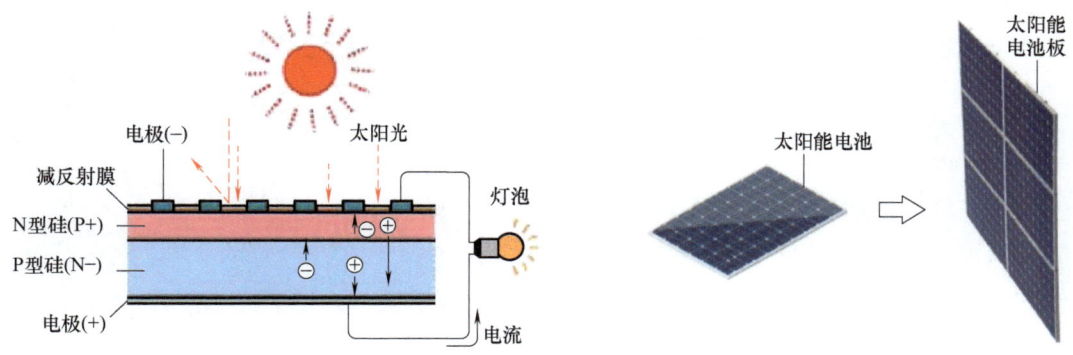

图16-2　太阳能电池的工作原理　　　　图16-3　太阳能电池和太阳能电池板

（2）**向日自动跟踪器**　太阳能电池能量的多少取决于太阳电池板接收太阳辐射能量的数量，由于相对位置的不断变化，太阳电池板接受太阳辐射能量也在不断变化。向日自动跟踪器的作用就是保持太阳电池板正对着太阳，最大限度提高太阳电池板接受太阳辐射能的能力。

（3）**驱动系统**　太阳能汽车采用的驱动电机主要有交流异步电动机、永磁电动机、直流电动机，其驱动系统与纯电动汽车基本相同。

（4）**控制器**　控制器主要实现对太阳能电池组进行管理和对电机的控制，其作用与纯电动汽车控制系统相同。

4. 太阳能汽车的工作原理

太阳能汽车由太阳能电池板在向日自动跟踪器的控制下始终正对太阳，接受太阳光，并转换成电能，向电机供电，再由电机驱动汽车行驶。它实际上是一种电动汽车，其工作原理与串联式混合动力汽车基本相同。

由于太阳能电池的能量较小，而且受天气的影响，在阴天或下雨时，太阳能电池的转换效率降低或归零，所以太阳能汽车往往与动力蓄电池共同组成太阳能混合动力电动汽车。当太阳光强烈、转换为电能充足时，由太阳能电池板将太阳能转换为电能后，通过充电器向动力蓄电池充电，也可以由太阳能电池板直接提供电能，通过电流变换器将电流输送到驱动电机以驱动汽车行驶。其驱动模式相当于串联式混合动力电动汽车，一般采用智能控制系统来控制其运行。当太阳光较弱或阴天时，则靠动力蓄电池对外供电。

温馨提示：太阳能汽车视频可扫二维码资源16.1观看。

16.2 生物燃料汽车的结构原理

1. 生物燃料与生物燃料汽车

生物燃料又称生态燃料，泛指由有机物组成或者制成的燃料。它不同于石油等传统燃料，属于可以再生的燃料。

世界上富含油的植物达万种以上，我国有近千种，许多科学家做了大量研究和试验，发现有的植物含油率很高，可以作为发动机燃料。科技人员进行了大量试验研究，取得了一定成果。

使用生物燃料的汽车就称为生物燃料汽车。下面重点介绍醇燃料汽车和二甲醚燃料汽车。

2. 醇燃料汽车

（1）醇燃料汽车定义　使用醇基燃料（甲醇、乙醇等）的汽车统称为醇燃料汽车，其中，使用甲醇燃料的汽车叫甲醇汽车，使用乙醇燃料的汽车叫乙醇（酒精）汽车，同时使用甲醇或乙醇与汽油的汽车称为灵活燃料汽车（Flexible Fuel Vehicle，FFV）。图 16-4 所示为吉利汽车集团生产的英伦 SC7 甲醇燃料汽车，在 2013 年 4 月上海车展亮相。

图 16-4　英伦 SC7 甲醇燃料汽车

> 十年磨一剑，为有暗香来——寒窗苦读少年志，韶华不负正当时
>
> 吉利控股集团在大力发展混合动力和纯电动智能汽车的同时，也把发展甲醇燃料汽车作为重要的战略方向。吉利已深耕甲醇燃料汽车 17 年，开发了包括乘用车和商用车在内的近 20 款甲醇燃料车型，解决了甲醇燃料存在的腐蚀性、冷起动、溶胀性等关键技术问题，拥有甲醇燃料核心技术专利 200 余件。
>
> 2021 年 11 月工业和信息化部已明确将甲醇汽车纳入绿色产品。在油价高涨和倡导绿色低碳的发展背景下，吉利甲醇燃料汽车的未来发展注定值得期待。吉利深耕甲醇燃料汽车 17 年离不开企业高管的战略目光与国家政策支持，发展甲醇燃料将有效减少对石油的依赖，更是保障国家能源安全的重大举措。这种默默深耕的民族企业精神激励着莘莘学子，在求学求知求真的道路上，以梦为马，不负韶华，为实现中华民族伟大复兴的中国梦添砖加瓦。

(2) **醇燃料汽车特点** 汽车醇燃料主要是甲醇（或叫木醇、木酒精、甲基氢氧化物）和乙醇（酒精），它们的一些理化指标与汽油的比较见表 16-1。

表 16-1 汽油、甲醇和乙醇理化指标比较

项目	汽油	甲醇	乙醇
分子式	$C_4 \sim C_{12}$ 烃	CH_3OH	C_2H_5OH
密度/(g/cm^3)（20℃时）	0.69~0.80	0.7912	0.789
气味	汽油气味	轻微酒精气味,有毒	酒精气味
热值/(kJ/kg)	44390	20100	27370
闪点/℃	-43	11.1	12.8
含氧量(%)（质量分数）	0	50	35
蒸发潜热(kJ/kg)	349	1101	913
辛烷值(RON/MON)	80~97/70~88	122/93	121/97
自燃点/℃	495	464	423
着火极限(%)（体积分数）	1.4~7.6	6.7~36.0	4.3~19.0

甲醇和乙醇燃料的上述理化指标决定了醇类汽车有以下特点：

1）燃烧充分，排放少。燃烧产物为二氧化碳和水，甲醇燃烧方程式是

$$2CH_3OH + 3O_2 = 2CO_2 + 4H_2O$$

排放的尾气中 CO、HC 和 NO_x 的含量比汽油降低 30%~50%，有利于净化空气。

2）原料来源广泛。甲醇是从天然气和煤炭中提取的衍生产品，价格低廉，产量很大。乙醇可以用植物的茎秆生产，属于可再生能源，成本较低。

3）抗爆性好。甲醇和乙醇的辛烷值远高于汽油，抗爆性好，可适当提高发动机的压缩比，从而提高发动机的热效率和动力性。

4）燃油消耗率会增加。因为甲醇、乙醇的热值比汽油低。

5）冷起动困难。因为醇燃料蒸发潜热大，甲醇的蒸发潜热是汽油的 3 倍多，乙醇的蒸发潜热是汽油的 2 倍多，导致蒸发时所吸收的热量多，发动机温度下降，恶化了进气蒸发条件，起动困难。

6）容易产生气阻。因为醇类燃料的沸点较低，在夏季使用时，容易在油管中大量蒸发形成气阻，使供油中断。

7）发动机磨损大。醇类燃料是一种有机溶剂，未燃醇类会沿缸壁渗入机油中，冲刷了活塞和气缸间的润滑油膜，使活塞和气缸间的磨损增大。进入曲轴箱的醇类还会对润滑油产生稀释作用，降低润滑油的润滑性能，加剧发动机磨损。

8）醇类燃料对人体有害。如甲醇进入人体，会被氧化成甲醛和甲酸，造成甲醇中毒；乙醇对人体中枢神经有抑制作用，所以使用时要特别注意醇燃料外泄。

(3) **醇燃料在汽车上的应用方式** 醇燃料在汽车上的应用方式主要有以下 4 类：

1）掺烧：甲醇或乙醇和汽油掺合形成混合燃料燃烧。以"E"表示醇类燃料的容积，如乙醇占 15%，则用 E15 来表示。目前，掺烧乙醇在醇类汽车中占主要地位。

2）纯烧：单烧甲醇或乙醇。可用 E100% 表示，目前应用并不多，属于试行阶段。

3）变性燃料：乙醇脱水后，再添加变性剂而生成的乙醇。目前这属于试验应用阶段。

4）灵活燃料（FFV）：汽车燃料既可用汽油，又可以使用乙醇或甲醇与汽油比例混合的燃料，还可以用氢气，并随时可以切换。目前吉利、福特、丰田等汽车公司均在试验灵活燃料。

由于灵活燃料汽车能根据发动机运行工况的需要，"灵活"选择最佳的燃料进行优化组合，使发动机在整个运行范围内实现良好的动力性、经济性及排放性。试验研究结果表明，含有85%甲醇或乙醇及15%汽油的混合燃料的综合性能较好。我国最新的相关标准是GB/T 23799—2021《车用甲醇汽油（M85）》，即国标M85醇基燃料，可作为汽油的替代品直接使用。

（4）醇燃料汽车燃料供给系统组成与基本结构原理 醇燃料汽车电控燃料供给系统主要由油箱、燃油泵总成（燃油泵、粗细滤清器等）、油管、喷油器等组成（图16-5）。它与传统汽油汽车电控燃料供给系统结构与工作原理基本相同，主要区别如下：

1）油箱需用采用与甲醇或乙醇相容的材料制造，如不锈钢、钝化或阳极氧化处理的铝合金、氟化高密度聚乙烯、氯丁橡胶或者其他与甲醇相容的合成橡胶、纤维加强塑料等。由于醇燃料的比容积热值低，为了使甲醇燃料汽车一次加油后的续驶里程和原汽油车基本一样，应该加大油箱容积。

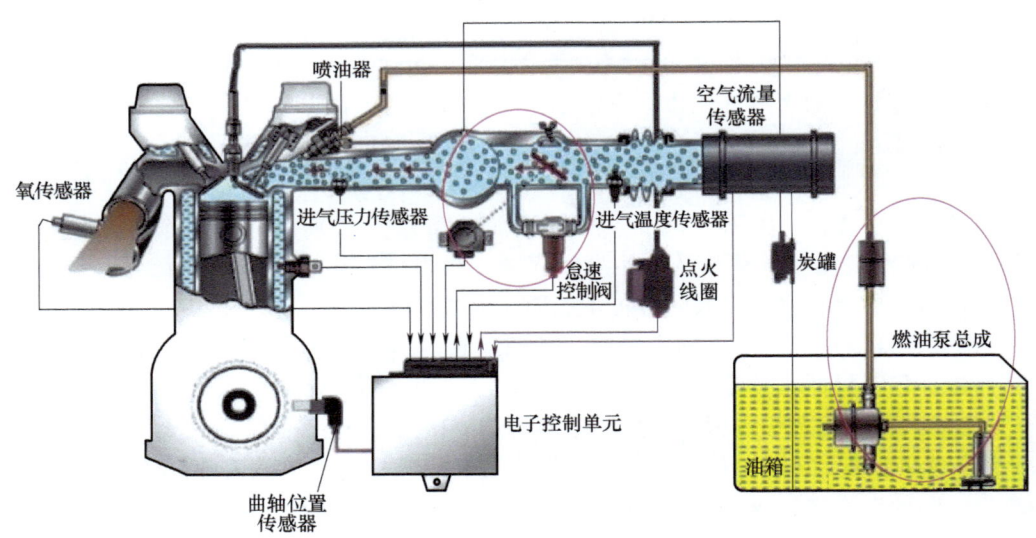

图16-5 醇燃料汽车电控燃料供给系统组成

醇与汽油的混合燃料在低温状态会出现分离情况，解决办法是在油箱中设置电动搅拌器，需要时用机械搅拌法使其不分离。

2）需要增加一个燃料切换控制器，用以切换燃料供给模式；同时应智能改变发动机点火系统参数，使醇燃料在气缸内充分燃烧，一般是与发动机ECU集成在一起。

3）喷油器采用电磁阀式，其结构如图16-6所示。喷油器本体由不锈钢制成，各处密封件的材料是氟化橡胶，小型甲醇过滤器则是用能与甲醇相容的金属粉末烧结而成，孔隙甚小。喷油器的流量范围既要能满足全负荷时甲醇循环供应量的要求，又要满足使用汽油运转时的小流量要求。其工作原理与电喷汽油机类似。

3. 二甲醚燃料汽车

（1）二甲醚燃料汽车定义 以二甲醚为燃料的汽车称为二甲醚燃料汽车。图16-7所示为上海申沃客车有限公司生产的SWB6116DME二甲醚燃料城市客车。

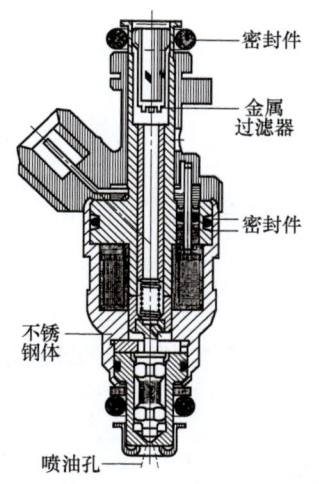

图 16-6 醇燃料汽车燃油喷油器

图 16-7 二甲醚燃料城市客车

（2）二甲醚燃料汽车特点 二甲醚又称木醚、甲醚，英文是 Dimethyl ether，缩写为 DME，是以天然气、煤、石油、焦炭或生物质为原料制取。其理化特性见表 16-2。

表 16-2 二甲醚理化特性

项目	内容	项目	内容
分子式	C_2H_6O	颜色、气味	在常温常压下为无色、有轻微醚香味、无毒气体
分子量	46.07	溶解性	溶于水、汽油、四氯化碳、苯等
密度/(g/cm³)(20℃时)	0.67	汽化潜热/(kJ/kg)	467
沸点/℃	-24.9	十六烷值	55~66
闪点/℃	-41.4	低热值/(MJ/kg)	28.43

二甲醚燃料汽车特点如下：

1）十六烷值大于 55，比柴油还高，滞燃期短，自燃温度低。

2）污染少。其本身含氧量为 34.8%，能够充分燃烧，不析碳，无残液，汽车尾气无须催化、转化处理，即可达到高标准的欧洲Ⅲ排放标准。二甲醚重型商用车的 CO 排放能减少 20%，HC 减少 30%，NO_x 减少 60%，PM（微粒）排放为 0。在大气中，二甲醚在短时间内分解为 H_2O 及 CO_2，不会污染环境。

3）热值高。二甲醚理论混合气热值为 3066.7kJ/kg，而柴油的理论混合气热值为 2911kJ/kg。因此柴油机燃用二甲醚的升功率会升高 10%~15%，热效率可提高 2%~3%，噪声可降低 10%~15%。

4）按等效热量计算，二甲醚的汽化潜热为柴油的 2.53 倍，因此会大幅度降低柴油机最高燃烧温度，减少 NO_x 的排放量。

5）低沸点的特点使得二甲醚在喷入气缸后即可汽化，其油束的雾化特性优于柴油。

6）资源较为丰富。二甲醚可以从来源丰富的煤、天然气和生物质中提炼，大规模生产时其成本低于柴油。

7）热值低，只有柴油的 70%，动力不如柴油。

8）储气瓶占用空间大、携带不便，润滑性较差。

(3) 二甲醚燃料汽车燃料供给系统的基本结构与工作原理 二甲醚燃料汽车燃料供给系统主要由二甲醚罐、输油泵、滤清器、压力表、蓄能器、喷油泵、喷油器、冷却器和各种阀门等组成（图16-8）。它与传统柴油汽车燃料供给系统结构与工作原理基本相同，主要区别如下：

1）二甲醚在常温下为气态，需在5个大气压下实现液化，所以必须使用专门的二甲醚罐加压储存，如图16-9所示。

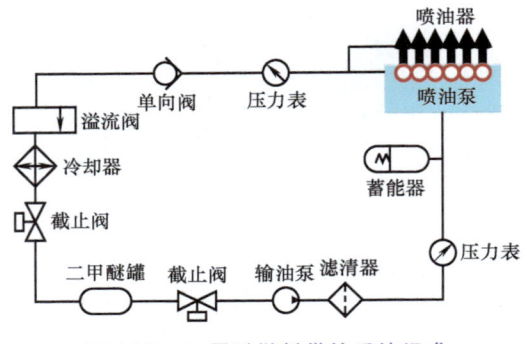
图16-8 二甲醚燃料供给系统组成

图16-9 二甲醚燃料罐

2）二甲醚的热值低，只有柴油机的70%，为了达到原柴油机的动力水平，必须增大二甲醚发动机的每循环供油量，可以采取加大喷油泵中柱塞直径和柱塞有效行程、加大喷油器中喷孔直径等方法来解决。它所用的喷油泵、喷油器技术参数不同于原来柴油机的。

3）由于二甲醚的黏度低，这就使得燃油润滑效果较差，柴油机上的柱塞、出油阀与喷油器三对精密偶件会因为润滑不良而产生磨损。因此，必须在二甲醚燃料中加入适当的润滑剂，以保证柴油机运转的可靠性与耐久性。

4）在环境温度和压力下，二甲醚的爆炸极限范围比较宽，因此在使用二甲醚时要注意防止二甲醚蒸气的逸出。同时，二甲醚的低黏度也容易使其泄漏汽化。另外，二甲醚虽然对金属没有腐蚀性，但对一些弹塑性密封件来说，如长期暴露在二甲醚中会使其密封性能恶化，并逐渐腐蚀剥落下来。因此，在柴油机上燃用二甲醚，必须要解决好密封问题。

16.3 超级电容汽车的结构原理

1. 超级电容储能装置与超级电容汽车

(1) 超级电容储能装置 至少有一个电极主要是通过电极/电解液界面形成的双电层电容或电极表面快速氧化还原反应形成的赝电容实现储能的电化学储能器件称为超级电容。利用超级电容储能的装置就称为超级电容储能装置。

超级电容的正式名称是电化学电容器，又叫双电层电容、黄金电容、法拉电容，是近二十几年发展起来的新型储能器件，兼具传统电容器和蓄电池的特性，因此在众多储能领域将发挥越来越重要的作用。图16-10所示的超级电容直径为60mm，电容量1200F，电压2.7V，能量1.22W·h。

(2) 超级电容汽车 使用超级电容储能装置的汽车称为超级电容汽车。图16-11所示为我国第一辆超级电容公交车，2006年8月28日在上海投入运营。该车基本参数见表16-3。

该车起步动作迅速有力，运行时清洁、经济、方便，在车顶上的可伸缩受电弓可快速升降，与公交车站上方的高压馈线碰触就可充电，中途充电 30s 即可，充一次电跑 3~5 站地没问题。

图 16-10　超级电容

图 16-11　我国第一辆超级电容公交车

表 16-3　超级电容公交车基本参数

	项目	参数	项目	参数	项目	参数
整车基本参数	车长/mm	11420	最大质量/kg	16500	座位数/个	41
	最高车速/(km/h)	45	交流主电机功率/kW	75	最大功率/kW	150
	0—40km/h 加速时间/s	16.5	排放	0	爬坡度（%）	7.8
超级电容参数	超级电容/F	200	正常工作电压/V	360~600	最高充电电压/V	610
	存储能量/W·h	6400	输出功率/kW	5	内阻/mΩ	0.22
	站间充电时间/s	30	总站充电时间/s	90	每次充电后连续行驶里程/km	7.9（车速 22km/h）
	平均能耗/(kW·h/km)	0.88	比有轨电车节电（%）	60	电容器重量/kg	980
	平均能量回收率（%）	20	最大能量回收率（%）	≥40	充电效率（%）	96.54

2. 超级电容汽车特点

1）超高电容量，可达 6000F，比同体积的电解电容大 2000~6000 倍；功率密度高，可达 1000~2000W/kg，相当于铅酸蓄电池的 5~10 倍。

2）充电速度快。可在 0.3~30s 内快速大电流充放电、提供很大的瞬时充放电功率，可以频繁地释放能量脉冲而不会产生有害的后果，而蓄电池在如此短的时间内充满电将是极危险的或是几乎不可能的。

3）使用寿命长。深度充放电循环使用次数可达 50 万次，没有记忆效应，也不存在过度放电的问题，而动力蓄电池只有几百次或几千次循环寿命。

4）免维护。超级电容可以免维护，而动力蓄电池需要定期维护。

5）工作温度范围宽。超级电容可以在很宽的温度范围内正常工作（-40℃~+70℃）。

6）经济环保。超级电容用的材料是安全和无毒的，而铅酸蓄电池、镍镉蓄电池均具有毒性。

7）改善汽车起动性能。将超级电容与蓄电池组合使用，试验证明，发动机起动转速可以提高 150r/min 左右，在-20℃时可以一次性起动，而单独使用蓄电池需多次起动才能成功，优点非常明显。超级电容器起动电流大，在起动瞬间，1200A 电流中的 800A 电流由超级电容器提供，蓄电池仅提供 400A 的电流，明显低于仅采用蓄电池的 560A，有效地降低了蓄电池极板的极化，延长了蓄电池寿命。

8）耐压偏低。只有几伏到十几伏，新开发出的也不过二十多伏。

9）功率衰减。其功率输出随着行驶里程加长而衰减，受环境温度影响大等。

10）价格高。目前超级电容在价格方面还没有优势可言，需要进一步提高性能、降低成本。

3. 超级电容储能装置的基本结构与工作原理

超级电容汽车与传统汽车不同主要集中在超级电容储能装置方面。

（1）**超级电容储能装置的基本结构** 图 16-12 所示为超级电容器的模型，主要由多孔化电极、电解液和隔膜等组成。其中，多孔化电极采用多孔性的活性炭等材料制成，有极大的表面积，可以在电解液中吸附大量电荷，因而具有极大的电容量并可以存储很大的静电能量。

（2）**超级电容器储能装置的工作原理** 双电层电容器的储能是基于电极/电解液界面上的电荷转移。充电时，在外电源的作用下电解液中的阳离子向负极移动，阴离子向正极移动，从而形成一层在电极上，另一层在溶液中的两个电荷层，称为双电层，如图 16-13 所示；放电时，反向过程发生，电极板的电子从负极运动至正极，电解液中的阴阳离子被释放，电容器恢复到原来的状态，双电层消失。

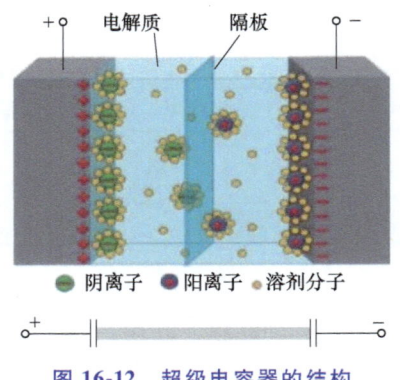

图 16-12 超级电容器的结构

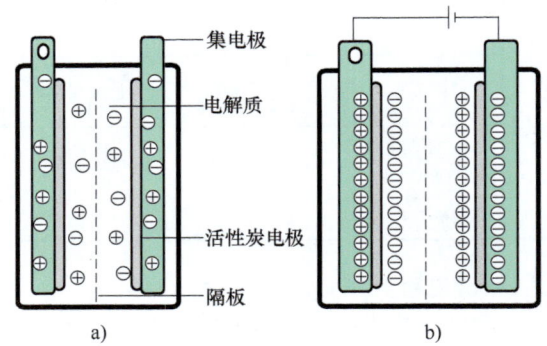

图 16-13 超级电容器的工作原理
a）充电前 b）充电后

由于界面上存在一个位垒，两层电荷都不能越过边界彼此中和。双电层结构将形成一个平板电容器。如果用 C 表示双电层的电容量，则其计算公式为

$$C = Q/\Delta\phi_{M\text{-}s} = Q/\phi_a$$

式中，$\Delta\phi_{M\text{-}s}$ 是固体与液体之间双电层的电位差，$\Delta\phi_{M\text{-}s} = \Delta\phi_M - \Delta\phi_s$，$\Delta\phi_M$、$\Delta\phi_s$ 为固体侧、液体侧的电位；Q 为双电层的电荷量；ϕ_a 为从零电荷算起的电极电位。则电容器存储的能量为

$$E = 0.5CV_W^2$$

式中，V_W 为电容器的最大工作电压。

根据电容器的计算公式，双电层电容器与电极表面积成正比，与双电层厚度成反比，在强电解质的浓溶液中，双电层厚度的数量级为 0.1nm，选择适当的具有高比表面积的电极材料，可以得到很大的电容量，从而提高超级电容的能量密度。于是，人们将目光集中在具有

很大表面积的碳基材料上，如活性炭多孔化电极可以达到 2500m²/g。

当两极板间电势低于电解液的氧化还原电极电位时，电解液界面上电荷不会脱离电解液，超级电容器为正常工作状态（通常为 3V 以下），如电容器两端电压超过电解液的氧化还原电极电位时，电解液将分解，超级电容器为非正常状态。由于随着超级电容器放电，正、负极板上的电荷被外电路泄放，电解液的界面上的电荷相应减少。由此可知，超级电容器的充放电过程始终是物理过程，没有化学反应，因此超级电容性能稳定，与利用化学反应的蓄电池是不同的。

4. 超级电容的分类

通常，超级电容可根据其电极材料和电解质材料进行分类，不同的超级电容具有不同的特性。

（1）根据电极材料分类 根据电极材料的不同，超级电容分为三类：炭电极双电层超级电容、金属氧化物电极超级电容和有机聚合物材料电极超级电容。

1）炭电极双电层超级电容（Double Layer Capacitor，DLC）。这种电容器主要使用多孔炭材料作为电极（图 16-14），比如活性炭或白炭黑的炭布、炭粉和碳纤维等。炭电极的主要优点在于材料来源广泛、成本低、加工技术成熟，活性面积大。作为电极的炭粉、炭布、碳纤维材料，其活性面积可以达到 2500m²/g。近年来，随着碳纳米管研究的进一步深入，炭电极的活性面积进一步加大。

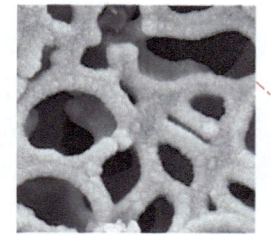

图 16-14 多孔炭材料

例如，采用直径为 8nm 的碳纳米管制备的厚度为 25.4μm 的薄膜电极，比电容达到 49~113F/g（39.2~90.4F/cm³）。尽管炭电极超级电容具有以上优点，但也存在随着活性面积的增大，其稳定性和导通性降低的缺点。

2）金属氧化物电极超级电容。以金属氧化物为电极材料的超级电容利用法拉第效应来存储能量。这种电容器使用 RuO_2、IrO_2 等金属氧化物作为电极，充放电时在电极上会发生一系列的氧化还原反应，具有某些蓄电池的充放电特性。

与炭电极相比，金属氧化物电极的电导率比炭电极大 2 个数量级，因此金属氧化物电极超级电容可以实现非常高的质量比容量。RuO_2 电极可以达到 750F/g，而炭电极的这项指标是 100F/g。而且金属氧化物超级电容的循环寿命、充放电性能也相当好。这种超级电容的缺点在于电极材料成本太高，且对电解液有限制，其额定电压值较低。混合型超级电容是金属氧化物超级电容和炭电极超级电容的混合产物，一方面解决了炭电极超级电容比能量较小的问题，另一方面可以降低超级电容的成本。

3）有机聚合物材料电极超级电容。这种电容器使用有机聚合物作为电极材料，经过杂化处理，利用法拉第准电容效应来存储能量。其作用机理是通过在电极上的聚合物膜中发生快速可逆的 N 型或 P 型掺杂和去掺杂氧化还原反应，使聚合物达到很高的储存电荷密度，从而产生很高的法拉第准电容来储存能量。其较高的工作电位是源于聚合物的导带和价带之间较宽的能隙。

使用有机聚合物材料电极超级电容可以同时提高超级电容的质量比能量和质量比功率两

个指标，现在逐渐成为研究热点。其缺点在于有机聚合物材料容易产生膨胀变形，而长期循环充放电过程中会出现性能恶化，稳定性较差。

（2）**根据电解液的类型分类**　根据电解液的不同可以将超级电容分为有机电解液和水基溶液两类。

1）有机电解液超级电容。超级电容中使用有机电解液的最大好处是可以提高超级电容的单体电压，使之达到2V以上，可以稳定在2.3V，瞬时甚至可以达到2.7V。因此，使用有机电解液的超级电容比能量比较高，可以达到18W·h/kg。这种电容器的缺点在于使用有机电解液必须采用特殊的净化工艺，且电极上必须覆盖特定涂层以避免对电极的腐蚀。它的另一个缺点是因为电解液的电离比较困难，所以等效内阻较大，通常是水溶液的20倍以上，甚至达到50倍，因此比功率指标较低。

2）水基溶液超级电容。水基电解液的最大优点是内阻很低，导通率高，这使得超级电容可以获得较高的比功率指标。水基溶液的第二个优点是提纯和干燥加工工艺简单，成本低廉，从而降低超级电容的总成本。水基溶液超级电容的缺点在于单体电压低，一般无法超过2V，这就限制了这种超级电容比能量的提高。

目前，能够在电动汽车上应用的超级电容主要有两种，一种是以活性炭为正负极材料的碳基超级电容，另一种是以氧化镍为正极、活性炭为负极的杂化超级电容。碳基超级电容器是目前技术最为先进、商业化最为成功的超级电容器，而应用氧化镍/活性炭杂化超级电容技术的代表俄罗斯的 ESMA 公司。

温馨提示：超级电容器的基本结构原理视频可扫二维码资源16.2观看。

5. 超级电容储能装置汽车的配置与控制

以下将以国内第一辆超级电容公交车为例，介绍超级电容。

（1）**超级电容组件**　该汽车超级电容系统为600V/200F组件，为组装及操作方便，分成20个小组件（图16-15），每个组件30V，总重约980kg。电容储能系统最高工作电压为600V，最低工作电压为400V。组件总储能5.55kW·h，可以保证车辆行驶5km以上。

（2）**充电系统**　超级电容充电系统采用大功率充电器充电，最大电流可达250A，完全充电只需1~2min，最大浪涌工作电流达400A，而且可以用于充放电频度较高的工况。它的循环使

图 16-15　超级电容组件

用寿命达到了100000次以上，使用得当可与车辆同寿命，适用温度范围可在-40~60℃之间。

动力供电系统分为两种。一是利用原无轨电车整流电源直流600V供电，去除架空，改为隐蔽电缆，减少了裸线线阻电耗，节约了架空线大量维护费用。二是用380V或10000V动力电接入地埋式升或降压变器升或降压至520V，最后通过低压整流柜整流输出要求为600V直流电。整个供电系统有独立的计量与控制，有多重保护、控制开关及严格接地确保供电安全。

（3）集电弓系统 集电弓系统主要功能是通过集电弓系统将动力电输送至车辆以便对超级电容汽车充电（图16-16）。本系统通过双极受电弓的快速升降，可实现与超级电容汽车充电供电线路的快速接触与分离，快速完成对超级电容汽车的充电过程。该新型受电装置一改传统无轨电车受电弓体积大、笨重及运行时易脱线等缺点，新型双极受电弓轻巧、升降结构仅在需电时才伸出受电，平时在车辆顶部处于隐蔽状态，不影响车辆外观。由于该新型受电装置受电时是面与线的接触，在静止状态受电，接触可靠，受电状态稳定。

（4）变频调速交流驱动控制系统 超级电容汽车采用交流变频驱动实现了全数字智能控制系统方式，自动采集车速、行驶里程、电能消耗与制动能量回收等参数，系统自动故障诊断等。在汽车制动时，可回收20%～40%的再生制动能量，使能量得以循环使用，提高了能源的使用效率，减少了制动能量对环境温度的影响，降低了机械制动器的损耗，有着较高的环保节能效应和经济效益，同时也使车辆具有优异的起动、加速和爬坡能力，乘坐更舒适。超级电容储能变频驱动汽车工作原理如图16-17所示。

图 16-16 集电弓系统

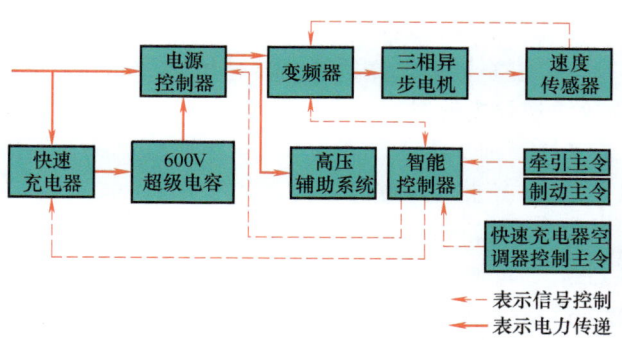

图 16-17 超级电容储能变频驱动汽车工作原理

16.4 飞轮储能汽车的结构原理

1. 飞轮储能装置与飞轮储能汽车

（1）飞轮储能装置 利用飞轮的惯性储存能量的装置称为飞轮储能装置，也称为飞轮电池。

（2）飞轮储能汽车 安装有飞轮储能装置的汽车就称为飞轮储能汽车。图16-18所示为2011年英国的Flybus公司在其Optare客车上安装的飞轮储能装置，它通过与一台CVT相结合（图16-19），从而在车轮和飞轮之间传输能量。

图 16-18 飞轮储能汽车

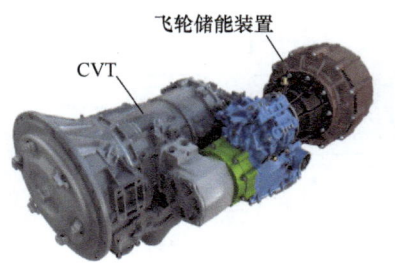

图 16-19 飞轮储能装置与CVT连接

其工作原理如图16-20所示，当踩下制动踏板后，制动能量将带动飞轮旋转，飞轮转速可达60000r/min；当松开制动踏板，踩下加速踏板时，高速旋转的飞轮通过CVT将动能输送到后轮。

2. 飞轮储能汽车特点

1) 转换效率高，可达90%，而蓄电池只有70%。

2) 比功率高，达5000~10000W/kg。

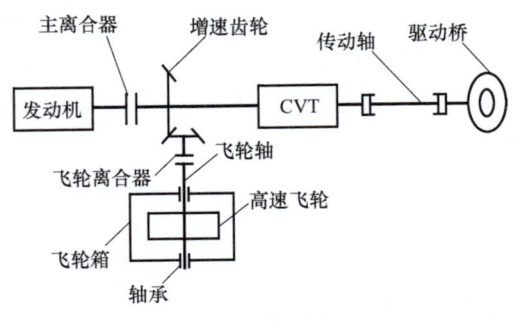

图16-20 飞轮储能汽车基本原理

3) 寿命长，可以无限次循环使用，而且与放电电流大小无关，不像动力蓄电池那样只有几百或几千次循环。

4) 能量进出反应快，几分钟即可完成充放电。

5) 节能减排，运用于汽车，可以节约燃料约30%，减少排放约75%。

6) 重量轻，维护少。

7) 安全性要求高，飞轮转速可达200000r/min，动平衡要求非常高，汽车转向也会受飞轮陀螺效应的影响。

8) 目前成本还较高。

3. 飞轮储能装置的结构与工作原理

（1）飞轮储能装置基本结构原理　飞轮储能电源系统主要由飞轮、电机、电力转换器、真空室、转轴和轴承等组成，整个系统置于真空容器（外壳）内，如图16-21所示。飞轮储能电源系统中的电机既是电动机也是发电机。

充电时，电机以电动机形式运转，在外电源的驱动下，电机带动飞轮高速旋转，增加了飞轮的转速，从而增大其动能；放电时，电机则以发电机状态运转，在飞轮的带动下对外输出电能，完成动能到电能的转换。当飞轮电池输出电能时，飞轮转速逐渐下降。而当飞轮空闲运转时，飞轮储能装置的运行损耗非常小。

（2）飞轮储能装置具体结构　以美国宇航局（NASA）设计的飞轮储能系统（图16-22）为例，它主要由转子系统、电动机/发电机、电力转换器、真空室和辅助设施等部分组成。

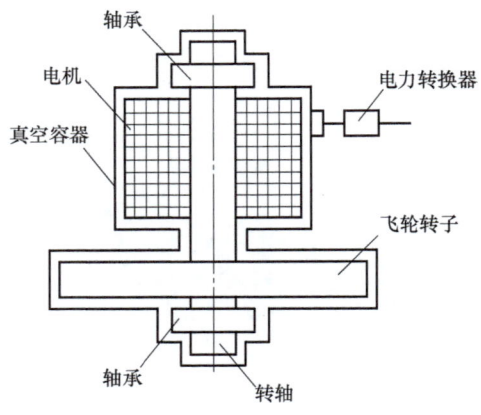

图16-21 飞轮储能装置基本结构原理

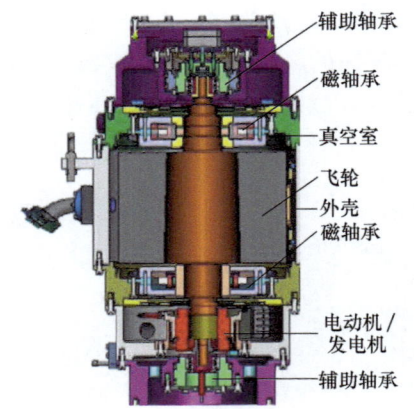

图16-22 飞轮储能系统结构

1)转子系统。转子系统包括飞轮本体与支承两部分。飞轮本体一般选用超强玻璃纤维(或碳纤维等)环氧树脂复合材料作为飞轮材料,也有的采用铝合金或优质钢材制作飞轮。从飞轮形状看,有单层圆柱状、多层圆柱状、纺锤状、伞状、实心圆盘、带式变惯量与轮辐状等。

美国的马里兰大学已经研究成功储能 20kW·h 的多层圆柱飞轮,飞轮材料为碳纤维环氧树脂复合材料,具体参数为:外径 0.564m,内径 0.254m,厚 0.53m,重 172.8kg,最大转速 46345r/min。

飞轮的支承方式主要有超导磁悬浮、电磁悬浮、永磁悬浮和机械支承四种,也有的采用四种中的某两种组合,目前使用较多的是前两种。采用上述支承具有飞轮转轴与轴承无接触、不需要润滑和密封、振动小、使用寿命长、维护费用低等一系列优良品质,对于超高速飞轮储能意义尤其重要,它属于高技术领域。

① 超导磁悬浮　结构原理如图 16-23 所示,当将一块永磁体的一个极对准超导体,并接近超导体时,超导体上便产生了感应电流。该电流产生的磁场刚好与永磁的磁场相反,于是二者便产生了斥力。由于超导体(可用钡钇铜等合金材料制成,并用液氮冷却至 77K)的电阻为零,感生电流强度将维持不变。若永磁体沿垂直方向接近超导体,永磁体将悬空停在自身重量等于斥力的位置上,而且对上下左右的干扰都产生抗力,干扰力消除后仍能回到原来位置,从而形成稳定的磁悬浮。若将下面的超导体换成永磁体,则两块永磁体之间在水平方向也产生斥力,故永磁悬浮是不稳定的。

利用超导这一特性,可以把具有一定质量的飞轮放在永磁体上边,飞轮兼作电机转子。当给电机充电时,飞轮增速储能,变电能为机械能;飞轮降速时放能,变机械能为电能。飞轮腔真空度可达 133Pa,这种飞轮能耗极小,每天仅耗掉储能的 2%。

② 电磁悬浮(Electromagnetic Levitation)技术简称 EML 技术。其主要原理是利用高频电磁场在金属表面产生的涡流来实现对金属的悬浮。电磁悬浮轴承系统基本结构原理如图 16-24 所示,它主要由被悬浮物体(图中为转子)、传感器、控制器和执行器(图中为电磁铁和功率放大器)组成。

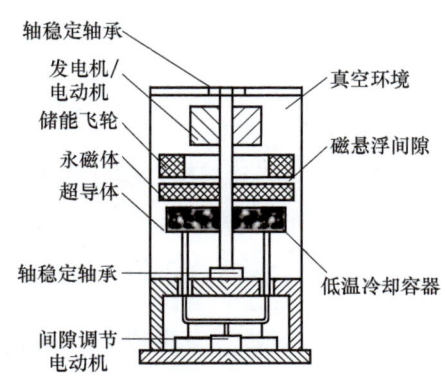

图 16-23　超导磁悬浮结构原理

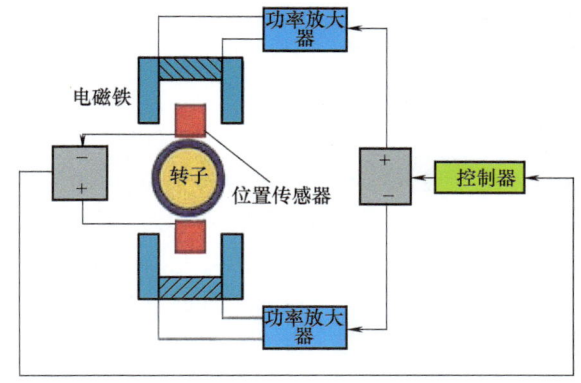

图 16-24　电磁悬浮结构原理

当电磁铁绕组上通入电流时,它对被悬浮物体产生的吸力和被悬浮物体(转子)本身的重力相平衡,被悬浮物体处于悬浮的平衡位置,这个位置也称为参考位置。假设在参考位置上,被悬浮物体受到一个向下的扰动,它就会偏离其参考位置向下运动,此时传感器检测出被悬浮物体偏离其参考位置的位移,控制器将这一位移信号变换成控制信号,功率放大器使流过电磁绕组上的电流变大,因此,电磁铁的吸力也变大了,从而驱动被悬浮物体返回到原来的平衡位置。如果被悬浮物体受到一个向上的扰动并向上运动,此时控制器和功率放大器使流过电磁绕组上的电流变小,电磁铁的吸力也变小了,被悬浮物体也能返回到原来的平衡位置。因此,不论被悬浮物体受到向上或向下的扰动,图 16-24 中的球状被悬浮物体始终能处于稳定的平衡状态。

2)电动机/发电机已经集成为一个部件,在充电时当电动机,从外部吸收电能,以使飞轮转子的转速升高;而"放电"时充当发电机,向外输出电能,此时飞轮的转速不断下降。从系统结构及降低功耗出发,目前较流行的是采用直流永磁无刷同步电动/发电互逆式双向电机。电机功耗还取决于电枢电阻、涡流电流和磁滞损耗,因此,无铁定子获得广泛应用,转子选用钕铁硼永磁铁。

3)电力转换器。电力转换器是飞轮储能系统的控制元件,实现电能与机械能的相互转换。它将输入电能转化为直流电供给电机,对输出电能进行调频、整流后供给负载。

4)真空室。真空室作用主要包括:提供真空环境,以降低风阻损失;屏蔽事故。真空度是影响系统效率的一个决定因素。目前,国际上真空度一般可达 10^{-5} Pa 量级。

5)辅助设施。在飞轮储能装置中还必须加入散热部件和监测系统,监测飞轮的位置、振动和转速、真空度和电机温度等运行参数。

4. 飞轮储能装置在电车中的应用

飞轮储能装置除了在电动汽车中的应用以外,还可以用于电车、城铁、铁路交通等许多领域。图 16-25 是基于三菱 PLC 控制的飞轮储能装置在电车中应用的原理示意图。通过 PLC、CC-Link 现场总线和 F700 变频器的控制系统,依据一定的控制算法,把电机运行时的电能转化为动能储存在飞轮的机械系统中,电机处于发电机状态时,再释放这部分能量。其工作原理如下:

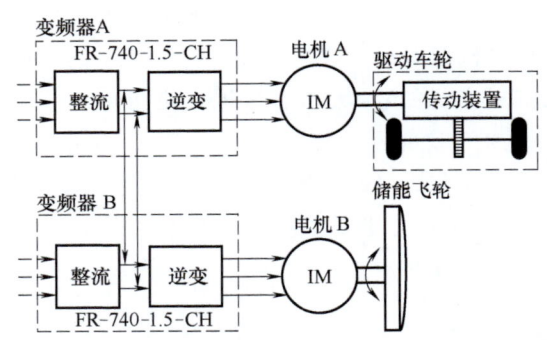

图 16-25 飞轮储能装置在电车中的应用

1)飞轮储能。电车是由三相交流电供电,交流输入在变频器 B 中经整流和逆变后,驱动电机 B 处于电动机状态,带动飞轮高速运转,此时,将电能转化为飞轮的动能储存起来。

2)电车起动。在飞轮储能的同时,交流输入在变频器 A 中经整流和逆变后,驱动电机 A 通过传动装置驱动车轮转动;当电车运行时,控制变频器 B 的输出频率使电机 B 处于再生发电状态,此时飞轮储存的能量回馈到变频器的直流母线侧,再经过变频器 A 的逆变器将直流电转化为交流电,为电车的运行提供能量,在这个过程中,需要对变频器 B 的输出频率进行相应的控制,使变频器的直流母线电压稳定在一定范围内。

3)电车制动。在电车制动时,同样控制变频器 A 的输出频率,将电车的能量回馈到变频器直流母线侧,此时提高变频器 B 的输出频率,飞轮加速,将电车回馈的能量重新储存到飞轮中,从而达到节能的效果。

16.5 压缩空气汽车的结构原理

1. 压缩空气汽车定义

压缩空气汽车（Air Powered Vehicle，APV）也叫气动汽车，是一种利用高压压缩空气为动力源的汽车。

图 16-26 所示为法国标致-雪铁龙汽车公司在 2013 年推出的压缩空气混合动力汽车，被命名为 Hybrid Air。

图 16-26　标致-雪铁龙公司的 APV 外观

2. 压缩空气汽车特点

1）无排放污染。

2）结构简单，质量轻，维护少。因为发动机的工作循环为简单的二行程，即高压压缩空气进入气缸膨胀做功行程和将膨胀后的低压气体排出气缸的排气行程。由于没有燃烧过程，气动发动机的机体不承受高温和高压，机体强度可减小，发动机不再需要冷却系统，制造及使用维护成本低。

3）压缩空气的压力会随着行驶里程加长而衰减。

4）压缩空气压力达 30MPa，存在高压气体的安全性问题。

3. 压缩空气汽车的基本结构与工作原理

APV 在整车结构上与传统内燃机动力汽车差别不大，同样由车身、底盘、动力系统和辅助设备等部分组成，但因其使用的动力与传统汽车不同，在整车的集成技术上与内燃机汽车有一定的差异，主要体现在以下几个方面。

（1）压缩空气存储　APV 能量来自车载的高压压缩空气，车上存储压缩空气的耐高压气罐的作用相当于内燃机汽车的油箱。为保证汽车有足够的续驶能力，满足日常行驶的需要，需要汽车装载足够多的压缩空气。由于汽车的车内空间有限，这就要求车载的能量具有尽可能高的能量密度。

压缩空气的能量密度与存储时的压力成正比，压力越高，单位容积内存储的能量越大。经过测算，车载 300L、压力为 30MPa 的压缩空气，在理想情况下，可以驱动一辆质量为 1t 的轿车以 50km/h 的速度行驶，这基本可以满足日常城市交通的需要。

对于存储压力为 30MPa 的压缩空气，其安全性是压缩空气汽车集成中必须要考虑的。一般工业生产中使用钢瓶存储高压压缩空气，价格便宜，安全可靠，但是重量太大，不适宜用作车载的压缩空气存储容器使用，这也是一直制约压缩空气动力汽车发展的重要因素。随着现代科技的发展，铝合金内胆碳纤维缠绕的超高压的储气罐（图 16-27），具有重量轻、耐高压、安全耐用的特点，使用压力达 50MPa 以上，50L 容积的气罐自重 20kg 左右，非常适合作为车载压缩空气存储容器使用，但价格较高。

图 16-27　铝合金内胆碳纤维缠绕的超高压储气罐

为减少气罐对汽车空间的占用,在汽车车身和底盘的设计中,可以将定制的多个细长气罐嵌于车身地板下的底盘之中,留出车内空间为乘客使用。

(2) 动力系统

1) 压缩空气动力发动机及传动系统。压缩空气动力发动机(气动发动机)是气动汽车的核心,减压到工作压力的高压空气进入气动发动机气缸内膨胀做功,类似于内燃机在燃料爆炸燃烧产生高温高压气体后推动活塞对外做功的过程,因此,其基本结构也接近于内燃机,包括机体、气缸、活塞、连杆、曲轴和配气机构等部分。但气动发动机的工作循环为简单的两冲程,即高压压缩空气进入气缸膨胀做功行程和将膨胀后的低压气体排出气缸的排气行程。由于没有燃烧过程,气动发动机机体不承受高温和超高压,机体强度也可减小,结构简单、重量轻,在汽车中也不再需要集成水冷系统,制造及使用维护成本低。

气动发动机进气为高压气体,且进气道压力始终高于气缸内压力,类似内燃机气门向气缸内开启的配气结构,进气门将始终承受高压气体很大的背压。在压力超过气门弹簧的预紧力情况下,即使进气门处于关闭状态,高压气体也会将进气门顶开,发生泄漏,造成耗气量增大、排气行程缸内气压升高、负功增加、整体功率和效率下降等不良效果。因此,在结构上,气动发动机的配气机构必须适应高压进气的要求,合理高效地设计配气机构也是气动发动机研究的重点之一。

压缩空气动力发动机的工作特性具有起动及低速转矩大,随发动机转速升高输出转矩逐渐减小而耗气量逐渐增大的特点,通常情况下进气门打开后发动机即可运转并输出最大转矩,直接驱动汽车起步行驶。

2) 气动动力系统。APV本质上是一套气动设备,与常规的气动系统的构成只是一些元器件上的差别,也包括气源、阀门、气动管道、执行机构(在此为压缩空气动力发动机)和控制元件等。但在压缩空气动力汽车的气动回路中,气体介质的存储压力达到数百个大气压,工作压力为几十个大气压,整个气动回路工作在超高压、中低压的不同压力等级上,所以气动回路与汽车的集成有其特殊性。

APV气动回路示意图如图16-28所示。动力回路的一端接高压储气罐,接触压力为超高压,另一端为中高压,接发动机的工作腔,两者间压差非常大,因此必须实行分级减压。

常规气动系统的减压控制都采用气动减压阀进行节流减压。由于在节流减压过程中,通过节流口高速流动的气体的摩擦作用,能量损失较大,而且压力

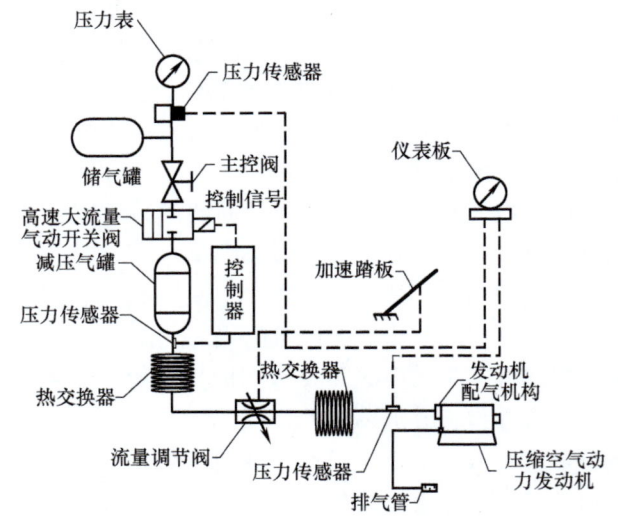

图 16-28　APV 气动回路示意图

越高,损失越大。而对于压缩空气动力汽车来说,必须尽可能减小压缩空气在气动回路传输过程中的能量损失,因此,普通的节流减压方式不适宜压缩空气汽车气动回路高压减压段。

APV气动回路高压减压段采用了高压容积减压方式,使用气体膨胀减压的方法使压力

降低到设定值。高压容积减压方式在回路中设置了一个一定容积的减压气罐，设定好减压气罐的控制压力范围后，使用压力传感器检测气罐气压，当罐内气压低于设定压力下限时，控制器发出控制信号开启高压大流量高速气动开关阀，让储气罐中的超高压气体通过大截面的阀口冲入减压罐膨胀减压。而当气罐中进入足够的高压气体，罐内压力升高到设定压力上限时，控制器根据压力传感器的反馈关闭高压大流量高速气动开关阀。通过开关阀的断续开启，维持减压气罐中的压力在设定压力范围内，保证次级气动系统的正常工作。

高压大流量高速气动开关阀减小了阀口节流过程中的摩擦能耗损失，对于高压气动动力系统的节能是一种很好的减压方式。

在汽车行驶的过程中，要适应不同载重、速度和路况等工况的要求，应对发动机的动力输出进行调节。试验表明，在配气机构参数不变的情况下，气动发动机的输出功率和转矩随压缩空气进气压力及流量的增加而增大，因此，对发动机动力输出的调节需要对发动机进气压力及流量进行调节。在压缩空气动力汽车的气动回路中，次级减压后的气体将作为发动机的进气与发动机进气道连接，所以，对发动机进气压力和流量的调节将在次级减压过程完成。为便于调节，在次级减压环节使用了比例流量调节阀，同时在气动汽车的集成中，考虑到一般驾驶人驾驶习惯，设计连接机构将发动机进气流量调节阀与汽车加速踏板连接，按驾驶人踏下加速踏板的深度提高发动机进气压力及流量，瞬时提升发动机转矩和功率，满足不同工况的需要。

在气动回路的设计中，考虑到高压气体在减压后温度大幅降低，与环境温度将形成较大温度差。如果从环境中给低温的气体补充热量，根据热力学规律，气体的温度和压力将升高，能量增大，最终使发动机输出更多的机械能，整车效率提高，也将获得更长的续驶能力。因此，集成到汽车上的气动回路在两级减压环节后都设置了热交换器，让减压后的气体尽可能充分地从环境中吸热，并可充当制冷空调的冷源，减少发动机动力的消耗。热交换器的结构形式和基本参数设计根据发动机对供气量的要求和汽车总体布局来确定。

3）辅助设备。在压缩空气动力汽车的辅助设备中，主要的电气设备与普通汽车相同，但在仪表板上，将集成气源压力表和进气压力表替代油箱指示表。

在汽车辅助设备中，空调已经是乘用车的基本配置之一，而普通车用空调使用压缩机制冷，需要消耗较大的发动机功率。对于压缩空气动力汽车来说，因为发动机排出的尾气是膨胀做功后的压缩空气，压力减小了，温度也远低于环境温度，通过热交换器可以为汽车提供冷源，再加上减压环节后的两个热交换器，在整车的集成中合理配置，完全可以满足制冷的需要，而不再额外消耗发动机功率。同时，室外新鲜空气由热交换器冷却后作为冷气供给室内，更带来自然清新的效果。当需要在严寒环境使用时，只需再选装电热空调即可，成本较低。

（3）**Hybrid Air 汽车具体结构原理** 该车将一台传统的汽油发动机、自动变速器与一个由压缩空气提供动力的液压泵和马达结合在一起（图 16-29），总体组成如图 16-30 所示，压缩空气系统则包括高压储气罐和低压储气罐，里面装的是活性稳定的氮气。高压储气罐位于车身底部的中央通道位置，而低压储气罐则布置在行李舱区域。

图 16-29 标致-雪铁龙公司的 APV 系统

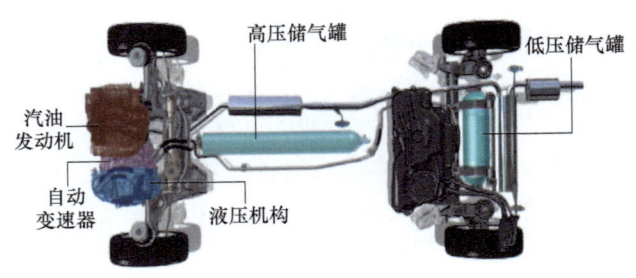

图 16-30　标致-雪铁龙汽车公司的 APV 总体组成

其工作原理如图 16-31 所示。压缩空气能量的释放，是利用液压油推动液压机构（液压泵与液压马达），进而将动力传递到驱动桥。而制动能量的回收，也是通过液压机构，通过液压油来压缩空气进行存储能量。

该空气混合动力系统与油电混合动力系统类似，包含了四种行驶驱动模式：纯空气驱动、发动机驱动、混合驱动和制动能量回收。

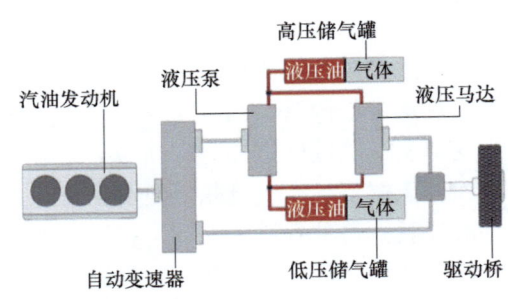

图 16-31　标致-雪铁龙公司的 APV 工作原理

1）纯空气驱动模式：主要用于城市道路，可以实现零排放（图 16-32）。当车辆加速时，压缩空气通过液压泵将空气强行压入车辆中间的能量储存系统中，使原来处于该系统中的液压油被强行推进至液压马达内，达到驱动车辆的目的，纯空气驱动模式最高车速可达 70km/h。

2）发动机驱动模式：仅有发动机工作，主要用于高速定速巡航，使发动机工作在最经济的区间（图 16-33）。

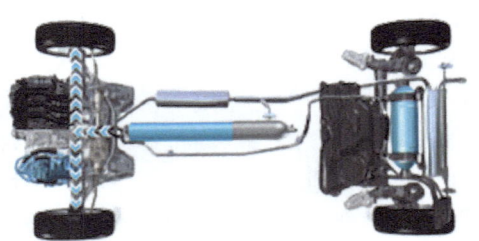

图 16-32　纯空气驱动模式

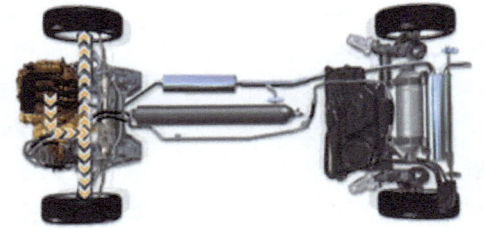

图 16-33　发动机驱动模式

3）混合驱动模式：当需要加速或爬坡时，发动机和压缩空气共同驱动汽车工作（图 16-34）。

4）制动能量回收模式：这与驱动电机回收电能存储于电池有所差别，它是以压缩气体的形式储存于储气罐里（图 16-35）。当车辆制动时，液压马达将液压油重新输送回中间的液压油罐中，而液压油由于不能被压缩，因此它会将液压油罐中的空气压回后方空气罐中，空气罐再次充满，等待下一次加速时循环上述过程。

4. 压缩空气汽车的分类

按压缩空气的动力分配方式分类，APV 有串联式、并联式和串并联混合式。

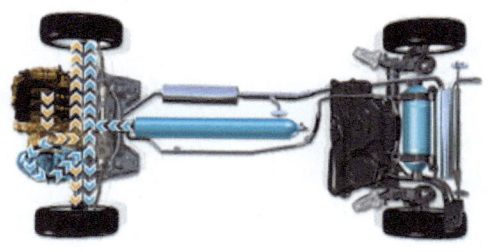

图 16-34 混合驱动模式

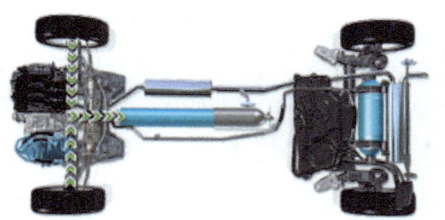

图 16-35 制动能量回收模式

1）串联式。其缸与缸之间的空气动力管道是串联的（图 16-36），上一级缸的剩余压力是下级缸的初始动力。该方式的下级作用缸的结构尺寸较大，但动力利用率较高，热交换较充分。

2）并联式。其缸与缸之间的空气动力管道是并联的（图 16-37），不同缸的初始动力相同，并联方式的缸的结构尺寸相同，动力输出平稳，但剩余压力稍高。

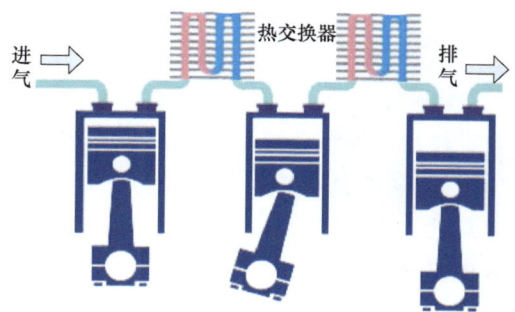

图 16-36 压缩空气串联式

3）串并联混合式。其缸与缸之间的空气动力管道部分串联，部分并联（图 16-38）。

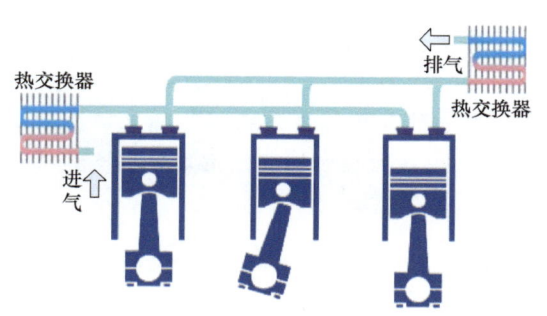

图 16-37 压缩空气并联式

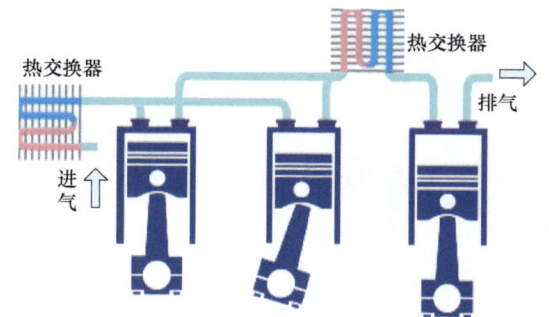

图 16-38 压缩空气串并联混合式

任务实施

1）学生检索一种其他类型的新能源汽车的结构原理和发展动态，发表自己看法，并撰写检索报告。

2）学生在小组交流检索报告。

3）每个小组在交流基础上，推荐最佳检索报告在班级交流。

任务总结

1）太阳能汽车是将太阳能转化为电能的汽车，零污染。太阳能汽车一般由太阳能电池组、向日自动跟踪器、驱动系统和控制器等组成。

2）生物燃料泛指由有机物组成或者制成的燃料，属于可以再生的燃料。它具有原料来源广泛、可再生、低污染、抗爆性好等优点。

3）使用醇基燃料（甲醇、乙醇等）的汽车统称为醇燃料汽车，醇燃料在汽车上的应用方式主要有掺烧、纯烧、变性燃料和灵活燃料。醇燃料汽车燃料供给系统主要由油箱、燃油泵总成、油管、喷油器等组成。

4）以二甲醚为燃料的汽车称为二甲醚燃料汽车。其燃料供给系统主要由二甲醚罐、输油泵、滤清器、压力表、储能器、喷油泵、喷油器、冷却器和各种阀门等组成。

5）利用双电层原理制成的大容量电容称为超级电容。使用超级电容储能装置的汽车称为超级电容汽车，它具有经济环保、功率密度高、充电速度快、使用寿命长、免维护等优点。

6）超级电容储能装置主要由多孔化电极、电解液和隔膜等组成。当导体电极插入电解液中，由于库仑力、分子间作用力或原子间作用力的作用，会形成一层在电极上，另一层在溶液中的两个电荷层，称为双电层，形成一个平板电容器。

7）利用飞轮的惯性储存能量的装置称为飞轮储能装置，也称为飞轮电池。安装有飞轮储能装置的汽车就称为飞轮储能汽车。它具有节能减排、比功率高、能量进出反应快、重量轻、维护少等优点。

8）飞轮储能电源系统主要由飞轮、电机、电力转换器、真空室、转轴和轴承等组成。充"电"时，电机以电动机形式运转，在外电源的驱动下，电机带动飞轮高速旋转，增加了飞轮的转速，从而增大其动能；放"电"时，电机则以发电机状态运转，在飞轮的带动下对外输出电能，完成机械能到电能的转换。当飞轮电池输出电能时，飞轮转速逐渐下降。

9）压缩空气汽车是一种利用高压压缩空气为动力源的汽车。它具有无排放污染、结构简单、质量轻、维护少等优点。

10）压缩空气汽车与传统汽车主要差别在压缩空气存储和动力系统。气动发动机的工作循环为简单的两冲程，即高压压缩空气进入气缸膨胀做功行程和将膨胀后的低压气体排出气缸的排气行程。

学 习 工 单

任务 16　其他新能源汽车的结构原理认识

学生姓名		学生班级		小组名称/组长	
检索报告题目					

子任务 1　根据以下太阳能单体电池工作原理图，描述其基本工作原理。

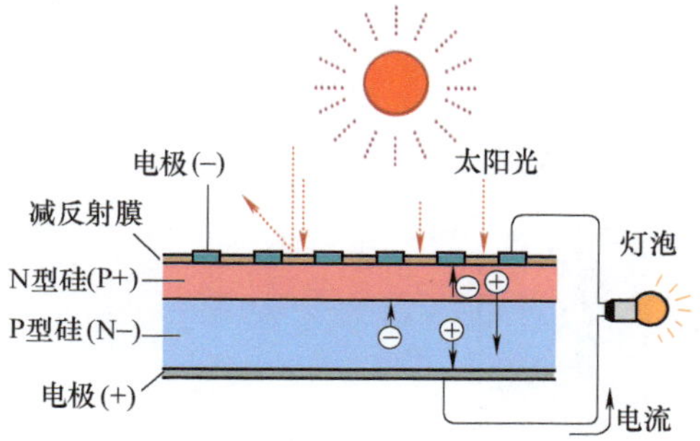

工作原理：

____

____

____

____

____

____

____

子任务 2　下图是二甲醚燃料汽车燃料供给系统基本组成，在表中填入零部件名称。

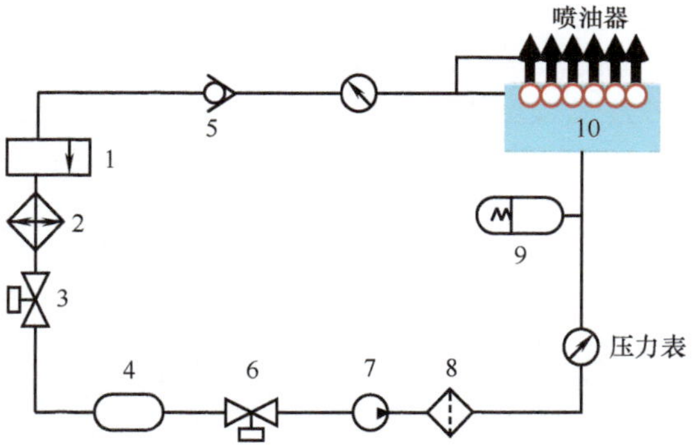

代号	名称	代号	名称
1		6	
2		7	
3		8	
4		9	
5		10	

任务 3　根据以下超级电容的工作原理图，描述超级电容储能装置的工作原理。

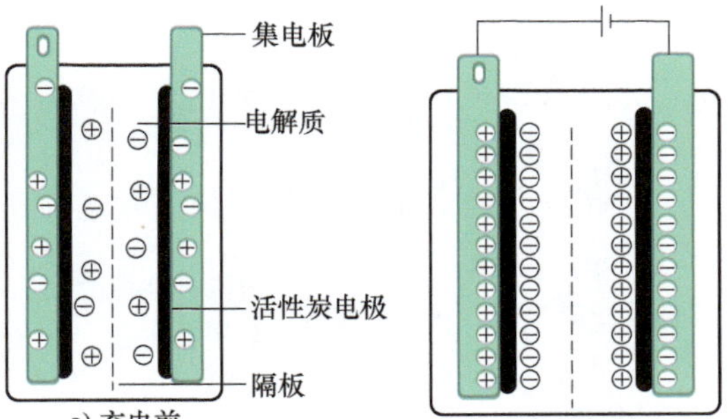

a) 充电前　　b) 充电后

工作原理：

____

____

____

____

____

____

____

子任务 4 根据以下电磁悬浮结构原理图，描述其工作原理。

工作原理：
_____
_____
_____
_____
_____
_____

子任务 5 下图是标致-雪铁龙公司的 APV 结构原理，请在方框内填入适当名称，并说明其工作原理。

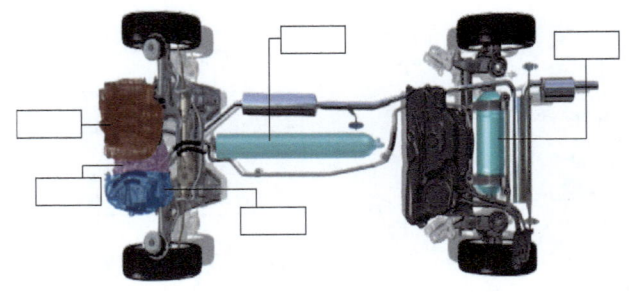

工作原理：
_____
_____
_____
_____

子任务 6 完成下列关于其他新能源汽车的结构原理的知识测评作业。

1）太阳能汽车一般的组成部件包括（　　）。

A. 太阳能电池组　　　B. 自动阳光跟踪系统　　　C. 驱动系统　　　D. 控制器

2）乙醇和汽油掺合形成混合燃料燃烧，如乙醇占 15%，则用（　　）来表示。

A. #15　　　　　　B. E15　　　　　　C. G15　　　　　　D. F15

3）下列关于双电层电容器的正确描述是（　　）。

A. 双电层电容器的储能是基于电极/电解液界面上的电荷转移。

B. 充电时，在外电源的作用下电解液中的阳离子向负极移动，阴离子向正极移动，形成双电层。

C. 放电时，电极板的电子从负极运动至正极，电解液中的阴阳离子被释放，电容器恢复到原来的状态，双电层消失。

D. 双电层电容器是将电能转化为化学能的一种储能装置。

4）二甲醚的制取原料有（　　）。

A. 天然气　　　　　B. 煤　　　　　　C. 石油焦炭　　　　　D. 生物质

5）飞轮储能电源系统的主要组成部件包括（　　　）。
A. 飞轮　　　　　B. 电机　　　　　C. 电力转换器　　　　D. 转轴

子任务 7　其他新能源汽车检索交流（在学生学习小组交流基础上，推举优秀代表发言）。

子任务 8　任务评价（根据上述检索报告和交流情况，进行任务自评、小组互评和综合评价，其中自评、小组互评满分各占 25 分，教师综合测评满分 50 分）。

自评（评语及评分）：

签名：

年　月　日

小组互评（评语及评分）：

组长签名：

年　月　日

综合评分与教师评价	
	教师签名： 年　月　日

参 考 文 献

[1] 胡敏艺，蒋光辉. 新能源汽车使用与维护 [M]. 北京：机械工业出版社，2022.

[2] 彭理群，王依婷，马育林，等. 面向混合自动驾驶车流的协同自适应巡航控制 [J]. 汽车工程，2022，44（08）：1153-1161.

[3] IGNATIOUS H A, SAYED H E, KHAN M. An overview of sensors in Autonomous Vehicles [J]. Procedia Computer Science, 2022, 198: 736-741.

[4] CHOI J D, KIM M Y. A sensor fusion system with thermal infrared camera and LiDAR for autonomous vehicles and deep learning based object detection [J]. ICT Express, 2023, 9 (2): 222-227.

[5] 吴海东，袁牧，苏庆列. 新能源汽车动力电池及管理系统检修 [M]. 北京：机械工业出版社，2022.

[6] 吴荣辉. 新能源汽车结构原理与检修 [M]. 北京：机械工业出版社，2022.

[7] 崔胜民. 燃料电池与燃料电池电动汽车 [M]. 北京：化学工业出版社，2022.

[8] 彭湃，耿可可，殷国栋，等. 基于传感器融合里程计的相机与激光雷达自动重标定方法 [J]. 机械工程学报，2021，57（20）：206-214.

[9] PERUMAL P S, SUJASREE M, CHAVHAN S, et al. Connected and autonomous vehicles and infrastructures: a literature review [J]. International Journal of Pavement Research and Technology, 2021, 1: 21.

[10] 毛彩云. 混合动力电动汽车使用与维护 [M]. 北京：北京理工大学出版社，2021.

[11] 汤茂银. 混合动力汽车结构与检修一体化教程 [M]. 北京：机械工业出版社，2021.

[12] 海斯古德猜. 电驱动系统-混动、纯电动与燃料电池汽车的能量系统、功率电子和传动 [M]. 刘亚彬，译. 北京：机械工业出版社，2021.

[13] 孙振宇，王震坡，刘鹏，等. 新能源汽车动力电池系统故障诊断研究综述 [J]. 机械工程学报，2021，57（14）：87-104.

[14] 玄东吉. 燃料电池混合动力汽车动力系统建模及优化控制 [M]. 成都：四川大学出版社，2020.

[15] 包丕利. 新能源汽车整车控制系统检测与维修 [M]. 北京：北京理工大学出版社，2020.

[16] 李仕生. 新能源汽车维护与故障诊断 [M]. 北京：北京出版社，2020.

[17] 王强. 新能源汽车维护与故障诊断 [M]. 北京：机械工业出版社，2020.

[18] 蔡兴旺. 新能源汽车结构与维修 [M]. 2版. 北京：机械工业出版社，2018.

[19] 蔡兴旺. 电动汽车与燃气汽车故障诊断与维修 [M]. 北京：机械工业出版社，2018.

[20] 敖东光，宫英伟，陈荣梅. 电动汽车结构原理与检修 [M]. 北京：机械工业出版社，2017.

[21] 缑庆伟，李卓. 新能源汽车原理与检修 [M]. 北京：机械工业出版社，2017.

[22] 蔡兴旺. 汽车构造与原理（下册）[M]. 3版. 北京：机械工业出版社，2016.

[23] 刘生全，李复活. 醇醚燃料与汽车应用技术 [M]. 北京：机械工业出版社，2015.